高等学校行政管理专业系列教材

总主编　王骚

西方行政管理思想史

张　铭　陆道平　主编

南开大学出版社
天　津

图书在版编目(CIP)数据

西方行政管理思想史 / 张铭，陆道平主编． —天津：南开大学出版社，2008.11（2017.8重印）

（高等学校行政管理专业系列教材）

ISBN 978-7-310-03028-6

Ⅰ.西… Ⅱ.①张… ②陆… Ⅲ.行政管理—政治思想史—西方国家—高等学校—教材 Ⅳ.D035-095

中国版本图书馆 CIP 数据核字(2008)第158013号

南开大学出版社出版发行

出版人:刘立松

地址：天津市南开区卫津路94号 邮政编码：300071

营销部电话：（022）23508339 23500755

营销部传真：（022）23508542 邮购部电话：（022）23502200

*

天津市蓟县宏图印务有限公司印刷

全国各地新华书店经销

*

2008 年 11 月第 1 版 2017 年 8 月第 4 次印刷

787×960毫米 16开本 22.875印张 2插页 406 千字

定价:49.00元

如遇图书印装质量问题,请与本社营销部联系调换,电话:(022)23507125

编委会成员名单

总 序

在现代社会中，行政管理学，或称公共行政（Public Administration），既是一个新兴的社会管理领域，也是一门发展速度非常快的学科。为什么？一个最主要的原因就是现代人类社会需要民主、高效的行政管理。一般说来，人类社会可以分成私人与公共两大领域。就公共领域而言，多元价值的集合使得其行政管理行为更为复杂。行政管理学，或称公共行政（Public Administration）正是探索这一领域客观规律的实践性学科。其目的就是保障社会公共领域的公平、秩序、效率和发展。不论是教师、学生或各级行政管理人员，在步入行政管理领域时首先应该明确地认识这一基本概念的含义。

一

从历史发展来看，公共行政学的产生可以追溯到 19 世纪末期。1887 年伍德罗·威尔逊发表《行政学研究》一文，由此揭开了西方国家行政管理研究的序幕。根据伍德罗·威尔逊观点，在现代人类社会发展过程中，政治的职能是如何保障在多元价值条件下公平地制定公共政策，而如何有效地执行公共政策和保障政策目标的实现则是行政的职能。因此，政治学应该以公共政策为研究中心，分析各种法律、政令的产生、发展和变化。但是，社会政治关系包含着复杂的价值认识，无法进行科学性的研究，而作为研究政策执行的公共行政学则可以不受价值判断的影响，根据科学的方法客观地决定如何高效率地执行公共政策。随着现代社会的发展，公共行政不断地得到新学者们的释义更新和补充，公共行政领域中所包含行政决策因素的这一特征越来越明显，这也就使得伍德罗·威尔逊所阐释的公共行政概念的内涵和外延不断产生一些变化。

从 19 世纪末至现在，行政管理学的发展大体可以划分为三个阶段。19 世纪末至 20 世纪 60 年代是行政管理学发展的早期阶段，即传统的行政管理学。这个阶段主要强调充分体现在自然科学中的理性和技术对于行政管理的作用。20 世纪 70 年代至 80 年代是行政管理学的发展时期。在这一时期，行政管理学获得了突破性发展。这个阶段的行政管理学研究被称为新公共行政学。乔治·弗雷德里克森1971年发表的《论新公共行政学》一文是新公共行政学的重要文献。这短短的20年之所以能够作为行政管理学的一个发展阶段，是因为学者们开始强调公平、正义等价值对于行政管理的作用，改变了过去只注重强调理性和技术而忽视社会价值的研究取向。20世纪80年代末以来，在“小政府，大社会”，“有限政府”等观念的主导下，社会非政府组织越来越多地担负起公共事务管理的职责，由此也就兴起了所谓的新公共管理运动。随着西方国家新公共管理运动的兴起，行政管理学又从新公共行政学逐步发展到公共管理学（Public Management）。公共管理学既保留了新公共行政学强调理性和价值的特征，同时又在方法和内容上进行了大量扩展，采用经济学的理论和方法对行政管理问题进行研究，并且将研究对象由原来的政府部门（Governmental Sector）扩大到非政府组织或第三部门甚至是具有公共性的私人部门(Public Sector)。

传统行政管理学、新公共行政学、公共管理学分别体现出西方国家行政管理学的不同研究途径和范式。不同的研究范式是根据政治、经济、社会环境的变迁而产生的，它们体现了行政管理学研究的进步，同时也推动着西方国家行政管理实践的发展。

从中国历史发展的角度来看，在古代中国封建社会的皇权专制体制下，行政仍是政府管理的重要内容和手段，其中也不乏当今我们可以借鉴的政治文化精华。在中国古代社会的政府管理过程中，郡县行政区划分、税赋、兵役、刑罚、科举、教育、商贸、外交等诸多领域都体现着当时社会背景下的政府管理思想和管理体系，也为当今行政管理学的研究提供了广阔的天地。在19世纪末西方行政管理学诞生之初，我国学者也给予了密切关注。1896年梁启超在《论译书》中就提出“我国公卿要学习行政学”的倡议，并开始翻译有关西方行政管理学的著作。1935年张金鉴撰写出版了《行政学之理论与实际》一书，被认为是我国的第一部行政管理学专著。同时，各高等院校开设行政管理专业和课程，政府成立行政管理学会，并出版和发行一批行政管理学著作和刊物。然而，由于历史原因，20世纪40年代至70年代我国的行政管理学研究基本上处于停滞阶段。

中共十一届三中全会的召开，改革开放和中心任务的转变，既为中国行政管理学的恢复和发展提供了良好的政治条件和社会条件，同时也迫切需要加强行政管理学研究来适应新的社会条件，推动我国政府体制改革和公共管理领域的发展。自改革开放以来，现代中国在经济获得世人瞩目高速发展的同时，也显现出诸多社会公共领域管理的落后与不适应。解决这一问题的首要一点就是规范、系统地研究探索，教育培养新型行政管理人才服务于现代社会。由此，20 世纪 80 年代以来，行政管理学在我国高校得以快速恢复。可以这样说，行政管理学在我国既是一门具有一定历史传统的学科，又是一门正处于蓬勃发展的新兴学科。但是，在现代中国的社会条件下，综合考虑中国古代行政管理传统和现代西方行政管理理念，一个重要问题摆在我们面前，就是如何构建适应中国实践情况的行政管理学体系才能适应社会需求。这也是编写这一套教材丛书的基本出发点。

二

从社会现实需求出发，行政管理学的突出特征是实践性和应用性，即行政管理学研究必须来源于行政管理实践，并为推动行政管理的实践发展服务。自改革开放以来，我国行政管理学的发展明显体现出实践性和应用性特征，这一特征体现为政府体制改革和职能转变与行政管理学发展是一个相互促进、相辅相成的过程。20 世纪 80 年代以来，针对计划经济体制下政府管理存在的问题，我国政府相继进行政府职能转变、行政管理体制、人事制度、公共政策决策、财政制度、行政管理民主化和法制化等诸多方面的改革。行政管理学者对这些问题进行了深入研究，并提出了一系列对策建议，为推动政府体制改革、职能转变和提高政府行政管理水平发挥了重要的作用。相应地，行政管理学本身也得到了快速的发展，行政管理学建制已日趋完善。从现实情况看来，行政管理学日益受到各级政府的支持与社会的普遍关注。国家和各省市都基本上建立了各个级别的行政管理学会；行政管理的有关著作和刊物日渐增多，行政管理学术活动也日趋活跃；设置行政管理专业的高等院校数目日益增多，本科生、研究生的招生规模快速扩大。同时，行政管理专业人才也日益得到社会认可，党政部门、事业单位、大型国有企业甚至是私人企业对行政管理专业人才有着相当大的需求，各级行政管理人员的专业进修教育与实践活动也正在蓬勃开展。2004 年国家人事部人才信息中心发布的人才需求信息显示，在第二季度北京市招聘数量排前十位的专业中行政管理列为第二位；在其他省市，行政管理的人才需求也基本在前十名之列。

行政管理实践在推动行政管理学发展的同时，也对行政管理学发展提出了更高的要求。社会主义市场经济体制的建立和完善要求进一步转变政府职能，加快行政管理体制改革的步伐。21 世纪以来，我国行政管理领域存在着以下亟待解决的重大问题：如何界定和转变政府职能、理顺政府与社会的关系；如何优化政府的内部结构、提高效能，形成权责一致、分工合理、决策科学、执行顺畅、监督有力的行政管理体制；如何健全政府职责，完善公共服务体系，广泛推行电子政务，强化社会管理和公共服务；如何推进政企分开、政资分开、政事分开、政府与市场中介组织分开，规范行政行为，加强行政执法部门建设，减少和规范行政审批，减少政府对微观经济运行的干预；如何加大机构整合力度，探索实行职能有机统一的大部门行政管理体制，健全政府部门间协调配合机制；如何推进事业单位的改革；如何科学准确地衡量政府及非政府公共部门的工作绩效等等。这些问题既需要行政管理研究者进行深入分析和探索，又对行政管理专业的人才培养提出了新要求。尽快地解决这些复杂的问题，是中国行政管理走上有序、高效，达到社会各界满意的关键环节。未来一段时间内行政管理专业人才培养目标应该重点考虑以下几点：培养能够从事多种实际行政管理工作的应用型人才，他们能胜任一般层次的行政管理实际工作，同时又具备胜任高层级行政管理工作的潜能潜力；他们不仅应能适应政府机关的行政管理工作需要，同时还能对党务机关、国家权力机关以及各种人民团体、社区、企业事业单位的行政管理性工作具有适应能力；他们既要具备良好的政治、道德素养和心理素质，又掌握行政管理的基本理论和专业技能，能够适应我国行政管理改革的变化和发展的需要。

随着行政管理专业的快速发展，行政管理专业教学也遇到诸多问题和困难，其中最突出的是专业教材建设问题。专业教材是专业发展中专业基本课程体系的反映和载体，专业教材的健全与否和质量高低对专业发展和专业人才培养具有非常重要的意义。现代中国高等教育体系中，自行政管理学恢复以来，行政管理教材建设已经取得了较大进展。1987 年深圳大学编写了全国第一套行政管理系列教材，1998 年、2002 年和 2003 年厦门大学、东北财经大学、南开大学等高校也都相继编写了行政管理专业教材。然而，行政管理教材建设中仍然存在着一定问题。首先，现有教材的系统性不够强，一些教材丛书多则 10 余本，少则 4 本，没有将行政管理及其相关内容广泛囊括进来，多数教材丛书主要涉及公共行政和公共政策等主题，对其他相关主题缺少关注。其次，目前的教材多数供研究生、MPA 学员使用，缺乏专门针对行政管理本科教学的基础性教材。再次，目前的教材丛书的内容和体例较为混乱，缺乏统一体例，难以适应高校本科基础性教育的需要。在现实中，行政管理专业基本教材建设欠完善，对行政管理专业的进一步发展和人才培养在一定程度上起到了制约的负面作用。现实中有一些行政管理本科生不断在提出这样一个问题：在大学行政管理专业我究竟学到了什么？我学成以后究竟去干什么？当然解答这一问题，对教师说来也是一个非常复杂的工作。这一问题中包含着对行政管理专业教育目的、社会实践领域和教育内容体系的询问。通过教材与教师的指导向学生阐释这一问题是一个重要的教育环节。这就要求教材一定要明确体现出本专业的教育目的、社会实践对象和教育内容体系。因此，组织专家、学者编写高水平的适用教材具有重要的实践意义和理论意义。

三

本套“高等学校行政管理专业系列教材”正是为了推动高校行政管理专业教材建设，为培养应用型的适应新时期行政管理改革与发展的行政管理人才而编写出版，是我们为中国高校行政管理专业教材建设贡献的一份微薄力量。

经过诸多专家学者的努力工作，本系列教材推出 23 本，可分为以下 4 类：

1．基础核心课程教材，包括：《行政管理学》、《公共政策》、《组织学》、《行政法学》、《政府经济学》、《行政伦理学》、《领导科学》、《当代中国地方政府》、《当代中国政府与过程》。这一类教材是行政管理专业知识的基础与核心。

2．方法论与实践方法课程教材，包括：《公共政策分析的理论与方法》、《社会调查与研究方法》、《公共组织绩效评估——模型与方法》、《统计学》、《应用文写作》。这一类教材是行政管理专业的学生掌握基础核心课程内容，将理论知识运用到实践领域的手段和桥梁。

3．思想与制度课程教材，包括：《中国行政管理思想史》、《西方行政管理思想史》、《中国古代行政制度》、《西方行政制度》。这一类教材从社会历史发展的角度，展示管理思想与行政制度方面的知识，启发学生智慧，使学生的知识结构更加完善，历史经验与他国经验更加丰富，为实践活动打下雄厚的基础。

4．实践性管理课程教材，包括：《工商行政管理》、《市政管理》、《中国公务员制度》、《公共部门人力资源管理》、《公共关系学》。这一类教材展示一部分不同的行政管理社会实践对象，为学生步入社会实践领域打好基础。当然这一部分内容只是冰山一角，远远没有展示出行政管理实践对象的全部。例如，公共财政、教育管理、公共消防、公共交通、公共卫生与医院管理、突发事件与危机管理、电子政务等等，诸多领域公共管理知识与技能的教育，为教师和研究人员留下了广阔的教学空间和研究命题。

概括说来，本系列教材体现出以下特点：

第一，教材的系统性进一步增强。现实中政府行政管理事务具有复杂性，涉及多个领域和多种学科，需要行政管理人员尽可能地掌握更多的行政管理知识和技能。因此，与其他专业的教材相比，行政管理教材的种类更多。同时，行政管理的理论知识和技能必须符合行政管理实践的发展才能具有实用性，这就要求教材建设必须与时俱进。因此，本系列教材除了包括《行政管理学》、《公共政策》、《组织学》等核心课程教材外，还根据行政管理实践发展的新要求编写了相应的教材。根据公共部门绩效评估的日益重要性，编写了《公共部门绩效评估》；根据当前行政管理人员公文写作能力不够强的现状，编写了《应用文写作》；根据政府公共关系的处理日趋受到重视，编写了《公共关系学》。

第二，教材形式比较丰富。因为学生对专业知识的理解处于启蒙阶段，因此，本科教学是一件十分艰难且不易取得明显效果的事情，要获得良好的教学效果，就必须要吸引学生的注意力，引起学生的兴趣。本系列教材不仅介绍行政管理的理论知识和技能，还引入了一定量的背景资料、案例。这不仅有助于扩充学生的知识面，而且还能够引起学生的兴趣，提高教学效果。

第三，教材创新性较强。行政管理的理论创新主要体现于学者发表的专著和文章中，但专著和文章不能等同于教材，因为专著和文章主要论述作者自己的观点，逻辑推理较强，且通常是一家之见，而教材则强调对基本和通用理论知识的介绍。然而，教材也不能够与专著和文章的观点脱节，它必须吸收专著和文章中的观点以体现行政管理的最新研究成果。本系列教材就是在广泛吸收国内外最新相关文献和观点的基础上写成的，体现出较强的前沿性和创新性。

第四，教材适合本科教学要求。为了满足本科教学的特点和要求，每本教材都有本章重点和课后练习题。本章重点引导学生从整体上把握本章的内容，课后练习题供学生思考之用，有助于加强对章节内容的理解和把握。

本系列教材主要适用于行政管理专业本科教学，也可适用于公共管理硕士（MPA）专业学位教育的教学，还可以作为相关专业社会办学和培训的教材与参考书，同时也可作为公务员扩充行政管理知识与技能的阅读书目。

本系列教材的编写以南开大学周恩来政府管理学院牵头，邀请了天津师范大学、广东外语外贸大学、山东大学威海分校、西北师范大学、南昌大学、中共天津市委党校等兄弟院校参加。南开大学周恩来政府管理学院参与编写的人员与书目有：王骚、蒋建荣，《应用文写作》；金东日，《组织学》；郭大水，《社会调查与研究方法》；李瑛，《公共组织绩效评估——模型与方法》与《统计学》；蔡声霞，《政府经济学》。天津师范大学政治与行政学院参与编写的人员与书目有：吴春华，《行政管理学》与《中国公务员制度》；赵冬，《公共政策》；仲崇盛，《公共部门人力资源管理》。广东外语外贸大学政治与公共管理学院参与编写的人员与书目有：王达梅，《公共政策分析的理论与方法》。山东大学威海分校法学院参与编写的人员与书目有：葛荃，《中国行政管理思想史》；张铭，《西方行政管理思想史》；赵沛，《中国古代行政制度》；古莉亚，《西方行政制度》；

马春霞，《工商行政管理》；范广垠，《市政管理》。西北师范大学政法学院参与编写的人员与书目有：张文礼，《当代中国地方政府》；周红，《行政伦理学》；孙健，《领导科学》；杜睿哲、齐建辉、张芸，《行政法学》。南昌大学公共管理学院参与编写的人员与书目有：吴光芸，《公共关系学》。中共天津市委党校参与编写的人员与书目有：沈荦，《当代中国政府与过程》。

编写教材是一件很累人的事情，对于各兄弟院校参编教师所付出的辛勤汗水以及给予真诚合作，我们表示诚挚的敬意和感谢。任何事物都不可能至善至美，教材编写也一样。对于不完善乃至错误之处，敬请专家学者和广大读者给予批评指正。

高等学校行政管理专业系列教材编委会

执笔：王骚

2008 年 3 月

目　录

第一章　绪　论

本章重点

1. 西方行政管理思想史的研究对象与学科特征
2. 西方行政管理思想史的学习方法
3. 西方行政管理思想史的演进脉络

第一节　作为一门学科的西方行政管理思想史

一、西方行政管理思想史的研究对象

作为一门独立的学科，西方行政管理思想史有着自己的学科特定的研究对象。概括起来说，这研究对象主要包括二个方面的内容：西方行政管理理论；西方行政管理理论的演进规律。

1. 西方行政管理理论

思想史以思想理论为主要研究对象，这是顺理成章的事。西方行政管理理论构成西方行政思想史建构的基本要素，对西方历史中形成的各种行政管理理论进行梳理，搞清楚这些行政管理理论的形成、它们和行政管理实践之间复杂的互动关系、它们各自的特点、作用和地位，是西方行政管理思想史研究的一个基础。

每一种特定的行政管理理论的形成与产生，都有着它自身的时代原因和思想源流。是时代的发展、环境的改变和挑战的变化，使行政管理的实践对行政管理理论提出新的要求，而正是这种新的要求推动和促使着人们在实践中对社会中既成的行政管理模式和管理理论进行再认识、再思考，从而导致行政管理

的思想与理论的内涵以及行政管理模式产生相应的变化。而从另一方面来说，行政管理理论的变化与发展又不可能是从思想和理论的空白中产生的，它的每一步变化总是要以历史上存在过的某种思想和理论作为基础，从中吸取自己的灵感，找到某种启示，形成一种特定的理论形态。学习西方行政管理思想史有必要对于导致特定行政管理理论形成与产生的这两方面原因梳理清楚。

研究西方行政管理思想理论的形成，我们不可能不涉及到行政管理思想理论和行政管理实践之间所具有的复杂互动关系。一般而言，理论与实践之间存在着一种双向的互动关系。理论源于实践但又反过来指导实践。理论是基于实践的理论，实践又总是在特定理论指引下的实践。因此，我们在把握特定西方行政管理思想理论的时候，不能不考虑到作为产生其背景和基础的西方行政管理实践，不能不考虑到特定行政管理思想产生后一定会对行政管理实践所产生的影响。一部西方行政管理思想史的发展实际上就是在这样一种复杂的互动关系中不断向前推进的。思想史研究和哲学对于本体问题的研究不同，它很少强调思维与实践间谁更重要、谁具有第一性的问题，它把自己的注意力较多地放在这两者间的互动以及影响这种互动的各种要素上面。

西方行政管理思想史中的每一种特定的思想理论都有着它自身区别于其他理论的特点。把握这些特点，理解这些特点形成的原因和这种特定理论的风貌和品格，是我们认识、把握和评价这种特定理论的地位与作用，掌握这一特定理论与其他思想与理论之间关系的基础。西方行政管理思想史总是把掌握这些特定理论的特点、作用和地位看成是自己当仁不让的重要任务。

2．西方行政管理理论的演进规律

作为一门独立的学科，西方行政管理思想史有着自己的思想理论性特征，也有着自己的史学特征。而大凡史学，包括那些喜欢以“价值中立”作自我标榜的史学流派，都不大可能对于历史发展中的规律问题置身事外。因此，西方行政管理思想史的研究在研究历史上存在的种种行政管理理论的基础上，总是要认真地探讨这些理论在演进上所存在的规律问题。尽管我们的教科书在这一方面做的还不是很好，但作为一门学科，把这种规律作为我们的研究对象应该是不存在很大争议的。

对行政管理理论的演进规律的研究是一个复杂的系统工程，因为对于演进规律的认识不只是一个涉及到行政管理理论发展内在所显现出来的、带有规律性的内涵，而且它也是一个涉及到我们认识者本身的认识方法、视野和视角。对行政管理理论发展内在规律的认识是一个主客体之间不断进行对话，相互建构的过程。在这个过程中，认识主体既不可能只扮演一种被动反映的角色，也不可能可以由着自己的好恶任意去建构。而同样，作为认识客体的行政管理理论演进，也是既不可能有着一种完全不依赖主体建构的所谓“纯客观性”，也不可能完全没有自己的规定性而由主体任意建构。正是这种主客体之间的互动建构体现出了作为我们研究对象的演进规律所具有的特点。

从这样一种认识出发，我们看到，在行政管理理论的演进规律的把握中，我们有必要注重认识主体在建构这种规律的过程中，所应用的“认知范式”及其变化的问题。很多重大的行政管理理论的发展和演进，都是由这种“认知范式”上的革命所引起的。而这种认知范式方面的革命既有着来自行政管理实践的困惑和问题的推动，也和人类在认知领域中整体的发展有关联。人类在各个领域中所获得的成就经常会引发认识论方法的革命，而这种革命对于人们在“认知范式”的变化影响极大。因此我们在研究行政管理理论的演进规律时，要特别关心这种认知范式变化对于理论演进中的作用。正是这种左右着主体建构的认知范式，影响到人们对行政管理理论认识的角度和深度，影响到人们对行政管理理论的认识方法。

当然除此之外，行政管理理论的演进规律还涉及到每一个理论自身从萌芽状态发展到较成熟的形态，再从较成熟的形态到最后的系统化、理论化的内在演进路径，涉及到行政管理思想体系发展和人类社会生产方式之间所存在的密切关联。只有在全面把握了这些方面的情况后，我们才有可能对于西方行政管理理论在百多年发展时间中所呈现出的某种带有规律性的东西。而我们也只有在对这种带有规律性的发展有所了解和把握的基础上，才能够大体上对于西方行政管理理论的未来发展趋势作出较有根据的预测。

公共行政学的范式划分

对公共行政学的基本范式划分影响最大的，当属尼古拉斯·亨利。他认为“经过范式的五次重叠演替，公共行政已经发展成为一个学科领域。……，可以将公共行政学划分为五个范式：范式1：政治与行政的二分法（1900—1926）；范式2：公共行政原则（1927—1937）；范式3：作为政治学的公共行政（1950—1970）；范式4：作为管理学的公共行政（1956—1970）；范式5：作为公共行政的公共行政（1970— ）。——毛寿龙、李文钊：《公共行政理论的范式变迁与名著选择》，

载《西方公共行政学名著提要》，江西人民出版社，2006年版，第8页。

二、西方行政管理思想史的学科特点

了解西方行政管理思想史作为一门学科的学科特点，是我们学好这一门课程所需要的一个重要基础。它有助于我们加深对于这一学科的认识，有助于我们选择正确的学习方法，有助于我们把握学好这门课程的要领，有助于提高我们的学习效率和提升我们的学习兴趣。

1．西方行政管理思想史是一门有着很强理论性的学科

行政管理思想史在很大程度上以史学的方法与形式来展示不同时期行政管理学理论的丰富内容。因此对这门课程的学习要接触行政管理领域里的各种流派的思想理论与学说，对于它们缘起的背景、形成与发展过程、继承的理论渊源关系、内在的逻辑结构、基本的理论内涵、所依据的基础理论和认知范式，所使用的证明方法、理论最后的实践效应以及如何评价这些不同理论的方法等等，都要有一个较为系统、较为完整的认识才行。而西方行政管理思想史由此也不能不带上比较浓厚的理论性色彩。

更重要的是，西方行政管理思想史的研究若要深入，若要能够高屋建瓴、举重若轻，真正领会和把握这些历史上出现的种种理论学说，不仅知其然，而且还知其所以然，我们就不能不对于什么是社会、什么是国家、什么是人、什么是政治、什么是行政、什么是管理等等这样一些最基本的理论问题作出探索与回答。而对这样一些问题探索的回答显然将在一定程度上超越行政管理的理论研究范围，而进入到更为抽象的政治哲学和哲学的理论研究领域。因此，西方行政管理思想史带着极强的理论性正是这门学科最为重要的一个学科特点。

2．西方行政管理思想史在研究方法上具有较为突出的史学特点

西方行政管理思想史也是历史学科的一个分支，行政管理理论的内容大体上是以历史发生的顺序来加以展现的，或者说，它展现的是行政管理理论发展的历史。从威尔逊、古德诺通过自己的理论努力将这门学科从政治学中独立出来，历经数个发展阶段，一直到我们今天带有后现代色彩的公共管理理论的问世，所反映的正是行政管理思想历史发展的过程，展现的正是这一理论领域所呈现出来的动态演进的特点。

这样一种对于行政管理思想的历史过程的展示，使得行政管理思想研究中的审视视角的多样性、复杂性和歧义性获得了彰显，使得行政管理理论对于背景、环境与条件的依赖性和依存性获得了彰显。这样的彰显，在我们今天普遍主义、本质主义、基础主义已经遭遇到有力解构的时代里有着一个非常重要的意义。因为对于历史的发展过程，人们已经很少再把它视为通向某一宿命目标

的过程。在今天的人们看来，人类社会更多地是一个发展着的复杂开放系统，人类凭借自己的理论学说而张开“试错”的触角，人类的思想史实际上就是一部人类在挑战的压力下所作出的理论反应的试错史。历史上呈现的一个又一个试错性理论，它们的成败对错在很大意义上都只具有相对的意义。思想理论通过历史形式的展开，正是提供给了我们一个个可以与之不断对话的“文本”。因此行政管理思想史中曾经出现过的那些理论原则上讲，不存在绝对意义上的对错与高低之分，它们都是我们今人以及后人可资利用的，用来对付未来不测挑战的理论资源。西方行政管理思想史所具有的史学特征，使它在管理学理论体系中所具有的地位获得了极大的加强。

3．西方行政管理思想史是一门具有边缘性、综合性特征的学科

公共管理或行政管理是人类不断提升自己不可或缺的一种手段，其成效高低好坏，对于人类社会的发展来说至关重要。然而，作为指导行政管理实践的行政管理理论的建立与发展，又涉及到对很多其他学科内容的依赖，比如管理学、人类学、历史学、心理学、伦理学、政治学、社会学、哲学、经济学、法学、政策学、行为科学、政治思想史、统计学、博弈论、系统论等诸多学科。这些学科领域的基本知识对于我们了解和掌握行政管理思想史有着重要作用，这些学科领域出现的重大理论与方法论的发展也会给行政管理思想的发展带来重大影响。因此，行政管理思想史是处在这样一种多学科边缘，具有综合性和交叉性特点的一门学科。广阔的视野，各种各样的知识储备是西方行政管理思想史学习与研究所需要的。

三、西方行政管理思想史的学习方法与要求

作为一门独立的学科，西方行政管理思想史有着自身的学科特点。而围绕这些特点，我们在学习过程中，如何学好这门课程，如何立足于我们的国情，立足于我国的历史文化传统，如何推进我国行政管理理论和实践的发展，都是我们应该认真对待的问题。

1．区分西方行政管理理论所反映出来的个性与共性

学习和研究西方行政管理思想史的目的，是借西方行政管理思想这块“他山之石”，用以推进我国自身的行政管理的理论与实践的发展。在这里，如何看待西方行政管理思想与理论所反映出来的个性和共性问题，是我们首先需要加以注意的东西。

西方行政管理思想史所介绍的是西方行政管理思想的历史发展，这些行政管理思想的产生、运行和发挥自己效用的基础是以它自身的独特国情与历史文

化为根据的。在这里，行政管理虽然有着它科学性的一面，但它也带有一种强烈的文化色彩。如果我们在学习的过程中不联系这些行政管理思想产生的历史人文背景，不考虑中西行政文化和行政环境的差异，以为可以把这些理论简单地拿过来照用，显然是会产生类似于“橘逾淮则为枳”这样的结果。因此我们在学习的过程中有必要在坚持“拿来主义”的前提下，掌握好这里面的分寸。

公共行政生态观

公共行政并非是在真空状态存在与运行的，而是与外部的政治、经济、文化、社会、技术、国际等因素构成的生态环境高度地结合在一起，一方面它作用于环境，推动环境的改变；另一方面，它又受制于外部环境，当行政环境出现了大的变化时就必然要求公共行政作出回应。全球公共行政改革运动的兴起，“忽如一夜春风来，千树万树梨花开”，恰是其外部环境长期“润物细无声”的结果。对于公共行政而言，下列因素不容忽视。

1. 全球化。全球化强化了各国公共行政的外部约束，对公共行政管理质量提出了更高的要求。2. 技术革命。技术革命使社会信息实现了水平分配的格局，以前政府所集中控制和独享的权力面临着下移的压力。信息技术的发展还导致社会经济事务空前复杂且瞬息万变，时效性增强。政府必须采用新的手段来对高度复杂、瞬息万变的社会作出反应。现代信息和通讯技术的大规模运用同时又产生了一系列新的问题，如信息传送的可靠性、对个人隐私的保护、计算机犯罪、“黑客”侵扰、网上商业交易的安全性，等等。对这些新问题如何解决、怎样管理，成为各国政府共同面临的一项新的任务。3. 思想理论的转向。公共行政理论总以一定的思想理论作为自己的基础。20 世纪七十年代以后，凯恩斯主义受到新保守主义理论思潮的强有力冲击。这不能不对公共行政学界以及一些政治家和公共行政管理者产生了影响，传统的公共行政的基石——韦伯科层制理论受到了质疑和批判。4. 财政压力。财政压力是公共行政改革的直接动力。在 20 世纪八十年代以前世界上普遍存在着不同程度的政府干预行为。但政府广泛干预、直接插手各种事务的结果是政府规模的膨胀，而政府机构、人员、权力的急剧攀升会消费大量稀缺性资源，高额税赋和优越的福利待遇又都抑制了社会活力，使经济增长乏力。在“能源危机”、经济滞胀、抗税运动冲击下，许多国家的财政陷入危机之中，因而不得不改弦易辙，寻求新的发展思路。5. 政治压力。臃肿的政府、低下的效率加剧了人们对政府的怀疑和不信任，政府如果再不改变自己的形象，那么，就将面临更严重的合法性危机。在一定意义上，这不再仅是一个管理问题，而成为一个政治问题，无论什么政党都必须作出反应，并顺应民心，改革政府，否则就将失去选票。

摘编自《行政生态》一文，参见 http://www.baidu.com/s?wd=%D0%D0%D5%FE%C9%FA%CC%AC

具体地说，我们在学习的过程中要注意去了解具体的西方行政管理理论和实践运行的行政环境，要去了解具体的西方行政管理理论在哪些方面反映出它带有共性的、科学的地方，哪些方面又反映它带有的个性、必须要有特殊历史人文传统支撑才能有效的地方。由于中国和西方在社会政治结构、权力运作方式、政治行政体制、政治和行政文化、历史人文传统等方面存在的巨大差异，因此我们在贯彻“学以致用”的原则时，要有这样的一种区分意识。

当然究竟应该怎样来区分，我们还没有可能提供一个不可移易、不具争议性的标准。因为这样一个标准将会随着一代又一代人的不断感悟与不断总结而逐步确定，会随着我国为自己的行政管理文化和管理体制所选择的发展道路不同而有所变化。但结合我们自己的国情，结合我们现阶段发展的需要，区分西方行政管理思想与理论所反映出来的个性与共性，是我们今天借鉴西方这方面理论用以发展我们自己的有中国特色的行政管理理论时，应该加以肯定和重视的一条方法论原则。

2．坚持理论联系实际的方法原则

理论联系实际的方法，是一条具有很大普适性的原则。我们在这里把它作为一条方法原则提出来，是基于下面这样两点特别的思考。首先，西方行政管理思想史是一门有着较强理论性的学科，我们在学习历史上出现的种种西方行政管理理论时，要意识到这些理论的产生都有着一个现实的行政管理世界作为背景。只有在这样一个管理世界中，我们才能获得这种行政管理理论的“鲜活性”。正如一些思想家指出的，理论都具有对现实鲜活生活加以“脱水”的特征，尽管它是对于鲜活生活的写照，但总未免抽象和教条。而只有我们努力去“复元”这种行政管理理论所得以产生的行政管理世界，我们才能真正领悟和把握这种抽象的教条。因此我们在学习的过程中，不仅要搞清楚这些具体的行政管理思想发展的来龙去脉，而且也要努力去了解作为这些理论背景的具体行政环境、行政文化、管理实践发展的水平，以及更为广阔的社会“日常生活”。因此打开视野，注意相关的背景材料的收集，课堂中案例教学的广泛采用都能取得一定的积极效果。

其次，我们学习西方行政管理思想史的过程，也是我们要去更加密切关注和了解我们国家自己行政管理系统及其实践的过程。学习这一门学科的目的，说到底是一个致用问题。当前我国的行政管理体制及其实践也正在市场经济发展与建设的要求下，进入一个摸索转型的时期，深入了解我国现实的行政管理现状，采集大量我国自己的行政案例，制定有限度的“田野调查”计划，深入到我国的行政管理的现实中去，是我们获得对我国行政管理现状感性认识的一个基础。只有在这样一个基础上，我们对西方行政管理思想史的学习才能避免空泛，才能防止从书本知识到书本知识必然会产生的弊端，才会在理论如何去结合现实问题上真正启发我们的“问题意识”。

3．积极展开中西行政管理思想的比较研究

走中国特色的社会主义市场经济之路，要求我们具有一种强烈的国情意识，要求我们有一种强烈的融贯中西的创新精神。我们百多年来走过的发展之路从正反两个方面反复地告诉我们，历史文化是割不断的，全盘西化是一种与社会复杂大系统演进要求绝对不相符合的错误情感冲动。对于西方思想与文化的介绍与引进，一定要有一个消化、融会和创造的过程。即便是西方思想文化中所具有的共性的东西，我们也应该在拿过来的同时，思考一种能让它在我们自己的历史文化土壤中能够生存下来的形式。在我们百多年民族自强自新的历史上，看到西方太多的“形式”，也大力地引进过很多这样的“形式”，但又有多少这种引进的“形式”真正地存在下来，开出自己鲜活的生命之花了呢?!

因此，我们在学习西方行政管理思想史中，有必要结合着我们对于中国行政管理思想史的了解而展开一种比较研究。中国行政管理思想的发展有着一个相当漫长的历史，它整合着各种资源，使我们在几千年时间中成功地应对了所遇到的各种各样挑战，它本身也成为了我们民族的一种深厚的历史文化传统。尽管我们看到，我们自己的行政管理思想中有着和“大一统”的政治历史结构相结合的，今天已经很难再适应市场经济发展与建设需要的成份，但我们不能由此而全盘否定我们自己的行政管理思想、行政管理文化和行政管理艺术。深入地挖掘这一理论遗产，认真地总结它的成败得失，继承与发扬其中正面的奥义和艺术，使其在和西方行政管理思想的碰撞和结合中，焕发自己的青春，正是我们这一代人所肩负的历史任务。

应该承认，西方行政管理思想的发展是在西方几百年市场经济、商品文化和宗教信仰的基础上发展起来的，它在很大程度上满足了一个多元开放社会在行政管理上必然要提出的很多要求，因而具有着一种时代感区位性的优势。在这一方面我们绝对不能夜郎自大，拒绝学习。因此，重要的是要把西方行政管理思想中的精神精华和我们自己行政管理思想中积极的、形式性的东西结合起来，探索出一套符合我们国情的，符合我们当下社会转型和行政管理体制以及理论转型要求的中国行政管理理论。可以想象，这样一个结果，只有在中西行政管理思想的比较研究基础上，只有在中西融会、贯通的前提下才能产生。

第二节 西方行政管理思想的流派演变

西方行政管理思想虽然伴随人类社会经历了漫长岁月，但是作为一门独立的学科在西方的出现，则已经到了19世纪末20世纪初。这门学科在自己不算很长的百余年发展中，经历了一个由点到面、由浅入深的过程。由于近现代人类社会经济领域出现的不断加速度的发展态势，人类的公共生活和行政管理领域运行的环境也发生着越来越大的变化，而在这种运行环境和人类生活本身的变化推动下，西方在行政管理领域百多年来在众多学者的积极参与和孜孜不倦的探索中，不断展现自己丰富多姿的新风貌，形成了各种流派、各色学说各领风骚、逐步走向成熟的波澜壮阔画面。展望未来，人类社会的快速发展还未有穷期，人类的公共生活和行政管理领域还会不断地涌现出新问题和新挑战，因而人们在这个领域中的探讨和研究便不可能会有停息。厘清行政管理思想在西方的演变与流派，总结其发展的脉络，不断应对时代所提出的挑战，在历史和经验的基础上提升我们管理理论和管理实践的水平，也许是一个摆在我们面前的、常说常新的话题。

西方行政管理思想重大发展变化是以看问题的“范式”转换为基础的。有学者在这个意义上指出，西方行政管理思想的产生和发展大体经历了三次研究“范式”的转换，即从传统的公共行政到新公共行政学，再到（新）公共管理学[①]。当然，在发展分期的问题上，学界的看法并不完全统一。有国内学者认为西方行政思想的发展经历了四个时期：即早期公共行政研究时期、传统公共行政研究时期、修正公共行政研究时期、整合公共行政研究时期四个时期[②]。也有的国外学者提出公共行政发展经历五个“范式”：政治—行政二分法范式；行政学的范式；作为政治学的公共行政学范式；作为管理学的公共行政学范式；

① 陈振明，《从公共行政学、新公共行政学到公共管理学—西方政府管理研究领域的“范式”变化》，《政治学研究》，1999年，第1期。

② 张国庆，《行政管理学概论》第20章“公共行政学的发展”，北京大学出版社，2001年。

作为公共行政学的公共行政学范式[①]。

中外学者对行政管理演进的历史划分角度不同，研究方法不同，得出的结论也不同，这是完全可以理解的。而且这种分期上的不同本身就可以建构出一个可以不断对话的平台，使人们对行政管理思想流派和思想变迁的研究不断走向深入。本节拟就初创时期、早期发展时期、深化时期和拓展时期四个发展阶段，对西方行政管理思想的流派演变作一简略梳理，使读者对西方行政管理思想发展脉络有一个大体上的了解。

一、西方行政管理学科的最初发轫

19世纪末20世纪初是西方行政管理学发轫的时期，一般认为1887年威尔逊的《行政学研究》开启了西方行政管理学科之帷幕。应该说，西方行政管理学诞生在这一时期并不是完全偶然的。

我们知道，在这一时期，西方主要资本主义国家的内外生存环境都发生了重大变化。从这些国家所处的外部环境来看，由于海外市场的激烈竞争，以及殖民地的瓜分再瓜分所引发的大大小小的争霸战争，使得国家在社会生活中的重要性越来越突出，一个国家的行政管理水平如何，直接影响到了一个国家的国力与安危。而从这些国家所处的国内情况来看，由于生产力水平的迅速发展和经济社会结构的巨大变迁，以及这些国家市场经济与社会关系的日益复杂化与多元化，政府对于社会经济公共事务的管理活动也必须面对新情况进行不断地适调。比如，在“第二次工业革命”推动下，市场机制这只“看不见的手”的调节一度失灵，政府在这种情况下如果不改变过去所承担的“守夜人”角色，进而积极主动地干预社会经济事务，就有可能将社会置于失去稳定和平衡的境地。而所有这些，都对西方资本主义国家的行政管理方式变更和加强提出了紧迫的要求。正是在这样一种时代的需要推动下，行政管理学应运而生。

应该承认，行政管理学科在这个时期的发展同时还受到了来自管理科学界兴起的以效率为核心的科学管理运动的影响。管理科学发展过程中所出现的一些方法论革命很快便被行政管理学科所借鉴，从而为行政管理思想的发展开阔了视野，启迪了心智。这一时期行政管理学的研究主要侧重于行政程序和行政规范等的静态结构，重视行政的内部结构和功能，注重于行政管理学的研究对

① ［美］尼古拉斯·亨利，《公共行政与公共事务》，张昕等译，北京：中国人民大学出版社，2002年，第48～81页。

象、内容及应遵循的基本方法等研究。而正是这些研究的展开，逐步奠定了行政管理学的理论基础。总体来说，这个理论基础主要分为两大学派：科学管理学派和组织理论学派。

科学管理学派的代表人物是被誉为“科学管理之父”的美国管理学家泰勒（FREDERICK W. TAYLOR）。泰勒有着大量的企业基层管理经验，曾担任米德威尔钢铁厂的总工程师。正是立足于自己的管理经历之上，他提出了以时间动作分析、工作定额制度、标准化管理、对工人进行职业培训和刺激性的差别工资等概念为核心的管理理念，在“管理科学”领域创立了“科学管理学派”。泰勒的科学管理理论主要体现在他的著作《科学管理原理》一书中。尽管泰勒所开创的科学管理理论主要是针对企业管理的，但由于行政活动从政治中解放出来后成为一个技术含量颇高的独立管理领域，这就使得科学管理的原则和原理可以被行政管理所借鉴和吸收。在泰勒的科学管理理论问世不久，美国政府便运用其基本原则和方法对行政机构进行了改革和调整，提高了行政效率。泰勒的理论对后世影响很大，库克曾把科学管理原理成功地运用到市政管理工作中，美国著名的行政学家怀特也运用科学管理理论来研究政府行政管理。

当然，泰勒的理论也有其不足之处。他把人看作是机器的延伸，把组织看作是封闭的、线性系统，完全忽视了人多方面的社会需求，因而具有很大的机械性。尽管泰勒并没有觉察到这些问题，但他还是有着一定的先见之明，这表现在他没有将自己的科学管理理论看成是终结性的东西，他曾指出：“科学管理的每一步都是一种发展，而不是一种理论。在各种情况下，时间都在理论之先……我所知道的同科学管理有联系的所有的人，都准备放弃任何计划，任何理论，转而拥护所能找到的更好的东西。在科学管理中并不存在什么固定不变的东西。”①

组织（一般管理）理论学派的代表人物是法国工程师亨利·法约尔（HENRI FAYOL，1841—1925）。法约尔一生著述颇丰，其行政管理要素论主要包含在《工业管理与一般管理》一书中。由于个人主观臆断式的经验主义管理经常性地容易造成管理的混乱和无序，法约尔认为，建立一个系统的管理理论是十分必要的。和泰勒那种关注作业现场操作效率的研究方式不同，法约尔转而试图寻找一种更具原则性、普适性的“一般管理理论”。在他看来，管理与经营不同，管理仅是经营的六种职能活动之一，管理本身也有五种要素构成，即：计划、组织、指挥、协调、控制。此后，他根据自己长期管理实践的经验提出了管理

① 转引自孙耀君：《西方管理思想史》，太原：山西经济出版社，1990年，第88页。

的14条原则。它包括①劳动分工、②权力和责任、③纪律、④统一指挥、⑤统一领导、⑥个人利益服从整体利益、⑦人员的报酬、⑧集中、⑨等级系列、⑩秩序、⑪公平、⑫人员的稳定、⑬首创精神、⑭人员的团结。关于管理的定义和14条原则是法约尔创立的一般管理理论的核心内容。在行政管理思想史上，他的主要功绩在于开创了组织研究领域。法约尔的这一理论尽管今天看来不尽完善，但他确实拓宽了科学管理原理所涉及的领域。他的理论今天虽然在一定程度上已成为现代组织理论的超越对象，但它确实在很长的时期内推动了现代组织理论的发展，作为这一理论学派的一个早年先驱，法约尔无疑为现代组织理论准备好了生长的土壤和补足对象。①

组织理论学派的另一著名代表人物是官僚科层组织理论的创始人马克思·韦伯。韦伯最大的贡献就是提出和创立了官僚科层模型的组织理论，并因此被誉为“组织理论之父”。韦伯所说的官僚科层组织指的是一种组织形态及其结构特点，他称之为“理想的行政组织体系”。在韦伯看来，随着传统社会的解体和新兴工业化进程的加快，政府行政管理最需要的是效率，他认为官僚制度正是一种建立在权威和理性基础上的最有效率的组织形式。为此，他详细分析了官僚组织的功能、结构和管理方法，揭示了有效行政组织的管理原则和重要特征，诸如合理的分工、层级节制的权力体系、依照规程办事的运作机制、形式正规的决策文书、组织管理的非人格化、适应工作需要的专业培训机制以及合理合法的人事行政制度等。韦伯将政府管理问题和效率问题紧紧结合在一起，认为行政管理就是要最大限度地追求效率。不过，他同时也认识到了官僚制的缺陷，即压抑人的积极性和创造精神。韦伯的这些行政观念和组织管理原则构成了这一学派早期的基本理论内涵，它既反映了早期行政管理思想的成就，也留下了新的课题，有待于进一步丰富和完善。

科学管理理论和组织理论的发展为行政管理这门独立的学科发展奠定了一个很好的基础。在这个基础之上，行政管理学水到渠成地形成了。作为行政管理学形成的标志来说，当推美国的学者总统威尔逊所著的《行政学研究》，以及当年在学界有着盛誉的古德诺所著的《政治与行政》。正是这两个人的研究，区分了政治与行政，提出了行政管理研究的基本架构和理路，从而开启了行政管理学学科独立发展的道路，其奠基性意义极为突出。

---

① 丁煌，《西方行政学理论概要》，北京：中国人民大学出版社，2006年，第58页。

美国行政学的发轫

公共行政学作为一门独立学科的诞生，源于上个世纪之交的美国。一般认为，威尔逊《行政学之研究》(1887) 一文和古德诺《政治与行政》一书是这门学科形成的两个重要标志。美国行政研究发轫期注重的是为现实的政治体制改革提供理论依据，强调的是学科创建中的理论范式创造，因而它在研究风格上带有很强的宏观、抽象色彩。这种研究风格不仅和美国注重实证分析的传统不相一致，也和整个行政学研究后来强调的方法相差很远。然而，正是这样一种开阔的视野和宏观的分析，从政治哲学的角度对古典自由民主理论中所隐含的内在矛盾进行了批判性的反省，从而不仅为整个行政学在新时期的建设理顺了关系，明确了边界，也为人们在政治学和行政学研究方面提供了一种方法。

摘自张铭，《美国行政学研究发轫的特点》，载《中国行政管理》1999年第12期

除此之外，这一时期对行政管理思想发展作出重要贡献的思想家还有怀特、古利克、厄威克和福莱特。怀特第一次将行政管理思想系统化、理论化，为行政管理学搭建了一个比较完整的理论框架。而古利克的一体化行政管理思想和厄威克的系统化行政管理原则进一步推进了理论的探讨，他们两人于1937年合编的《行政科学论文集》一书，也使当时西方行政管理学的各种不同观点和流派的内容得到系统反映，对于这一学科后来的发展产生了较大影响。福莱特是西方较早系统而深入研究行政管理中人的问题的学者，他所提出的“群体原则”的假说，着力于个人与组织间的整合，为人们提供了一种动态的行政管理理论。她的研究实际上还在正统行政管理理论和行为主义行政管理理论之间发挥了一种沟通作用，她因而被看成是这两种管理理论之间的过渡人物和起着连接作用的纽带与桥梁。

上述这些思想家在学科初创时期的工作为行政管理学的独立发展，学科框架的最初搭建，研究视角和研究方法的开辟打下了奠基性的基础。西方行政管理思想的发展正是在他们的勇敢探索下起步的。

二、西方行政管理思想的早期发展

20世纪三、四十年代，是一个在市场经济和战争压力双重影响下加速发展的时代。在这个时代里，现代科学技术突飞猛进，并以空前未有的速度渗入到

经济和社会的各个领域，社会分工越来越细，自动化程度越来越高，企业的规模也不断向大型化、跨国化方向发展；政府的规模、职能和作用也进一步地扩大与突出。所有这些都使得行政管理的理论与实践面对着一个全新的环境。传统管理理论的缺陷和不足日益彰显，许多先前未曾遇到的新问题出现在人们的眼前。在这种情况下，行政管理理论的视角也随之发生变化，与行政管理相关的许多要素，比如人的社会性和人的心理因素，开始进入人们的视野。行政管理理论对于人的逐渐重视推动了传统的行政管理理论走出以往的视角和局限：只注意组织结构的研究而忽视了对人的研究，只注重技术和程序的原则、原理的构建而轻视了实证研究的重要性。这一时期的理论研究在行为主义方法论推动下，以行政过程中的人为研究中心，着重于人和人之间的关系，人的行为和动机，人和组织之间的关系等等，故此，有的学者将这一时期称为行为科学时期。这一阶段典型的流派主要有三个：社会系统学派、决策理论学派、X—Y理论学派。

社会系统学派的创始人是美国著名管理学家巴纳德，其代表作是出版于1938年并且迄今为止再版20余次的《管理人员的职能》。巴纳德的组织理论以系统观念为依据，将社会学概念引入其中，其基本论点是：组织是一个由协作意愿、共同目标和信息交流这三个相互关联的要素构成的有机整体，组织和组织中的所有成员都是寻求取得平衡，即达到稳定状态的系统，他们调整内部和外部的各种力量以维持一种动态平衡。[①] 巴纳德的系统理论对后世影响极大，经济学家凯恩斯将他的组织管理理论称为“巴纳德革命”。

决策理论的代表人物是美国的赫伯特·西蒙。西蒙学派是行为科学—人际关系学说中最有影响的一支，1944年西蒙在美国《公共行政评论》上发表了《决策与行政组织》一文，初步提出了他的行为主义分析框架，此后他又于1947年出版了《管理主义——管理决策过程的研究》一书，系统地阐述了他的行为主义决策理论，形成了管理学中的行为主义流派。西蒙的行为主义管理理论对西方行政思想史的主要理论贡献在于，它在对行政管理学“正统”研究方法批判的基础上提出了一套比较完整的行为主义行政管理学理论。他试图在行为主义基础之上建立科学化的行政管理学。其主要观点包括：①管理就是决策。②在决策准则上，用满意性准则代替最优化准则。③强调集体决策与组织决策的影响。④从决策的角度分析了权威、训练、沟通、效率、认同等方面的问题。西蒙所著的《行政行为》一书被沃尔多称为“40年代行政学转变时期的主要著

① 丁煌，《西方行政学理论概要》，北京：中国人民大学出版社，2006年，第119页。

作”，是西方行政学的发展中具有里程碑性质的著作。

X—Y 理论学派的代表人物是道格拉斯·麦格雷戈。麦格雷戈在行政管理思想方面的贡献主要在于，他的理论促进了对人事管理和不同管理方式的深入研究。他的代表作《企业的人事方面》一直被认为是行为主义管理学的经典之作。麦格雷格的 Y 理论是建立在对 X 理论的批判的基础上的，他把传统的严格监督制裁的管理理论称为 X 理论，自己的新理论称为 Y 理论。传统的 X 理论以“经济人”假设为前提，认为人有两类，一类是占少数的管理者，其特点是能够自己鼓励自己，能克制感情冲动，担当管理的责任；另一类则是大多数的被管理者，其特点是唯利是图，缺少自律。X 理论以对成员的管束和强制为主，它导致管理人员在催促员工完成任务时要么采用强制性的、严密监督的和严厉控制的手段，要么采用知难而退、放弃管理、宽容放任的管理方式。而大量的管理实践证明，这两种管理方式的缺陷都很大。即便是后来出现的许多折中的修正办法，如所谓的“温和的说话，但手里拿着大棒”，其指导思想依然是 X 理论。而麦格雷戈的 Y 理论则是建立在对人的天性和人的行为动机更为恰当的认识基础上，主张以诱导的办法，鼓励职工发挥主动性和积极性，是“严格而合理”的管理办法。Y 理论是建立在马斯洛需要层次理论的基础上的新思想，与 X 理论的人性预设不同，它立足于“社会人”的假设之上，其具体要点如下：①管理当局应当负责把生产企业的各项要素（资金、材料、设备、人员）组织起来，以实现经济目标；②人们并非天生就对组织的要求采取消极或抵制态度的，他们之所以会这样，是由于他们在组织内的经历和遭遇所造成的；③人们并不是天生就厌恶工作的，应用体力和脑力来从事工作，对人们来讲，正如娱乐和休息一样，是自然的；④外来的控制和惩罚的威胁并不是促使人们为实现目标而努力的唯一方法。人们对自己所参与制定的目标，能够实行自我指挥和自我控制；⑤对目标制定的参与是同获得成就的报酬直接相关的。这些报酬中最重要的是自我意识和自我实现需要的满足。它们能促使人们为实现组织的目标而努力；⑥在适当的条件下，人们不但能接受、而且能主动承担责任；⑦不是少数人、而是大多数人都具有相当高度的用以解决组织上问题的想象力、独创性和创造力。但在现代工业社会的条件下，一般人的智慧潜能只是部分地得到了发挥。⑧企业管理的基本任务是，安排好组织方面的条件和作业的方法，使人们的智慧潜能充分发挥出来，更好地为实现组织的目标和自己具体的个人目标而努力。这个过程主要是一个创造机会、挖掘潜力、排除障碍、鼓励发展和帮助引导的过程。麦格雷戈把 Y 理论叫做“个人目标和组织目标的结合”，认为它能使组织的成员在努力实现组织目标的同时，最好的实现自己的个人目标。①

西方行政管理思想在这一阶段中，受到行为科学等时代认识发展的影响，从而使自己的探索带有了自己的特色。这一时期思想家深入到了组织行为、决策、社会心理和个人心理等研究层面，他们的研究使用了一些新的方法，拓展出了一些新领域，从而把行政管理学的发展推向了一个新的高度。

三、西方行政管理思想的深化

自20世纪五、六十年代始，社会沟通的信息流开始呈现快速增长的态势，与此相应，人们的认知也由不断积累而逐步走向快速增长的历史时期，同时也形成了各种不同学科、各种不同理论之间相互渗透、相互争锋与相互磨合过程不断深入的局面。而六十年代末、七十年代初，美国等西方国家陆续出现的，包括民权运动、反战运动和青年造反运动在内的系列社会、经济与政治危机，也暴露出政府行政管理上的不少漏洞，从而使政府行政改革的呼声甚为高涨。西方行政管理学正是在这样一个大背景下，迈出了自己前行的步伐向纵深发展。这一时期的行政管理思想开始运用新的视角、新的理性价值审视公共行政的理论与实践发展，在思想和理论的创新上形成了一种新的局面，并在基础理论取得突破的基础上，强化自己的实践性研究。这一阶段行政管理学涌现出来的主要流派有四个：政策科学学派、新公共行政学派、权变理论学派及公共选择学派。

政策科学领域的权威代表人物是以色列学者德罗尔，他曾与奎德合作创立了第一个《政策科学》的理论刊物，享有“政策科学之父”的美誉。行政管理学中的政策科学学派是以政府活动的主要内容，即政策制定、政策执行及政策评估问题为主要研究对象的一个专门领域，其“核心是把政策制定作为研究和改进的对象，包括政策制定的一般过程以及具体的政策问题和领域。政策科学的范围、内容、任务是：理解政策如何演变，在总体上，特别是在具体政策上改进政策制定过程”。② 政策科学理论的问世对于行政决策水准的提升，对于行政效率的提高，对于更好地把握行政决策内在规律来说，显然具有重要且不可替代的意义，其影响也一直持续到今天。当然，这一理论在自身的发展中也有着某些不足之处，如研究范围过于宽泛以至于似乎无所不包，又如宏观政策分析理论实践难度较大等等。

① 毕蛟，《麦格雷戈和X理论—Y理论》，载《管理现代化》，1989年 第1期。

② ［以］德洛尔，《政策研究的基本概念》，见〔美〕那格尔，《政策研究百科全书》，林明等译，北京：科学技术出版社，1990年，第13页。

权变理论学派的代表人物是菲德勒。这个学派于70年代在美国等地风行一时。所谓权变，就是权宜通达、应付变化。权变观是以系统理论为基础的，其最重要之处在于否认存在普遍适用于所有环境的原则，强调组织的多变量性以及系统的复杂性。权变理论的意义在于，它使行政管理理论不至于陷入僵化，变成某种一成不变的教条；它指出，所有的理论都随着管理实践的发展而不断变化。当然，权变观对于管理对象多变性的重视与强调，并不意味着它将否认所有"类型"划分的意义。相反，这一理论主张通过大量的实例研究和概括，来建立管理关系的基本类型，因此，"权变管理就是依据环境子变数和管理思想及管理技术因变数之间的函数关系来确定的一种对当时当地最有效的管理方式。"①

1968年9月由美国行政管理思想家沃尔多在明诺布洛克会议中心组织召开了一次公共行政学的研讨会。这次会议提出了"新公共行政学"的概念，用以作为区别于以往行政学理论的标志，会议将政府及其官员在公共行政管理过程中所持有的价值观和伦理观，作为新公共行政学研究中的核心概念和关键性问题。弗雷德克里森是新公共行政学的主要代表人物之一，其观点主要集中于他在1980年出版的《新公共行政学》一书中。概括起来说，新公共行政学的理论观点主要集中在以下几个方面：①主张社会正义和社会公平；②主张改革的、入世的、与实际过程相关的公共行政学；③主张构建新型的政府组织形态；④主张突出政府行政管理中的"公共"性质；⑤主张走向"民主行政"，并以此作为新公共行政的"学术识别系统"。

公共选择理论在20世纪六十年代以后，以其所具有的创见性和适用性逐渐为人们所接受。这一理论旨在将市场制度中的人类行为与政治制度中的政府行为纳入同一分析轨道，即经济人模式，从而修正传统经济学把政治制度置于经济分析之外的理论缺陷的一种新公共经济理论。② 布坎南公共选择理论的"政府失败说"是这一领域的重要研究成果之一。公共选择理论学派认为：政府官员们追求私利、缺乏竞争机制、政府机构的自我膨胀等是造成政府管理无效性的重要原因，必须重新对整个政府管理体制进行设计，否则就不会产生改革家们所追求的行政行为的高效率。为了弥补政府的失败、实现政府的高效率，布坎南等人提出了具体的建议，包括将法律制度的结构分为宪法和普通法两部分；宪法中应有若干约束政府财政规模的规定；实行税制改革；在公共部门恢

① 孙耀君，《西方管理思想史》，西安：陕西人民出版社，1987年，第659页。

② 丁煌，《西方行政学理论概要》，北京：中国人民大学出版社，2006年，第286页。

复自由竞争等。

这一时期的西方行政管理思想基本上结束了自己发展历程中的行为主义阶段，对于行政实践问题的专注，使它有了不少理论上的创新，并由此形成了自己在这个发展阶段中所特有的品格。

四、西方行政管理思想的拓展

我们这个世界自20世纪五、六十年代所开始的变化潮流，到了八十年代已经越来越明显地展现在人们的眼前，微电子领域和信息技术全面地改变着我们的生活方式，全球在各个领域中的沟通与交流以前所未有的加速度在进行着，人们对于世界的认识也在酝酿着某种突破。在这个大背景下，已走过整整一个世纪历程的，日渐成熟的西方行政管理学不能不沿着自己既成的发展轨道继往开来，继续努力在无尽的探索之中，以适应行政实践在新环境和新形势下所提出的新要求。

在这个时期主要的学术流派有下面这样几个：法默尔的后公共行政管理思想、库珀的行政管理伦理思想、奎得的政策分析理论学派、奥斯本企业家政府理论和登哈特的新公共服务理论。

法默尔行政管理思想的特点是它所坚持的一种后现代立场，他将后现代公共行政视为对现代性之核心思想的否定。在法默尔看来，公共行政领域是现代性得以体现的一个典型范例。而如果不改变现代性这样的一个认识基础，公共行政理论对于认识和改变官僚体制的作用是极其有限的。因此他基于后现代主义的怀疑论态度强调，对现代公共行政文本中一些“不言自明”的所谓“真理”性叙事要加以质疑。他认为这种所谓的“真理”在某种程度上阻碍了公共行政理论研究进一步向纵深发展。法默尔由此出发，从特殊主义、科学主义、技术主义、企业精神以及解释学等方面对现代公共行政理论的局限性进行了解构。并在分析传统公共行政学理论的五大局限的基础上，提出了走出局限的后现代性重建路径的四个值得关注的方面，主要包括想象、解构、去领地化和“变样”。

库珀的行政管理伦理思想强调了公共行政领域中行为者的责任伦理。他指出，尽管法律和法规会从原则上对行政人员的行为进行角色规范，但它们通常只给行政人员的行政行为提供一些含义宽泛的倾向性指导。而作为角色扮演者的行政人员在自己的弹性活动空间中依然具有很大的随意性，拥有着人们通常所说的“行政自由裁量权”。在这种情况下，要想最终的行政决策能做到负责任，就必须加强行政伦理建设来提高决策者的伦理水平和增强其良知。库珀认为，公务员不仅仅是技术专家、解决问题的人或政府雇员，他们最好被理解为某种将公民的责任延伸到其一生工作中的人。从本质上看，公务员尽心尽责于公共服务的态度来源于责任和义务这些公民美德，因此，“公民美德是民主社会中合法行政实践所必需的核心个性特征”。由此库珀希望，行政人员要从民主公民权的基础上获得其伦理身份，承担其一切特殊的角色和职责。

奎德的研究继承和发展了以德罗尔为代表的政策科学研究，使兴起于20世纪六十年代的这门学科在新的形势下获得了长足发展。他在这一领域所取得的骄人成就使政策科学的学科地位获得了巨大的提升，政策科学和决策理论在这种努力下呈现出跻身于政治和行政研究主流的态势，从而被视为是“国际政治学会成立20年来最大的突破”。20世纪八十年代后政策科学发展的一个重要特征是进入了比较公共政策研究时期，作为代表人物的美国政策分析家奎德，将其研究成果主要集中在他的《公共决策分析》一书中。该书不仅对政策分析的本质、政策分析与系统分析和运筹学等相关概念之间的关系以及政策分析的必要性等基本问题作了深入的阐述，而且对政策分析的要素、政策分析的过程以及政策分析与政治因素的关系作了比较系统的归纳。

提出企业家政府理论的奥斯本是这个时代另一位引人注目的思想家。在他看来，传统的官僚体制越来越不能适应现代社会环境的变化而变得日益呆板、低效，为了使政府重新变得有效，一定要重塑政府——用企业家精神来改革或重新塑造政府。奥斯本提出企业家政府理论的宗旨就是试图把企业管理的精髓融入到政府的管理行为中来，通过改变官僚政府内部的管理机制和内部驱动力，来达到重新塑造政府的目的。为此，奥斯本提出了企业家政府的基本特征与改革政府的十项原则，即掌舵而不是划桨、重授权而非事必躬亲、注重引入竞争机制、注重目标使命而非繁文缛节、重产出而非投入、具备“顾客意识”、有收益而不浪费、重预防而不是治疗、重参与协作的分权模式而非层级节制的集权模式、重市场机制调节而非仅靠行政指令控制。

作为对新公共行政理论的质疑，以登哈特夫妇为代表的一些学者提出了自己不同的看法，并在倡导“服务而非掌舵”的原则基础上形成了“新公共服务理论”。登哈特的新公共服务理论主张用一种基于公民权、民主和为公共利益服务的新公共服务模式来代替当前的那些基于经济理论和自我利益的主导行政模式，认为未来的公共服务将是以公民对话协商和公共利益为基础的，从而将民主、公民权、公共利益这三者紧密地结合在一起。

这一时期的行政管理思想在延续了前一个发展阶段的特点基础上，展示出了行政管理思想研究的视野开阔和其他学科方法论对于行政管理思想进行渗透的特点。后现代主义所开启的现代性反思，大大推动了行政管理思想在这个时期里登上了自己发展过程中的一个理论新高峰。

思考题

一、简答题

1. 西方行政管理思想史的研究对象是什么？
2. 西方行政管理思想史的学科特点何在？
3. 行政管理思想的历史发展中呈现出哪些理论“范式”？
4. 借鉴西方行政管理思想时，为什么要注意到它们的个性和共性问题？

二、论述题

试述西方行政管理思想发展的历史脉络。

第二章　西方行政学理论的发轫

本章重点

1. 行政学研究的缘起
2. 威尔逊的“政治与行政二分”主要思想
3. 古德诺“政治—行政二分法”的内容

第一节　行政学研究的缘起

行政管理作为一种专门以社会公共事务为管理对象的管理活动，其历史是十分久远的。国家从它的诞生日起就担负起了社会公共事务的管理职能，国家一方面要维持社会统一，保持稳定的社会秩序，另一方面还要从事类似于筑河修路、国防外交的社会经济文化事务。然而行政管理作为一门科学，却是随着国家对社会公共事务的管理由简单到复杂、由低级到高级发展，随着工业革命的洗礼，社会化生产程度的提高而逐渐形成的。行政管理真正形成一个相对完整的理论体系，成为一门独立的学科，是源于19世纪末20世纪初的美国，不过近百余年的历史。

在古代社会，即通常所说君主专制的国家中，“朕即国家”，国家的意志是君主意志的直接体现。由于当时生产力低下，社会生产关系十分简单，国家意志的表达所需要的活动也不太复杂，加之权力集中在以君主为核心的权力机构手中，所以行政与政治的区别极小，可以说行政几乎完全被包容在政治之中，行政管理不可能成为一门独立的学科。

到了18、19世纪，西方各国的资产阶级基本都取得了政权，走上了民主的道路，开始建构民治政府。这一时期民主进程的结果主要是：新政府是依照启蒙思想家所设计的三权分立原则建构的，其功能分为立法、行政、司法三个方面，分别由议会、行政机关和司法机关三个独立的机构来承担。其中议会处于领导地位，这一点在英国等议会制国家中表现的十分明显。在美国 19 世纪的大部分时间里，也是国会处于主导地位。作为这一时期的政府，普遍奉行的是一种消极主义和放任自由的政策，政府职能极其有限，行政权受到种种约束，行政法的主旨就是要限制行政权，维护私人财产。对于这个时期的政府，人们往往称作为“消极政府”或“有限政府”，其涵义就是政府的作用只限于一些极其有限的领域，政府对社会的关系是处于一种消极地答应社会要求的状态。所以，这个时期的行政是一种消极的和被动的行政。消极的和被动的行政是建立在这样一种信念基础之上：人们相信只要市场遵循自由竞争的原则，在自由竞争的规律作用下，就能够使各种资源得到合理的配置，就能够使经济、社会自动的达到一种均衡状态，就可以实现“充分就业”。这就要求政府的活动要以不破坏市场的自由运行为界限，让政府尽量减少干预或不干预市场的运行。这也就是对政府的所谓的“守夜人”角色的定位。此时，行政管理作为一门独立的学科依旧缺乏必要的产生条件。

但是，19 世纪中叶以后，情况开始发生变化。西方各国陆续完成了工业革命，有些发展较快的国家开始了第二次科技革命，社会经济迅猛发展，资本积累的速度加快，资本主义的自由竞争开始逐渐地为垄断所代替。到 19 世纪末，资本主义自由竞争向垄断时期全面过渡，由生产和资本高度集中引起的垄断统治逐渐形成。在这一时期，社会生产力的迅速发展所引起的经济结构的巨大变化，无疑对政府管理社会经济的职能形成挑战，同时，随着社会关系的日益复杂化出现了一系列社会问题，诸如劳资冲突、失业、救济、国民教育、城市发展等等，各种社会矛盾的频频迭出，呼吁一个强政府的出现。为了缓和、消除各种矛盾，维持社会的稳定，政府开始脱去“守夜人”的外衣，一改消极被动的状态，进而积极主动地干预社会公共生活和公共事务。“无疑，政府对社会生活的干预表现为社会管理，而在社会管理过程中，政府对自身的管理问题也不断被突出了出来。政府管理社会生活的面越广，涉入程度越深，就会对政府规模的膨胀有更大的要求，相应地也就会对政府自身运行的技术化程度要求更高。”[①]在这种情况下，政府地位的增强、权力的加大、职能的扩展以及管理方式的科学化都是不可避免的。然而政府的状况却不尽人意，诸如效率低下、不负责任、贪污腐化、铺张浪费等现象并不鲜见。正是如此，迫切需要一门专门

① 张康之、李传军、张彰编著，《公共行政学》，北京：经济科学出版社，2003 年，第 6 页。

研究政府的行政体制和行为的理论来顺应时代的要求，指导政府更好地履行其职能。于是，行政学应运而生。

一般认为，行政学兴起于美国，发端于伍德罗·威尔逊于1887年在《政治学季刊》上发表的《行政学研究》一文，该文被广泛认为是开行政学之先河。但是从思想渊源这个角度讲，行政学研究的最初源头却并不出自于美国本土，而是来自欧洲大陆，尤其是德国。关于这一点威尔逊说的很清楚，行政研究“是一门外来的科学”。

行政研究最早在德国获得发展，是德国高度集权，“开明专制”的政治体制力图加强自身行政效率的反映。当时的德国专制统治者在国家间争霸，国内革命巨大压力下，力图通过完善国家机构分工，提高行政效率的方法，来降低内耗磨擦，缓和民众不满和增强自己的争霸实力。在这样一个背景下，行政研究在德国得到了高度的重视和加强，并在众多学者的努力下走在了世界各国的前列。用威尔逊的评价来讲，它在当时“几乎达到了极其完善的程度”。①在行政研究的德国阶段中，所取得的具体成果主要有两个方面。一是对“政治”和“行政”这两个概念作了清晰的划分，明确了“政治”和“行政”这两个领域之间的内在联系和区分。德国颇有权威的学者斯坦因（STEIN）按照当时的时兴，将国家视为有机体，认为国家作为在一定社会秩序条件下的人格主体，具有心理学意义上的意志和行动这两个方面的对立。这种对立在体制和功能上，具体地表现为“宪政”与“行政”的关系。他指出，宪政是主体有组织的意志；行政则是主体依据意志所进行的活动。宪政规定行政活动的轮廓，但行政的内容却不是来自宪政。“国家的宪政不能包有行政。此恰犹意志的本身，不能就是行为或劳动一样。此宪政的最大机能，是对行政予以限度与秩序。宪政不能执行行政，只是理解行政的任务并予以权利的设定”。因此“宪政若由其固有的概念而言，如无行政的行动，则此宪政的权力就缺而不备。”②二是初步建构起了行政研究的体系，将行政组织、行政行为和行政法规定为行政研究的主要对象。在斯坦因看来，研究行政组织是因为行政本身是统一的国家权力，以统一的意志使人们的活动成为单一人格的生命活动，为了使这一最高目标得以实现，就必须产生一种一方具有决定能力，其他方具有活动能力的机关组织，而此种机关的发展过程显然对于国家人格活力发挥具有极大的影响。研究行政行为是因为，行政的内容相对于抽象的国家人格来说，相对于国家人格以外的共同社会

① ［美］威尔逊著，《政治学之研究》，李方译，《国外政治学》，1987年第6期—1988年第1期。

② 同上。

来说，具有相对的独立性，因此不能不研究行政行为自身的独特规律。研究行政法规是因为，行政机关活动的展开，都按一定的法令、规定行事，要得到良好的秩序，极高的效率，做到职责分明，就必须有一个“合法”的行政，必须对行政裁判、行政诉讼等法规加以探讨。

德国学者在研究中体现出来的对于理论抽象和思辩方法的兴趣也在一定程度上感染了美国的行政研究同行。以威尔逊为代表的美国一代学者持一种相当积极的“拿来主义”态度。他们在自己的研究中明确了这样一个原则：行政管理具有超越政府结构差别的共性，因而在借鉴、利用有关的外国经验时，不必顾虑太重。威尔逊指出：“在与行政管理职能有关的各个方面，一切政府都具有很强的结构方面的相似性。不仅如此，如果这两种政府都想要同样地成为很实用而且很有效率的政府，那他们就‘必须’在结构上有高度的相似之处。……君主国家和民主国家，尽管其他方面彼此有根本上的差别，然而在实际上却都有许多性质相同的工作需要加以照管。”因此只要能从根本原则方面认识到这两类国家相互间在环境条件上的全部根本差别，“我们就能够安全而且有益地引进他们的行政科学”。[①]正是在这种拿来主义的推动下，美国行政学研究从一开始，就站在了德国人的肩膀之上，具有较高的起点和基础。德国行政研究中对政治和行政的分离，对行政内容相对独立性的强调，对行政内部运行规律的关注，很自然地成为美国行政研究进一步展开的出发点。

当然，美国行政学的发轫动机决不是要引进一门学科那么简单，正如威尔逊所言：“决没有任何一门实用科学，当还没有了解它的必要性时，会有人对它研究。”行政研究在美国高起点的兴起得益于它对于“外源性”研究成果的借鉴，这一点当然是无可置疑的。但是从其发展的国内社会根源来讲，我们又可以看到，行政研究成为这一时期人们的一个“兴奋点”，还和美国当时现实政治生活中涌现出来的重大课题有着直接的关联。正是这个困扰着人们的重大课题所提出的政治改革要求，才直接地将行政研究高潮呼唤了出来。自美国独立战争以来，以潘恩、杰斐逊为代表的革命民主主义思想一直具有非常强大的影响。人们往往对政府权力，尤其是行政权力持有相当的警惕态度，因而美国政治体制的设计者们将它再三地从横向和纵向加以分割。这种高度分权的做法，基本上反映了革命民主主义派对保障自由的热切要求。此后，这种自由的理想又通过西进拓殖、南北战争和废奴运动而进一步得到增强，渐成根深不摇之势。然而人们意料不到的是，革命民主主义者对于自由主义的坚持，在新的发展时期

① ［美］威尔逊著，《政治学之研究》，李方译，《国外政治学》，1987年第6期—1988年第1期。

里，遇到了意想不到的挑战。问题主要来自利益组合形势发生了重大变化。当时的美国在大工业和城市化迅猛发展的过程中，涌现出一批暴富起来的工业资本巨头，他们利用手中巨大的财富进行“权钱交易”，以收买、贿赂等手段拉拢国会和地方议会议员，从而达到影响甚至操纵议会决策的目的。结果，这个时期的各级议会通过了一批对大资本、大财团进一步扩张极为有利的议案。到19世纪七十年代，这种权钱的勾结变得更为赤裸裸，也更为丑陋，致使人们一度寄予很高希望的各级立法机构声名狼藉，威信直线下降。而工业资本巨头为了维持这样一种有利可图的权钱交易局面，便将革命民主主义者一向高举的自由旗帜接过来，大力鼓吹自由放任，鼓吹限制政府行政权力，反对扩大选举权，反对政府对“自由竞争”有组织地干预，从而在政治意识形态领域里形成了一股被人们称为“新个人主义”的思潮。这样，革命民主主义早年为捍卫自由权利而高举的大旗，到现在却成了工业资本巨头在财富和政治上实行垄断权力的工具。[①]

针对议会的腐败，美国的自由主义者、民主主义者掀起了一场声势浩大的“新民主运动”，开始考虑用加强权力、扩大政府职能的方式来制约议会权力。正是由于这个很独特的背景，这场新民主运动对于早期的民主主义要求进行了反思和修正，不再强调权力的分散，反而希望政府应该站出来，成为匡扶社会和经济进步的工具。在这个时期，政党分赃制已被功绩制取代，政府的形象有了改善，因此行政力量日益被新民主运动视为一种有效工具而得到重视。一时间，要求加强行政权力，明确责任，向全体民众负责的政治主张是如此深入人心，以至于威尔逊当时在竞选新泽西州州长过程中敢于公开声称，他如能上台就将全面担负州行政事务责任，如果这样做违宪的话，他准备做一个违宪的州长。也正是这个威尔逊在他的《国会制政体》一书中，严厉地批评了国会制度的无效率和混乱，要求有一个更负责任的政府。他指出，“任何事情，不论是政府的事情还是仅仅做买卖，都必须有一个人当家作主”。[②]事情变得越来越明显，行政权力应不应该加强以及如何加强的问题，很快地成为对立的政治力量争论的焦点。因此我们不难看到，行政研究在当时美国的勃发所反映的，正是美国国内不同利益集团之间由于社会经济政治状况的变化而激化了的利益冲突，因此它也是此后声势浩大的政治改革运动的最初理论表现。

正是在以上背景下，伍德罗·威尔逊发表了《行政学研究》一文，提出行政与政治二分，主张建立一门独立的行政学。毫无疑问，政治与行政的分野，

---

① ［美］梅里亚姆著，《美国政治思想史》，北京：商务印书馆，1984年，第186～193页。

② 同上，第224页。

是政治学赖以确立的理论前提，这是威尔逊最大的贡献。如果说，德国的史坦因还仅仅只是从行政法的角度来构建他的行政研究体系的话，那么威尔逊所明确提出的行政与政治二分则在真正意义上奠定了行政学的理论前提，开启了行政学独立发展的第一次机缘。

第二节 威尔逊的《行政学研究》

威尔逊作为行政学的开山鼻祖，其主要的行政思想基本上都包含在《行政学研究》一文中。尽管《行政学研究》一文字数并不多，但其中确实包含了丰富的行政管理思想。在此文中，威尔逊提出要研究国家的行政管理，建立一门独立的行政学，并对行政学的研究对象和主要内容提出了设想。所以《行政学研究》一文，通常被用来标志行政学作为一个研究领域的诞生，正如威尔逊所言:“在本世纪度过它最初的青春年华，并开始吐放它在系统知识方面独特的花朵之前，谁也没有从作为政府科学的一个分支的角度来系统地撰写过行政学著作。”①

伍德罗·威尔逊

伍德罗·威尔逊（Thomas Woodrow Wilson）不仅是美国历史上杰出的政治家和教育家，而且也是著名的行政学家和政治学家。作为前者，他曾担任过美国第 28 届总统、新泽西州州长和普林斯顿大学校长等职；而作为后者，他获有美国著名的普林斯顿大学的博士学位，担任过大学教授，主要从事过政治学、政府和法律方面的教学和研究工作，并撰有《国会制政体》（1885）、《行政学研究》（1887）、《国家》（1889）以及《美国的宪法政府》（1908）等重要学术著作。

转引自丁煌，《西方行政学理论概要》，中国人民大学出版社，2006 年 5 月，第 7 页。

① ［美］威尔逊著，《政治学之研究》，李方译，《国外政治学》，1987 年第 6 期－1988 年第 1 期。

一、行政学研究的必要性：政府职能的增加

威尔逊在其著作中首先分析了行政学作为一个独立研究领域的必要性，认为社会本身的不断复杂化以及与之相伴的行政管理的复杂性迫切要求一门行政科学的指导。在威尔逊时代以前的很长一段时期内，“美国的政治史不是一部发展行政管理的历史，而是一部关心立法工作的历史——不是改进政府组织，而是制定法律和政治评论的历史”[①]，对行政管理活动的研究并没有得到重视。政治学家们将争辩和论证的焦点放在了诸如“政府构成方式，国家性质，主权的本质和地位，人民的权力和君主的特权；属于政府核心的内容的最深的含义以及根据人性和人的目的政府目标之前的更高目标”，而将“如何有启发性地、公平地、迅速而又没有摩擦地实施法律”看作是实际工作中的细节问题，“在专家学者们就理论原则取得一致意见后由办事人员处理”。对宏大的“应然”问题的热衷埋葬了对“实然”问题的关注，“唯一重大的问题是：谁将掌握权力?”在早期，这种对于行政管理的忽视是可以理解的，因为“当时在行政管理方面很少或完全没有遇到麻烦问题，至少没有引起行政官员注意的问题。那时候政府的职能很简单，因为生活本身就很简单”，“所有掌握权力的人员都不会对怎样运用权力长期茫然不解”。然而，这种状况到了19世纪发生了变化。随着经济和社会的迅速发展，社会的公共事务日益增多，“如果在以往许多世纪中可以看到政府活动方面的困难在不断聚集起来，那么在我们所处的世纪则可以看到这些困难正在积累到顶点”。“政府的职能日益变得更加复杂和更加困难，在数量上也同样大大增加。行政管理部门将手伸向每一处地方以执行新的任务。”[②]继“谁掌握权力”课题之后，“如何行使权力”成为亟待解决的重大课题。在威尔逊时代，“执行一部宪法变得比制定一部宪法更要困难得多”，关于宪政原则的讨论“在实用性方面它们已经不再比行政管理问题更突出”。原有的权力配置和管理方式已经无法应对时代的要求，正如威尔逊所言：“我们的政府如同一个身强力壮的小伙子一样，其机能已经得到发展，身材已经长大，但在动作方面却变得笨拙了。其精力和年龄的增长，都已和其所具有的生活技能不相适应。它得到了力量，但却不具备相应的行为。因此，跟欧洲诸国相比，虽然我们在机构发展的顺利和健康状况方面的优越性是很大的，但我们现在却面临着需要进行更加仔细的行政调整和需要具有更加丰富的行政知识的时刻。”正是基于

① ［美］威尔逊著，《政治学之研究》，李方译，《国外政治学》，1987年第6期－1988年第1期。

② 同上。

这样的时代要求，威尔逊强调应该有一门独立的行政科学来指导政府的活动，“力求使政府不走弯路，使政府专心处理公务减少闲杂事务，加强和纯洁政府的组织机构，为政府的尽职尽责带来美誉”①。

二、行政学理论前提的设立：政治与行政二分

毫无疑问，政治与行政的二分是行政学赖以形成的理论前提，威尔逊最大的贡献就是厘清了行政与政治的关系，将行政从政治的全控中剥离出来，主张行政学研究应从政治学研究中分离出来，作为一门独立的学科来研究。从行政管理的思想源流看，“与其说威尔逊开创了行政学这门学科，不如说威尔逊是行政学的‘助产士’，因为从根本上来说，行政学的‘母体’仍然是政治学而并非是‘横空出世’。当然，首先是威尔逊意识到了为行政学‘助产’的必要性。”②

自政治学研究主题从中世纪神学政治的樊篱中挣脱伊始，也就是权力从天上被拉回到人间的那一刻始，“谁掌控权力”这一命题便吸引住了所有人的目光，政治学家们便开始忙于试图构建某种理性的政治法则，而没有人去关注“如何行使权力”这一同等重要的问题，似乎行政天生从属于政治。这种情况到了19世纪末才得以改变。即便是在19世纪的大部分时间里，政治角色和行政角色之间也没有明确的界线，尤其是政党分赃制的确立，由于它体现了民主原则而十分地畅销，这使得行政官员实际上被政党控制，完全成了政治性官员。“在这种情形下，政治与行政的关系于封建专制时代的行政的同一似乎没有任何差异，如果说有什么不同的话，那就是君主专制时代的行政统一于君主的意志，而早期资本主义国家的行政则是在民选原则和政党控制之下，即统一于‘人民主权’的原则之下。”③到了 19 世纪中叶以后，随着社会经济的飞速发展，社会事务越来越复杂，政府的职能也日益增加。这一时期，尽管政党分赃制被作为民主原则的体现而得到拥护，但在客观上，它一方面使政府工作人员经常性的全部轮换，导致了政府运行连续性的中断，极大地损害了政府效率；另一方面，它不可避免地使许多无能之辈占据政府职位，导致政府鱼龙混杂、腐败频生。“政府管理中的低效和社会经济生活对政府的迫切需要之间产生了巨大的反差……这使得政府在民主与效率之间陷入了二律背反的境地。因此，当社会经济生活的发展迫切呼唤有效的行政时，享有合法性的政府便陷入了尴尬的局面。”④

---

① ［美］威尔逊著，《政治学之研究》，李方译，《国外政治学》，1987年第6期－1988年第1期。
② 张康之、刘柏志著，《公共行政的继往开来之路》，《湘潭大学学报》，2007年，第1期，第14页。
③ 张庆才著，《西方政治与行政关系的历史演变及趋势》，《行政论坛》，2003年，第59期，第86~87页。
④ 同上，第87页。

政党分赃制

“政党分赃制”(THE SPOILS SYSTEM)，又称“政党分肥制”或“恩惠制”，系指将公职委派给获胜政党之支持者的制度。这是一种落后的用人唯党、用人唯亲的人事制度，字画政党完全依据党籍关系用人，把公职当作战利品、肥缺，分赏给在竞选中为本党摇唇鼓舌之徒。在历史上，不少资本主义国家都曾一度采用这一制度，而以美国为最。据美国出版的《新型公职人事管理》一书介绍，美国在1789年至1892年期间，总统用人主要以能力和“合适”为依据，高级职务则由有着显赫背景、受过良好教育的“社会精英”来担任。而自1892年安德鲁杰克逊总统始，到1883年彭德尔顿法通过止，则实行轮流担任公职，“政党分赃”遂成制度。

引自涂象钧，《美国的政党分赃现象浅谈》，《世界经济与政治》，1989年，第10期，第59页。

当众多学者依然在政治学和法学的常规命题的讨论中喋喋不休时，威尔逊已经敏锐地观察到了整个社会的现实需要。“我们正处在这样一个时期，即对于我们这个长时期背着制定宪法的种种习惯的包袱的政府来说，它的健康迫切需要有关行政管理的研究和创造来加以保护。从建立基本原则的角度来说，制定宪法的时期实际上已经结束，但是我们却无法摆脱它的影响。当我们应该进行创造的时候，我们却继续进行政治评论。”他认为，政党分赃制的弊病是将政治问题和行政问题混在一起造成的。由此，他主张将行政从政治中分离出来。威尔逊赞同布隆赤里的观点，认为行政管理的领域是一种事务性的领域，是“置身于‘政治’所特有的范围之外的。行政管理的问题并不是政治问题，虽然行政管理的任务是由政治加以确定的，但政治却无需自找麻烦地去操纵行政管理机构。”“政治是‘在重大而且带普遍性的事项’方面的国家活动，而‘在另一方面’，‘行政管理’则是‘国家在个别和细微事项’方面的活动。因此，政治是政治家的特殊活动范围，而行政管理则是技术性职员的事情”[①]。“政策如果没有行政管理的帮助就将一事无成，但行政管理并不因此就是政治。”为了进一步阐释行政与政治的区别，威尔逊在其著述中还谈到了宪法问题和行政管理问题之间的区别，“公共行政就是公法的明细而系统地执行活动。一般法律的每一次具体实施都是一种行政行为。”“然而指导这些应予进行的工作的一般性法

① [美]威尔逊著，《政治学之研究》，李方译，《国外政治学》，1987年第6期－1988年第1期。

律，却显然是在行政管理之外和行政管理之上的。”宪法与行政“并不完全是‘意志’与相应‘行动’之间的区别，因为行政官员在为了完成其任务而选择手段时，应该有而且也的确有他自己的意志，他不是而且也不应该是一种纯粹被动的工具。这是一般决策和特殊手段之间的区别。”威尔逊进一步论证道：“从政治哲学的角度着眼，行政学的研究是与宪法中主权之恰当分配的研究密切联系在一起的。为了获得办事效率，必须找到一种极为简便的安排；通过这种安排，可以使官员精确无误地承担责任，必须找到不给权力带来损害的最佳分权方式，找到不会导致责任模糊的最佳责任分担方式。而这种分权问题，当其被引入政府的高层和根本职能这一范围时，就显然是一个核心的宪政体制问题了。如果行政学之研究能够找到作为这种分权办法之基础的最佳准则，那么它就等于为宪政研究作出了不可估量的贡献。”从这一角度出发，威尔逊断言：民主虽然有着古老的历史，但是要把它在现代观念和环境之上组建起来，还依然是一件未竟事业。“因此，我坚信在这个问题上面，孟德斯鸠的意见并不是最后的结论。”①

正是基于这种认识，威尔逊将政治与行政区别开来，即后人从他论文当中归纳出的“政治与行政二分”原则，这一原则是威尔逊整个行政理论立论的基础，同时也为行政学以后的发展奠定了基础。

三、舶来之学的美国化：拿来主义与求实精神

威尔逊的行政理论并非横空出世，前文中已经交待过，行政研究的最初源头始于欧洲大陆，尤其是德国。威尔逊也是深受史坦因和布隆赤里学说的影响。威尔逊在他的《行政学研究》一文中毫不避讳的说：“行政学的博士都产生在欧洲。这门科学并不是我们的创造，它是一门外来的科学。”

威尔逊对“这一显然如此容易使一切政府都能得到好处的科学”坚持了大胆的、积极的拿来主义。正是基于对行政和政治之间的区别、基于对行政管理的独立性的认识，威尔逊在其研究过程中才确立了这样的原则：行政管理具有超越政府结构差别的共性，因而在借鉴、利用有关的外国经验时，不必顾虑太重。为了进一步消除人们的顾虑，他还论证道：我们以一种外来的方式应用它们是不会有危险的。我们引进了大米，但我们却不用筷子吃饭。我们的全部词汇都是从英国引进的，但我们却从其中淘汰了“国王”和“贵族”。但是面对德国和美国政治体制性质上的差异，威尔逊也比较谨慎：为了与我们的目的相符，

① ［美］威尔逊著，《政治学之研究》，李方译，《国外政治学》，1987年第6期—1988年第1期。

对它必须进行调整，使之适合于权力高度分散的政府形式建立起来。如果我们要应用这种科学，我们必须使之美国化，不只是从形式上或仅仅从语言上美国化，而是必须在思想、原则和目标等方面从根本上加以美国化。它必须从内心深处认识我们的制度，必须把官僚主义的热血病从血管中加以排除，必须多多吸入美国的自由空气。"只要我们能够从根本原则上认识其在环境条件方面的全部根本差别，我们就能够完全和有益地引进他们的行政科学。我们仅需要用我们的宪法把它加以过滤，只需要把它放在批判的文火上烘烤，把其中的外国气体蒸馏掉。"威尔逊主张用历史的方法和比较的方法来研究行政学，"因为在整个政治学领域里，我们在使用历史比较法时，似乎没有任何领域要比行政学这一领域更为安全的了"。他尤其告诫某些排外的爱国者"应该因此排除一切成见，这些成见反对行政研究中向除了本国之外的一切地方去寻求启示"，"如果采取拿我们自己跟自己比较的方式，我们就将永远无法了解我们自己的缺点和优点"，甚至于"一无所知"。他主张选择向与美国环境气氛完全不同的国家学习，像德国和法国的那些制度，这样可以快速地了解自己方法中的特点，同时因为坚持了历史比较的方法，"当我们研究法国和德国的行政制度时，由于我们明知自己并不是在探求'政治'准则，因而当法国或德国人向我们解释其行政实践时，我们不需要注意他们就宪法和政治原因方面所做的撒胡椒面式的解释。如果我看到一个杀气腾腾的人在敏捷地磨着一把刀子，我可以借用他磨刀的方法而用不着借用他可能用刀子犯谋杀罪的动机。同样，如果我见到一个彻底的君主主义者很好地管理着某一个公共机关，我可以学习他的办事方法，而无需改变我作为共和主义者的特点。他可以为他的国王效劳，而我却将继续为民众服务。但是我却希望能像他为其统治者服务那样为我的统治者服务。只要在思想上保持这种区别界限——也就是说，只要把研究行政学作为使我们的政治易于付诸实践的一种手段，作为使针对所有人的民主政治在行政管理方面实施到每一个人的一种手段——那么我们就会立足于完全安全的基础之上，并且我们就能够学习外国制度必然教给我们的东西而不犯错误。这样，我们便为比较研究方法设计出来了一个可进行调节的砝码。这样，我们便可以对外国政府进行解剖学的观察，而不用害怕会把它们的任何疾病传染到我们的血管中来，可以详细解剖外国制度而不用害怕血液中毒。"①

在坚持大胆拿来的同时，威尔逊也注意到了要防止拿来过程中的盲目性。因此，他们在引进和借鉴一种行政管理理论时，总是坚持进行实践验证和讲求

① ［美］威尔逊著，《政治学之研究》，李方译，《国外政治学》，1987年第6期—1988年第1期。

实用效果的原则，反对本本主义、教条主义。威尔逊指出："一切普遍性理论作为理论来说，应该不仅是在公开的论证中，并且在我们的思想上，都谦虚地处于背景与陪衬地位，以免那些仅仅按图书馆标准来说，可以称得上是满意的意见，将会被教条式地加以运用，仿佛它们按实际政治的标准说也一定同样是令人满意的。教条式的设计必须是摆在经过试验的实践之后"。"世界性的'作什么'永远应该由美国式的'如何作'所支配"。①应该说，这种以实践为准绳，以本国具体实践为核心的思想既体现了美国学术研究的传统，也构成了在这个方面的一个独有特色。

四、行政学研究的内容：超越细节研究的整体性建构

美国行政研究一开始就站在德国先辈的肩膀之上，因而具有较高的起点，同时，美国在坚持拿来主义的时候注意与现实政治生活紧密结合，这两个特点使得这个时期从事研究的学者很自然地关注行政学的宏观理论架构，形成一种和注重实证的美国研究传统很不一样的特殊风格。由于这个原因，威尔逊自己在谈到他对行政学的研究时说，"对行政学研究所作的半通俗性的介绍，它以批评的眼光环顾这一研究，从局外人的种种观点对它考虑，而并没有深入到这一领域当中去并处理其中的专门问题"。威尔逊在自己研究中所体现出来的这个特点在当时是很典型的。那个时代的行政研究的确没有深入具体的细节，但也唯其如此，整个研究才获得了一个开阔的视野，才能从理论的高度对行政管理研究的历史、发展、特征、方法作出分析总结，才完成了一种理论范式的创新。

（一）行政学的目标和任务

在这个新的整体性理论建构的过程中，威尔逊的行政研究首先结合当时的时代背景，为行政学规定了特定的任务和目标。威尔逊在《行政学研究》一文中指出，随着政府职责的复杂化程度加深，随着"'贯彻'一部宪法变得愈来愈困难"，我们应该使政治的关注中心从"抑制行政权力的艺术"转向"改善行政方法的艺术"。但是，美国在"抑制行政权力的艺术"的发展阶段中所培养、壮大起来的民主传统、舆论至上、多数原则、全民选举等重要和珍贵的民主原则，在某种程度上变成了新阶段中进行快速行政改革，提高行政效率的障碍。因此，从"抑制行政权力的艺术"向"改善行政方法的艺术"的转变在美国并非易事。尽管解决这个矛盾的方法不是去废止民主原则，但新时期的行政研究有必要去努力探寻一条道路，以求在民主和效率之间达成某种协调。

① ［美］威尔逊著，《政治学之研究》，李方译，《国外政治学》，1987年第6期—1988年第1期。

在《行政学研究》一文的前言中威尔逊明确提出："行政学研究的目标在于了解：首先，政府能够适当地和成功地进行什么工作。其次，政府怎样才能以尽可能高的效率及在费用或能源方面用尽可能少的成本完成这些适当的工作。在这两个问题上，我们显然更需要得到启示，只有认真进行研究才能提供这种启示。"在威尔逊看来，行政学必须先明确政府的活动领域，即政府所要承担的职能，这种职能必须"适当"，应明确"应该做什么"、"不应该做什么"。在明确了这一点之后，行政学还必须明确如何去做，政府如何才能指导政府提高效率，出色地完成任务。"行政管理作为政治生活的一个组成部分，仅在这一点上与企业办公室所采用的工作方法是社会生活的一部分以及机器是制造品的一部分是一样的。但是行政管理却同时又大大高出于纯粹技术细节的那种单调内容之上"①，于是，作为政治学的一个分支科学，行政学必须在政治学基础上，对行政管理的各个方面进行研究，并形成比较高深的理论。因此，"行政管理研究的目的就在于把行政方法从经验性实验的混乱和浪费中拯救出来，并使它们深深植根于稳定的原则之上"②。

（二）行政集权思想

威尔逊认为，要解决政府的杂乱无章、人浮于事和贪污腐化，获得办事效率，必须找到一种极为简便的安排，通过这种安排，可以使官员准确无误地承担责任，必须找到不给权力带来损害的最佳分权方式，找到不会导致责任模糊的最佳责任分担方式。威尔逊的探究结果是"巨大的权力和不受限制的自由处置权限在我看来似乎是承担责任的不可缺少的条件"，也就是说行政权力应该集中在各部门的首脑和部门所属各机关的首脑身上，并被授予以任意处置的巨大自由权力。在威尔逊看来，要求行政机构在没有充分授权的基础上担负起全面责任，正是美国难以达到效率和民主之间协调的关键原因，也应该是美国下一步政治改革的主攻方向。他论证道："如果一个人为了保持其职务，必须取得公开而且真正的成功。并且如果与此同时，他感觉到自己已被授予以任意处置的巨大自由权力时，那么他的权力越大，他就越不可能滥用此种权力，他就会更加受到鼓舞，更加头脑清醒和更加被这种权力所激励。而他的权力越小，他就会感到他的职位无疑是既模糊又不引人注意的，他就越容易堕落到不负责任的状态之中去。" 而"如果权力被加以分解，使得许多人各享有一分，那它就会变得模糊不清，而如果权力是模糊不清的，那它就被弄成是不负责了"。③

① ［美］威尔逊著，《政治学之研究》，李方译，《国外政治学》，1987 年第 6 期—1988 年第 1 期。
② 同上。
③ 同上。

到此威尔逊并没有停止对这一问题的思考，他补充说，只要权力并不是不负责任的，那它就绝没有危险性。行政集权思想的一个重要环节就是行政监督。在行政集权的论述之后威尔逊紧接着详尽论述了被后来学者们归结为“金鱼缸效应”的公共舆论问题，即官员的行政行为应被置于大众面前，接受大众的权威性批判。可见，威尔逊的行政集权思想并非一时冲动的“空中楼阁”构想，而是以完善的行政监督为前提、以明确的“权”、“责”一致为纲绳的理论构建。

（三）行政监督思想

行政集权需要社会监督。“在这一点，我们便很显然进入到了一个问题更为重大的领域之中，这问题便是公共舆论与行政管理之间的正常关系”。威尔逊认为，群众舆论在行政管理活动中将起权威性评判家的作用，官员的行政行为理应被置于公共舆论的环境之中。威尔逊还提出了公共舆论发挥效力的途径，认为必须首先使得公共舆论愿意听取意见，紧接着就务必做到使舆论愿意听取正确的意见。必须鼓动舆论，使之起而寻求某种意见。然后经过安排，把正确的意见摆在舆论前进的道路上。然而，问题在于在使公共舆论具有效力的同时如何使我们又免遭它的好管闲事之苦。威尔逊对公共舆论的有效范围作了明确的划分，认为政府活动大致分为两类，一类是政府的日常琐事和政府对日常工作方法的选择，一类是制定基本政策。对于前一种活动的过分监督，只会增加政府的麻烦，“会像是一个笨拙讨厌的家伙，像是一个乡下人在操纵一部难以驾驶的机器”，“但是无论是在政治方面还是在行政方面，当对指定基本政策的更为巨大的力量进行监督时，公众的批评则完全是安全而且是有益的，是完全不可缺少的”。因此，“应该让行政学研究去发现一些最佳方法，这些方法能够给予公共舆论以上述这种控制监督的权力，但却使之与一切其他的干扰活动分家”[①]。

在威尔逊看来，良好的行政管理与巨大的权力是分不开的，但是为了防止因权力扩大而产生腐败的官僚阶层，就必须对行政权力实施监督。作为行政监督的一个重要的机制，公共舆论这种社会监督是必不可少也是十分权威的，行政学研究应该去发现一些最佳方法，使舆论有效力，同时又不会干扰政府的正常运转。

（四）人事行政思想

威尔逊对于 19 世纪以来的政党分赃制尤为反感。由于政党分赃制任人唯亲，政府官员随着政党的胜败而进退，一方面造成用人不当，效率低下，贪污腐化现象严重，另一方面，每一次选举之后，人事几乎完全变更，使行政管理

① ［美］威尔逊著，《政治学之研究》，李方译，《国外政治学》，1987 年第 6 期—1988 年第 1 期。

的局面十分混乱，政局不稳。直到1883年彭德尔顿法的颁布，功绩制才取代了分赃制。但长期实施分赃制所遗留下的政府内部的污浊气氛和杂乱无章并没有因此完全消失。要解决这一问题当然不能采取废除政党政治的做法，那最好的办法就是将政党政治限定在纯粹的政治领域，而分离出一个不受政党政治干扰的行政空间，用以发展政府文官班子。基于这样的考虑，威尔逊写道："提出在美国展开行政学研究，其目的在于找到最佳方法以建立下面这样一种文官班子，他们受过足够的教育，具有充分的自信精神．工作起来既有见识又有分量，但通过选举和经常性的向公众进行咨询．与公众的思想保持如此密切的联系，以致使专断成为不可能的事情。"他认为"我们的理想模式是通过选举和经常性的公开商议，以彻底排除武断和阶级成见，并用这种方式建立一个具有足够的文化教养和自立精神的文官制度，它能够有理智有力量地展开活动，但却依然与公众的思想保持着非常紧密的联系。"他认为，良好的文官班子必须有优良的素质，"在任何情况下，我们都必须有一支受过充分训练的官员以良好的态度为我们服务"，"所谓良好态度就是对于他们为之服务的政府的政策，具有坚定而强烈的忠诚。这种态度在各个方面都决没有官僚作风的污点。"他还特别强调了行政领导的作用，"只有当一个国度的全部国家机关与人民、人民领袖以及普通僚属的共同政治生活隔离的时候，官僚主义才有可能生存。官僚主义者的动机、目标、政策和标准必然是官僚主义的。我们规定所有的部长都必须是真正为人民服务的，因而对于在真正为人民服务的部长领导下履行任务的官员们，要想指出他们无耻的独断专横的任何实例，看来是很困难的"[①]。紧接着，威尔逊阐明了如何使政府官员自觉地提高工作质量，达到时代要求的水准："我们各级政府及其下属政府所组成的这些系列，要怎样才能管理成下述这样一种状态呢？就是说要使政府官员所经常感兴趣的是用他的才能作最大的努力，用他的良心作最认真的服务。不仅仅是替他的上级效劳，而同时要为群体尽力。要怎样才能够使这种服务到达下述这样一种程度呢？就是说通过给予政府官员大量生活费用补助来使这种服务引起他最普遍的兴趣；通过发展他的前程使这种服务成为他最珍视的兴趣；通过提高他的营养和培养他的性格使之成为他最崇高的兴趣。"[②] 通过这样的努力，最终把"敷衍塞责"的机关变成公正的政府，变成"具有大公无私精神的工具"。

威尔逊对行政学内容的几个方面的论述并非是孤立进行的，它们之间有着

① ［美］威尔逊著，《政治学之研究》，李方译，《国外政治学》，1987年第6期—1988年第1期。

② 同上。

不可分割的联系。良好的行政管理需要行政集权，而行政集权内在的隐患需要进行社会监督，需要公共舆论的力量来规正行政权的运用。公共舆论监督必须有一支“与公众的思想保持着非常紧密的联系”的文官队伍，有赖于公共信息的公开。正如威尔逊所说：“美国行政管理必须在一切方面都对公众舆论有敏锐的反应。在任何情况下，我们都必须有一支受过充分训练的、以良好行为进行服务的官员，这显然是工作的需要”[①]。训练有素、素质过硬、具有公共精神和服务思想的官员，是公共舆论监督有效性得以发挥的重要保障。

威尔逊对行政主题的引述，无论是对理论的发展还是对于学科建设以及对现代政治社会的实践，影响意义都是至为深远的。自马基雅维利时代以来，一度被政治的“宏大主题”所遮蔽的“行政主题”，从此跃然成为理论与实践共同关注的时代课题。“由宪法开始又由宪法结束”的政治研究传统宣告终结，行政问题理所当然地逐渐成为20世纪以来最大的政治。对于我们来说，最有意义的是公共行政学作为一门学科从此建立了起来。[②]

第三节　古德诺的政治——行政二分法

古德诺（FRANK J. GOODNOW），是西方行政学初创时期继伍德罗·威尔逊后又一位在行政领域取得卓越成绩的知名学者。他是美国历史上著名的政治学家、行政学家、法学家和教育家，在政治学、行政学、比较行政法等领域有着较高的成就。他曾任美国哥伦比亚大学行政法学教授，为时近20年，建立起他的学术地位和声誉。1914年至1929年任约翰·霍布金斯大学校长，并积极筹划和创立了美国政治学会，是该学会的第一任主席。

古氏一生主要致力于行政理论的研究，对于行政学的早期发展具有重要的作用。其行政学研究方面的理论著作主要有《比较行政法》（1893年）、《政治与行政》（1900年）、《美国行政法原理》（1905年）等，其中《政治与行政》是其著名的代表作，代表了当时美国行政学研究的最高成就。

古德诺在《政治与行政》这本篇幅不大的行政法学经典著作中，扬弃了政治学上立法、司法、行政的三分法，而对先前威尔逊提出的“政治与行政”二分法做了进一步的阐述和发挥，他对政治与行政关系的经典阐述为行政学的独

① ［美］威尔逊著，《政治学之研究》，李方译，《国外政治学》，1987年第6期—1988年第1期。

② 张康之、刘柏志著，《公共行政的继往开来之路》，《湘潭大学学报》，2007年，第1期，第15页。

立研究奠定了理论基础。同时他通过对国家行政与政治、法律、政党的相互关系，行政与立法、司法的相互关系，中央与地方的关系以及行政功能与体制的关系等一系列重大基础理论问题的考察和分析，比较系统的阐述了他的行政学思想。正是《政治与行政》这本蜚声世界的行政法学经典著作奠定了古德诺在行政学研究上的不朽地位，并且对后来行政学的研究产生了极其深远的影响。

一、政治与行政二分法

古德诺在学术界以他的政治—行政二分法闻名遐迩，在他的《政治与行政》的第一章“国家的主要功能”中就明确指出，在所有的政府体制中都存在着两种主要的或基本的政府功能，即国家意志的表达功能和国家意志的执行功能，古德诺称之为“政治”与“行政”。其实，在古德诺生活的时代，政治与行政二分的提法已经不是什么新鲜的事情了。在古氏之前，德国的史坦因、布隆赤里，法国的狄克洛克都对政治与行政的区别做过表述。美国的威尔逊，更是因为他的《行政学研究》一文主张政治与行政二分而开行政学之先河。威尔逊的论文为行政学的独立发展开启了机缘，但他的研究并没有深入，政治与行政二分原则在古德诺那里得到系统的阐发。可见，古德诺的贡献并不在于率先提出了二分法，而在于对政治行政二分原则的进一步阐释。

在古德诺看来，传统的研究政府及其行政的思路是一种“由宪法开始又以宪法结束”的政治学方法，这种方法由于过分地关注从政治的视角上来看问题，抹杀了政府及其行政运行的特殊性，不可能导致高效率的行政体制设计。所以，行政研究应当从政治与行政的分开开始，应当走一条独立于政治学的研究思路。古氏的政治行政二分，是从二者的功能上将其区分开来的，正如他所说：“政治与指导和影响政府的政策有相关，而行政则与这一政策的执行相关。这就是这里所要分开的两种功能。‘政治’和‘行政’正是我们为表达这两种功能而选用的两个词。”他认为作为政治实体的国家的行为，既存在于对表达其意志所必需的活动中，也存在于对执行其意志所必需的活动中。进一步说，国家或其机关的一切行为都是为了便于这两种功能的实现。“这一点，似乎无论其政府体制形式上的特点如何都莫不如此”，即使在纯粹的民主政体中，性质也基本相同。假如说有区别的话，那么只有一点例外，那就是“政府的民治程度越低，国家意志的执行功能与表达功能之间的区别也就越小”[①]。因此，实际上，“在各种类型的政府里，这两种功能不仅被分开了，而且每个政府都建立了一些多

① ［美］古德诺，《政治与行政》，王元译，北京：华夏出版社，1987年，第6页。

少有区别的机关。一方面所有这些机关不可能把自己完全限于行使其中的某一项功能；另一方面，它们又在很大程度上或主要地行使这种或那种功能为特征。人类一般就是用这种方法来解决政府问题的。”[①]正是在这个意义上，古德诺认为孟德斯鸠的三权分立并非绝对真理，即使在英美这样被誉为三权分立的起始组织和典型代表的国家里，古氏的功能二分法也都客观存在。“如果说威尔逊所强调的是行政运行的技术特殊性的话，那么古德诺则对行政的功能做出了明确的定位，即把行政定位在国家意志的执行上，这就为政治与行政二分的原则找到了功能依据。”[②]

这并不是说古德诺是一个绝对主义者，即“政治”与“行政”的绝对二分。他在功能上对政治和行政的相对二分，目的只不过是为了引出这样的观点：政府机构之间的分工并不像功能上的划分那么泾渭分明。他指出：“以执行国家意志为主要功能的政府机关，经常地，事实上是通常地，又被赋予表达国家意志的具体细节的职责，尽管这些国家意志的具体细节在表达时，必须合乎由主要职责在于表达国家意志的机构所制定的一般原则。这就是说，被称为执行机构的机构，几乎在任何情况下都拥有大量的制定法令权或立法权。另一方面，以表达国家意志为主要职责的机关，即立法机关，通常亦有权用某种方式控制以执行国家意志为主要职责的机关对国家意志的执行。也就是说，尽管人们能够区分开政府的两种主要功能，但却无法严格地规定这些功能委托给哪些政府机关去行使。”即便仅就“行政”的功能而言，他也认为，“行政不应再只被当作执行机构（政府中的这个机构是由成文法所规定的执行性机构）的一种功能。相反，人们已经看到，行政是执行国家意志的功能。在某些方面，它在范围上可能比由成文法规定的执行性机构的功能要大一些，在另一些方面则可能要小一些。”在他看来，“把每一种功能分派给一个分立的机构去行使是不可能的。这不仅因为政府权力的行使无法明确地分配，而且还因为随着政府体制的发展，政府的这两种主要功能趋向于分化成一些次要的和从属的功能。”[③]因此，他主张“分权原则的极端形式不能作为任何具体政治组织的基础。因为这一原则要求存在分立的政府机构，每一机构只限于行使一种被分开的政府功能。然而，实际政治的需要却要求国家意志的表达与执行之间协调一致。”[④]

我们可以看到，古德诺对政治与行政的进一步系统阐述，并不是要突出政

① ［美］古德诺，《政治与行政》，王元译，北京：华夏出版社，1987 年，第 6 页。

② 张康之著，《对政治与行政二分原则的审查》，《国家行政学院学报》，2001 年，第 4 期。

③ ［美］古德诺，《政治与行政》，王元译，北京：华夏出版社，1987 年，第 9 页。

④ 同上，第 14 页。

治与行政的绝对二分，而是要澄清由这种“二分法”容易造成的误解——以为一种政府功能只存在于一种政府机构中。古氏真正的意图不在于政治行政的“分离”，而在于这两种功能之间的协调。

二、政治与行政趋同协调的内核与路径选择

在明确了政治与行政必须达成某种协调这一主线之后，古氏遂将主要精力放在探讨如何实现政治与行政协调的路径上。在考察了美国行政活动运作的基础上，古氏分析了行政有效开展所涉及到的外部环境。在政治与行政关系处理上，一方面政治对行政要适度地控制，另一方面行政也要适度地集权。行政运行的外部环境方面，则主要考虑的是政党和政府管理体制对政治与行政协调关系的影响。

（一）政治对行政适度控制的思想

实际政治的需要要求国家意志的表达与执行之间协调一致。古德诺认为，为了在国家意志的表达与执行之间求得这种协调，就必须或者牺牲掉国家意志的表达机构的独立性，或者牺牲掉国家意志执行机构的独立性。否则，二者之间是无法达到协调状态的，甚至会导致政治的瘫痪。所以“要么执行机构必须服从表达机构，要么表达机构必须经常受执行机构的控制。只有这样，在政府中才能存在协调。只有这样，真正的国家意志的表达才能成为被普遍遵守的行为规范”。古德诺进一步认为，“民治的政府要求执行机构必须服从表达机构，因为后者理所当然地比执行机构更能代表人民”[①]，也就是说政治对行政必须有一定的控制。最后他还指出，这种必要的控制可能存在于正式的政府体制之内，也可能存在于政府体制之外，而存在于政党之中。例如英国的内阁必须对议会负责，“在英国，在人民通过对议会的控制达到了他们对国家意志表达的控制后，他们就立刻着手使议会——他们的代表，对被委以国家意志执行权的政府机构有一种控制权。他们成功地作到了这一点，结果就产生了现在的内阁对议会负责的体制。”而在美国，政治对行政的这种必要的控制是通过政党来实现的。在他看来，“美国政治体制在很大程度上是建立在政府权力分立的基本原则上的。由于按宪法制定的法律授予了执行官员和行政官员独立的地位，所以要在法定的正式政府体制中发挥政治对行政的必要控制就不可能了。因此，这种控制就在政党体制中得到了发展。美国的政党，正像他们热衷于按照必须以表达国家意志为准则，选举具有明显的政治色彩的团体那样去进行行政和执行官

① ［美］古德诺，《政治与行政》，王元译，北京：华夏出版社，1987 年，第 14 页。

员的选举。政党体制由此保证了政治功能与行政功能之间的协调。而这种协调是政府成功地开展工作所必需的。”①

“无论这种控制存在于政府体制之内还是之外，它的存在都是由于事实的需要，因为没有这种控制，有条理有进取的政府是不可能存在的”，但是也“应该使这种控制扩展到国家意志的表达和执行之间产生上述非常需要的协调为止……如果控制扩展得超出了这一限制，它就会立刻失去其存在的理由”②。例如，这种控制可能被用来使某一政党组织永久存在，而不是用来帮助把一种表达了的国家意志变成一种真正的行为准则，这样它就会变成一种实际上阻碍人民自发表达自己意志的手段，给保证国家意志的表达带来了一种人为的、不自然的成分，很可能导致国家意志形式上的表达与国家意志的真正内容相违背，导致行政功能成为一个政党或社会阶层的特殊利益左右国家意志表达的工具。因此他主张，“一方面为了保证国家意志的执行，政治必须对行政进行控制；另一方面，为了保证政府的民治性和行政的高效率，又不能允许这种控制超出其所要实现的合理目的。”③我们可以看出，古德诺对这一问题的探讨显然开始关涉到实质性的、细节性的领域了，那就是如何使得政治对行政的控制能够限定在合理的限度。

古德诺在《政治与行政》第四章“行政的功能”中指出，“要判定这种非常必要的控制所应达到的确切限度，就必须分析行政的功能”④。他把行政的功能进一步划分为执行功能、司法功能、准司法功能、统计功能和半科学功能，他认为执行功能无疑需要受到最终被委托来表达国家意志的机构的控制，否则为执行法律而设立的机关会以这样或那样的借口来拒绝执行法律。而在政治功能与政府行政的其他分支诸如司法、准司法、统计和半科学性质的政府机构之间并不存在这种密切的关系。“任何政治性的控制都不能使行政官员更好地去行使他们的准司法职责；正如这样的控制不会使法官做出更好的判决一样”⑤。所以为了政府运行的效率，行政功能中明显具有执行性的那种机构应该保持自己的独立性，从政治团体的控制中解放出来。执行性官员中那些高级官员需要受到政治的控制，而且不能给予他们长期的任职，但那些技术性的常任文官则要免于政治的控制来保证行政的效率。如古德诺书中所写：“如果希望有高效而

① ［美］古德诺，《政治与行政》，王元译，北京：华夏出版社，1987 年，第 15 页。

② 同上，第 21 页。

③ 同上，第 21～22 页。

④ 同上，第 41 页。

⑤ 同上，第 45 页。

又公正无私的行政，如果政策问题是根据民意决定的，那么在行政体制的半科学、准司法、办事和幕僚性的那部分中，就应该做出长期任职规定。而在行政体制的较高层次上，在那些任职官员对政策问题具有决定性影响的地方，特别是对那些行政首脑来说，则应该避免长期任职。”“为了使政治功能与行政协调起来，政府体制中的政治机构必须对行政机构进行控制。不过，这是有限度的。超过这个限度，这种控制就不应该施行了。如果这种控制扩及行政事务中的所有官员，政府就会失去效率，并对很多事情失去处理能力，而这些事情只有政府才能有效地处理……只有坦白地承认必须对法律总的执行进行控制，并承认有一部分行政工作是政治所不应干预的，安全才能实现。只有如此，真正的民治政府和有效的行政管理才能得到。”[①]

（二）行政适度集权化思想

古德诺在《政治与行政》一文中，通篇都在强调政治与行政的协调问题。他认为协调不仅仅需要政治对行政适度控制，而且还需要行政权的必要集中，尤其是在美国这样一个横向分权和纵向分权都很彻底的国家中，特别是由于中央和地方的权力分割，在实践中造成了行政力量统一性的破坏，从而造成了国家意志执行上的困难和障碍。他认为，美国的传统是“国家意志——几乎不承认任何地方的意志——应自国家而非地方的机关表达，但是这种意志一经表达，就应由地方机关去执行。这样一来，地方自治共同体就能够通过选举拒绝执行国家意志的官员来行使某种否决权。”[②]换句话说，就是“任何国家意志的表达，在表达它的机关对它的执行没有控制的情况下都是一句空话，有关政府理论可能承认地方政治共同体在国家意志的表达上对国家的服从。然而，行政体制的运转可能使真正的实践与理论恰恰相反。国家意志的表达可以委托给国家中央政府的一个机关。但是，如果国家意志的实际执行委托给不受任何有效的国家控制的地方政治共同体的话，这种地方政治共同体会通过运用其执行权力，或者某种真正的非执行性的或修正的权力，改变由代表整个国家的机关表达的国家意志，以便使之适应被认为是地方政治共同体的需要。”[③] 尤其是在国家与地方政治共同体之间产生冲突时，地方自治政府往往倾向于牺牲国家的利益，使国家意志的执行即使不是不可能，也是非常困难的。所以“地方政治共同体要与国家（或州）的整体利益保持适当的关系，就不能完全不受国家（或州）的控制。如果完全不受国家（或州）控制，就会导致国家（或州）的分裂。而

① ［美］古德诺，《政治与行政》，王元译，北京：华夏出版社，1987 年，第 50～51 页。

② 同上，第 33 页。

③ 同上，第 28～29 页。

如果国家（或州）在地方自治政府行政体制中的惟一控制，即立法控制被解除，而没有提供别的什么控制手段的话，地方政治共同体就会完全脱离国家（或州）的控制。”[①]在美国，一般采取的措施是中央政府加强立法来限制地方的权力，但是如此一来，地方的自治权便容易受到侵害，一旦这样的事情发生，地方便会使用消极的方式来对抗各项中央法案的执行。针对上述问题，古德诺认为，要改变这种状况，便只有通过行政集权的途径，“因为只有行政在一定程度上被集权化了，才能到达政治和行政功能之间必要的协调”。在处理中央和地方的问题上，古德诺比较赞同欧洲大陆的做法，“在欧洲大陆上，立法机构不如这里重要，而行政当局却比这里重要。欧洲大陆的立法机构，与其说是一个提出构成法律的议案的机关，倒不如说是一个否决、或批准由执行机关提交的议案的机关……它所通过的法律……更不具体，更像是一种大政方针……这种决定地方权限的办法本身导致地方政治共同体拥有广泛的地方权力。这些政治共同体没有必要不断地向立法机关要求新的权力，因而不会出现地方意志的表达受制于表达整个国家的意志的机关的控制的局面。这种由地方拥有广泛的地方权力的情况也不会造成牺牲整个国家利益，这一点由国家的行政机构根据行政集权原则对地方政治共同体的行动加以控制来保障……这种恰当地解决国家与地方关系的办法，不曾遇到过任何使人丢脸的失败，而这种失败，在美国人民用宪法限制失去信誉的立法机构的权力的徒劳尝试中却能够看到。”[②]因此，“应该鼓励行政集权的趋势，而不是阻碍它发展。我们应该记住，在我们对传统集权的恐惧中，我们可能受到了一个由体制设计者幻想出来的魔鬼的恐吓……然而，我们必须坚持这种集权应该伴随以更充分地承认一个政府领域，在那里，政治的影响是有害的。不管是从行政效率的观点来看，还是从民治政府本身的存在看，坚持这一点都是必要的。”[③]

（三）美国政治与行政协调的独特路径：政党与政府体制改革

古德诺在探讨政治与行政协调的路径上并没有仅仅局限在对政治和行政关系内的思考，他对美国政府现实机构运作的外部环境进行了仔细分析，还充分考虑到法定体制外的政党在政治与行政关系协调问题上的作用。古氏发现，美国宪法所提供的法定政府体制本身并没有为按分权原则建立起来的各部分功能提供协调，也就是说并没有提供实现政治对行政适度控制和行政权必要集中得以实现的制度支撑。美国原有的三权分立机制，尽管有利于权力的制衡，但也

① ［美］古德诺，《政治与行政》，王元译，北京：华夏出版社，1987 年，第 33～34 页。

② 同上，第 69 页。

③ 同上，第 37～39 页。

导致了各部门的分立，宪法使得国家意志的主要体现者即立法机构无法直接控制行政机构，为政治和行政在实践中的协调造成了难以逾越的鸿沟。然而，美国政府体制却长久以来保持了稳定和协调，经古氏研究发现，这归功于政府体制之外的政党功能的发挥。

古德诺明确指出："要使政府协调地运转，就必须找到某种使国家意志的表达和执行协调一致的办法……这种办法在政府体制内部不可能找到。所以，必须到政府以外的一些法外的制度中去寻找。事实上，可以在政党中找到它。政党不仅担负起挑选在政府体制理论中表达国家意志的机关的成员，即立法机关的成员的责任，而且担负起挑选执行这种意志的人员，即执行官员的责任。政党必须选择中央的执行官员，因为分权原则的采用已使他们不受任何有效的立法控制了。政党必须选择所有的地方官员，因为行政体制极端分权的特点使他们不受任何有效的国家（或州）的控制。"[①]也就是说，政党通过对立法机构成员和执行机构成员的挑选，可以弥补三权分立的法定政府体制所割裂的立法机构对行政机构的某种有效控制，政党通过对中央行政官员和地方官员的挑选，可以维护美国地方分权体制下国家行政系统的统一性，有利于建立一种必要的行政集权。政党的作用架起了立法、行政、司法之间的桥梁，同时也避免了各部分机关官员之间的相互推诿、搪塞。正如古氏所说，"如果不是对政党有这样坚定的忠诚，我们的政府早就会被一群组织涣散、各行其是、无法无天的官员所充斥。他们会在权势上彼此分庭抗礼，在行动上随心所欲，尽管所有的官员按理说只是从事于执行尽可能具体的法律和表达在立法机构中有代表的人民的意志"[②]。因此，古德诺强调："在美国的政府体制中，这种以协调国家意志的表达和执行的功能为己任的政党组织不仅应当强大，而且应当长期存在……因为没有哪次选举能在政府的决策机关即政治机关和政策执行机关即行政机关之间造成协调的关系。因为无论过去还是现在，在一次选举中很少能把所有以执法为职责的民选官员都选出来。这些官员的任期通常不大统一。因此，党的工作不是在一次选举中就全部做完了。党必须保持住它的组织，准备在行政体制所需要举行的许多次选举中，每次都为党所希望促进的问题而战斗。否则，它就会担负不了人民要它担负的协调国家意志的表达与执行的职责，而这种协调只有通过党才能达到。"[③]

可见，美国在政治实践中对于国家意志表达和执行间缺乏协调这一障碍的

① ［美］古德诺，《政治与行政》，王元译，北京：华夏出版社，1987年，第57页。
② 同上，第58页。
③ 同上，第59页。

克服以及对行政力量统一性的维护，实际上是通过发挥政党制度的整合功能而实现的。但是，人们却在反映和体现政治体制设计的国家大法中找不到它的存在。结果政党在美国政治中的调解作用，既没有得到宪法的首肯，也没有受到来自于它的任何规范。所以，古德诺主张必须使美国的政府体制做出某种调整以正式容纳政党这个现实，发挥它已有的协调功能，制定出政党的行为规范，减轻和消除政党有可能给社会带来的消极因素。首先，应该通过变革行政体制使政党对政府负起责任。他认为为了取得制定法律和执行法律之间的协调一致，一个政党有必要控制立法机构和全部执行机构来避免责任不明的弊病，为此，应该将行政权集中到一个行政长官身上。用他的话来说就是“这种行政集权运动会解决政党责任的问题。它之所以能做到这一点，是因为在行政权集于一个行政长官之手的情况下，政党容易在一次选举中获得对政府的更大控制。”[①]例如城市中的选举，“如果体制是分权的，不同行政官员的任期又不一致，政党在一次选举中获得的对政府的控制就要小得多。如果是选一位拥有任命和控制城市官员的巨大权力的市长，某一政党选出了它自己的市长，它就获得很大的权力，这一权力的运用被认为是负责的。如果它选出了一位仅有很小任命权力的市长，而很多城市官员都是选举产生的，并且是在不同的时候选举的，则这个政党所获得的权力就会少得多。就是这样使政党负起责任的：在选举一位任命和控制行政官员大权的市长这一特定时期内，政党的责任，可以说是体现在它对市长的选择上。也就是说，把责任从政党身上取出并放到法定的正式政府组织里。”[②]古氏明确地表达了这样一种意思：行政集权体制是政党得以对政府负责、加强民主与效率协调的保证。其次，政府体制的另一个改革是：更加经常地使用公民投票的方法。他认为，必须承认“我们在公民投票方面所作的各种尝试已经为我们带来了巨大的好处，我们完全有理由相信，更经常地借助于公民投票的办法，将会给减少政党目前必须从事的工作带来有利的影响，从而使政党对人民的意志更加负责……只有当由公民投票比现在更多地被采用，当整个行政体制完全集中在一个行政长官之下，而他又受到一个有效的立法机构的控制的时候，确保政党负责这个目标才有可能达到”[③]。再次，尽管就算在政府体制既集中又集权的地方，一个强大的政党对于民治的政府和高效的行政管理来说也是必不可少的先决条件，但也应该将政党纳入法律加以管束，防止政党将自身变成目的。正如古氏所说：“尽管对国家（州）意志执行必要的政

① ［美］古德诺，《政治与行政》，王元译，北京：华夏出版社，1987 年，第 107 页。

② 同上，第 107～108 页。

③ 同上，第 108～109 页。

治控制可以在政府之外找到，即在政党里找到，但同样地，如果这种控制扩张得太厉害，它一方面会使国家（州）意志的执行缺乏效率，另一方面又会给国家意志的表达带来困难。”[①]为此，古德诺极力主张要明确政党在政府体制中的地位，把它置于民主、法制之下，并能接受公众的监督，使它免于用来达到少数人腐败自私的目的。最后，政党应确立财务公开原则，防止政党和利益集团之间的关系过于密切。他指出：“如果我们希望我们的政党和政党领袖们能够在管理我们的政府中负起责任来，在美国，看来需要有适当的预选立法和涉及公司与政党领袖之间关系的，包括确保完全公开他们账目和活动的适宜的规定。”[②]

古德诺在其《政治与行政》最后的结论中总结认为，行政体制改革和承认政党属于一种国家机关的法律地位这两项措施，不能是单线突进的，必须同时进行。假如只有集权的行政而没有负责的政党，就不能保证获得高效率的行政，因为这样易于导致政治操控；而只在法律上承认政党也会自行导致高效率的行政管理，因为行政体制的分散的特征，会使所有官员都被看作是政治性的。行政上的分权会自动地助长政党的不负责任，它鼓励使用非法手段使那个政党永世长存和加强力量。故而，从行政的角度，不仅必须使政府体制适度地分权，而且政党也必须得到相当充分的法律承认。否则，将无法实现行政与政治之间预期的协调结果。

思考题

一、简答题

1. 分析行政学作为一门独立学科发轫的时代要求。
2. 简述威尔逊的行政集权思想。
3. 简述威尔逊的行政监督思想。
4. 简述威尔逊的人事行政思想。
5. 简述古德诺“政治——行政二分法”的核心思想。
6. 简述美国政治与行政的协调路径。

二、辨析题

1. 行政思想最初产生于欧洲，所以行政学作为一门独立学科的出现也应该是在欧洲。

① ［美］古德诺，《政治与行政》，王元译，北京：华夏出版社，1987 年，第 72 页。

② 同上，第 134 页。

2．古德诺的“政治——行政二分法”实际上就是将政治系统和行政系统彻底分立。

三、论述题

1．试析古氏政治与行政的协调路径。

2．试述古氏“政治——行政二分法”与威尔逊行政思想的区别。

第三章　西方行政管理学体系的初创

本章重点

1. 泰勒的科学管理思想
2. 法约尔的 14 条管理原则
3. 韦伯的官僚制理论
4. 怀特的行政学体系理论

第一节　泰勒的科学管理理论

弗雷德里克·温·泰勒，是美国古典管理学家，科学管理理论的主要倡导人，被后人称为“科学管理之父”。他首创的科学管理制度对管理思想的发展有重大影响。泰勒自幼勤奋好学，对任何事情都想找出一种“最佳方法”，他曾以优异成绩考入哈佛大学法律系，但因学习过于勤奋，患了眼疾，而被迫辍学。1875 年，他进入一家小机械厂当学徒，后转入费城米德瓦尔钢铁厂，从机械工人做起，先后被提升为车间管理员、小组长、工长、技师、制图主任和总工程师，并在业余学习的基础上获得了机械工程学士学位。1989～1901 年间，又受雇于伯利恒钢铁公司继续从事管理方面的研究。1901 年后，他更以大部分时间从事咨询、写作和演讲等工作，来宣传他的科学管理理论。

在米德瓦尔钢铁厂的实践中，泰勒感到当时的企业管理当局不懂得用科学方法来进行管理，而工人则缺少训练，没有正确的操作方法和适用的工具，这都大大影响了劳动生产率的提高。为了改进管理，他进行了一项“金属切削试验”，由此研究出每个金属切削工人工作日的合适工作量。受雇于伯利恒钢铁公司期间，又进行了著名的“搬运生铁块试验”和“铁锹试验”。这些实验奠定了泰勒的理论基础。1911 年，他发表了代表作《科学管理原理》。泰勒在书中提出的理论奠定了科学管理的理论基础，标志着科学管理思想的正式形成，他因而被誉为科学“管理之父”，后人还把这一称号刻在了他的墓碑上。

一、科学管理的中心问题是提高劳动生产率

泰勒认为，管理的主要目的应该使雇主实现最大限度的利益，同时也使每个雇员实现最大限度的利益。许多人认为雇主和雇员的根本利益是对立的，而科学管理理论则恰恰相反，其真正基础在于相信双方的利益是一致的。泰勒认为科学管理的中心问题是提高劳动生产率。他在《科学管理原理》一书中指出，人的生产率巨大增长的事实标志着文明国家和不文明国家的区别，标志着我们在这一二百年的巨大进步。我们现在的必需品在 100 年前是奢侈品，这是什么原因呢？这是由于劳动生产率的迅速提高所致。科学管理的根本如同节省机器一样，其目的在于提高每一个单位的劳动产量。

二、工作定额原理

泰勒认为，当时工人提高劳动生产率的潜力是很大的。他在一项工人搬运生铁的试验中，使工人每天搬运生铁的数量普遍地从 12.5 吨增加到 47.5 吨，增加了 2.8 倍。为了发掘人们的劳动生产率潜力，就要制定出有科学依据的工作量定额；要制定出有科学依据的“合理的日工作量”，就必须进行试验和研究，即进行时间和动作研究。所谓时间研究，就是研究人们在工作期间各种活动的时间构成，它包括工作日写实与测时。所谓动作研究，就是研究工人干活时动作的合理性，即研究工人在干活时其身体各部位的动作，经过比较、分析之后，去掉多余的动作，改善必要的动作，从而减少人的疲劳，提高劳动生产率。也就是运用作业研究原理和时间研究原理分析工人完成每项动作、每道工序所需时间，考虑到满足一些生理需要的时间，从而为工人制定出“合理的工作量”。这就是所谓的工作定额原理。

三、科学地挑选和培训工人

泰勒在美国国会听证会上的证词中指出：“在科学管理中，管理人员要主动承担的第二项责任，就是科学地选择和不断地培训工人。管理人员的责任一方面是细致地研究每一个工人的性格、脾气和工作表现，找出他们的能力。另一方面，更重要的是发现每一个工人向前发展的可能性，并且逐步地、系统地训练、帮助和指导每一个工人，为他们提供上进的机会。这样，使工人在雇用他

工作的公司里，能够担任最高的、最有兴趣的、最有利也最适合他能力的工作。这种科学地选择与培训工人并不是一次性的行动，而是每年要进行的，是管理人员要不断加以探讨的课题。”[①]泰勒认为，为了提高劳动生产率，必须为各项工作挑选“第一流的工人”。第一流的工人需要具备两个条件：一是具有做某种工作所需要的能力；二是愿意从事该种工作。在旧的管理模式中，大量存在着工人与其所从事的工作不相适宜的现象。其中，一部分工人的能力实际上高于他们所从事的工作的要求，使得这些工人的潜能没有得到最大限度的发挥；还有一部分工人的能力实际上低于他们所从事的工作的要求。如果事先能够对某一工种进行科学的工时研究，就可以明确地知道这一工种对于工人的具体要求。根据这些具体要求，在通过各种途径细致地观察和分析工人的性格、脾气、体力和智力水平以及工作表现等之后，可以判断每一名工人是否从事着与其相适宜的工作。

科学地挑选工人仅仅是确定工人到底适合于从事哪一种工作，但是随之也就提出一个问题，即如何才能够在较短的时间内通过培养使之成为“第一流的工人”。在泰勒看来，这是管理者的职责。在科学管理中，新的工人培训方式是建立在科学的工时研究的基础上，由职能工长承担全部工人的培训任务，工长间彼此有着明确的专业分工。“这些人作为计划部门的代理人，是专家性的老师，长期呆在车间里，对工人进行帮助指导。由于每个人是根据他所长的知识和个人技艺挑选出来的，所以他们既能告诉工人该怎么干，而且在必要时，他们还能在工人面前自己动手干活，这样就能既快又好地给工人以示范。”[②]工人们不再需要像以往做学徒的时候那样，还要花费大量的时间反复观察和模仿他们师傅的操作。由此，培训的周期缩短了，且取得了更佳的培训效果。

四、标准化管理

泰勒指出，在恰当的工作定额制定出来，而“第一流的工人”也被挑选出来后，就应该实行严格的标准化管理了。这也就是说，工人在工作时要严格地采用标准的操作方法，而且工人使用的工具、机器、材料和所在工作现场环境等等都应该标推化，以利于提高劳动生产率。在经验管理阶段，工人的工作速度由自己掌握；各行业、工种采用的操作方法与工具都不统一，具有明显的非标准化特征。在泰勒的科学管理中，标准化以更大范围的绝对一致性取代了在

① ［美］泰勒著，《科学管理原理》，胡隆昶等译，中国社会科学出版社，1984年，第246页。

② 同上，第214页。

经验管理阶段每个工人随意性的工作速度和单凭个人经验做事的方式。他认为，管理人员应通过科学的工时研究最终确立一系列标准化的操作规则，并为工人们提供系统的培训。日常生产中，工人们要按照计划部门发放的指示卡上的具体操作要求严格执行，而不能随意操作。泰勒在担任米德绍尔机械技师时，在深信标准方法和标准用具的经济价值和尽可能减少工人们做计划工作的可取性之后，设计了一份完整的指示卡。他所费的一番精力后来证明是完全值得的，因为工作做得比以前好了。用这个方法彻底检修了一套300马力的锅炉，只花了十一美元，而同样的工作，用计日制和没有指示卡时，平均成本则是六十二美元。

除了标准化的操作方法，他还要求管理者提供标准化的工具、设备、材料以及作业环境，为工人创造标准的工作条件，以保证工人能顺利完成任务。以标准化的工具为例，伯利恒钢铁公司的砂土搬运工人每天要铲掘的物料包括从小砾石到大块的各种矿石、焦炭、石灰石、特种生铁和沙子等，原来工人都是自己从家里带来铁锹，他们往往在铲完矿石（每锹的重量为30磅）后又去铲煤屑（每锹的重量还不到4磅）；在前一种情况中工人是超负荷的，而在后一种情况中工人是低负荷的。后来，泰勒就不再让工人使用自己的铁锹，而是专门准备了8～10种不同类型的标准铁锹，每一种铁锹适合于铲掘某一种特定的物料，保证工人的每一铲达到最合理的负荷（21磅）。

五、刺激性报酬制度

一项有效的工资报酬制度往往对职员的工作效率起着直接的激励作用，泰勒在其著作中提到了四种工资制度，即计日工资制、普通计件工资制、任务带奖金制和差别计件工资制。他认为在旧的管理模式中，计日工资制、普通计件工资制等在实际应用过程中都各自存在一定的缺陷，导致了一系列问题的产生，这两种工资制最终都成为导致工人磨洋工的主要原因之一。于是泰勒提出了一种全新的工资制度。其主要内容是：

（1）通过对工时的研究和分析，制定出一个标准制度，制定的定额是由管理部门完成的，并以科学为基础，从而改变过去那种以估计和经验为依据的方法。（2）采用刺激性工资报酬制度——差别计件工资制。所谓差别计件工资制，就是对同一种工作设有两个不同的工资率；对于那些耗用最短的时间完成工作且工作质量高的工人，按照较高的工资率来计算工资；对于那些耗用时间长且工作质量差的工人，按照较低的工资率来计算工资；而且，如果按较高的工资率来计算工资，就应当确保工人每日的收入比同一工种中按照原有工资制度工人的平均收人多一些，如果按较低的工资率来计算工资，就应该使工人每日的收入比同一工种中按原来的工资制度工人的平均收入要少一些。因此，按劳动成果支付工资是差别计件工资制的一个重要特征。泰勒在有关著作中还提到了一种被称为“任务带奖金制”的工资制度，并且对这一制度给予了很高评价。任务带奖金制是由甘特在伯利恒钢铁公司帮助泰勒的时候创造的。在任务带奖金制下，管理人员同样是首先根据科学的工时研究，制定出一名第一流的工人在一个完整的工作日中所需要完成的工作量，并设定一个较高的工资率，同时规定如果一名工人能够按要求在一个工作日中完成全部的任务，他除了可以获得以往的计日工资之外，还可以获得一笔可观的奖金；如果工人在一段时间之内未能按要求在一个工作日中完成全部的任务，他就只能够获得和以往相同数量的计件工资。从原则上来看，两种工资制度之间不存在什么本质上的差异。如果非要说到它们有什么不同之处的话，任务带奖金制可能比差别待遇计件工资制稍微显得温和一些，因而也就更加灵活一些。在差别待遇计件工资制不太适用的某些情况之下，任务带奖金制可能就会比较适用。（3）工资支付的对象是工人而不是职位，也就是说是根据工人的实际工作表现而不是根据工人类别支付酬金的。这样做既能克服工人的“磨洋工”现象，更能调动其积极性。在泰勒看来，他提出的计件工资制能够促使工人大大提高生产率。工人的工资提高了，雇主的工资支出增加了，但由于生产率的提高大于工人工资提高的幅度，所以这一做法对雇主还是有利的，是一个双赢的结果。

六、精神革命

泰勒认为，“科学管理的实质是在一切企业或机构中的工人们的一次完全的思想革命——也就是这些工人，在对待他们的工作责任，对待他们的同事，对待他们的雇主的一次完全的思想革命。同时，也是管理方面的工长、厂长、雇主、董事会，在对他们的同事、他们的工人和对所有的日常工作问题责任上的一次完全的思想革命。没有工人与管理人员双方在思想上的一次完全的革命，科学管理就不会存在。”[①]泰勒的思想革命主要包括三方面的内涵：

其一是，过去工人始终相信“在任何产业中，工人大量增加产量对工人不利”这一谬论，所以限制产量就成为各行业中的一种相当普遍的现象。在科学管理中，工人不能再坚持这种信念，因为科学管理的重要特征之一是劳资双方通过共同努力，增加产量。其二是，在科学管理中，劳资双方需要在劳资关系

① ［美］泰勒著，《科学管理原理》，胡隆昶等译，北京：中国社会科学出版社，1984年，第238页。

和对待“盈余”方面发生思想态度上的重大转变。劳资双方应当由关注盈余分配转向增加盈余的数量，以“合作与和平”代替原来的“对立与斗争”，而这正是科学管理的精华之所在。“过去，工业企业中劳资双方的思考和兴趣都集中在劳资双方共同努力所取得的盈利如何合理分配的问题上。资方总是想尽可能多得到盈余，而劳方则想尽可能地多得到工资。这就是我们所说的盈余分配。”① 在科学管理中，劳资双方在思想上要发生的大革命就是：双方不再把注意力放在盈余分配上，不再把盈余分配看作是最重要的事情。他们将注意力转向增加盈余的数量上，使盈余增加到使如何分配盈余的争论成为不必要。其三，在科学管理中，劳资双方还需要做出的一个思想上的转变是，劳资双方必须认识到，对工厂内的一切事情，包括每项工作所采用的方法、工具和完成每项工作所需要的时间等，都要用准确的科学研究和知识来代替旧式的个人判断或个人意见。

思想革命是科学管理的实质，如果劳资双方不能在上述诸方面从思想上做出一次完全而彻底的革命，科学管理就不会存在。

七、职能管理原则

为了达成提高劳动效率这个目标，泰勒主张实行职能管理原则。在旧的管理模式中，资方将全部的责任都搁在工人身上，表现为：一方面，工人需要考虑工作中的每一个细节，知道将工作全部完成，即所谓的脑力劳动；另一方面，工人还需要承担全部的体力劳动。但在泰勒的科学管理中，劳资双方将均分原来全部由工人承担的责任，资方将把自己比工人更为胜任的那部分工作承接下来，这就是所谓的“职能管理原则”。泰勒的职能管理原则主要包括两项内容：

1. 计划职能与执行职能相分离。泰勒认为，工人单凭自己的经验是找不到科学方法的，而且他们也没有时间和条件去从事这方面的试验和研究。所以，必须把计划职能和执行职能分开：计划职能归企业管理当局并设立专门的计划部门来承担。由专门的计划部门来从事调查研究，为定额和操作方法提供科学依据，制定科学的定额和标准化的操作方法及工具，拟定计划并发布指示和命令，比较“标准”和“实际情况”，对工人进行有效的控制命令工作。至于现场的工人，则按照计划部门制定的操作方法和指示，使用规定的标准工具，从事实际的操作，不得自行改变。

2. 实行职能工长制。在传统的组织机构中，一个工长为了完满地履行他的职责，必须具备 9 种素质：①智能；②教养；③专门的或技术性的知识，敏捷

① ［美］泰勒著，《科学管理原理》，胡隆昶等译，北京：中国社会科学出版社，1984 年，第 239 页。

而有力量；④才能；⑤精力；⑥坚韧刚毅；⑦正直；⑧判断力或常识；⑨健康。泰勒认为，一般人很难完全具备这些素质，而只具备少数几种。因此，为了使工长的素质与其职责相匹配，就必须将管理工作予以细分，使每一个工长只承担一种管理职能。他设计出八个职能工长，代替原来的一个职能工长，其中四个在计划部门，四个在车间，每个职能工长负责某一方面的工作。在其职能范围内，可以直接向工人发出命令。这样每个工人必须听从若干上级的命令。后来的事实表明，一个工人同时接受几个职能工长的多头领导，容易引起混乱，所以“职能工长制”没有得到推广。但泰勒的这种职能管理思想为以后职能部门的建立和管理的专业化提供了参考。

八、例外原则

泰勒认为，如果说生产现场的管理应该实行职能工长制的话，那么在规模较大的企业，高层管理者还必须运用例外管理的原则。所谓例外原则是指企业的上级主管要把一般的日常事务授权给下级管理人员去处理，而自己只保留对例外事项或重要问题的决策与监督，如基本的政策的制定和重要的人事任免等。这个原理实际上为后来的授权和分权化管理提供了借鉴。

九、简评

科学管理理论对西方公共行政学发展有很大的影响。现代西方公共行政学的形成和发展是与科学管理运动的兴起密不可分的，这主要表现在泰勒科学管理理论对西方行政学实践与理论的影响上。尽管泰勒所开创的科学管理理论最初是针对企业管理而提出的，但是它同时也为政府的行政管理改革提供了理论和方法借鉴。正是在科学管理运动兴起之后，一些行政学家便开始重视通过科学管理来寻求政府行政效率的问题。曾担任美国全国办公室管理协会会长的莱芬韦尔就率先把泰勒的科学管理原则成功地运用于机关办公室管理工作中，并发表了许多有关办公室科学管理的著述，泰勒的合作者库克也曾成功地把科学管理原理运用到市政管理工作中。更为值得一提的是，美国著名的行政学家怀特则进一步用科学管理理论研究政府行政管理。而且美国政府也将科学管理运动提供的科学原理和方法应用于政府的行政管理、精简政府、调整机构，促进了政府工作的改革，提高了行政效率。

但是，泰勒的科学管理理论也有其一定的局限性，如研究的范围比较小，内容比较窄，侧重于生产作业管理，这也许是和泰勒本人的经历有直接关系。另外泰勒对于现代企业的经营管理、市场、营销、财务等都没有涉及。更为重要的是他对人性假设的局限性，即认为人仅仅是一种经济人，这无疑限制了泰勒的视野和高度。这也说明科学管理是一种在科学管理的三个假设基础上建立起来的科学理论，其缺陷是在所难免的，这也正是需要泰勒之后的管理大师们创建新的管理理论来加以补充的地方。

然而应当指出的是，泰勒并没有把他的科学管理理论看成是已最后完成、不能再改变的理论。在他去世前三个星期，他曾在克利夫兰广告俱乐部的一次讲话中指出："科学管理的每一步都是一种发展，而不是一种理论。在各种情况下，实践都在理论之先……我所知道的同科学管理有联系的所有的人，都准备放弃任何计划，任何理论，转而拥护所能找到的更好的东西。在科学管理中并不存在什么固定不变的东西。"①

泰勒在米德维尔

1878 年，泰勒转入费城米德维尔（Midvale）钢铁公司，开始繁忙的工作生活。在米德维尔，泰勒获得流星般的晋升：他仅用六年时间，就由一名普通的工人先后晋升为职员、机工、机工班长、车间工长、负责全厂修理和维修的总技师，最后晋升为总工程师。更为重要的是，泰勒的这一系列特殊经历使他可以在工厂生产第一线系统地研究劳动组织与生产管理问题。泰勒在米德维尔钢铁公司的 12 年（1878—1890）是从事试验的 12 年，这些试验为他的工厂管理制度和金属试验奠定了基础。

1883 年，泰勒在米德维尔钢铁公司机械车间担任工长时，发现了一种简单而有效的工时研究方法：使用秒表可以把机械车间内各种工作的每一部分所需花费的时间测定出来，然后把每一部分的时间加总求和，就可以知道工人完成每一件活所需要的最快时间。泰勒就在环境条件许可的情况下，按照这种方法实践了大约一年的时间，最终确认这种方法是成功的，随后便正式建立了专门的工时研究部门。1884 年，泰勒可谓双喜临门，他被提升为米德维尔钢铁公司的总工程师，登入了婚姻的殿堂。1886 年，泰勒加入了美国机械工程师协会（asME）。泰勒凭借其在米德维尔钢铁公司的工作经验做出判断，公司产量之所以提不高，其主要原因可以分为"无意的磨洋工"和"有意的磨洋工"两种情况，前者是由人的懒散的天性和脾性引起的，后者是由于工人同别人的关系所引起的更为复杂的再次思维和推理引起的（这

① 孙耀君著，《西方管理思想史》，太原：山西经济出版社，1990 年，第 88 页。

一点应归咎于管理部门）。泰勒在与工人的一系列斗争中充分认识到，制定新的工业计划对防止劳资对抗极其重要，他也正是从这个时候开始对工作的科学探索。

参考：于畅海著，《科学管理之父》，保定：河北大学出版社，2005年。第6～9页。

第二节 法约尔的一般管理理论

亨利·法约尔是20世纪初欧洲的行政管理学派的重要代表。法约尔与泰勒在自身管理经历及经验上的不同，很大程度上决定了两人在管理思想上的差异。一言以蔽之，“泰勒注重基层人员的工作方式的改进，但法约尔却注重管理人员的管理方式的讲究”[①]。

法约尔与泰勒不同，由于长期担任企业的最高领导人，因而他的研究从一开始就是以企业的整体为对象，着重于企业管理的一般理论，特别是企业组织理论的研究。他所回答的问题，主要是管理概念的内涵是什么，管理的基本职能是什么，为了实现管理的基本职能，管理的组织结构或“组织机器”应当如何设计，并按照什么原则运行等一般性问题。他认为，从这些研究中得出的一般原理，对于其他各种组织的管理也是适用的。他在管理方面的主要著作就是于1916年发表于法国矿业学会报的《工业管理与一般管理》，后于1925年出版。除了《工业管理与一般管理》之外还有：《国家在管理上的无能——邮政与电讯》、《公共精神的觉醒》。在论文方面有：提交给矿冶会议的关于《管理》的论文、《管理的一般原则》、《高等技术学校中的管理教育》、《管理职能在事业经营中的重要性》、《国家的工业化》、《邮电部门的管理改革》、《国家行政理论》等。其中，提交给第二届国际行政科学会议的论文《国家行政理论》被认为对行政管理理论的发展做出了重要贡献，并被收入古立克和厄威克合编的《行政科学论文集》。

一、管理的定义

法约尔对管理概念的界定是建立在他对企业组织经营活动进行分工的基础

① 张润书著，《行政学》，台北三民书局，1986年，第33页。

上的，从中也反映了一定的管理职能专业化思想。法约尔将企业组织的全部活动分为六种：技术职能、商业职能、财务职能、安全职能、会计职能和管理职能。其中，“管理就是实行计划、组织、指挥、协调和控制”。[①]将管理定义为这五个要素正是法约尔最主要的贡献之一。

1．计划

法约尔认为，管理应当具有预见性，如果说预见性不是管理的全部的话，它至少也是其中一个基本的部分。对每一个企业来说，制定行动计划都是一项最重要的工作。具体来说，就是依据企业的设备、原材料、资金、人员、生产能力、商品销路、公共关系等资源条件，经营业务的性质和重要性，以及各种经营条件的未来发展趋势，确定企业在一定时期内所要达到的目标和为实现企业目标在行动上应当遵循的途径、步骤、手段和方法等。

怎样才能是一个好的行动计划呢？法约尔认为，一个好的行动计划应当具备以下几个特征：（1）统一性。这就是说，在一定时期内，只能执行一个计划。企业全体人员都面向一个统一的目标行动，以保证企业总目标的顺利实现。（2）连续性。计划的指导作用应当是连续不断的。由于人类的判断力总是有限的，因而计划也总会具有一定的期限。为了使它的指导作用不致中断，就要在第一个计划行将结束之前，就提出第二个计划，随后再提出第三个计划来接续第二个计划，如此不断地继续下去。（3）灵活性。计划都应当是灵活的，应当能顺应人们的认识而做适当地调整。由于企业的环境总是不断变化的，人们的认识就必须随之变化，因而计划也必然随之做相应的调整，而不能一成不变。（4）准确性。制定计划时，要力求弄清影响企业未来发展的各项未知因素，以使企业的计划与实际尽可能相符，具有尽可能大的精确度。否则，便如法约尔所说，企业也只能冒险了。

法约尔又指出，为使企业能制定一个好的行动计划，并使之贯彻执行，要求企业的领导人必须具备下列条件：（1）有管理艺术，使下属各个部门的领导人都忠实而积极地合作，并且不怕辛苦，不怕承担责任。（2）有足够的勇气，不怕来自各方面的批评，不因这些批评而趋向保守，但同时又能把勇气和谨慎结合起来，用这种态度来达到最好的结果。（3）要能以积极的心态关注组织。年度预测、10年预测与特别预测都要使领导人员发挥积极性。（4）领导人员的稳定。使其对企业的经营活动、下属人员的才能、企业的资源、未来发展的趋

① ［法］法约尔著，《工业管理与一般管理》，迟力耕、张璇译，北京：中国社会科学出版社，1982年，第5页。

势等有足够的了解。(5) 有专业的能力和处理事务的一般知识。

2．组织

组织，就是建立企业的物质和社会的双重结构，即进行有关原材料、设备等方面的物质组织和进行有关机构和人员方面的社会组织。但是，这里所说的组织仅指后一种意义上的组织即社会组织。在配备了必要的物质资源后，人员或社会组织就应该能够进行企业的所有经营活动。社会组织应该完成下列任务：(1) 检查计划制定和执行情况；(2) 注意组织活动是否与企业目标、资源和需要相适应；(3) 建立一个统一、有能力且有效的领导机构；(4) 配合行动，协调力量；(5) 做出清楚、明确、准确的决策；(6) 有效配备和安排人员，每个部门必须有一个能干且积极的领导，每个职工必须安排在最能发挥其作用的地方；(7) 明确规定职责；(8) 鼓励首创精神与责任感；(9) 建立合理的报酬方式；(10) 建立惩罚制度；(11) 使大家遵守纪律；(12) 使个人利益服从整体利益；(13) 特别注意指挥的统一；(14) 维护物品与社会秩序；(15) 进行全面控制；(16) 与规章过多、官僚主义、形式主义、文牍主义等弊端作斗争。在法约尔看来，社会组织的一般形式差不多仅只限于企业的人数。个体工匠不需要管理者。一个小企业是若干个工人直接听命于企业的领导人。当工人达到 20～30 人时，就要在企业领导人与工人之间设立工长，从而形成管理的中间阶层。为缩小管理跨度，法约尔提出了他的等级系列原则，即每个工头管理 15 名工人，每个上级领导四个下级，即一个监工领导四个工头，一个工长领导四个监工，等等。而且，这种组织阶层也是有限度的，即使是大企业，组织阶层也不会超过 9 个，即股东集团；董事会；总管理处；地区和地方的领导；总工程师；各部门领导；车间主任；工长；工人。这样，就形成了一个金字塔形的等级系列，这种组织形式通常称作“直线式组织”。

当企业规模日益扩大，管理日趋复杂，致使企业的高层领导人由于时间、精力、知识等方面的限制，不能直接处理所有问题时，就必须借助于助手和参谋的参与。于是，大型企业的总管理处就需要设立参谋机构，从而形成直线参谋式组织形式。“参谋部是由一组有精力、有知识、有时间的人组成的，而这些可能正是总经理所缺少的。参谋部是领导的依靠，是一股加强力量，是领导力量的一种扩大。”[①]它的职能有：(1) 对领导人的日常工作、通信、接待、案卷的准备与研究等等给予多种帮助；(2) 联系与控制；(3) 预测未来，制定与协

① ［法］法约尔著，《工业管理与一般管理》，迟力耕、张璇译，北京：中国社会科学出版社，1982 年，第 72 页。

调各种计划；（4）研究改进工作的措施。

上述内容表明，在管理的组织原则上，法约尔同泰勒既有许多相似之处，又有重大的差异。法约尔认为，泰勒主张必须以参谋部来加强车间主任和工长的工作是正确的，而由于实行职能工长制，从而否定了统一指挥的原则，则是错误的、危险的。因此，法约尔采取了直线职能式的组织形式，把统一指挥的原则和发挥参谋部的作用恰当地结合起来了。

3．指挥

当企业组织机构建立起来之后，管理的重点就在于发挥指挥职能的作用。指挥的任务，就是要使企业组织的所有成员都能履行各自的职责，在各自的岗位上做出最好的贡献，从而使整个组织有效地运行起来，以达到企业的目标。

指挥是一门艺术。一个领导人的指挥艺术如何，决定于他个人的某些素质和对管理工作一般要求的了解。在各领域，不管是在工业、军队、政治或其他领域，大单位的指挥工作需要由才华出众的人承担。担任指挥工作的领导应做到：（1）对自己的职工要有深入的了解；（2）淘汰没有工作能力的人；（3）了解企业和职工间订的协定；（4）树立一个好榜样；（5）对社会组织定期进行检查，在检查工作中使用一览表来表示；（6）召集主要助手开会，以便统一指挥和集中精力；（7）不要陷于琐事；（8）尽力使职工们团结努力、忠诚和有主动性。上述八点，连同后面要讲的十四项基本原则，形成了法约尔关于领导作风的一个系统的概念。

4．协调

协调就是让事情和行动都有合适的比例，就是方法适应于目的。企业的生产经营活动是一个统一的整体，为了保证企业经营的顺利进行，取得成功，就必须使企业的各项活动相互衔接，密切配合。法约尔指出，在一个非常协调的企业里，我们可以看到这样一些事实：（1）每个部门的工作都与其他部门步调一致。供应部门了解本部门在什么时候应该提供什么；生产部门知道它的目标是什么；维修部门保持设备和整套工具处于良好状态；财务部门提供必要的资金；安全部门保证财产和人员的安全。（2）各部门内部的各个分部及所属单位对各自在完成共同任务方面必须承担的工作和相互之间应提供的协助都有精确的了解。（3）各部门及所属各分部的计划安排经常地随着情况变动而调整。

保证企业工作协调的一个有效方法是召开部门领导的每周例会。在这个例会上，各个部门领导轮流介绍本部门的工作情况、存在的问题和要求，然后，经理针对企业工作进展情况和存在的问题，说明未来一周的任务，明确各自的协作关系，解决大家共同关心的问题，使各个部门认识统一，相互通气，以保证工作上协调一致。为了使这种会议取得成功，在会议间隔时间应利用联络人员来沟通情况。最好的联络人是经理自己，然而经理的职责一般不允许他这样做，于是应该多应用参谋部来做这一工作。

5．控制

控制，就是要掌握工作的进展情况，检查其是否与既定的计划、发布的指示、规定的原则等符合，其目的在于发现工作中的缺点和问题，采取措施，加以纠正，以保证既定目标的顺利实现。

对物、对人、对行动都可以进行控制。从管理角度看，应确保企业有计划并执行计划，而且还要及时加以修订；控制应确保企业社会组织完整、人员一览表得到应用、指挥工作符合原则和协调会议定期举行等。从商业角度看，应确保物资进出确实按照质量、数量和价格等方面进行检查，而且要确保认真做出仓库记录工作和严格遵守合同等。从技术角度看，应注意记录工作进展情况、工作取得的成绩、工作中的不平衡现象、设备维修状况、人员和机器的工作情况等。从财政角度看，对账册和现金、收入与需求和基金使用情况都要进行控制。从安全角度看，应确保采取的安全措施能使财产和工作人员正常进行工作。从会计方面看，应确保必要报表的及时上交，而且能清楚反映企业的情况。为进行控制，应从账册、统计和图表中找到检查用的合适的资料，去掉所有无用的资料和统计。所有这些工作，只要企业的领导和他的各级助手们能做到，那么都属于监督工作的范围。

为了形成有效的控制，法约尔指出：第一，控制应在有限的时间内及时进行。否则，即使发现了问题，得出了很好的结论，但已为时过晚，就起不到控制的作用了。第二，对符合实际的检查结论应当予以重视，并应对有关人员给以奖励和惩罚。否则，也达不到控制的目的。第三，在控制过程中，必须注意维护指挥统一的原则。这就要求检查人员不应有越权行为，也就是说，他们不应直接干预各个部门的工作。否则，就会造成双重领导的后果，引起工作的混乱。第四，要建立有效的控制系统。首先，要建立专职的监督、检查队伍，并选派具备相应的工作能力、大公无私的人担任。同时，这也意味着各级工作人员都要重视控制，最好要做到不管对什么工作都能够回答以下问题：“怎样进行控制呢？”

二、管理的十四条原则

法约尔指出，社会组织的健康和正常活动取决于某些条件，他则用“原则”这个词来表述这种条件概念。他的十四条管理原则是其一般管理理论的核心内容，其具体内容如下：

1．劳动分工

劳动分工是一项属于自然规律方面的原则，其目的是用同样的努力生产出更多、更好的事物。法约尔认为，劳动分工可以提高劳动的熟练程度和准确性，从而提高效率。因为，如果工人总是做同一部件，领导人经常处理同一些事务，则对自己的工作就可熟练、自信和准确，从而提高效率。他明确指出，劳动分工不只适用于技术工作，而且毫无例外地适用于所有涉及或多或少的一批人或要求几种类型的能力的工作，其结果是职能专业化和权力的分散。但同时，劳动分工也应有一定的限度。

2．权力和责任

权力是指挥和要求别人必须服从的一种力量。对于一个出色的领导人来说，他集规定权力与个人权力于一身，前者是其所处职位、所属职能规定的权力，后者则是由其自身的智慧、博学、经验、精神道德、指挥才能、他的工作等等决定的个人权力。责任是权力的孪生兄弟，是权力的当然结果和必要补充，凡权力行使的地方，就有责任。在执行权力时，出于整体利益的考虑，应该鼓励有益的行动而制止与其相反的行动，也即有必要规定和实行一定的奖励和惩罚措施。首先应规定责任范围，然后制定奖惩标准。法约尔高度肯定敢于承担责任是一种值得尊敬的品质，同时也指出，在一般情况下，人们都会害怕承担责任。对一个出色的领导人而言，他应该有承担责任的勇气，并使他周围的人也随之具有这种勇气。在此，法约尔强调了高尚的精神道德对领导者的重要性，认为这是制止一个重要领导人滥用权力和其他缺点的最有效保证。

3．纪律

在法约尔看来，纪律是一种“协定”，一种规范，在实质上表现为和企业及其下属人员之间的协定相一致的服从、勤勉、积极的举止以及尊敬的态度。无论这些协定曾经自由讨论过还是没有预先讨论过，无论是书面的还是默许的，无论是几方共同的愿望还是法律或惯例的结果，纪律的形式都由其决定。为使企业顺利发展．纪律是绝对必要的，没有纪律，任何一个企业都不能兴旺繁荣。法约尔强调，领导人员在造就和执行纪律方面应该承担起相应的责任。一方面，制定协定应当清楚明了，并能尽量使劳资双方都感到满意；另一方面，对无纪律行为的相应惩罚也不能忽视。制定和维持纪律最有效的办法是：（1）各级好的领导；（2）尽可能有明确而又公平的协定；（3）合理执行惩罚。

4．统一指挥

这条原则强调命令的统一，即无论对哪件工作来说，一个下属人员只应接受一个领导人的命令。它是一项普遍的、永远必要的原则。法约尔强调，在任何情况下，都不会有适应双重指挥的社会组织，要避免双重领导。如果两个领导人同时对同一个人或同一件事行使他们的权力，就会出现混乱；如果事情继续下去，混乱便会加剧。在这种情况下，结局只有两种：要么撤消其中一个领导人，停止双重领导，使组织兴旺得到恢复；要么使整个组织继续日趋衰败。在法约尔看来，在整个人类社会中，在工业、商业、军队、家庭、国家里，双重指挥经常是冲突的根源，这些冲突有时很严重，特别应该引起各级领导人的注意。

5．统一领导

就像人类自身和生物界的动物，一个身体都只能有一个脑袋一样，对于力求达到同一目的的全部活动，只能有一个领导人和一项计划，这是统一行动、协调力量和一致努力的必要条件。需要注意的是，“统一领导”强调的是“一个领导人、一项计划”，而“统一指挥”强调的则是“一个下属人员只能听从一个领导人的命令”。现实中，人们通过建立完善的组织来实现一个社会团体的统一领导；而统一指挥取决于人员如何发挥作用。统一指挥不能没有统一的领导而存在，但却并不来源于它。

6．个人利益服从整体利益

即相对于其所属成员和部门而言，组织的整体目标具有至高无上的地位。法约尔认为，无知、贪婪、自私、懒惰、懦弱以及人类的一切冲动总是使人为了个人利益而忘掉整体利益。因此，管理原则中必须强调个人利益对整体利益的服从。在法约尔看来，在一个企业里，一个人或一些人的利益不能置于企业利益之上，一个家庭的利益应先于其个体成员的利益，国家利益应高于一个公民或一些公民的利益。处理个人利益与整体利益的成功办法是：（1）领导人的坚定性和好的榜样；（2）尽可能签订公平的协定；（3）认真的监督。

7．人员的报酬

人员的报酬是其服务的价格，应该合理，并尽量使企业同其所属人员（雇主与雇员）都满意。在法约尔看来，应奖励工作突出的人员，但也不能超出合理限度；同时应认识到，任何报酬方式都不能完全取代配套的管理工作。报酬首先应取决于不受雇主的意愿和所属人员才能影响的一些情况，如生活费用的高低、可雇人员的多少、业务的一般状况、企业的经济地位等；然后再看人员的才能；最后再看采用的报酬方式。他认为，职工的报酬方式有按劳动日付酬、按工作任务付酬和计件付酬三种，其方法还包括奖金、分红、实物补助和精神奖励。付酬的方式取决于多种因素，而其目的只有一个，即改善所属人员的作用和命运，鼓励各级人员的工作热情。因此，对报酬方式通常希望：（1）它能保证报酬公平；（2）它能奖励有益的努力和激发热情；（3）它不应导致超过合理限度的过多的报酬。

8．集中

法约尔认为，像劳动分工一样，集中是一种必然规律的现象，它指在每个动物机体或社会组织中，感觉集中于大脑或领导部门，从大脑或领导部门发出命令，使组织的各部分运动。集中化管理作为一种制度，本身无所谓好坏，也不为领导人的主观随意性所任意取舍。权力的集中和分散在任何组织中都是个尺度问题，关键在于找到适合于该组织的最适度。组织集权和分权的最佳程度取决于组织面临的环境、具备的条件以及组织成员的素质等条件。由于领导人及其所属人员的绝对和相对重要性经常变化，权力集中与分散的措施本身也可以经常变化。所有提高下属作用的做法都是分散的，降低这种作用的做法则是集中的，实行集中化管理的最终目的是尽可能地使所有组织成员的才干都得到发挥和运用。

9．等级制度

等级制度就是从最高权力机构直至低层管理人员的领导系列。按照这种等级制度建立起来的组织形式就是直线式组织形式。这种组织形式要求从最高权力机构发出的命令或向最高权力机构发出的报告都必须经过等级制度的每一级来传递。这条信息传递路线就是等级路线。这条信息传递路线对于贯彻统一指挥的原则是非常必要的。但是，在一些大型组织里，特别是政府机构，按照这条路线传递信息往往需要很长时间。为了保证工作效率，就应当把等级路线与保持行动迅速结合起来。为此，法约尔提出了跳板原则。

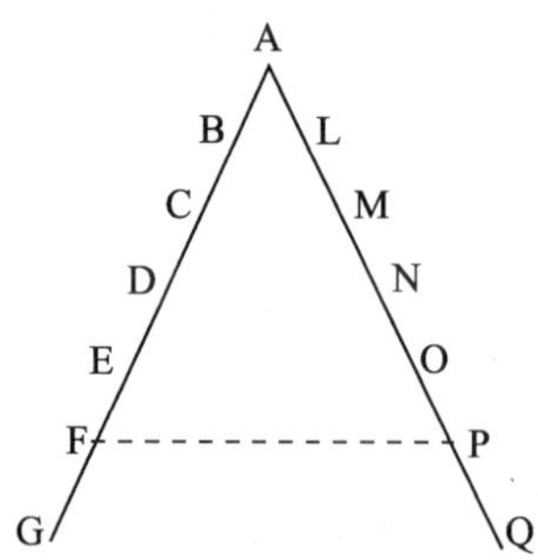

法约尔跳板

在上图中，假设 F 和 P 两个部门与工作联系，按上述等级路线的要求，F 部门要逐级上报直到 A，A 再逐级下达直到 P，然后再按原路返回，这中间每一级都会有停顿。这就太繁琐、太费时间了。法约尔提出，使F同P直接协商，即在F与P之间搭上“跳板”，但F与P这样做，必须得到他们的上级E和O的允许，并将商定的事情向他们的上级报告，从而既维护了统一指挥的原则，又提高了工作效率。尽管如此，在某些行政机构里，由于怕负责任或领导的无能，人们仍然常常拘泥于等级路线，而不肯运用“跳板”原则。法约尔说：“如果在不必要的情况下就离开了等级路线，则是一个错误；但如果遵循了等级路线而得到的结果是对企业的损害，则是一个更大的错误，而且这个错误在某些情况下可能是极其严重的。”①法约尔的“跳板”原则类似于泰勒的例外原则。

10．秩序

正如物品秩序的规则：每件东西都有一个位置，每件东西都在它的位置上一样，社会秩序也强调每个人都有一个位置，每个人都在他的位置上。完善的秩序还要求位置适合于人，人也适合于他的位置，即合适的人在合适的位置上。这样的社会秩序必须以胜利完成两项最艰难的管理工作为前提，即良好的组织与良好的选拔工作。确定企业顺利发展所必设的岗位并选拔了在这些岗位上任职的人之后，使每个人都在他能发挥出自己最大能力的岗位上任职，这就是“最理想的”社会秩序。

11．公平

法约尔认为，管理者为了鼓励其所属人员能全心全意和无限忠诚地执行他的职责，应该以善意来对待所属人员，公平就是由善意与公道产生的。公平并不排斥刚毅，也不排斥严格。做事公平要求有理智、有经验，并有善良的性格。对企业领导来说，在对待所属人员时，应该特别注意他们希望公平、希望平等的这些愿望。为了给予这些要求以最大的满足，而同时又不忽视任何原则，不忘掉总体利益，企业领导应该经常把自己最大的能力发挥出来，努力使公平感深入人心。

12．人员的稳定

即有秩序地安排人员和补充人力资源。法约尔认为，一个人在一个职位上做出成绩需要一定的时间，应该保持职位的相对稳定性，鼓励组织成员在一定的职位上做出长期的贡献。尤其在大企业中，领导人的入门过程一般比较长。人们往往发现，一个只有中等能力但长期留下来的领导比那些能力虽强但停留不长的领导更为大受欢迎。一般来说，繁荣的企业的领导人员是稳定的，而那

---

① ［法］法约尔著，《工业管理与一般管理》，迟力耕、张璇译，北京：中国社会科学出版社，1982年，第39页。

种不稳定往往是组织不景气的原因与结果。当然，法约尔也认识到，人员的变动是不可避免的，年老、疾病、退休、死亡都会打乱组织的人员构成，某些人不能再承担其职务，另一些人则担负起更大责任。因而人员的稳定原则也有一个尺度问题。

13．首创精神

法约尔认为，在社会的每一级上，人们的热情与积极性都会由于首创精神而增长。对于组织来说，除了领导的首创精神外，其成员的首创精神更是一种力量的源泉，领导者应尽可能地鼓励和发展这种精神。尤其在由于对权力与纪律的尊重而造成的局限中，更需要领导有足够的勇气，并极有分寸地激发和支持大家的首创精神，如果必要，领导者即便牺牲一下自己的虚荣心去满足下属的虚荣心也是应该的。

14．人员的团结

法约尔认为，一个企业中，全体人员的和谐与团结是这个企业的巨大的力量。他告诫组织领导者要好好想想“团结就是力量”的真正含义。对组织领导人而言，在为保持人员团结而使用的众多的方法中，要特别注意的一条原则是统一指挥，同时要特别注意避免两方面的危险：（1）不要使自己的下属人员分裂——使敌人分裂以削弱其力量是聪明的，但使自己的队伍分裂对组织来说则是一个严重的错误。（2）不要滥用书面联系——法约尔认为，在处理一个业务问题或下达一道需要加以解释的命令时，一般用当面口述要比书面快，并且简单得多。一些冲突、误会也可以在交谈中得到解决，而在通信中却可能更加激化。因此，对组织而言，凡是可以很容易地并很方便地进行口头联系的地方，就应该禁止一切书面联系。

需要说明的是，在法约尔的笔下，“原则”一词只是显示其管理理论的一些“灯塔”，不是一个固定不变的、僵化的概念，正如他所说的那样，“在管理方面，没有什么死板和绝对的东西，这里全部是尺度问题……原则是灵活的，是可以适应一切需要的，问题在于懂得使用它，这是一门很难掌握的艺术，它要求智慧、经验、判断和对尺度的注意。由机智和经验合成的掌握尺度的能力是管理者的主要才能之一。”[①]在他看来，原则的确十分重要，“没有原则，人们就会处于黑暗和混乱之中”，但“没有经验与尺度，即使有最好的原则，人们仍将处在困惑不安之中。原则是灯塔，能使人辨明方向”，但“它只能为那些知道

① ［法］法约尔著，《工业管理与一般管理》，迟力耕、张璇译，北京：中国社会科学出版社，1982年，第22页。

通往自己目的地的道路的人所利用。”①

三、管理教育的必要性与可能性

法约尔指出“我们已经认识到领导的任务包括行使和完成六项基本职能，如果这些职能中任何一项没有行使，企业就可能破产，至少将削弱。所以，在任何一个企业里，它的人员都应该能够完成这六项基本职能。”②他还注意到一个大型企业高级人员最必需的能力是管理能力。因此，单一的技术教育是不能适应企业的一般需要的。然而在当时的学校教育中，并没有提供管理职能方面的知识。人们的理由是，管理能力只能从业务实践中得到。法约尔指出，这种观念是错误的，这种理由是不成立的，实际上管理能力可以也应该像技术能力一样首先在学校里，然后在车间里得到。

他认为在职业学校中缺少管理教育的真正原因是由于缺乏有关管理的理论。没有理论就不可能有教育。然而，还没有从广泛的讨论中得出普遍承认的管理理论。我们并不缺少个人提出的理论，但是，每个管理人员都按照自己的方法、原则和想法来行事，而没有人把可以为大家所接受的经验教训概括成为管理理论。“在工厂、军队、家庭和国家机构中，到处可以看到在同一原则的名义下极为矛盾的做法……如果存在一种公认的理论——已为普遍的经验所检验过的一套原则、规则、方法和程序，那么情况就完全不同了……因此，重要的是尽快建立一种管理理论。”③前述的管理定义及其要素和管理的 14 条原则正是法约尔创立的一般管理理论的核心内容。在建立管理理论之后，还必须解决教育的问题。法约尔认为，管理教育应该普及：在小学里是初级的，中学里稍广阔一些，在高等学校里应是很发展的。这种教育不是为了把所有学生都培养成好的管理者，而只要求管理教育起到像技术教育那样的作用。这主要是引导青年人理解并运用他们的经验教训。

四、简评

关于法约尔的管理理论，日本管理学家占部都美做了中肯的评价。比较泰勒的科学管理理论，他认为，法约尔管理理论的特征有四个：（1）试图给管理规定特有的概念，并把它作为管理理论的研究对象。但这只是给定了一个要素

---

① ［法］法约尔著，《工业管理与一般管理》，迟力耕、张璇译，北京：中国社会科学出版社，1982 年，第 45 页。

② 同上，第 17 页。

③ 同上，第 18 页。

范围而已，并没有给管理一个确定统一的概念。(2) 他的理论中，组织与管理的概念是密切相关的。讨论了直线式组织和参谋机构等问题，但在他的著作中，管理的含义很广，组织的含义很窄。(3) 法约尔的 14 条管理原则更似于一种论述组织的有效形成和维持的理论。(4) 法约尔的管理理论只是考察了组织的内在因素，没有考察组织同它的周围环境的关系，因此是不完善的。但也正因为如此、他的这种脱离环境的有关组织形成和维持的管理理论才成为既适用于企业组织，也适用于行政机构的一般性的管理理论了。[①]尽管如此，法约尔的管理理论的贡献是卓越的，它提出了对管理的发展极为重要的革命性内容，如管理是可以应用于各种形式团体活动的一套独立的知识——管理的普通性；能够应用于所有各种工作的第一个全面和综合的管理理论；在学院和大学中开设管理课程的思想等。法约尔的一般管理理论对西方行政管理理论与实践的发展所具有的价值和意义毋庸置疑。他自己也认为他的管理理论不仅适用于公私企业，而且也适用于军政机关和宗教组织等，正因为如此，他把自己的理论叫做“一般管理”或“行政管理”的理论。正是由于法约尔所确立的一般管理理论层次比较高，尤其是他所提出的管理原则和管理要素说在包括行政管理在内的现代管理理论与实践中已作为普遍遵循的准则而存在，因此它们不仅被广泛应用于企业界，而且被政府管理机关普遍采用。法约尔的理论不仅是古典管理思想的重要代表和管理过程学派的理论基础，也是以后各种管理理论和管理实践的重要依据，对管理理论的发展有着深刻的影响，成为继泰勒的科学管理之后，管理史上的又一座丰碑。

法约尔一生的四个时期

亨利·法约尔，1841 年出生于法国一个小资产者家庭。15 岁那年就读于里昂一所公立中等学校，他在那里度过了两年的时光。两年后经考试及格转入圣艾蒂安国立矿业学院，时年 17 岁，他是同一学年里最年轻的学生。19 岁毕业时取得矿业工程师资格。从法约尔生平事略及其发表的主要作品年表来看，他的惨淡经营的一生可分为四个时期：

第一时期从 1860 年至 1872 年，虽说这时他已担任了管理职务，但仍是个下级，他的才智大部用于采矿的工程问题，特别是致力于征服煤矿开采火灾事故。

① ［日］占部都美著，《现代管理理论》，新华出版社，1984 年，第 79～83 页。

第二时期从 1872 年至 1888 年，他这时已是个肩负重任的一组矿井的总管，他的思路随之转到了煤田的地质问题，转到了将决定他所执掌的矿井寿命的诸因素。这些研究使他写出了 1886 年和 1893 年以三卷集形式出版的体现着他的三角洲理论的关于高芒特里煤系的著名地质专题著作。

第三时期从 1888 年至 1918 年，在他领导下，公司改组为高芒特里一福尔尚布德一德卡斯维尔联合公司，通称为高芒布德，他是这家联合公司总经理。在这期间他很少从事写作，他向 1900 年国际矿业和冶金会议提出的论文和 1908 年在矿业学会五十周年纪念大会上所作的题为《论管理的一般原则》的讲演，可说是仅仅为《工业管理与一般管理》这本书开了个头。因为有很多实际工作需要他负责，而且他这个人很有个人特性，他决不许可让自己无穷的学术兴趣或授予他的很多名誉职务来分散他对本职工作的精力。他始终拒绝接受任何职位，除非它与他作为高芒布德总经理的职责有密切联系，或者完全是由于对别人无私的支援。

第四时期直到法约尔退休，他虽已年愈古稀，但精力不衰。从 1918 年直到 1925 年，他致力于普及自己的管理理论工作，这是他三十年来在事业上取得的惊人成就的总结。有一张法约尔临终那年的钢笔肖像画，在画像旁的文字说明中介绍，他“还那么年轻——昂然微笑，目光直率而炯炯有神。法约尔先生待人常一见如故，他那不加做作的权威气度，他的仁慈，他那不甘心于寂寞的充满青春活力的心灵，正在使画面上的这位祖父（甚至是一位高祖）又变成事业界的元老，两者都给人以深刻印象，同时又都极具吸引力。”在这一时期，他担负着两项主要工作。第一项工作是创办一个管理学研究中心；第二项工作是试图说服政府对管理原则多加注意。

作为一个技术人员，他获得了为表彰他在矿业管理上的成绩的国家勋章。作为一个地质学者，他提出了一套完整的地下煤层地质结构的新理论，并以康门特里地区普查报告这样一份几乎是独一无二的地质调查的杰作作了论证。作为一个科学家出身的工业领导人，他的成就在两个领域都是非凡的。作为一个管理学的哲理家和作为一个国务活动家，他在本国和很多其他欧洲国家的思想史上留下的影响并不逊于泰勒给美国遗下的影响。

参考：法约尔，《工业管理与一般管理》，北京：中国社会科学出版社，1982 年，第 3～6 页。

第三节　韦伯的“官僚制”理论

马克斯·韦伯（MAX WEBER），19世纪末20世纪初，德国的社会学家、经济学家和管理学家，被称为“组织理论之父”，是泰勒和法约尔的同时代人，古典管理理论在德国的代表人物；是近代社会科学发展史上世界公认最有影响的人物之一。韦伯出生在德国的一个有广泛社会和政治联系的富裕家庭，其父亲曾任法官、普鲁士下院议员、帝国议会议员，母亲出身于教育世家，关注并研究宗教和社会问题。他先后在海德堡大学、柏林大学和哥丁根大学就读，接受过三次军事训练，曾参与过波森的军事演习，因而对德国的军事生活和组织制度有相当的了解，这对他日后建立组织理论有非常大的影响。他一生致力于社会、经济和政治问题的研究，写下了包括《经济与社会》、《新教伦理与资本主义精神》、《社会和经济组织的理论》、《社会学论文集》、《政治论文集》、《国家社会学》在内的大量学术著作，对社会学、宗教学、经济学和政治学都有广泛的兴趣，担任过教授、政府顾问、编辑、作家等，对当时的经济、历史问题提出了许多新的观点和独特的思想，是一个百科全书式的作家。韦伯的“官僚制”理论有着丰富的思想内涵，是他政治社会学中的重要内容。这一理论的许多概念、范畴和分析成为西方政治学理论来源之一。

一、合法性权威统治与组织类型分析

政治社会学是韦伯社会学理论的一个重要的组成部分，人类社会在政治领域内的统治现象和权力现象一直都是他思考和研究社会问题的一个重要方面。在所有的政治共同体中，被统治者服从统治者的命令是一种司空见惯、天经地义的事情。为什么被统治者要服从统治者的命令呢？这就是权力的强制性力量。权力就是那种可以无视人们的反对，强迫人们服从的能力。“权力意味着在一种社会关系里哪怕遇到反对也能贯彻自己意志的任何机会，不管这种机会是建立在什么基础之上。”[①]强制性的权力是政治统治的一个最为重要的标志，而且也是政治统治最起码的基础，因为如果没有一种强迫性的权力，政治统治根本就无从谈起。所有统治都具有可以强迫人们服从的权力。虽然，有时“一个团体的领导和行政管理班子，形式上作为被统治者的‘公仆’出现，也还丝毫不能

① ［德］马克斯·韦伯著，《经济与社会》，林荣远译，北京：商务印书馆，2004年，第81页。

证明违背作为‘统治’的性质”。[①]所以统治的强迫性是相同的，但是人们服从统治的动机却是大不相同的。政治统治者要维持政治统治仅仅只有权力还是不够的，还必须拥有一种让被统治者心甘情愿服从的影响力，而这样一种得到人们认可的、自愿服从的影响力就是权威。权力是统治的基础，但是权力的运用必须得到被统治者的起码的承认，这样一种统治才能够得以维持。稳定的统治必须从单纯依靠权力转变到以权威为基础的政治统治，这种转变是通过被统治者“对统治者合法性信仰”来实现的。

统治权力与统治的合法性是统治的两个必备要素。如果说权力是强迫人们服从统治的能力，那么合法性就是那个促使人们服从统治的动机，是权威统治的不可缺少的重要因素。统治的合法性与权力一起共同构成了权威统治的基础。那么，什么样的统治才具有合法性呢？韦伯把历史上出现过的合法的统治归纳为三种纯粹的类型，“它们的合法性的适用可能具有下列性质：1．合理的性质：建立在相信统治者的章程所规定的制度和指令权力的合法性之上，他们是合法授命进行统治的（合法型的统治）；2．传统的性质：建立在一般的相信历来适用的传统的神圣性和由传统授命实施权威的统治者的合法性之上（传统型的统治）；3．魅力的性质：（建立在）非凡的献身于一个人以及由他所默示和创立的制度的神圣性，或者英雄气概，或者楷模样板之上（魅力型的统治）。”[②]与统治的三种合法性相适应，韦伯把历史上出现过的权威的政治统治也分为三种：传统型的统治、克里斯玛型的统治和理性的法理型的统治。这三种统治类型正是建立在以上三种合法性的基础之上的。

统治形式的变迁往往伴随着社会组织形式的变迁，与三种不同统治形式相适应的是三种不同的组织形式。

（一）神秘化组织

与神秘化组织形式相适应的合法性权威统治是克里斯玛型的统治模式。所谓“克里斯玛”指的是一种个人魅力，“被视为（天分过人），具有超自然的或者超人的，或者特别非凡的、任何其他人无法企及的力量或素质，或者被视为神灵差遣的，或者被视为楷模，因此也被视为领袖”。[③]克里斯玛型统治是一种非理性的统治形式，它往往出现在社会动荡的时期。在一个社会面临各种政治、经济、包括心理和信仰危机的时候，在原有的价值观念发生动摇、思想上无所依归的时候，人们会希望具有非凡能力的人物出来解救万民于水火之中，克里

① ［德］马克斯·韦伯著，《经济与社会》，林荣远译，北京：商务印书馆，2004年，第241页。

② 同上，第241页。

③ 同上，第269页。

斯玛型的人物便会横空出世，为人们指点迷津，树立新的信仰。在这类组织中，领袖人物具有超凡的个人魅力，在他的身边聚集着一群追随者。由于神秘主义组织的领导权威是建立在领导者个人人格的基础上的，因而，组织成员对命令的服从只是基于领导者的个人感召力。其政治统治的基础其实是一种情感性的地缘关系。在这种统治团体的内部没有专门的行政管理职位．所以管理者也与现代社会中的官僚完全不同，他们无须具备专业知识，他们之所以会被选拔到管理者的岗位上，既不是按等级观念，也不是按家族或个人依附观念选择的，而是按魅力的品质选择的："与'预言家'相适应的是'信徒'，与'好战的王侯'相适应的是'扈从'，与'领袖'相适应的是'亲信'。既没有'任命'或'罢免'，也不存在着'资历'和'升迁'，而是仅仅在被召唤者的魅力资格基础上，依照领袖的直觉加以召唤"。[①]这种组织的内在基础并不稳固，时间一长，这种组织就会发生嬗变，尤其是在克里斯玛型的领袖死后，组织就会产生权威的继承问题。这时，神秘主义组织要么转向其他类型的组织，要么就会解体。在领袖死后，经常出现的是运动分裂，各派争当"正宗"继承人，由此，组织与其从事的运动便开始分裂。韦伯也曾列举了多种解决接班问题的方式，包括指派、血缘继承等。假使继承问题得以解决，那么组织也必将会失去其神秘化的形式，而转向其他类型的组织。

（二）传统组织

在传统组织中，合法的权威统治必须是符合传统和习惯的，不能超出传统的范围。"统治的合法性建立在遗传下来的（'历来就存在的'）制度和统治权力的神圣的基础之上，并且也被相信是这样的"。[②] 组织成员之所以会服从权威，乃是因为人们对于传统的不可侵犯性和依据传统进行统治的统治者的地位深信不疑。传统的习惯称为神圣的东西，成为伟大的仲裁者，领袖因其在组织中所获地位而拥有了合法的权威。相比较神秘化组织中的领袖而言，传统组织中起作用的不再是领袖的个人魅力，而是他所扮演的角色，该领袖的权威是以对传统文化的信仰和尊重为基础的。与克里斯玛型统治相比，传统型的统治是保守的，任何新的法律和管理原则都不可能经由一定的章程和程序产生，即使在面临新的问题而不得不进行创新的时候，也必须从传统中找出可以比附的例子，以证明这历来就是适用的。但是另一方面，在传统型政治这个概念中，统治者的个人意志又往往是不受传统限制的，也就是说，统治者的行为既必须受到传

① ［德］马克斯·韦伯著，《经济与社会》，林荣远译，北京：商务印书馆，2004年，第270页。

② 同上，第251页。

统的约束，但是传统往往又使其统治者可以在一定的范围内不受传统的约束。韦伯还将传统的组织形式划分为两种，即“世袭制”和“封建制”。在“世袭制”的组织中，官员只有作为领袖的奴仆从领袖那里获取报酬；而在“封建制”的组织中，官员拥有自己的收入来源，并对领袖保持着一种传统上的忠诚关系。前者在历史上最典型的代表是秦统一后的中国，后者的代表是中世纪的西欧。这种组织类型的权威明显具有世袭性、封建性和绝对性的特点，所谓世袭性，即公之子恒为公，士之子恒为士；封建性，即领导者与被领导者之间是主人与臣仆的关系，信奉家长政治和老人政治，整个组织如同一个家族；而绝对性则意味着领导者的意志就是法律，权威不受限制，至高无上。传统型统治的行政管理具有以下几个方面的特点：1. 没有依照业务规则为行政人员确立固定的和明确的职责权限范围；2. 行政管理体制缺乏固定的、合理的等级制度；3. 缺少以自由契约为基础的官吏透选和任免制度；4. 缺少对行政人员的业务培训；5. 缺少固定的工资薪金制度。

（三）合理化——合法化组织

在合理化——合法化组织中，统治的合法性是建立在人与法律的关系之上的，组织内部的各种规则成为权威行使的基础。作为一种现代社会的组织形式，它是建立在法律体系基础上的，而且这一法律体系乃是根据实证原则制定的形式法律体系，是由有关社会群体一致同意产生的。领导者的权威来自于他在组织中所担任的职务，被领导者的服从实质上是对组织规则的服从。此时，领导者与被领导者在法律地位上依然是平等的，都要受到法律的约束。这种组织形式称之为合理化——合法化的，一方面是因为它是专门用来实现某种既定目标的手段，亦即这种组织好像是一架精心设计的机器，意在执行某些功能；而机器上的每个零件都可以为机器的运转发挥最大的功效而起到自己应有的作用。另一方面是因为这种组织形式是被法律化了的，因为在这种组织中，存在着一系列的运作规则和程序，组织成员必须依法行事。这种合理化——合法化的组织制度就是“官僚制”，也可称之为“科层制”。

韦伯认为，基于三种权威统治而形成的三种组织中，以克里斯玛型权威为基础的组织类型更多地带有感情色彩而不是理性，其管理工作依据的是神秘或神圣的启示，往往带来支配行为的主观性和随意性；以传统权威为基础的组织类型，是为了保存过去的传统而行事，对领导人的挑选不是按能力而进行的，因而效率是低下的。所以这两种权威，以及建立在这两种权威基础上的组织类型都属于非理性的范畴，都不宜作为现代官僚组织及其行为的基础，只有与合理——合法的权威相适应的组织形式才是理想的官僚制形式。这里应当注意的是，韦伯所讲的“理想的官僚制”，并不是指应当或合乎现实需要的意思，他讲的是一种组织的纯粹形态或标准模式。现实中的组织往往是多种形态的混合，韦伯只是借他所勾画的这种纯粹的、标准的、抽象的组织形态与其他社会组织进行对比分析。

二、官僚制及其特征

对于英文“BUREAUCRACY”一词，一般译为“官僚制”或“科层制”。“BUREAUCRACY”这个词是蒙西尔·德·古尔耐在1745年首先使用的。他把具有办公室、官邸、办公场所含义的“BUREAU”和一个来自希腊语的词汇“统治”（TO RULE）连在了一起，即“RULE BY THE BUREAU”，其字面的解释就是“官僚的统治”[①]。

韦伯的官僚制，并不是汉语习惯中墨守成规、效率低下、脱离群众等的同义词，而是指一种理想类型的组织结构的形态及其行为模式。我们所讲的官僚主义制度并不是真正的“BUREAUCRACY”的组织原则和行为规范。在韦伯看来，所谓“官僚制”，是指一种以分部——分层、集权——统一、指挥——服从等为特征的组织形态，亦即现代社会实施合法统治的行政组织。其中，合理合法的权力或职权是官僚制组织的核心要素。他认为，从纯技术观点看，以合理合法的权力为基础的“官僚制”是效率最高的组织形式，政府、军队、宗教团体以及早期的企业采用的都是这种组织形态，它是一种高度理性化组织机构的“理想类型”。作为一种理想的组织类型，韦伯的“官僚制”具有以下特征：

1．合理的分工

明确划分每一个组织成员的职责权限并以法规的形式严格固定这种分工是官僚制的重要特征之一。在官僚制组织中，作业是根据工作类型和目的进行划分的，具有很清楚的职责范围。它科学地划分了每一个工作单元，“把为实现组织的目标所必需的日常工作，作为正式的职责分配到每个工作岗位”[②]，无论是管理层次还是任务层次都有一种高度明确的分工，删除了那些无用的重复工作，并考虑到了职能交叉的必要。明确了每一个人的权力与责任，进而把这些权力与责任作为正式职责而使之合法化。劳动的明确分工有可能为每一个特定的岗位雇用受过专门训练的专家，使组织成员专精于自己岗位职责的工作，实现了工作的专业化。韦伯认为，组织合理确定特定职位的特定权责范围，不仅

---

① ［英］安东尼·吉登斯著，《社会学》，赵旭东译，北京大学出版社，2003年，第439页。

② ［德］马克斯·韦伯著，《韦伯作品集——支配社会学》，康乐、简惠美译，桂林：广西师范大学出版社，2004年，第22页。

提高了人的可靠性和胜任能力，而且可以使普通人发挥个人专长去达到不平常的目标，更有利于提高组织的工作效率。

2．技术化

官僚制发展的一个重要标志就是专业管理人员的增加以及在各业务部门中专家人数的增加。合理的分工与专业化的实现为官僚制下应对各种纷繁复杂的事务提供了有效保障，提高了组织工作效率，同时，也对组织提出了更高的要求。各部门的技术化发展需要有一套稳定且详细的技术规范要求和专业的技术人才。一方面，要建立合理的激励制度，要求组织成员凭自己的专业所长、技术能力获取工作机会并享受工资报酬，组织按成员的技术资格授予其某个职位，并根据成员的工作成绩与资历条件决定其升迁与否，从而促进个人为工作尽力尽责；另一方面官僚制组织必须为其成员提供各种必需的专业培训，以使其具备和增强处理事务和解决问题的能力，进而提高其服务数量和质量，从根本上提高组织的工作效率。

3．等级严密的权力体系

官僚制组织中，为了能够实行大规模的责任制与协作，每个人的权威与责任都有明确的规定，职位按等级制的原则依次排列。组织成员的行动方向是由处在更高一级职位的成员决定的，下级组织接受上一级组织的指挥、管理。由此形成一个自上而下、等级严密的权力体系。在韦伯看来，这种等级严密的权力体系可以使组织中每一个成员都能够确切地知道从何处取得命令以及把命令传达给何人，它有助于克服组织管理中的混乱现象，提高组织的工作效率。

4．依照规程办事的运作机制。

官僚制组织的运行，包括成员间的活动关系都不是依个人意志决定的，是“由一些固定不变的抽象规则体系来控制的”①。它通常要制定一套完整的规章制度来规范组织及其成员的行为活动。每位组织成员都要了解自己所必须履行的岗位职责及组织运作的规范。韦伯认为，这些规则和程序是根据合理合法的原则制定的，它们具有稳定性，可以保证官僚制组织的合理性、合法性、稳定性和连续性。明确的规章制度有助于实现工作的规范化与程序化，使得整个组织工作具有一致性和明确性，提高了组织运行效率。同时，按规则办事，对事不对人也有利于公平合理地对待一切人和事，避免组织领导人一时产生的错误想法或已不再适用的程序危害组织的整体发展。

---

① ［德］马克斯·韦伯著，《韦伯作品集——支配社会学》，康乐、简惠美译，桂林：广西师范大学出版社，2004年，第22页。

5．管理的非人格化

韦伯认为，官僚制的统治意味着“没有憎恨和激情，因此也没有‘爱’和‘狂热’，处于一般的义务概念的压力下；‘不因人而异’，形式上对‘人人’都一样”[①]。在官僚制中，由于官僚组织中的职务和地位不为占据者所专有，所以在处理公务时，组织成员都按严格的法令和规章对待工作，要求将私人关系和公务关系严格分清，不徇私情。职位集中体现了地位与角色的内涵，代表了一整套规范和行动模式，它不受担任这一职位的任何个人的性格、气质、品德等影响，在一定限度内不因人员变动、个人偏好而改变。个人服从的对象不再是拥有特定职务的个人，而是个人所有的特定职务。公务活动与私人生活在关系和范围上是截然分开的，人们在处理公务时只应考虑合法性、合理性以及有效性，而不应考虑任何私情关系。唯有不带私人情感的超脱态度，才能平等地对待所有的人，这样才能在行政事务中做到公正。他预言，官僚结构将越来越没有人情味，没有人情味且被视为一种美德。

6．档案制度原则

官僚制组织的管理是以书面文件档案为基础的。在官僚制组织中，一切重要决定和命令都应当用文字固定下来，形成正式文件下达，并且要记录在案，用毕归档。“档案和官员们的持续运作结合在一起，就产生了办公机关作为任何现代团体行为的核心。”[②]韦伯认为，档案制度使得组织独立于成员个人之外，尽管组织成员会发生变动，但它的文件规定则具有相对稳定性。正规的文件档案，有利于下级组织进一步明确其职责、权限，有利于上级明确记录其所属部门和个人的任务分配，因而也便于加强必要的控制，提高组织运行效率。

7．合理合法的人事行政制度

对于官僚制的人事行政制度，韦伯是这样进行设计的：（1）每个机构都通过竞争性选择来招聘人员，根据工作需求以及个人资格条件确定职位候选人；（2）量才用人，根据职位等级系统给予合理的安排，以使其能在合适的位置上充分发挥其才能；（3）组织成员根据契约受命，即建立在自由选择基础上，除非犯有重大过失并依照法定规则加以免职，否则组织不能单方面地随便结束这种契约关系；相反，本人则有权自由脱离组织。因此，从原则上讲，人员按其特长可以自由选择每一个职位；（4）每一个职务都有一个法律意义上明确规定的权责范围和应具备的学识、能力和经验；（5）采用明确固定的货币制度，薪

① ［德］马克斯·韦伯著，《经济与社会》，林荣远译，北京：商务印书馆，2004年，第250页。

② 同上，第245页。

金首先依据官阶等级分级，同时也根据职位的责任大小和“身份地位”的原则确定；（6）组织人员的奖惩根据其实际工作优劣而定；（7）人员的晋升依据资历、成就或二者兼而有之进行；（8）任何人员不得将自己的职位私自转让或指定他人非法继承。

韦伯认为从纯粹技术的观点看，规范的官僚化行政组织可以达到最高的效率。他指出，“纯粹的官僚体制的行政管理，即官僚体制集权主义的、采用档案制度的行政管理，精确、稳定、有纪律、严肃紧张和可靠，也就是说，对于统治者和有关的人员来说，言而有信，劳动效益强度大和范围广，形式上可以适用于一切任务，纯粹从技术上看可以达到最高的完善程度，在所有这些意义上是实施统治形式上最合理的形式。”①因此官僚制解决的不仅仅是单个雇佣者的生产效率，而且是组织方面的特殊问题——如何最大限度地进行合作与控制，并由此提高组织的效率。

三、官僚制的优点与缺点

通过对官僚制的本质及特征的深入系统分析，韦伯认为，官僚制具有巨大的优越性。在他看来，这种优越性具体体现在严密性、合理性、稳定性、普适性四个方面。官僚制组织适用面广，政府机关、公共事业、各种企业甚至私人组织都可以采用。所以韦伯认为资本主义离不开它，否则就不可能有发展，而社会主义则科层化程度更高，更需要它。韦伯在看到官僚制的优越性、不可摆脱性的同时，也指出了它的弱点。他认为，官僚制的非人格化特征，压抑了人的积极性和创造精神，使人成为一种附属品，只会机械地例行公事，成为没有精神的专家，没有情感的享乐人，整个社会将变得毫无生气。在这种理性主义和人本主义的冲突面前，韦伯感到两难、悲观。作为一种希望，韦伯指望人类运用“超凡魅力”的革命性力量来冲破官僚制最终造成的沉闷局面，延展合理化的进程。

四、简评

韦伯的官僚组织理论是组织理论发展史上的里程碑，它标志着古典理论走向全面的成熟与完善。韦伯本人也因此被称为“组织理论之父”。韦伯是以合理性与合法性为维度来考察社会组织的演变与特性的。为他提出的惟一符合现代理性社会需求的法理型组织及其典型形式——官僚组织能达到最高的组织效

① ［德］马克斯·韦伯著，《经济与社会》，林荣远译，北京：商务印书馆，2004年，第248页。

率。如果说韦伯的理论只是出于纯粹意义上的假设，那么西方资本主义发展的实践说明，大规模的、复杂的行政管理需要的正是这种组织。韦伯在分析官僚组织模型的过程中，指出了组织管理的一些基本原则，这些原则今天仍然适用于公共管理与企业管理部门。应当说．韦伯的理论分析是建立在他对理性的理解与理想类型的假设之上的，这使得他的理论能高屋建瓴，提出一个完整的框架，并在分析中略去一些次要的相关因素，从而带来很多便利。但这种方法也存在很大问题，即往往把作者本人觉得应当如此的成分视为事实上如此，从而忽视了事实上存在的各要素之间的联系。这将不可避免地使理论的科学性受到损害。另外，官僚组织理论的局限性还表现在：第一，韦伯是以“经济人”或“理性人”来理解组织成员的。组织中占支配地位的是非人格化的规范与准则，组织成员行使职权时必须完全抛开个人的情感，以不偏不倚的态度处理工作任务。但是不难想象，没有了人与人之间的情感交流。个人的工作积极性与主动性必然受到极大的压抑，而这也将最终影响到组织成员的团结以及效率。第二，韦伯关注的是正式组织，他没有意识到正式组织可能带来的弊端。在按照组织分工与层级分化原则建立起来的官僚机器中，个人已经异化为机器的一个部件，任何越轨行为都是不允许的。这必然导致组织工作中的官僚主义、本位主义等“官僚病”，在这一点上，可以说，官僚组织是滋生官僚主义的温床。第三，官僚组织的封闭性与缺乏适应性。韦伯把组织看作一种固定的系统，他考虑的重点是组织本身的结构与特征，因而不可避免地，他忽略了社会环境因素对组织的影响以及组织内部纵向组织层次及横向组织部门之间的相互影响。这导致了组织的自我封闭与本位主义，使组织缺乏适应社会发展变化的能力。但是，不管怎样，韦伯的官僚组织理论有其内在的合理性。我们应当看到，韦伯的官僚组织理论满足了大工业生产对高效率的需求，其强调的专业化分工与等级制充分利用了当时的工业技术和文化成果。尽管现代社会与韦伯所处的时代相比，社会的政治、经济和文化方面已经发生了很大变化，但那时形成的某些基本思想仍适用于今天的组织。可以肯定地说，在政府部门与大型社会团体、企业的管理中，官僚组织仍然是无法替代的组织形式。

韦伯的家庭

韦伯于 1864 年出生在德国东部图林根的埃尔福特镇的一个富裕的中产阶级家庭。这里是属于普鲁士管辖下的地区，因而普鲁士的强大以及那种无所不至的强权政治控制从幼年时便深深地印在他的脑海里，并终生萦绕在他的心里，对于他以后的学术研究一直产生着影响。

他父母结婚以后经常在家中举行社交聚会，家里经常高朋满座，来往宾客之中不乏学术界与艺术界名流，其中历史学家施洛塞尔及其学生盖尔温努斯（所谓哥廷根七教授之一）便是其中过从甚密的两位。他们在他家中高谈阔论，探讨学术，议论艺术，评论政治，臧否人物。这些社交聚会成为他最初的学术启蒙，自幼耳满目染，很早就对历史、哲学、经济、政治以及文学艺术等领域的学术问题产生了浓厚的兴趣，对他的思想成长和以后的学术研究都有着非常大的影响！

他的父母亲是截然不同的两类人，来自他们双方的不同影响在他的思想上烙下了深深的印记，这也是造成他精神紧张与分裂的潜在根源。

父亲的性格有着截然相反的两面性。在外人的眼里，父亲是一个和蔼可亲的老好人。但是一回到家中，就会完全暴露性格的另外一面，变成一个不折不扣的蛮横专制家长。父亲对待母亲和他们兄弟姐妹几个的态度非常粗暴。在他的眼里，父亲就如同是德意志帝国蛮横专制的政治制度的化身。这也可能正是他对德意志帝国既尊敬顺从又不愿苟从的主要原因。他曾经多次因为一些家庭琐事与父亲发生激烈争吵。父亲死于 1897 年，此前几个星期他曾与父亲大吵了一次。这件事对他的打击非常大，一直觉得父亲的死与他的不孝有着直接的关系。父亲的死使他感到深深的痛苦和内疚，在父亲死后不久，他便患上了严重的失眠症，这场大病使他在整整 6 年时间里完全丧失了学术研究的能力。经过这段痛苦的时期以后，他的思想也进入一个新阶段，这之后他的研究经常回到权力、权威、统治、官僚制度、政党这些主题，他思想上的转变与这段时间的经历无疑有着很大的关系。

母亲海伦·法伦斯坦·韦伯自幼受过良好的教育，对基督教抱有极为虔诚的信仰。在笃信上帝的问题上坚定执著，毫不动摇。

父亲所信奉的信条和身体力行的生活原则与母亲所崇尚的传统人文教育中的伦理道德原则是如此的冲突和不协调，它让他一直处于无法挣脱的思想冲突之中，但是他们的影响在其思想上烙下了深深的印记。

由于父亲的影响，他一直热心政治，而且成为一个不折不扣的国家主义者和民族主义者，一直热切地期盼着德意志民族的强盛，希望德意志民族成为凌驾于世界民族之林的主子民族。但与父亲这个影响时常抵触的是那种贯穿于他的心灵深处的个人主义、自由主义和人文主义的一面，而这一方面又是来源于母亲的影响和德国传统浪漫主义的人文主义教育。在他的思想成长和学术研究中自始至终一直贯穿着这种矛盾与冲突，以及为了弥合摆脱这种冲突所做出的巨大努力。不过个人、家庭的紧张与分裂又都只是那个动荡不安的时代的缩影而已。

参考：王威海编著，《韦伯：摆脱现代社会两难困境》，沈阳：辽海出版社，1999年，第1～9页

第四节　怀特的行政管理学体系理论

伦纳德·D. 怀特（LEONARD D. WHITE，1891—1958）美国行政学家、历史学家、改革家，曾任美国文官委员会主席。怀特像亨利·法约尔一样，相信公共行政管理有普遍的适用性和适合于多种组织的原则。他第一次运用科学的方法对行政学问题进行了系统的研究，总结出公共行政的一些基本规律，首次将行政学思想系统化、理论化，使之成为一门比较完整的学科体系。怀特认为，在范围广泛的行政事务和纷繁复杂的行政现象中，必须运用科学的方法来建立知识系统和理论原则，以便为政府及其工作人员的行政管理和执法活动提供行为规范和理论指导。在怀特影响下，1934年，美国创建初级文官考试，作为建立正式的公共行政人才招聘制度的一种工具。考试制度为以后全面地改进保证胜任联邦服务机构的人力制度铺平了道路。怀特作为一名教授在美国著名的芝加哥大学任教多年，一生著述颇丰，其主要代表作包括《行政学概论》、《近代公共行政的趋势》、《联邦主义者》《共和党时代》和《外国公务员制度》等重要理论著作，其中他的《行政学概论》被视为世界各国公认的第一本大学行政学教科书，他对行政学理论的系统化努力主要就体现在这本著作中。怀特在行政学说史上，有着巨大的贡献。威尔逊倡导创立行政科学，但他本人并没有完成任务，创立行政学的任务是由怀特完成的。他的《行政学概论》标志着行政科学的正式诞生，使行政科学成为系统化理论化的知识体系，成为政治学的一个重要的分支学科。

一、行政学的研究对象和范围

任何一门独立学科首先均要有其明确的研究对象和范围。怀特在他的《行政学概论》中，开篇他讲到，作为现代政府问题的中心，无论在哪层政府，行政的基本特性都是一样的。他认为，对行政的研究始自管理学而不是法学，现在的研究还处于技术手段阶段，但是正在向科学研究的方向转变。在怀特看来，

行政学的研究对象和范围就是对国家政府中“市政、邦联或联邦行政的研究”①，在行政各支系中均有数种基本问题：组织、人事、监督、财政等。他的《行政学概论》一书就是主要围绕着几方面内容展开的。在他看来，任何一种管理活动均有其目的，而国家行政管理的目的有五个方面：第一，行政是指管理人员运用物质材料完成国家建设的任务；第二，行政的目的在于有效利用官吏及雇员权限内的一切财源；第三，行政就是公务的执行，行政活动的目的就在于以最敏捷、最经济、最圆满的方式成功地完成政务计划；第四，行政法的目的在于保障人权，而行政的目的则在于有效管理政务；第五，在增加行政权的同时增加保障，以防止行政权的滥用。

二、行政环境思想

行政环境是指行政系统赖以存在和发展的外部条件的总和，它直接或间接作用和影响行政管理、行政行为以及行政效果。随着社会的变迁和发展，行政也发生相应的变化。行政环境对行政管理往往具有重要乃至决定性影响。怀特对行政管理与外界行政环境的关系进行了讨论。

1．经济环境和政治环境与公共行政

首先，他认为文化传统影响着国家的行政制度及组织，美国行政组织的主要体系仍深受其英国渊源的影响。其次，怀特指出，现代国家政府行政的任务，深受这一时代政治、经济、文化与社会制度等的影响。后工业革命及其若干社会上、经济上与政治上的株连改革产生了一些行政上的新概念。经济的发展变化也影响着国家行政职能范围的变化发展。早期资本主义实行自由主义政策，与当时相应的放任主义观念，要求国家活动减至防御、征赋及警务之责任，致使行政范围大受限制，很少干预国家经济运行。但工业的发展、经济活动的增多、交通的拓展、贸易的扩大、都市化等工业革命发展所带来的一系列变化，不免造成相当程度的社会合作，在这种情况下，放任主义者的理念使得行政工作毫无生气。国家业已成为一种促使社会改革计划生效的重要因素，政府要承担起干预经济、加强宏观管理的新职能。再次，资本主义经济发展中的经济危机加剧了业已存在的社会问题，要求政府积极干预社会盈余的分配，保障弱势群体的最低工资标准、卫生标准，通过制定各种规章、禁令强化社会管制。同时，为实现政府廉洁，要对选举及政党活动进行干涉、规范，在限制贪污条例方面也不得不异常努力。怀特分析了上述经济政治环境的变化及其对国家行政

① ［美］怀特著，《行政学概论》，刘世传译，北京：商务印书馆，1947年，第2页。

管理提出的客观要求，指出："现代国家的工作，是在向各方面发展之中。同时因国家新政纲的各个方面均反映为行政工作的增加，于是行政范围亦是向各方面发展"[①]。怀特的这一思想已包含行政管理必须要适应行政环境、行政职能范围必须随行政环境变化而变化、保持行政的适应性等内容。

2．客观社会环境与行政

怀特指出，二十世纪中对行政方面的注意乃由种种社会客观原因造成，主要有以下几点：（1）这其中最重要的原因就是政府支出骤增。各联邦政府的支出急剧增加，公民赋税激长，致使公民对高效率政府的要求从未中断；（2）随着政府对经济和社会生活干预的加强，公民要求政府管理要民主；（3）国际贸易及工业竞争的发展也增加了对政府效能的要求，政府行政的"效能与节约是国家繁荣和商贸成功之第一要素"[②]；（4）政府公务员队伍不断扩大，公民要求政府应当是忠实、优良及贤明的行政；（5）随着政府行政范围的变动、扩大，政府职能改革、机构变迁成为必要，要适时增建新的职能部门；（6）科学管理运动对鼓励处理公务方法的改进也有极重要的贡献。

3．科技环境与行政

科技环境的变化，也对行政改革产生了重要影响，具体表现在以下三个方面：（1）在过去五十年里，科学业已改良行政。科学上及工业上的空前发展，不仅改革了行政的设备，而且改革了行政的任务。科学已经为行政目标的确定提供了启示，并提供了政府行政赖以运行的工具；（2）现代化国家对科学的依赖越来越多，行政的整个技术设备都有待于科学成就的发展，教育卫生、建筑、制定规章、保管资源、公共福利行政、犯罪事务、款项支配、人员管理、行政监督方法等种种事务都需要专家及科技的支持。怀特认为，现代行政人员不止本身要成为科学家，并且要成为科学实地研究者。（3）要想从管理科学中发展出来的行政科学能够继续顺利发展，除特定科研机构外，还应在行政系统中设立专门的科研机构，聘用专门人员从事行政科学的研究。

三、行政组织思想

行政组织是为履行一定行政职能，实现一致行政目的，通过权力和责任的分配而建立起来的系统协调的有机整体。行政组织管理是行政学研究的重要内容之一，怀特在他的著作中提出了部分关于行政组织建设及管理思想。

---

① ［美］怀特著，《行政学概论》，刘世传译，商务印书馆，1947年，第9页。

② 同上，第12页。

1．对行政组织核心问题——行政组织体制问题——的探讨

关于行政组织的核心问题——行政组织体制问题，怀特主要结合英美当时行政组织体制的状况将行政组织体制的类型及特征作了如下归纳：

（1）自治型与官僚型。怀特认为，自治型行政组织体制的特征是多数行政官员均系民选而任职期限颇短，且无再度被选的希望；而在官僚型组织体制下，一般官僚是由其长官委任并对其长官直接负责，若官吏行为端正，即可维持其地位以致终身。在自治型中，无阶级政治的意味；而在官僚型中，金字塔化的职权是其重要特征之一。在前者，每一民选官吏按法律要求行动并对选民直接负责；而在后者除最高级官吏之外，均以服从其直辖长官的命令为天职，对选民不负任何责任。在他看来，美国的行政制度素有民治倾向，而欧洲大陆诸国则为官僚阶级统治。

（2）中央集权型与地方分权型。中央集权型与地方分权型两种体制的划分，实际上是基于中央与地方的行政关系而来的，其实质是两种不同的垂直关系。怀特认为，在中央集权型行政组织体制下，中央行政总枢可以自设其外署，也可以直接分配工作到现存下级政府中，中央方面则保留相当程度的监督权；而地方分权型行政组织体制下，地方政府对地方的行政事务有决定权，地方政府权责明确，在正常运行的情况下，中央政府不干涉地方行政事务。

（3）独立制与权力汇一制。独立制度就是将每种服务机关看作是一种独立单位，而与其他服务机关之间保存极少或毫无直接关系。在这种制度下，权力之统系自各种实施服务机关，直接上附于执行总部或立法机关，受其指导及监督；所谓权力汇一制，则是将各种服务分于各部门之中，这些部门工作统属于同一范围，相互间须保持密切的工作关系，部门之上各有长官领导，并负责监视其工作是否协调，以便为实现组织目标而共同努力。在这种制度下，权力之统系自各种服务机关直接上附于其所属部门，由各部门转汇至行政总枢或立法机关。

2．责任与权力的分配

怀特认为，政府的效率从根本上说是以行政组织中责任与权力的适当分配为基础的。在他看来，责任与权力分配的确切意义是每一个行政官员必须特别赋予一种固定任务。在这种情况下，行政的成败取决于行政官员自身的才能与智慧。故而，每一个行政官员必须有法律上及财政上的固定权力，以便有效地执行其公务。当然，怀特认为责权一致原则的实施决非易事，因为：（1）民选官员均不受上级行政首长监督，且行政首长不能罢免其职，官吏自身在两次选举之间，可以在法律范围内任意处理行政公务；（2）行政工作由行政委员会主

持，其责任很容易混淆，以兼职等最为严重；（3）行政职权分配不当，立法机关多次演成错误，如指定三四种不同性质的官吏处置同一件事；（4）在许多情况下，无论对如何审慎分配工作，不同行政机关之间仍会有冲突事件发生，除非设有协调工作机关，否则，权责关系陷入混乱状态是难以克服的；（5）行政机构的过量与低量设置导致部门间工作范围模糊难辨，致使某些行政机关的领导者有机会攫取其他机关工作成绩；（6）参谋咨询机构企图夺取行政工作，也给行政权责的合理分配造成了困难。

总之，适当的权力必须与确定的责任同时存在。第一，这表示适当法定权力的行使，必须有所根据，即主要基于议会立法，在多种情势下又根据行政首长的命令；第二，必须有充分的财源以适应法定的状况。

怀特不仅从原则上提出了权责分配应该注意的问题，而且进一步研究了权责分配的措施和方法：（1）将同一目标的行政事务、权力和责任归于同一行政部门；（2）权责的分配与行政任务相一致，与部门、人员等级相一致；（3）权责分配可以按区域、行政工作性质、行政方法、行政程序的不同加以分配。这样做能使政府之各种服务机关互相凭藉，造成坚强的权力汇一型及联合一致的行政机关；树立行政领导管辖的有效制度；确定行政权力及责任；免除组织上、规划上、设备上、人员上及活动上重复的弊端；使同一范围内活动的各服务机关之间保持合作的可能；提供一种防止或修正权限上叠置与抵触的方法；使行政在方法上、手续上容易制定标准；顺应普通事务实施方面的集权；为组织及管理的预算提供重要基础。

怀特还指出了另一种原则，用以决定各部与各局的，即所谓的监督的经济原则。要求任何行政首长，其有效监督不能超出七部或七个行政单位，对此项原则的破坏将会导致行政工作效率的削减。

3．行政协调思想

行政协调是指在行政主体为实现组织的总目标，在统一安排和调整下达成配合一致、和谐发展与稳定有序。对此，怀特主要讨论了以下几个方面：

第一，应当精简机构，以减少协调工作的数量和难度。由于工作协调的困难会随行政单位的数目而增加，因此，现代缩减行政部门的数目是行政发展的新趋势，一方面归并工作性质相近的各行政单位，一方面削减多种独立局。

第二，要设置协调机关。怀特指出，近来，在各个方面的活动中，行政部门之间的相互联系十分困难，这个问题越来越严重，为了实现各部门之间的相互协调，应该设置政府协调机构，以求确保采取最经济及最有效的方法。

第三，通过精密的协调可以获得较好的协调结果。在怀特看来，政府在行政管理过程中要通过行之有效的协调行为，及时调和各部门或各机关之间的活动，获得较好的协调结果，进而提高行政效率。

第四，协调过程中，行政首长握有监督权和最终决定权。预算局局长赋有监督一般协调机关的权力，一般协调官吏则在政府各部门之间常规事务活动上握有监督权。他还特别强调，协调长官的裁定就是最后的决定。但遇到绝对必要时，可向预算局长甚或大总统申诉。

第五，协调的原则。怀特指出，协调机关的组织原则大体相同，即对任何事件均由主管会制定完整的政策，用以领导相关各部门。规划这种政策是附设专门协调委员会的职责——各部有专人参加——形成联合规划中之协调部分。应用这种方策，可使各部在独立行动中，获得合作的行政效能。

4．优良行政组织的标准

对于优良的行政组织，怀特认为应具有以下特征：（1）行政组织能够获得最优秀的人才；（2）组织中应有一致的责任及适当的权力；（3）将行政官员区分为政务官和事务官，前者任务为维系本部与外界关系和监督本部门事务，后者任务为实施方面的工作；（4）设置固定协调机构专门从事综合协调工作；（5）注重对组织的行政效率的测量，他提出要设计有效的测量标准，例如，卫生行政可以分为五个方面，每一个方面以四分计算，进行效率测评，以断定其行政效率的高低，判定这一行政组织的优劣。

四、人事行政思想

怀特的人事行政思想较为丰富，涉及到人事行政管理有关考试录用、职位分类、分级与工资、晋升、惩戒与罢免以及退休等各个环节。具体说来，主要表现在以下几个方面：

1．考试录用

怀特认为，人事行政有两大支柱：一是选拔人才，一是职位分类。现代人事行政就是建立在这两个根基之上的。关于人才选拔的方式，怀特主张必须设置独立的考试机构，例如独立于行政系统之外的文官委员会，按照考绩原则，根据相关政策法规进行统一管理。关于人才选拔的方法，他认为，政府选拔管理人才的考试方法应该科学化、多样化，既可以采用笔试和口试的方法，也可以采用操作试验、工作试验和心理试验的方法。考试方法是否达到科学化、标准化，其标志是能否挑选出胜任者，更由胜任者中，选出最胜任者。

2．职位分类

职位分类，亦称职务分级，是对国家机关所有职位，按其工作性质、繁简难易程度、责任轻重及所需资格条件，横向划分为若干职组、职系，纵向划分为若干职等、职级，形成一整套机关职位分类体系。怀特认为，“分级事宜及薪俸的适当决定是整个公务员管理问题中最专门最困难的”[①]，分级的目的在于以公家服务中职务的确定、顺序的排列和正当评价三者，树立公务员平等的基础。“完善的分级是有效人员管理的基础。”[②]在他看来，职位分类具有重要意义，具体表现为：（1）工资的多少应该根据所完成的工作加以确定；（2）实行等工等酬；（3）必须按照现代标准及改良的雇佣政策，实行公平的报酬；（4）确定生活消费的公平报酬，固定最低工资；（5）现代雇佣情形的标准。

3．职务的晋升

怀特从四个方面对此作了论述：第一，他认为晋升制度应建立在考核和功绩基础上。他指出，能够晋升职务和提供优厚报酬是吸引优秀人才的重要途径。应把职务晋升制度奠定在公务人员的考绩和功绩基础之上。第二，他提出应确保能干的人才得到提拔和重用。怀特指出，应缜密地制定晋升计划，贯彻公平处理的原则，使晋升制度发挥其应有的导向作用。第三，他主张应该扩大晋升选才的范围。在他看来，“选择的范围愈大，则竞争愈激烈，而最后选择的人员，必愈为优良。”[③]必须以开放型晋升制度，广开才路，以期选得优秀人才。第四，他认为职务晋升的几个根据应综合地加以运用。怀特指出，晋升职务有几个根据：一是以先进的资格作为升迁依据；二是依据工作成绩；三是公开竞争，依据职务升迁考试成绩；四是领导自由处置原则。这四种晋升依据无一种整个或普遍采用，只有两种或两种以上并用，以适应一般政治及行政环境，或可期望得到满意结果。

五、行政道德思想

行政道德是指行政人员在行政管理活动中的行为规范的总和，它是维持行政管理活动参与者之间，即行政机关与其他各机关（包括各级行政机关和权力机关）之间、行政机关与其工作人员之间、行政机关与企业事业单位之间、行政机关与社会团体之间、行政机关与公民之间等的合理、正当关系的原则和规范。怀特的行政道德思想主要体现在他对行政官员的“官纪”——行政官员的风纪问题的研究上。

怀特十分重视对官纪的研究，他认为，古典管理学派的理论认识及职禄分

① ［美］怀特著，《行政学概论》，刘世传译，北京：商务印书馆，1947年，第302页。

② 同上，第311页。

③ 同上，第340页。

赃制等问题导致了对官纪问题研究的忽略，而随着现代人事行政观念的更新和对风纪的关注，官纪问题的重要性日益突出，特别是战后，人们对风纪的关注大为激发，同时官纪问题研究还促进了对现代官吏潜能的引导。官纪问题已成为现代行政管理的目标。怀特着重从四个方面对“官纪”及其相关的行政道德问题进行了分析。

1．官纪的本质及其重要性

怀特指出：“官纪者，乃表现于行政人员热望、忠诚、合作、竭力负责及以服务为荣之精神也”。[①] 官纪可分为高尚的官纪或衰微的官纪。高尚的官纪能激励行政人员的积极性，保持官界纯净，能培养行政人员的良好素质，“能免除各种私利情事，从而使某组织或某个人能够克服通常难以克制的障碍”[②]。在他看来，“此种精神，对国家、企业均有明显之莫大价值……只有良好的规定且实施雇佣政策方能将官纪提高至相当的程度”[③]。行政官纪归根结底体现在行政组织中的人际关系之中。怀特认为，良好官纪的主要标志即是良好的人际关系，领导关心下属和重视让下级民主参与有关的决策。

2．败坏官纪的因素

怀特认为，败坏官纪的因素主要包括：一是缺乏奖励；二是惩罚无度；三是不按照成绩与能力计酬；四是没有正常的社交场所；五是调资不及时；六是抑制升迁机会；七是政党势力影响官吏录用及其他特别形势等等。总之，要“维系一个有效工作人员团体，对人性上之各种弱点不能不计及”[④]。他指出，尽管人事管理的重责委托给了各个行政部门，但是文官委员会的传统任务目前并未得到很好完成。对于此问题急需制定良好的计划，明确良好官纪的标准，通过人事管理各个方面的一致奋斗，才能真正提高官纪的质量。

3．官纪的基础

怀特指出，端正官纪应从直接和间接两个方面进行。善于利用外情势、提供适当的工作条件、鼓励有益的社交活动以及维持退休制度等均可以间接有力地促进官纪的改善；而对于工作成绩突出的行政领导或行政人员给予必要的精神奖励和物质奖励、倡导合作精神，激发想象力及忠诚感等均可以作为达到高尚官纪的直接途径。在各种行政情况中，“卓越的领导才能实为至要”[⑤]。

---

① ［美］怀特著，《行政学概论》，刘世传译，北京：商务印书馆，1947 年，第 262 页。

② 同上。

③ 同上。

④ 同上，第 271 页。

⑤ 同上，第 272 页。

六、行政法规思想

行政法规是现代行政管理的重要手段，也是政府行政管理的主要部分，在行政管理中发挥着重要作用。行政法规是指国家机关为实施宪法和法律、履行行政管理职能、完成行政任务，在其职权范围内，依据法律和法定程序制定和发布的规范性文件的总称。狭义的行政立法是指国家行政机关制定具有法律效力的规范性文件的行为，它属于政府行政行为范畴，被称为抽象行政行为。[①]怀特认为，政府及其部门在不违背宪法和法律的前提下，根据行政管理的需要，有权制定行政条例和规章，发布行政命令，这种“制定条例权乃系一种无上之‘行政与立法上具’，藉使逆意之事实，能与社会目的相协调”[②]。怀特的行政法规思想主要体现在以下几个方面：

1. 政策与法规和法律之间的关系。他认为，政策制定以后形成法制，对行政经验进行归纳形成行政条例而后上升为行政法制，最后制定成宪法条文。他指出：“无论如何，行政与立法二者，于形成政策上之交互影响，须视为显然重要者……二者在共同利益限度内……赓续而互补。”[③]

2. 行政机关制定条例、规章的范围。政府行政机关享有委任立法权，但行使这一权力有一定的范围和限度。首先，政府行使制定条例与规章之行政权必须根据法制，根据宪法与法律加以制定，超出这一范围则违法无效。其次，有委任立法权的行政机关才有权制定规定范围内的行政条例、规章，超出这一范围则越权无效。

3. 行政机关制定条例权的限度。行政机关制定条例权有其限度，怀特指出决定该权限度有五种情况：第一，为某项立法所将应用之环境，情况极端复杂且琐屑，而立法人员又不易明了，则赋权予行政机关制定相应的条例规章。第二，因立法时不可知的未来问题的存在，会出现因情况改变需制定新条例，或经行政执行发现不妥，经研究须调整或新制定条例的情况下，可由行政机关制定。第三，应处理之事件中或有情况极端复杂且富有专门性，以致非专家不能处理者，可由行政领导邀请相关专家共同制定行政条例、规章。第四，在紧急事件或必须直接行动情况下，可授权行政机关制定相应的条例和规章。第五，制定行政机关内部的管理条例。在上述限度内行政机关有权制定、变更、增修或取消各种条例与规章。

---

① 沈亚平著，《行政学》，天津：南开大学出版社，2003 年，第 261 页。

② ［美］怀特著，《行政学概论》，刘世传译，北京：商务印书馆，1947 年，第 441 页。

③ 同上，第 443 页。

4. 制定条例权的保障。怀特提出了实施制定条例权的七种保障：第一，立法权力的委托，须委托予可恃且博得全国信任的官吏；第二，委托权行使之范围，应确切划定；第三，假如特种利益，将因委托立法而受影响时，立法负责者应于制定法律之前，对此等利益加以考虑；第四，须采用适当方法，以取得共见共闻；第五，须设有在必要时，增修及取消委托立法的机构；第六，已规定于民众前的行政条例，必须有相当限度的固定性；第七，必须叙述精确，而以涉及个人利益时尤为重要。此等论述中之每一种均需加以说明。各级政府中赋有制定条例权领导的数目应有所限制，且应具有制定条例的才能，由此，行政机关可明晰其工作职责。

5. 制定条例权在行政上的重要性。行政机关具有制定条例规章权，这在现代行政管理中具有极其重要意义。行政方面的这种权威，有助于实现立法的目标，能激励政务官员的负责精神及创造才能，减少立法机关的负担。行政条例制定权，对立法行为的目的作了更为详细的陈述，方便了处理与各方的会议及磋商。但应注意，这一切都需要赋有制定条例权各行政官吏之胜任、手续适当且忠实。

七、行政监督思想

行政监督是使政府职能得以顺利实施的重要手段。国家行政机关掌握行政权，对国家公共事务进行管理，因此，必须对行政系统进行监督。怀特在其著作中不仅对行政监督的必要性、作用及分类等一般性问题进行了探讨，而且还对立法监督和司法监督等具体问题作了比较详细的阐述。

1. 行政监督的一般性问题。怀特首先指出，由于在行政运行中存在着滥用权力、违法乱纪、侵犯公民权利、管理无力、不负责任等不良情形，因此有必要发展完善的行政监督机制，以便对行政系统实施有效的监督，确保其高效运作。怀特引用古德诺的观点指出，监督的作用一是政府效率；二是个人权利之维护，以防官吏侵犯个人自由；三是社会福利。与这三种利益相符的三种监督方式，即行政、司法及立法。

2. 立法监督问题。怀特明确指出了立法监督的主要职责及有效方法。他认为，立法监督的主要职责在于：（1）确保立法与行政政策的协调；（2）确保支出适当；（3）确保行政监督的实施目的真正在于提高行政效率；（4）使立法机关完全了解行政情形，以便制定救济的立法。怀特又进一步提出了一系列有效的监督方法：（1）会计及支出上的监督，委托审计总监署负责；（2）款额分配的监督，包括对政府预算的审核以及对行政执行、行政节约与行政效率各方面的监督；（3）行政政策的监督。立法机关可令行政机关完成某种职务，或规定相当方法，或可驳斥其规章，或禁令不得为某种行动，或放弃某种方法，或可规定行政机关决定政策之方法；（4）人员方面的监督，主要是涉及薪俸问题；（5）调查监督，立法机关有调查行政状况的权力，可以随时调查各部门行政执行的状况，必要时可提出改进措施又可吸引公众对行政事务的关注；（6）诘问监督，立法机关有权对政府及其部门就重要行政事务提出诘问或质问，并要求政府领导就有关问题做出解答或解释。

3. 司法监督问题。怀特指出，国家行政管理活动必须受到司法机关的监督。他分析了司法监督行政的情况、限度和方法，认为对政府行政进行司法监督的目的在于对行政的过失进行补救，保障公民或公务员的权利。一方面，行政工作要迅速完成，就要求负责官吏迅速行动；另一方面，宪法中各种规定又提醒行政机关必须知道其权利范围。这是有效行政必须适应的基本条件。

在他看来，法院对行政范围划定，同时也要划出官吏自由裁量权的界限，而这种权力的大小对行政效力有着重要的意义。他指出，司法监督主要包括以下三个方面：第一，对公务员的司法监督。法院对行政机关有查职权，发布“查职令”是司法机关通过对行政人员居职权利的有效监督，是对行政人员中居职权利不合法者提出异议并进行补救的一种监督措施。第二，对普通行政行为及特别行政行为的监督。行政行为必须不与宪法立于相反的地位，必须不逾越赋定完成该行为的法制范围，必须合理，必须出于善意，必须依据法律规定的程序。这些基本限制引起司法必须对行政行为进行审核。第三，对行政自由裁量权行使的监督。行政机关在处理大量日常事务的过程中，有一定范围的自由裁量权。司法机关必须监督行政机关自由裁量权的行使，以防其滥用。

八、简评

从行政学发展史的角度看，无论是威尔逊、古德诺，还是泰勒、法约尔，他们都从不同的侧面，在一定程度上，在各自的领域中，为西方公共行政学的创立做出了巨大的贡献，但是与此同时，我们也应该看到，行政管理的研究还不是全面的、系统的，他们各自所深入研究的那个领域或者是政府管理的边缘，或者只是政府管理理论中的一个部分。他们的研究成果还只是为行政学理论的最终形成积累素材、提示方法和奠定基础，而在这个基础上继续前进，开创性地提出了行政学的理论体系，提供了行政学研究这门新兴学科的概括性全貌并终于完成了行政学研究系统化这样一个历史性任务的，就是怀特。行政学正是在他手中才真正赢得了作为一门独立学科的地位。《行政学概论》作为西方行政学发展史上的第一部系统性教科书，其意义是重大的。但与此同时，我们也应该看到，它似乎也丧失了威尔逊、古德诺那样的宽阔历史视野和一以贯之的逻辑体系。[①]

思考题

一、名词解释

1. 工作定额原理

2. 统治的合法性

二、简答题

1. 简述泰勒职能管理的含义及主要内容。

2. 简述法约尔关于管理的定义。

3. 简述法约尔管理的十四条原则。

4. 简述韦伯合法性权威的来源。

三、论述题

1. 简述泰勒科学管理理论的主要内容。

2. 试述韦伯官僚制的特征及其优缺点。

3. 试述怀特行政组织思想的主要内容。

4. 试述怀特行政道德思想的现代借鉴意义。

5. 简述泰勒、法约尔、韦伯及怀特四人在西方行政管理思想史中的地位及其主要贡献。

① 丁煌著，《西方行政学理论概要》，北京：中国人民大学出版社，2005 年，第 74 页。

第四章　西方古典行政管理学体系的充实

本章重点

1. 古利克的管理七职能理论
2. 古典管理理论的基本原则
3. 福莱特的建设性冲突思想
4. 福莱特的权力与权威理论

第一节　古利克的一体化行政管理思想

卢瑟·古利克（Luther Gulick）是美国著名的行政管理学家，西方行政管理思想史上的一位优秀理论家。他的这种地位，与其说是由于他在现代行政管理思想上有什么创新，倒不如说是由于他在前人理论的系统化方面所做的大量工作而确立的。古利克于 20 世纪二十年代获得美国哥伦比亚大学的政治学与公法博士学位并长期担任该校行政学教授，著有《组织理论评论行政原则》、《公共行政的下一步》和《科学、价值观与公共行政》等重要论著。1937 年，他与厄威克合编出版了《行政科学论文集》，其论文集中的主要作者有泰勒、法约尔、福莱特、穆尼、赖莱等以及编者本人（大都属于组织理论中的传统学派的代表人物），基本上涵括了大部分反映当时管理学方面的不同观点。此外，古利克还一直致力于将公共管理的思想、原则应用于公共服务实践，他的一生拥有丰富的公共服务经历，在纽约和联邦多个政府部门工作过。在纽约市，曾任纽约市政研究局局长、公务员培训学校校长、公共行政学院董事会主席、纽约市宪章修订委员会委员、纽约市城市规划委员会主席等；在联邦，曾任总统行政管理委员会委员、商业部人口调查咨询委员会委员、白宫行政事务助理、国家资源计划委员会战后项目协调员、国外救济与复兴行动办公室总部参谋等。他对行政学理论的研究主要体现在以下几个方面。

一、对政府在社会中的角色定位

古利克宣称，政府是任性、坚强且自私的人们能够协作共生的手段，因为人是一种社会动物，人有一双敏捷的双手、难以满足的好奇心和聪明的头脑；人的本性需要社会交往，需要对其知识、技能、兴趣、技艺和情绪的专门化施加种种限制，当基于自身利益且由市场所支配的私人行为被证明是不适当的时候，政府活动的必要性就产生了。市场总有失灵的时候，政府就需要用有形的手来调整无形的手，实施宏观调控行为。

虽然他认为市场失灵是政府行动的主要原因，但这并不是唯一原因，其他的如热心公益者、政府官僚、政治家，他们致力于推动预算增长的行为也会导致政府的膨胀。同时，因为政府同样不能确切地预测变化无常的未来、政府中的领导者可能缺乏智慧、经验、知识和高尚品质、缺乏行政技能与方法、行政集权体制缺乏开发新思想和新方案的有序方法等等原因，所以不能将一切希望都寄托在政府行为上，相反应该在一定程度上限制政府的作用。因此应该对政府职能进行重新界定。就过去的经验来看，公众处理不了复杂的问题；立法机关缺乏中心责任焦点，不能以一种有效而连贯的方式发挥作用，所以还是应该由政府系统制定计划。总而言之，理想政府系统的职责分工模式应该是：行政首长在参谋系统支持下负责制订计划；立法机关负责接受或否决政策建议；行政部门负责贯彻落实已被采纳的政策计划；公众通过参加政党和压力集团行使一般性的监督控制职能。

另外，古利克还提倡联邦政府发挥的作用在不同时期应该有所变化。比如：在“大萧条时期”，他认为联邦政府应该承担大量的新职权；在国家正常运转的时期，则需要适度分权，责任就应该分散，即便是需要国家政策的时候．如果为了确保政策得到一致的执行和个人权利得到正确的保护而确立了明确的授权标准，那么就仍然需要基层行政。

二、关于行政部门在政府中的作用——一种对政治与行政关系的新理解

古利克拒绝承认政治——行政二分法，他认为传统的二分法在实践中是行不通的。行政意味着要决定重要政策，要计划具体的方案，要建立组织、分派人事、核准资金，要对活动进行行政监督、协调和控制，并且要对结果进行审

计和复审。在这种定义下，他认为行政必然要涉及政治和政策过程。关于政治的含义，他认为有两种：一般意义上，是指通过统治者的控制来寻求私利和发展；实际上是指统治者用来实施控制的行动。这二者的区别不在于行动本身而在于动机不同。因此，在实际政治活动中，将一般意义的政治置于行政之外是行不通的；而将政治的一般方面控制在行政中，又将冒否认行政的真正政治功能的危险。试图通过建立独立的公共机构来将政治从行政中排除的做法只会阻挠建立具有计划能力的一体化政府的努力。

古利克根据与政治、政策的相关度不同，区分了政府系统中的四种角色类型：政治家——通过监控和调节专家、官僚和利益集团间的关系来保持整个系统的平衡；政治任命官——中介人，在专家和公众之间作解释以增进相互了解；行政官员——理解和协调政策并且向具体的行政工作机构解释和说明政策指令，忠诚于当选官员的决策，不根据政策作最后决定；技术专家——只考虑技术问题。

尽管这些不同角色大致表明了他们与政策和政治活动的相关程度，但古利克承认所有公共官员都具有自由裁量权。裁量权就很可能使官员要考虑政策问题。而任何特定的决策都具有政治性，而非技术性。这就要求必须有真正意义上的“政治”活动并且将行政官员引入政策过程。

三、关于科学与行政的关系（行政的科学性问题）

传统的政治——行政二分法下，将行政界定为价值中立的活动，由此成为早期行政学家借以建立一门行政科学的根据。尽管古利克拒绝接受政治——行政二分法，但他还是认为科学方法能够应用于行政问题。在他看来，最重要的问题是重新界定一个可以进行科学分析的适当范围，即调查研究行动与后果之间的关系问题。

所谓的科学方法，是以能力取代无知，以专业人员取代非专业人员，以专家取代杂而不精者，以日益加剧的分化和专门化取代华而不实，以训练有素的行政人员取代训练无素的新手的一种途径，其目的在于发现真理（一般性行政原则或永恒不变的行政规则），并将之应用于实践以解决实际行政问题。就行政而言，行政科学是一个只要人们为了共同目标而有组织的在一起工作时便可以用来认识关系、预见结果和影响后果的知识体系。作为一门社会科学的行政科学研究，由于人类的能动性，以及在某种未知的范围内的不可预见性，还会存在一些问题。进行行政科学研究是必需的，但对科学实验也应建立适当的控制。

此外，古利克还认为，在行政运行中，专家的参与是实现科学行政不可或缺的条件，但同时，还应注意对科学的过分推崇（效率至上观）会导致对“专家治国”的强调，从而出现“专家治理的危害”：专家会假定自己比公共更了解其需要，会宣称对其并不擅长的领域也具有知识和权威，长期的专家领导和控制的结果就是破坏民主、自治等价值原则等。应将民主制与专家治理（科学）相结合，以民主来抑制专家政治的危害：要培养和树立职业自律意识，让公众作自身利益的最终裁判，不能由专家来采取最后行动，专家、行政官员、与政治领导人、公众要进行更多更好的沟通。

四、管理智能的系统化

古利克在《行政科学论文集》内，将法约尔有关管理过程的论点加以展开，提出了著名的管理七职能论，取其每种职能英文词的首字而称作 POSDCORB，即 PLANNING（计划）、ORGANIZING（组织）、STAFFING（人事）、DIRECTING（指挥）、COORDINATING（协调）、REPORTING（报告）、BUDGETING（预算）。古利克提出的这七种管理职能，以后虽有人加以增减或修改，但基本上包括了到那时为止的有关管理过程的观点，并成为以后有关这类研究的出发点。这七项管理职能的具体内容如下：

（一）计划，即为了实现企业所设定的目标而制定出所要做的事情的纲要，以及如何做的方法。后来有人将计划具体分为八种：（1）目的，这是为了指导企业的经营活动而确定的目标，是一个企业的基本计划；（2）方针，这是关于决策的系统阐述和说明，是朝着企业目的所指引的方向前进的条件；（3）程序，这是方针的具体化，依时间顺序详细表明进行活动的严密方法；（4）规划，其更加具体而明确地规定某种特定活动如何进行；（5）方案，这是方针、程序、规划、人力、物力的分配等要素的综合体，通常附有所需资金和经费的预算；（6）预算，这是以货币单位、劳动时间、产品单位或机械时间等数字表现的预期成果；（7）重要战略，它指明企业今后的战略目标和实现这些目标的重要方针等，以此来描述企业今后的发展趋向。

（二）组织，即为了实现企业所设定的目标，就必须建立权力的正式机构和组织体系，以便对各个工作部门加以安排、规定和协调。至于正式机构的建立，有的人自下而上的考虑，有的人则自上而下的考虑。正确的做法应该是把两者结合起来。所谓自上而下地建立组织机构，就是按照高层领导的职能来建立相应的机构。所谓自下而上地建立组织机构，就是把下面所需要完成的实际工作加以分析归类，建立相应的机构。此外，直线人员和参谋人员、专业参谋和一般参谋的关系等问题也要考虑。参谋机构的主要工作是向高级管理人员提供咨询，它不直接向下发布行政命令。指挥则由直线指挥人员统一进行。

（三）人事，包括有关职工的选择和训练、培养和适当安排等方面的职能。之后，有人进一步发展了这方面的思想，认为必须按照企业长期发展的需要来选择和训练人才，并将这一职能视为使企业能得到持续发展的关键。

（四）指挥，指包括以下各项的一种连续的工作：作出决策；以各种特殊的和一般的命令和指示使决策具体化；作为企业的领导者发挥作用，即包括对下属的领导、监督和激励。古典管理理论的代表人物除泰勒以外都很强调“统一指挥”原则，他们还很强调所谓“一个最高领导者原则”或“一个管理原则”，不大同意委员会式的管理方式，认为那会影响效率。

（五）协调，其目的是使企业各部门之间工作和谐而步调协同，共同实现企业的目标，是一种使工作的各个部门互相联系起来的极为重要的职能。为了使企业各个部门之间的工作协调，有两种主要途径：一是通过组织来协调，即建立起协调各个部门工作的一种组织机构，并为它配备合适的人员。这些人员按照一定的组织系统发布和接受命令，从而使整个组织的工作协调起来。二是，通过思想来协调，即在一个团体的所有成员中，在思想上以共同的目标统一起来，从而在意志和行动上都统一和协调起来。

（六）报告，指必须使那些经理人员了解事情的进展情况，并使自己及其下属通过记录、调查和检查而得到有关情报。这包括下级对上级的报告和上级对下级的考绩、调查和审核。传统管理学派在这一职能方面提出了所谓“授权原则”，即上级把处理日常工作的职权交付给下级去行使，自己保留对重大问题的处置权。除此之外，还必须结合控制幅度原则，即一个上级直接领导的下级人数应有一定的限制。

（七）预算，包括所有的财务计划、会计和控制形式出现的预算。企业的控制活动是通过以下过程来实现的：经济性的测定，实际成果同预算相比较，对其间的差异进行分析并找出原因，采取必要的手段来消除差异，以及在必要时改变目标和计划。以后，这一项职能所包含的预算控制、成本管理、质量管理等，都进一步得到了发展。

古利克在他的管理七职能论中把管理职能看成是普遍适用的，他特别强调了管理职能在政府管理中的作用。

五、部门划分理论

古利克还发展了关于部门分化的理论。他以如下的假设开始：组织的目的在于协调。在这个假设基础上，他提出了所谓“一致性原则”，按照这项原则，为了避免摩擦和提高效率，要把企业的活动进行分类，把类似的活动划归同一个领导人管辖。他提出这种活动的四种分类方法：（1）按目标或所要完成的任务来划分，如供水、职工培训等；（2）按作业的不同性质来划分，如工程、医务、速记、统计、会计等；（3）按所涉及或所服务的人来划分，如侨民、印第安人、老工人等；（4）按服务的场所来划分。按照古利克的方案，这些是大的类或主要一级的部门划分，其中任何一个都可以被随机地采用，具体选用的标准则取决于哪个能最好地为组织的目标服务。例如，设置主要一级的部门时，是按场所进行的。而在设置第二级部门时，可以按照目标、作业的原则，也可以仍按地区原则。第三级及以下各级也是这样，要根据具体情况选择设置的标准，以便取得最大的效率。任何有关如何对各项活动进行归类的决定，都必须遵循下列原则，即一致性、协调性和当组织发展或其目标改变时能维持灵活性。穆尼和赖莱强调的是“职能主义”或各种职位之间的区分，古利克则表明这些职位和活动如何能归并为同类部门，以便保证协调。在这一方面，卢瑟·古利克为管理和组织理论作出了重要贡献。

六、简评

古利克的行政学思想在整个西方行政学的发展过程中占有十分重要的地位，常常被誉为“公共行政的前辈”。通观他的整个思想体系，其学说明显的具有一体化和实践性的特征。古利克把管理看成是普遍适用的，在对古典理论进行了系统化总结的基础上，建立了一套关于组织和管理的通用理论。他的思想既反映了20世纪早期行政改革运动的许多变化，也反映了构成这些变化之思想基础的一些恒久主题，如关于政治与行政关系的解释，关于效率与民主的论述，关于科学行政及专业化的实现等，不仅为当时的行政管理确定了研究中心，而且现在仍然是行政管理研究领域的主题，尤其是他所提出的七项行政管理职能依然是现代政府行政管理工作的主体内容。

第二节 厄威克的系统化行政管理原则

林德尔·厄威克（Lyndall Urwick，1891—1983），英国的著名管理学家、顾问和教育家，是公认的管理学权威。1891年3月3日生于伍斯特郡的莫尔文，他曾在英国牛津大学攻读过历史。在第一次和第二次世界大战期间都在英国的军队和政府中服务过，他的最高军衔是中校，所以素有“厄威克中校”的美称。1920年—1928年期间，厄威克担任过英国有名的朗特里公司的组织秘书。1928年—1933年期间担任总部设在日内瓦的国际管理科学协会的首任会长。1951年以前，他一直是伦敦的厄威克和奥尔管理咨询合伙有限公司的董事长，直到退休。此后，他专心致力于管理方面的教学和著述工作。他一生著述颇多，有《作为一个技术问题的组织》、《管理的职能》、《管理的要素》、《科学的组织原则》、《管理备要》、《组织中的委员会》、《丛林中的战术》在内的多部论著。他还同别人合作编写过一些论著，1937年他与古利克合编了对于西方行政学的发展具有重要影响的《行政科学论文集》；同布雷克合作编写了有关科学管理的一些先驱者的传记材料《科学管理的形成：13个先驱者》；还同梅特卡夫合编了有关玛丽福莱特的论文集《动态管理》等。他对西方行政学最重要的理论贡献就是他对法约尔、泰勒等西方早期行政学家的思想做了大量系统化工作并提出了一系列具有普遍实用性和系统性的行政管理原则。

一、古典管理理论的系统化

厄威克在管理理论方面的重要贡献是把古典管理理论系统化。他在《管理的要素》等书中指出，自然科学同社会科学之间的差异，使得管理学仍是一门不精确的科学。但是有关管理的知识，在数量上是很多的，足以使它成为一门更科学、更统一的学科。为了做到这一点，他选择了一些重要的管理学者（如泰勒、法约尔、福莱特、穆尼、赖莱）的著作，系统地分析他们的思想、概念和原则。

厄威克把法约尔的管理思想作为一般框架，列表显示出各个管理学者的共同点，以便探求更广泛的管理原则。他发现，这些重要的管理学家虽然并没有或者很少从对方汲取营养，却常常采取类似的研究途径，得出类似的原理。厄威克认为，实际上已经存在着一种很有用而且很可靠的管理知识，需要的是把这些管理知识联系起来。于是他就承担了这一重任。

厄威克对古典管理理论的综合集中体现在他1944年出版的《管理的要素》一书中。他在书中将科学管理理论和古典组织理论结合起来，继承了泰勒关于管理过程要以实践和科学调查为基础的指导思想，又引述了法约尔的计划管理职能和穆尼等人对组织职能的分析，自己重新发展和分析了控制职能。厄威克认为：控制职能就是运用指挥原则支配与监督下属的活动。他将控制职能进一步细分为三种派生的职能，即配备人员、选择安排、纪律和训练。与此相适应，他将指挥原则也分为三项派生原则，即集中、报酬和公平。最后他从对古典管理理论的综合中总结出管理的直接结果是秩序、稳定、主动性和集体精神。

二、行政管理中的普遍原则

厄威克在他早年的著作《科学的组织原则》一书中，又将这一概念概括为可以应用于所有组织的八条原则。在厄威克看来，这八条原则对于一切行政组织的管理都具有普适性。这八条原则是目标原则、相符原则、组织阶层原则、控制幅度原则、专业化原则、职责原则、协调原则、明确性原则。在以后的著作中，他又把自己的思想同法约尔、穆尼等人的观点结合起来，提出了 29 条主要原则和一些次要原则。对此我们简要介绍如下：

1．目标原则

组织目标是一个组织未来一段时间内要实现的目的，它是管理者和组织中一切成员的行动指南，是组织决策、效率评价、协调和考核的基本依据，对组织的全部活动起指导和制约作用。任何一个组织都是为一定的目标而组织起来的，不同组织有不同的目标。厄威克将目标原则作为行政组织管理的重要原则之一，并认为所有的组织都应当有一个明确的目标。

2．责权相符原则

即有权必须有责，职权与职责必须相符。厄威克在《管理的要素》一文中指出，只把责任加到管理人员的身上是不够的，还必须授予他履行这种职责的必要权力，被授权的人必须对下级所有工作承担个人责任，在各级管理人员中，责和权都必须相称和明确。

3．一个最高主管或一个人管理的原则

即一个组织应该由一个人承担管理职责，上级对下级工作的职责是绝对的。他反对用管理委员会去管理组织。在他看来，在一个组织中运用委员会的形式进行管理，不可避免地会导致行动迟缓、笨重累赘、铺张浪费、难以协调和效率低下等不良后果，而一人管理则权力集中、责任明确、指挥统一、行动迅速，有助于管理效率的提高。

4．为组织机构配备合适的人员

厄威克把组织解释为：决定某种目的需要一些什么活动，并把这些活动分成小组，必须用一种冷静的、超然的态度来对待组织，如同绘制一份工程图纸那样，应考虑到目前在组织中的每一个人，必须没有任何倾向性地确定相应的组织机构，然后再采取步骤为组织配备合适的人员。

5．专业参谋和一般参谋并用的原则

他一方面要坚持一人管理的原则，另一方面他也认识到，由于组织规模的扩大和工作量的增加，高级主管人员需要越来越多的专家和专业的工作者来协助他们工作，而参谋人员的增加又会涉及到协调的问题，在专业问题上专家职能主要是作为高层管理当局的咨询人员，而不应拥有行政指挥的实权。值得注意的是，美国总统行政管理委员会在分析了压在总统肩上的大量任务后，得出了类似的结论：总统需要有人帮助他行使某些职能。①除了专业参谋以外，厄威克认为还需要增加一般参谋，以便帮助最高主管人员承担指挥、控制和协调这些中心职责。他们不以自己的身份，而只是作为上级的代表来指挥，而且只限于上级决定的范围之内。

6．授权原则

厄威克在《管理的要素》中指出，领导者要能够把某些职责授予下级人员，缺乏恰当的授权勇气和如何进行授权的知识，是某些组织失败最常见的原因之一，授权是高级主管人员进行有效工作的最重要的条件。他强调指出，高级主管人员在行使其职能时要依据泰勒的“例外”原则，即只从事与已定标准背离程度相当大的例外事项或重大问题的处理。

7．明确性原则

即对每项工作都要有明确的规定。要使从上到下的每一个组织成员都明确了解并承认各自的职责，而且每一职位的职、权、责以及各个职位之间的相互关系均应以书面的形式确定下来并传达给组织的所有成员。

8．控制幅度原则

这项原则的精神实质是，一个主管人员直属的下级人员的数量有一定的限度。厄威克在《管理的要素》中指出，每一个上级领导人员所管辖的相互之间有工作关系的下级人员不应超过五人，至多不能超过六人。这同心理学中所谓“注意幅度”有些类似。他指出，如果说下级人员的人数以算数级数增加，则需要由上级加以注意的是他们相互关系的排列和组合是以几何级数增加的。

厄威克对组织原则还有其他论述，但以上这八个方面可以说是较全面地反应了他在行政管理原则这一问题上的基本观点。

三、组织设计与领导问题研究

值得一提的是，在组织理论发展中，厄威克还是所谓“组织设计论”的一个重要代表人物。组织设计理论是为了有效地实现经营的目的而实际探索应该如何设计组织结构的理论。组织设计理论认为，组织是为管理服务的。组织就是要规定其成员的职务和各种职务间的相互关系。组织设计有两个课题：（1）

① 马洪、孙尚清主编，《现代管理百科全书》（上），中国发展出版社，1991年，第65页

决定从事经营的各个成员的职务。（2）决定这些职务之间的相互关系，其目的则是有效地进行经营的技术问题，即组织设计。

厄威克所研究的并不限于组织方面，他对领导问题有相当深入的研究。他认为，作为一名领导者，应当了解到本身承担的职务包括的意义，即：（1）充当着企业法人的角色；（2）制定组织战略并付诸行动；（3）管理日常工作；（4）向下属解释工作的目标及其意义。他对那些自以为是的经理人员提出了批评，认为他们只重物而不重人，特别在选用人员时，往往仅通过一次几分钟的谈话就认定了"合适的"人选等等。

总之，在行政管理科学的各个方面，几乎没有未被厄威克或多或少论及的问题。

四、简评

林德尔·厄威克是继泰勒、法约尔、韦伯之后西方古典管理理论的集大成者。他强调研究正式组织结构问题，丰富了科学管理的内涵，发展了法约尔的职能论，促进了管理功能的拓展，确立和巩固了古典行政组织理论研究的范围，从而扩大了管理理论研究的影响，坚定了可以建立具有普遍性的管理理论和组织理论的信心。泰勒、法约尔、韦伯等先驱者创立的古典管理理论为以后许多管理学者所研究、传播并加以系统化，厄威克是其中做出突出贡献者。他把在他之前的著名管理学家的思想和理论作了系统的归纳，形成了管理理论的综合框架，构筑了一个行政管理理论的框架，并为行政管理要素建立起一个统一的模式。

此外，还应注意的是厄威克的 Z 理论。古典管理学派在人与物、技术、组织之间，突出技术、重视组织，而忽视了对人的关注。古典管理理论侧重于从管理职能、组织方式等方面研究效率问题，对人的心理因素考虑很少或根本不去考虑。如麦格雷戈提出的 X 理论和 Y 理论。厄威克认为 X 理论和 Y 理论的缺陷有两处：一是个体需要了解集体的目标，以及他们的工作怎样才能对这些目标有所贡献；二是他们需要知道他们对这些目标做出贡献时，他们会得到什么样的回报。厄威克认识到古典管理学的不足，提出了弥补不足的 Z 理论，这是古典管理理论的一个重大突破和进步。

厄威克的《管理备要》与国际科学管理委员会

厄威克在其《管理备要》一书序言中指出，管理学这门新的知识学科虽然历史还很短，但在世界上，它几乎深刻地改变了每一个国家的经营管理企业的思想。把一些国家中具有这一领域中特殊知识的人召集在一起的第一次尝试是在 1924 年。捷克斯洛伐克的已故总统马萨里克邀请各国的一些有代表性的专家参加布拉格的第一次国际管理大会。那次大会决定建立一个永久性的机构，以便使世界上从事于这一新知识领域的人能相互保持接触。第二年在布鲁塞尔正式成立了国际科学管理委员会。从那以后，该委员会每三年以不同的国家为会址举行一次国际管理大会，共举行了 10 次，在 1928—1947 年期间由于第二次世界大战而中断。

管理学在各个国家以及不同领域中的发展是如此的迅速和多样，以致于这一机构不足以使成千上万助学者和工作者了解互相的工作。存在着这样一种危险，许多对这一知识整体增添了有创见和有价值的思想和发现的人可能不为人们所知，他们的研究也可能为后来者所重复。此外，即使在现在，如果不对这门新的知识的历史及其先驱思想家的工作有所敬佩也难于了解这一学科的范围和发展的可能性。为了有助于解决这一问题，国际科学管理委员会决定出版这本《管理备要：70 位先驱者生活和工作的历史记载》。书中所列的 70 位先驱者仅限于国际管理委员会认为对经营管理这一学科的知识作出了独创性和杰出贡献的那些人。

国际科学管理委员会金质奖章于 1929 年设立，定期地授予在科学管理的文字或实践方面取得出色成就或在国际水平上对科学管理事业作出优异贡献的人。奖章的正面为泰勒的肖像，反面为用法语拼写的得奖者的姓名。厄威克曾是 1951 年“国际科学管理委员会”金质奖章获得者。

参考：林德尔·厄威克编，孙耀君等译，《管理备要》，北京：中国社会科学出版社，1994 年，第 2～7 页。

第三节　福莱特的动态行政管理理论

在西方行为科学正式产生之前，西方行政管理学界已经有一部分学者开始注意到行政管理中人及其行为会对行政效率产生重大的影响，他们不仅着重研究诸如组织结构、规章制度等所谓的“正统”的行政管理问题，而且他们逐渐认识到人的问题在行政管理中的重要性，并且对其进行了一些初步的、有益的研究和探索，成为了早期“正统”的行政管理理论向行为主义行政学说转变的桥梁。其中，最具有代表性的人物就是美国著名女政治哲学家和管理学家福莱特。

玛丽·派克·福莱特（Mary Parker Follett）是美国著名的女政治哲学家和管理学家，曾先后就读于塞耶学院和哈佛大学。福莱特的兴趣广泛并且知识渊博，她开始学的是哲学和政治学，尤其着迷于政治学，以后对职业教导、成人教育和当时正在兴起的社会心理学产生了兴趣。在从事社会福利事业的过程中，她亲眼目睹了其家乡波士顿工业界存在的种种弊病，这促使她开始关注工业方面的组织和管理问题，加强了对企业管理的研究，并且提出了许多有启发性的意见，受到当时和以后的管理学者的重视和好评。福莱特生活在“科学管理”时期，而且她对泰勒的观点也非常赞同，并进行了进一步的概括，但是她的政治哲学和管理哲学的基本倾向则明显的具有“行为科学”时期的“社会人”的时代特征。她既概括了泰勒的许多思想，又得出与后来的梅奥等人所作的“霍桑试验”的研究成果大致相同的结论，所以她成了这两个时代之间联系的桥梁。福莱特在政治学和管理学等方面的著作颇丰。先后出版了《众议院的发言人》、《新国家》、《创造性试验》和《作为一种职业的管理》等大量书籍。她有关组织和管理方面的论文主要编辑在《动态行政管理》和《自由与协调》这两本著作中。

福莱特对西方行政学的主要理论贡献在于，她坚信一定有若干适用于行政管理各方面的基本原则，她发现国家机关的行政官员都面临着诸如组织、领导、控制、权力、参与和冲突等这样一些问题，她从人的角度，运用心理学研究方法对行政管理问题进行了探讨并创立了动态行政管理理论。

一、“群体原则”——一种“新心理学”

福莱特在哲学上和政治上是德国主观唯心主义哲学家约翰·费希特的信徒，她的思想也明显的受到费希特的极大影响。她提出了所谓的“群体原则”的思想，并且以此向当时流行的政治假设挑战。她认为：人只有通过群体才能发现自己的真正本性，获得真正的自由，成为真正的人。它所追求的是一个以群体原则而不是以个人主义为基础的新社会。这种“群体原则”相对于以往的以个体为单位，假设人们独立的思考、感受和判断的心理学，成为一种“新心理学”。新心理学承认：

1. 个人存在于相互的社会交往中。福莱特的这一观点表明了她完全接受了格式塔心理学（完形心理学）的观点，并接受了库利关于社会自我通过联合而扩大以及社会“镜子”的思想。在社会生活中，新心理学承认认识自身的中心和塑造者，但人总是需要协作的，没有人可以独自生活，个体间是相辅相成的。个体在社会进程中产生并在其中发展进步，不存在自发形成的人。一个人的个性由她与整体间的关系组成，个体既非出自分离也非出自差异，而是要在整体中找到自己的位置，发现真正的自我。

2．民主是一种社会意识。

在福莱特看来，以往的个人主义政治观点建立在先培养存在的个体，再让他们聚集起来成为社会的错误观点上产生了许多政治谬论，因为社会的基础不是数量而是精神力量。民主是一种社会意识，是一种从人发展来的巨大精神力量，民主在众多成员的社会生活中交织在一起，以补充个人的不完整性。真正的民主是从小的邻近地段的团体开始，逐步发展成为一种区域群体、全国群体乃至国际群体的"意志"，而非个人主义的发展。她认为投票式的民主只不过反映了人群心理学和单纯用数量来表示的"权利"。

3．群体目标——结合的统一性

这是福莱特在 1924 年发表的《创造性的经验》一书中对先前在《新国家》中未能予以考察的团体冲突问题所提出的新假设。福莱特认为，人们可以通过会议、讨论和协作等群体活动来彼此激发潜在的思想，并在追求共同目标的过程中表示其统一性。完形心理学认为，每一种心理状况有一种不同于其各个组成部分"绝对"性质的特殊性质，即"完形"是一个较其各个部分的总和更大的形体。福莱特受到完形心理学的深刻影响，认为个人可以通过团体经验而使自己的创造力得到更大发挥。团体努力的目标是一种结合的统一性。

二、建设性冲突

在福莱特的著作中，冲突问题占据着十分重要的地位。在她看来，冲突并不就是斗争，它只是表明了一种差异，这种差异既存在于组织一般成员与领导者之间，也存在于领导者之间。冲突与差异是客观存在的，既然这一点不能避免，那么我们应该对其加以利用，使之服务于管理的需要，让它为我们工作，而不是对它进行批判。福莱特提出了三种处理冲突的方法：

1．压服的办法，一方战胜另一方，这意味着一方对另一方取得胜利。这是最简单的处理方法也是一种目光短浅、急功近利的方法，其效果是短暂的。从长期来看并不成功。正如我们从战后所发生的事情中所看到的。

2．妥协的办法，这意味着双方都作出一些让步以缓和冲突，这样，被打断了的活动可以继续进行。虽然这种方法可以结束分歧，并且得到了公认和赞同，然而没有人真正想去妥协，因为这意味着要放弃一些东西。以企业中管理当局同工会的谈判为例。每一方都故意把要求提得高些，把让步说的少些，希望这样能使最后达成的协议比较符合自己原来的期望，这样就使得双方都不是开诚布公而掩盖了情况的真相，谈判也带有做作成分。

3. 利益结合的办法，就是把冲突双方的利益结合起来，结果能使双方得到充分的满足。任何一方都无需牺牲任何东西。这是一种创造性的结合办法，常常必须引入某些新的想法，以便双方真实的要求能够得到满足。仍以企业中管理当局同工会的谈判为例，过去往往在双方之间划出一条人为的界限，各自站在界限的一方争论不休，而忽视了双方的共同利益。福莱特指出，事实上并不存在这种界限，企业中的所有成员，上至总经理，下至普通工人，都承担着自己的职责并对整体做出了贡献，他们是伙伴关系。所以管理当局和工会必须找出真正的问题所在，而这通常会导致对问题的重新估价，双方都必须公开地陈述自己的真实情况，于是双方的要求被分解成为几个部分，这些要求通常不是由单个问题构成的简单事物，而是由多个问题组成的复杂事物，对这些要求进行分析，把真正的问题从掩盖他们的次要问题中分离出来，这样就可以着手找出把双方利益结合起来的解决办法，这通常都需要引入某些为现在情况所没有的事物，这事物可能是一种启发性的思想和见解，但更经常的是需要花费一定的人力和物力。

也正是在这个意义上，福莱特认为冲突不仅仅只具有消极作用，如果能够正确对待冲突，运用恰当合理的整合的方法处理冲突，它同样可以产生积极的建设性作用。虽然西方有些学者认为福莱特的“利益整合”方法带有理想主义色彩，缺乏现实的可操作性，但是我们更应该看到这种有辩证系统思想的启发性，循着这个思路前进，对于我们消除冲突的破坏作用，有效地解决冲突，发挥冲突的建设性作用。

三、关于权力、权威、控制与协调

1. 权力与权威

有关权力与权威的思想是福莱特提出的使命利益“非人格化”的一种设想。她认为，要实现“群体原则”，通过“利益整合”的方法来解决利益冲突，发挥冲突的建设性作用，就必须重新考虑对权力与权威的看法。她把权力区分为“统治的权力”和“共同的权力”，前者在实际的操作中可能会变成强制的权力，而后者则是群体联合产生的共同的权力。当存在着一个“发命令的人”和一个“接受命令的人”的时候，就难于实现利益的结合。“上司”和“下属”之分，阻碍了人们去认识利益的共同性。就此，福莱特认为，不应该有一个人给另一个人发布命令，两个人都应该统一接受形势的命令。如果命令是形势的需要，那就不会产生谁发布命令、谁接受命令的问题。

至于形势规律的基本原理则是以下述论点为基础的：在泰勒的职能管理中，人们服从的是经过研究确定的事实，而不是由一个人的意志所决定的。福莱特认为，权威既然由职能产生，那就同地位的等级制度没有什么关系，而是同知识和经验相联系的。一个部门的负责人、一个专家都有他的权威；在分派工作上，分派工作的办事员比总经理更有权威。她对这种把人同形势相区分的观点十分赞赏，认为这能对下级产生良好的心理作用。他抛弃了军队式的或其他组织中关于权威就是“统治的权力”以及责任集中在最终权威所在地的观点，认为权威存在于形势之中，而不存在于个人或地位之中。相应的，责任也是执行的职能所固定的。

2．控制

与权威和责任一样，控制也是实现组织目标的一个重要方面。福莱特有关控制的两个基本要点：（1）由事实控制而不是由人控制；（2）控制是由相互关联形成的，而不是由上级强加的，即控制应该根据不同的情景来进行确定。福莱特认为，只有在一个特定形势中的全部要素是团结协作的，否则控制就不可能实现。当相互的利益不相符合时，任何一种形势都会失控。控制的基础在于自我调节、自我指挥的各个个人和群众认识到共同的利益，并对自己的工作进行控制，以便达到这个共同目的。管理人员所控制的并不是个别的要素，而是复杂的相互关系；不是人，而是形势；其成果是全部形势的一个生产性结构。绝大多数形势都过于复杂了，不能有效地从最高层来集中控制，而必须在结构中的许多点把控制聚焦或关联起来，这种交织或关联是以协作为基础的。

3．协调

福莱特认为，组织的首要任务就是协调，即把处于特定情境中的所有因素相互联系并整合统一起来，把个人转变成一个工作单位。控制和权威源于正确协调。为了达到协调，福莱特提出了“组织的四条基本原则”：

（1）协调是涉及一种情景中全部要素的相互作用的因素。福莱特认为，特定情境中，所有因素彼此之间必定存在着相互联系，对于这些相互联系必须给予足够重视。

（2）协调由全部有关负责人的直接接触形成。在福莱特看来，组织中负责的人，无论其处在组织层次的哪个职位上，都必须保持直接交往，既要有“横向”联系又要有由命令构成的“纵向”指挥链，二者对于实现组织协调同样重要。

（3）协调要在早期阶段进行。所有相关人员都应在政策或决定的早期阶段就参与协调，而不能只是在政策或决定的完成阶段参与，这种早期阶段的参与协调可以提高组织成员的积极性和士气从而有利于组织的发展。

（4）协调是一个连续的过程。福莱特强调，需要有一种长久的机制来完成从计划到行动、再从行动到未来计划的任务，她认为这种机制具有不可估量的优越性。同时，她还强调了通过连续探索取得信息的重要性。因为信息本身就是控制的一种形式，假如信息能够被人们准确地接受，还可以产生一种与取得的信息保持一致的行为趋向。

这四条原则包含着一个结论：组织就是控制。因为组织和协调的目的是保证达到可控制的成果。协调达到团结，团结就是控制。反过来讲，这次总目标的实现就是通过协调而自我调节，实现组织利益的结合。

四、行政领导思想

福莱特的权威和控制概念并不意味着组织中就不需要有效的领导。在旧的领导理论中，领导者被视为一个具强势性格的人，他散发着个人力量，将自己的意志强加于他人。她认为，领导的含义随着管理的发展而变化着，社会需要一种新的领导模式。领导并非是天生的，领导能力可以部分地通过学习而获得。领导能力表现为将团队所有成员的经验以最有效的方式组织起来，并由此增加团队的力量。正是通过这种有效的组织或整合，彼此相关的个体经验才可以转化为集体的力量。领导的主要工作在于协调或整合，但前提是他必须在任何时候都能明确企业目标及其复杂性，并能正确处理当前目标与长远目标的关系。一个好的领导并不要求员工服务于他，而是服务于企业的共同目标。因此，他要着重培养员工的合作意识而非服从意识。在企业发展过程中，我们总是从一个重要时刻走向另一个重要时刻，领导对此要保持高瞻远瞩的认识，这就要求领导具备敏锐的洞察力和丰富的想象力，要有远见卓识，对未来信心实足且矢志不渝。玛丽指出，领导对未来要有所预期，她所谓的预期不仅仅意味着面对将来，迎接挑战，更多地是指开创未来。总之，领导既要设法释放出所有员工的能量，还要将这些能量加以整合；既要实施既定的组织目标，还要制订更长远、更宏伟的目标。这些目标包含着那些人们赖以生存的基本价值。

对于行政首长和专家的关系，福莱特认为：专家提供的信息日益成为决策机制中不可或缺的部分，专家的知识应该与行政首长的知识结合起来。尽管专家意见不应该强行进入决策过程，但却应该通过迂回的反应和整合进入决策过程。她认为，具有专门知识的人一旦成为领导，便能够从总体上理解领导的重要意义并把领导工作完成得更好。同时，尽管领导需要充分考虑和采纳专家提供的信息，但领导不能因为专家的存在而放弃自己的思考。换言之，充分重视专家在决策中的作用，并不意味着专家的信息可以不加筛选地直接转化为决策。

福莱特还讨论了领导理论与实践的差异。从理论上讲，领导要求下属服从其任何命令；而在实践中，领导则要让下属明白其命令是应现实情境而生的，这时，命令往往更有分量，因为它反映了现实的需要。简言之，在管理得当的企业中，命令是现实要求的产物，它意味着正确的行为方式。

五、简评

通过对福莱特动态行政管理理论的研究我们发现，福莱特的研究主要集中在组织运作的一般问题上，其中最基本的两个问题是：一是组织想让人们做什么；二是如何对人们的工作和学习给予科学的控制和引导。福莱特认为这两个问题都与人际关系中人的基本动机有关，她也特别注重从这方面进行分析，尤其很注意对一个人在他本身所处组织群体中的种种反应做出分析。她试图研究出一种全新的行政管理观，其中，对组织、权力和领导等问题的研究都是从人的角度进行的。

福莱特提倡在管理学研究中，应该给予人际关系与生产方面研究同样的关注，她很重视对泰勒等人开创的时间和动作研究。强调管理人员与员工之间应该互相依赖和合作，把管理者和领导者看作为一个整体，领导者只不过是能够看到全部而不是局部的一个人，她是第一个把组织冲突的思想引入到管理中来，因此有时她被称为“冲突解决之母”。她既概括了泰勒的许多思想，又开创性地加强了对组织中人的因素的研究，强调了组织中人的相互关系的心理方面，注意人们在组织中的相互作用，得出了与后来的梅奥等人的研究成果大致相同的结论，所以她成了这两个时代之间的一个联系环节。“玛丽·派克·福莱特是一位真正的管理哲学家，一位在泰勒的机械方法和我们当代强调人们行为的方法之间架起桥梁的先行者”①，是早期“正统”的行政管理理论向“行为主义”行政学说转变的桥梁。

思考题

一、名词解释

1. 责权相符

① [美] 克劳德·小乔治著，《管理思想史》，孙耀君译，北京：商务印书馆，1985 年，第 163 页。

2. 控制幅度

二、简答题

1. 简述古利克对行政科学的认识。
2. 简述古利克的七职能理论。
3. 简述古利克是如何对部门进行划分的。
4. 简述厄威克关于行政管理原则的主要内容。
5. 简述福莱特的建设性冲突思想。
6. 简述福莱特的权力与权威冲突思想。
7. 简述福莱特对行政领导职责的新理解。

三、论述题

古利克、厄威克对西方行政学的理论贡献。

第五章　西方行政管理视角的转换

本章重点

1. 巴纳德系统管理组织理论的主要内容
2. 西蒙关于决策对于组织的意义
3. 林德布诺姆所倡导的渐进决策的基本原则

第一节　巴纳德的系统行政管理组织学说

中国以往的管理学书籍对巴纳德（Chester I. Barnard）的介绍往往过于简略，致使我们对这位大师的了解不够充分。其实巴纳德是管理思想史上一位非常重要的人物，甚至有人把其称为“现代管理理论之父”（类似的桂冠往往被赋予德鲁克）。从学理上看，巴纳德的贡献，主要是理论上的贡献，尤其是组织理论上的创新。

一、巴纳德生平简介

1886 年是管理学诞生的标志年，正是在这一年，巴纳德出生于美国马萨诸塞州的一个普通工人家庭。巴纳德天生就有一些遗传性身体缺陷，而且高度近视，因而，他不能参与美国人热衷的棒球，甚至也很少参与运动量并不过于剧烈的高尔夫球。加上他 5 岁丧母，养成了他独立、矜持、与集体活动保持距离的行为习惯。他的最大爱好就是看书，哲学式的抽象思辨使他着迷，这对他后来的职业生涯有着重大影响。他的消遣和业余爱好是音乐，这使他后来在钢琴上获得了非凡的造诣。有些研究者认为，巴纳德在青少年阶段，是一个典型的个人主义者，甚至有些自闭的倾向。尽管他后来在美国电话电报公司感受到了组织的巨大威力，思想也发生了很大变化，但少年时期的无意识习惯，还时不时地表现出来。对于他的“不合群”，赞扬他的，称他为学者型的经理人；中庸一点的，则说他带有某种贵族气质；而对他看不惯的，则指责他不容易接近甚至指责他有些无情。比如，他在街上碰到熟人，往往不打招呼，甚至头都不点一下。碰巧到同一餐馆吃饭，如果你不主动，别指望他能认出你。15岁时，学习成绩非常优秀的巴纳德突然辍学，他宣称，他的铁匠外祖父能够给他提供学校所给予的一切。仅从这一点，就可以看出巴纳德性格中的某些内涵。辍学后，他谋得一份钢琴调音师的工作，三个月的学徒期间，每周报酬仅为3美元。在这期间，他自学了希腊语。1904年，由于转奉耶稣基督，宗教信仰的激励和公理会牧师的帮助，使他重新转向学校寻求正规教育，结果以98分的高分通过了蒙特赫蒙学校（Mount Hermon School）的入学考试。但是，离开工人队伍和离开家庭，使他在精神上受到很大压力，他变得烦躁不安。幸亏蒙特赫蒙学校作为一个宗教学校，有自己的牧场、果园和工场，提供给出身贫寒的学子勤工俭学的机会。当时，治疗精神衰弱的有效方法就是体力劳动。因此，第一学期巴纳德没有上课，在学校的牧场里打工，堆干草，赶马车，耕地。劳动康复了巴纳德的身体，也重建了他的自信。1906年，巴纳德考入哈佛大学，主修经济学。同众多的美国学子一样，他靠勤工俭学来完成学业，在课余时间从事多种兼职，包括帮学生打印论文，在管弦乐队演奏，给钢琴调音等等。但他在学习上一点也没放松，他在哈佛学习了多门语言，掌握了德语、法语和意大利语，另外，还分别师从著名学者 F. W. 唐斯格（Frank William Taussig）和 A. L. 洛维尔（A. Lawrence Lowell）学习了经济学和政治学。但由于他在预科阶段就放弃了自然科学和数学，所以无法参加学校要求的自然科学考试，拿不到规定学分使他最终和学士学位擦肩而过。

离开哈佛，巴纳德曾打算在一个酒吧开始自己的职业生涯。求职期间，他给在电话公司的一位叔叔写信寻求帮助，这位叔叔让他同美国电话电报公司（AT&T）的首席统计师吉福德（Walter S. Gifford）联系，从此，巴纳德开始了自己独具一格的职业生涯。巴纳德最初的工作，主要是利用自己的外语优势，翻译和研究不同国家的电话收费制度。就在他进入 AT&T 时，这个通讯业的巨人正在经历着令人瞠目结舌式的增长，公司总裁西奥多·韦尔以大规模的并购为手段，创建了一个空前的覆盖全美的电话垄断企业。由于美国的邮政业一直是国营，社会对私营通讯业议论纷纷，人们普遍认为，既然电话是公共信息服务设施，就应该像邮政一样实行国营。一场关于民营和国营的论战搞得热火朝天，而且，欧洲也开始尝试通讯业（包括电话、电报、邮政）

的国有国营模式。巴纳德运用各种欧洲语言，查找并研究欧洲电信市场上的价格与成本数据。他以翔实的资料和严谨的论证，说明民营电信能够为民众提供更好的服务，无论在价格上还是在服务质量上都要比国营电信优越，从而为 AT&T 的生存奠定了根基。这一成就，使巴纳德受到公司高层的赏识，也使联邦政府和州政府看到了他在电信价格管制上的才能。于是，他很快就被任命为公司的商业工程师，还被聘任为州政府收费代理的技术顾问。在第一次世界大战期间，他又被借调到国家防务委员会，负责制定保证国家经济运行效率的电话服务价格体系。

一战结束后，巴纳德得到 AT&T 的重用。1922 年，他被提拔为宾夕法尼亚贝尔公司副总裁，很快又升任总裁。1927 年，AT&T 创办了子公司——新泽西贝尔公司，并任命巴纳德为总裁。在这里，巴纳德选择了一幢漂亮的 20 层大楼作为总部，大楼正面以希腊和罗马式的艺术雕刻作为外部装饰主题，内部风格则融合了古典式的雅致和现代式的光彩。在宁静庄重的办公室里，巴纳德几乎没有什么具体事务，有副手替他处理公司的各种工作。他有充裕的时间来思考问题。正因为如此，他才显得格外矜持和高高在上。在这个职位上的积累和思考，使他完成了管理学历史上的经典之作——《经理人员的职能》(The Functions of the Executive)。正是这本书，奠定了巴纳德的大师地位。

AT&T

美国电话电报公司（AT&T）是一家美国电信公司，创建于 1877 年，曾长期垄断美国长途和本地电话市场。AT&T 在近 20 年中，曾经过多次分拆和重组。目前，AT&T 是美国最大的本地和长途电话公司，总部位于得克萨斯州圣安东尼奥。AT&T 的前身是由电话发明人贝尔于 1877 年创建的美国贝尔电话公司。1895 年，贝尔公司将其正在开发的美国全国范围的长途业务项目分割，建立了一家独立的公司称为美国电话电报公司（AT&T）。1899 年，AT&T 整合了美国贝尔的业务和资产，成为贝尔系统的母公司。该公司一直是美国长途电话技术的先行者。1984 年，美国司法部依据《反托拉斯法》拆分 AT&T，分拆出一个继承了母公司名称的新 AT&T 公司（专营长途电话业务）和七个本地电话公司（即“贝尔七兄弟”），美国电信业从此进入了竞争时代。1995 年，又从公司中分离出了从事设备开发制造的朗讯科技和 NCR，只保留了通信服务业务。2000 年后，AT&T 又先后出售了无线通信、有线电视和宽带通信部门。2005 年，原“小贝尔”之一的西南贝尔对 AT&T 兼并，合并后的企业继承了 AT&T 的名称。

引自《IT 经理世界》2006 年第 6 期，第 20 页。

AT&T 鼓励公司高级职员出任社会公职，并把这种社会服务看作为公司塑造形象的重要措施。因此，巴纳德有着多种社会兼职，尤其是在 30 年代经济大萧条期间和第二次世界大战期间，巴纳德的主要精力都用在了社会公共事务上。但是，巴纳德在贝尔公司的经营上却不太如意。他的矜持和自负，使他在管理上趋于保守。当其他兄弟公司都已经广泛开始使用自动拨号电话时，他通过精确的计算，认为只有在大型城市，自动交换机从成本效益上才是划算的。所以，他的公司坚持采用人工接线。也许，在他的内心里，认为接线员亲切的应答声要比冷冰冰的机器拨号音优美得多。1947 年，接线员的一次罢工使他的公司付出了巨大的代价，公司的财务状况开始走下坡路。没多久，出于改善经营的需要，在吉福德的提议下，巴纳德永远离开了贝尔，到洛克菲勒基金会工作。有的学者认为，正是巴纳德对组织协作和凝聚力的深刻理解，使他忘记了利润目标和公司经营的应有位置，或者说，他是一个理想家而不是实践家。

不管怎样说，巴纳德作为一个 CEO 是不大成功的。但是，作为一个理论家的贡献则是非凡的。30 年代，巴纳德经常到大学演讲，最有名的，就是在波士顿应哈佛校长洛维尔的邀请去进行的八次演讲——《经理人员的职能》就是在这些演讲的基础上写出来的。根据资料来看，听巴纳德的演讲不太轻松。作为一个精通音乐的人，巴纳德的演讲却没有音乐式的优美和简洁，他往往用一些晦涩的语言、冗长的词句来“折磨听众”。你必须皱起眉头苦苦思索，才能品味出他的演讲真谛所在。有人甚至挖苦他，采用这样的语言，只是为了让人们感到讲演所涉及理论的神秘和玄妙。据他自己讲，听他演讲的人数，不过只有 50 人左右，而且有半数以上是熟人来捧场的。笔者曾经在一篇书评中，用武侠小说来比喻管理思想。看来，巴纳德的理论，确实有点像枯燥无味的“易筋经”，而现实中的人们，多数还是喜欢能够立竿见影的“避邪剑法”。安德鲁斯在为《经理人员的职能》写的 30 周年版导言中说：“没有人背后议论巴纳德的为人。即使对于他自己领导的组织，他也有些超然。他矜持寡言，庄严高尚，有些使人敬畏。他并不是一位使他的学生带着激情回忆或将其学说加以发展的导师。他在新泽西贝尔电话公司的同事和继承者并不把他看成公司的或门派的英雄。巴纳德著作的完全独创性论点散见于书中各处。尽管作者作了细致的论述，但只有反复阅读其原著才能充分掌握。他的书最明显的缺陷是表述的抽象性、举例的稀少和平淡无味以及文体的晦涩难懂。”[①]就是这么一位望而生畏的人物，就是这么一本不太好啃的书籍，却在管理学史上留下了不朽的英名。严格来说，巴纳德一生的专著，只有《经理人员的职能》这么一本。尽管他还写过大量的论文，而且在40年代又出版了《组织与管理》，但是，后一本书只是他的论文合集，只是对他的思想的某些方面进行补充、深化和扩展，不能算作真正的专著。

但是，《经理人员的职能》一本书，就足以开创一个管理学的新时代了。这本书给他赢得了巨大的声誉，使他成为社会系统学派的开山祖师和首任掌门。尽管有来自不同方面的种种批评，但热衷于理论思维和人性讨论的专家们给予他极高的评价。哈佛大学的众多知名教授如亨德森（Lawrence J. Henderson）、霍曼斯（George C. Homans）、梅奥（Elton Mayo）以及克伯特（Philip Cabot）等人，都对这本书以及巴纳德思想中的哲学内涵给予了极高的评价，并且邀请他参加了国家研究委员会工业协会论坛。和梅奥共同主持霍桑试验的罗特利斯伯格（Fritz J. Roethlisberger）承认，他关于组织的想法，受到了巴纳德极大的影响。而决策学派的泰斗西蒙（H. A. Simon），则坦陈自己和巴纳德在思想上的承继关系。由于巴纳德在组织理论方面的杰出贡献，他最终获得了七个荣誉博士学位，这或许能足以弥补他未能获得学士学位而受到的“心灵上的创伤”。

二、巴纳德的系统管理组织理论

巴纳德的管理理论主要体现在有关系统管理组织方面的学说，这种学说主要包含三个方面：

（一）协作系统论

巴纳德以前的组织理论，受古典经济学的影响，偏重于专业分工和结构效率，对组织中的人员没有足够的重视。从霍桑实验起，管理学开始关注人的行为，并提出了“非正式组织”的概念，但是，霍桑实验的主题是人际之间的社会关系和心理感受，对正式组织则有所忽视。这种组织理论的缺陷，直到巴纳德时才有了根本性的改观。巴纳德认为，协作是整个社会得以正常运转的基本而又重要的前提条件。社会的各种组织，不管它是政治的、军事的、宗教的，还是企业的、学术的，都是一个协作系统。而且协作系统是一个动态的过程，它的运营环境以及组成要素都在不断地变化，因此协作系统也处于不断的发展变化之中。协作系统的稳定性和持续性，决定于协作系统的有效性和高能率。

巴纳德的管理思想建立在他的人性理论基础上，他从社会心理学出发对人

① ［美］巴纳德著，《经理人员的职能》，孙耀君等译，北京：中国社会科学出版社，1997年，导言。

性进行了全新的探究。在他之前，占据主导地位的人性理论是“经济人”假设，这种假设强调人受自利动机的支配或者外力的推动，容易把人看作消极被动的管理对象。而巴纳德认为，人是活生生的存在，人具有一种调节并维持内部平衡的能力，不管在人体的内外发生多么巨大的变化，它都能够继续生存。而且，人还有一种总结经验的能力，可以依据他的经验而适时地调节自己，以适应各种环境的变化。此外，人的有机体也只有同其他人的有机体相关联才能行使其机能，各种有机体之间存在着相互的“经验”（即联系）和适应，巴纳德把这些相互“经验”和适应的因素叫作“社会因素”，而把这种关系叫作“社会关系”。一个人在同他人相互关联的过程中，在相互对比中，个性特色或许会更加明显。固然，每个人有着不同的经历和特点，但大家通常关注的只是个人在社会关系中的角色和地位，特别是在涉及到个人同组织的关系时更是如此。因而，人应是一个物质的、生物的和社会的因素的结合体，而不仅仅是一个被动的管理对象。

人都有自己的自由意志，都具有一定的选择力，进而又都要根据个人的理想去选择和确定一定的目标，并按照个人的目标去行动。但是人只能在一定的环境条件下来实现自己的个人意志、行使自己的选择力。个人一旦进行协作，他就会同协作体系中的其他成员以及协作体系本身发生种种关系，如协作体系中个人之间的关系、个人与集体之间的联系、协作体系对个人的影响、个人动机与协作系统目的的联系等等。在巴纳德看来，个人若欲同他人建立协作关系，就必须处理好相关的社会因素，它们是协作系统得以成立的最基本条件。具体说来，这些社会因素包括五个方面：（1）协作体系中个人之间的相互作用。当个人参加了一个协作体系以后，他就处于一种同其他参加者互相接触的环境之中，就必然产生个人之间的相互作用，这些因素作用于有关的个人，并同其他因素一起影响到他们的精神和感情，进而对个人行为产生影响，可能迫使个人的动机发生原来不会有的变化。这些变化如果朝着有利于协作体系的方向发展，它们就成为协作体系的资源；反之，就成为协作体系的障碍或限制；（2）个人和集体之间的相互作用。集体作为一个单位（也叫作“社会的单位”），代表社会行为的一个体系，作为一个整体同集体中的每一个人相互作用。这种意义上的集体关系所包含的各种因素同其他因素联合起来，对个人心理发生作用。这样，集体就影响个人改变他原本不会改变的某种心理和动机。当这些改变的方向有利于协作体系时，集体就成为一种资源；反之，就会成为一种限制；（3）作为协作体系影响对象的个人。这主要表现在两个方面：一是集体采取特殊的行动把个人引导入协作体系之中；二是集体对体系中的个人的行动加以控制。

前者实质上是直接对个人的意志发出呼吁，是一种引诱或强迫；后者完全是一个行为体系内部并作为其一种职能对个人的关系；（4）社会目的和协作的有效性。这类目的本身就是协作行为的产物，是协作体系的一个基本因素。一旦个人参与协作，其目的在性质和种类上通常都会有着很大的变化。如果协作目的实现了，我们就说协作是有效的，至于有效的具体程度，则是由协作的观点而不是由个人的观点来进行判断；（5）个人动机和协作的能率。个人动机的总和构成了整个协作体系的动机。协作体系的能率就是由个人动机的满足程度决定的。如果一个人认为他对协作体系做出的贡献是无能率的，他就会停止做出贡献。如果他的贡献是协作体系不可缺少的，那么对他个人的无能率就会成为协作体系的无能率，就会导致协作体系不能存续下去，因而对全体成员也都是无能率的。因此，在这种情况下，协作体系的能率就取决于边际贡献的能率，或者说取决于边际贡献者。

巴纳德的理论贡献，在于他从最简单的人类协作入手，条分缕析，揭示了组织的本质及其最一般的规律。在某种意义上，他的研究路数，有点像马克思从商品入手分析资本主义本质的方法。在这一基础上，巴纳德将组织定义为“把两个以上的人的各种活动和力量有意识地加以协调的体系”[①]。这个定义，在后来成为关于组织最有名也最有影响的定义。

（二）组织平衡论

巴纳德的社会系统理论，其核心是组织平衡论。他认为，组织就是一个有意识地对人的活动或力量进行协调的体系。一个组织的成立需要具有三个条件：（1）能够互相进行信息交流的人们；（2）这些人们愿意做出贡献；（3）实现一个共同目的。这意味着构成一个组织有三大要素，即协作意愿、共同目的和信息交流。而组织的平衡，则是组织得以维持和发展的基本要求。

他强调：“组织的存在取决于协作系统平衡的维持。这种平衡开始时是组织内部的，是各种要素之间的比例，但最终和基本的是协作系统同其整个外界环境的平衡。”[②]从根本上来看，组织内部平衡，就是指组织为人们提供的诱因与人们为组织做出的牺牲保持平衡。在“诱因—牺牲”二者之间，一旦失衡就会影响到组织的发展——前者若占上风，会导致组织的无效率；后者若占上风，会影响组织的存续性。不难看出，这实质上是在要求组织内部各构成要素——协作意愿、共同目标和信息交流之间的相互作用力量要彼此持平，这样方能保

① ［美］巴纳德著，《经理人员的职能》，孙耀君等译，北京：中国社会科学出版社，1997年，第60页。
② 同上，第63页。

证整个协作系统的健康发展。组织要使自己能够长期存在，必须适时地给它的成员和可能的贡献者提供有效的诱因，以刺激或激励相关人员的协作意愿。巴纳德认为，自我保存和自我满足的利己动机是激发个人协作意愿的重要力量，组织要想存在并长期维持，必须满足个人的这些动机，除非它能够改变这些动机。而诱因正是满足这些动机的最基本要素，诱因不恰当会导致组织解体、目的异化或协作失败。

因此，提供恰当的诱因便成为管理的一个重要任务。要使一个诱因能够有效，必须使它为个人提供的净满足能够大于其他因素为个人提供的净满足。巴纳德将诱因分为客观诱因和主观诱因两个方面。客观诱因就是指那些客观存在、能够直接观察到的因素；主观诱因就是指那些改变人们的思想状况以获得所需努力的吸引因素。巴纳德认为，诱因的提供方法在决定诱因的有效性上起着非常重要的作用。

巴纳德将客观诱因又分为两类：一类是特殊的并能特定地给予某个人的诱因，称其为特殊的诱因；一类是一般的、非个人的，不能特定地给予某个人的诱因，称其为一般的诱因。巴纳德分析了组织可能提供的八种客观诱因，包括四种特殊诱因和四种一般诱因。特殊诱因包括物质诱因、个人的非物质机会、良好的物质条件和理想方面的恩惠四类。物质诱因就是指作为接受雇佣的诱因，如服务的报酬、牺牲的补偿、提供给个人的金钱、物品或物质条件。个人的非物质机会包括显示优越、威信、个人权力、获得支配地位等，这些往往比物质报酬要有效得多。

工作时良好的物质条件众人皆知，势必会对相关人员产生强大的吸引力。理想方面的恩惠包括组织满足个人有关理想（通常是非物质方面的）、未来或利他主义方面的动机的能力。这些理想包括：对自己技艺的自豪感、对自己适宜性的感觉、对家族和别人的利他主义的服务、对爱国主义组织的忠诚、美感和宗教感情等。它甚至还包括满足有关憎恨和复仇的动机与机会。一般诱因起着和特殊诱因类似的作用，只是它并不明确提供给特定的个人，通常只有在某些场合才能使人感觉到它的重要性。一般诱因包括社会协调、习惯的工作条件以及符合于习惯的工作方法和态度、更大的参与机会、思想感情交流的条件等四类。客观诱因能够对人们提供足够的吸引力，但组织未必都能够提供出足够的客观诱因，这时它们就只能采取说服的方法，即主观诱因，以尽可能地改变人们的欲望和态度，否则组织就难以生存和维持。巴纳德将这种说服的方法分为三种：第一，造成一种强制的状态。强制就是指解雇、开除之类的排斥手段。组织采取强制手段，既能够排斥不合于组织要求的有关成员，也可获得其他人对组织做出牺牲。这或许就是人们通常所说的“杀鸡儆猴”，从而使猴子重新估价自己的净收益。第二，合理化的机会。这种方法实际上就是把组织为其成员提供的条件或要求成员完成的任务加以合理的解释，从而要求成员满足于既定的条件并完成组织交给的任务。它通常采用宣传的手段。

从其范围来看，它可以分为两种类别：一是一般合理化，即把整个组织加以社会合理化，宗教组织和政治组织往往如此；二是特殊合理化，即试图说服个人或集团顺从组织的要求，让人们觉得“应该”为组织做出牺牲。第三，动机的灌输。这种方式实际上是从根本上说服人们去为组织做出牺牲，巴纳德认为这是最重要的说服方式之一。灌输动机的诱因在实际生活中也是很常见的。其具体方式可分为正式的和非正式的两种。正式的方式是对组织认可的价值观念进行各种教育和宣传，如爱国主义教育、宗教教育等等；非正式的方式是对某种精神用一种不经意的方式去倡导和引诱，主要有格言、暗示、摹仿、竞赛等形式，它主要对个人的动机起着影响和调节的作用。巴纳德还对诱因的“经济”进行了研究。这里的“经济”是广义概念上的经济，是指一项行为的净所得，它是类似于“净利润”的一个概念。诱因的经济就是指组织提供诱因所获得的贡献与其提供诱因的付出之差。很明显，对组织来说，诱因的经济越大越好。

巴纳德以三种颇具代表性且目的完全不同的组织即产业组织、政治组织和宗教组织为例进行了探讨：

1．产业组织的诱因经济。为分析方便，巴纳德假设产业组织不需要资本，人力直接同物的环境结合就生产出产品，且它支付给贡献者的诱因是物质诱因，它来自于组织所生产的物质产品。显然，组织要维持下去的最起码条件是它生产的物质产品必须足以支付这些物质诱因，否则就会因入不敷出而最终解体。具体说来，这主要决定于以下四种因素：环境的困难程度、组织努力的有效性、组织的内部能率、诱因付出的数量。很明显，前三者决定着组织的收入，而第四者也取决于前三者的综合力量，前三者的有限性，决定着诱因的付出不能随心所欲。也就是说，组织不可能提供充分满足对方需求的足够物质诱因来吸引可能的贡献者。这时，就必须求助于非物质的诱因。而在产业组织中，非物质的诱因往往会伴随着物质的因素，并且非物质的诱因常常是互相冲突的，如一个人威望的升高就意味着其他人威望的降低。这时，组织只能在这些可能的诱因当中（无论是物质的还是非物质的）寻求最佳的结合点，以找到最有效的诱因组合。

2．政治组织的诱因经济。政治组织通常并不从事直接的物质生产，它的基础动机就是理想方面的恩惠和社会方面的满足，这意味着它必须为其贡献者提供这些方面的诱因。不过在巴纳德看来，这些诱因都属于比较“低级”的诱因。显然每一个大的政治组织都必须运用一些低级的诱因。其中最主要的是个人威望和物质报酬。由于政治组织的特性，它要提供物质诱因，就只能“羊毛出在羊身上”，即从其成员那里来寻求物质来源，常见的有租税、会费或直接交钱等方式。很明显，这样获得的物质资源会非常有限，而且还很可能引起人们的反感。因此，政治组织也必须在各种诱因之间进行权衡，以寻求最佳的结合点。不过，政治组织还有一种方式，就是它往往会采取说服的方法来增加其吸引力，但这种方式也会产生大量的物质付出。这对在物质资源方面本已捉襟见肘的政治组织来说，在“经济”上或许更需斟酌。

3. 宗教组织的诱因经济。宗教组织的基本诱因来自于对组织的强烈信仰和忠诚，也就是说，是基于成员精神方面的满足。因此，其主要诱因就是理想方面的恩惠以及同“教友”的思想感情交流。故之，宗教组织的最重要工作就是对人的说服，当然这也不排除物质诱因的使用，最典型的是宗教组织的传教和说服工作本身还要花费数量可观的物质资源。因而宗教组织需要恰当地对各种诱因进行仔细权衡，寻找最佳的诱因组合，这样才有可能显露它对成员的吸引力。

综上可知，各种组织在决定诱因时，首先要注意其“经济”性，否则即使有了诱因也会因为“入不敷出”而解体；其次，在诱因的选择上尽量避免各种诱因之间的冲突，要根据各自的特点选择最佳的诱因组合，使之产生最大的说服力。巴纳德的组织平衡论，基本出发点是个人参加组织的动机问题。个人为组织做出了牺牲，而组织则为个人提供了诱因，组织与管理的全部活动，都围绕着牺牲与诱因之间的平衡而展开。组织中的一切运转机制和行为规则，来自于这种组织平衡。从组织平衡理论出发，学者笔下的组织，才真正成为由人构成的组织。以前组织理论里面缺乏人的因素的韦伯式偏差，以及虽然重视了人但却看不到正式组织的梅奥式偏差，在巴纳德那里被从根本上纠正了。这是巴纳德理论的意义所在，正是这种组织平衡论，成为后来影响颇大的西蒙组织行为理论（决策理论）的出发点。

（三）权威接受论

巴纳德从信息传递出发，认为权威来自于下属的接受，他把“权威”定义为“权威是正式组织中信息交流（命令）的一种性质，通过它的被接受，组织的贡献者或‘成员’支配自己所贡献的行为，即支配或决定什么是要对组织做的事，什么是不对组织做的事”。[①]由此提出了著名的权威接受论，并进而分析论证了组织中不加怀疑无条件接受权威的领域“无关心区”。从此，“权威来自于下属而不是来自于上司”就成为管理学的教义之一。

平心而论，巴纳德的权威接受论虽然在管理学界振聋发聩，然而却不是他的首创，实际上，他是把政治学中洛克的“统治必须征得被统治者的同意”移植到管理学之中。尽管如此，这一移植的意义是重大的，它标志着西方管理学与政治学在基本理念上的统一和协调，是对当时方兴未艾的官僚组织理论（以韦伯为代表）的有力矫正。权威是正式组织中信息交流的一种性质，通过权威的接受，组织成员支配自己相应的行为，即支配或决定什么是要对组织做的事，什么是不对组织做的事。要使权威对一个人发生作用，必须得到这个人的认可和同意，这当然要具备一定的条件。这些条件具体是：其一，作为下级的个人能够理解上级所传达的指令；其二，下级认为指令与能提供诱因的组织目标相一致；其三，指令能够同满足下级的个人利益相结合；其四，下级在其精神上（如个人道德规范）和身体上（如健康状况和体力状况）能够执行或遵守这一命令。个人之所以接受命令，是因为下达命令者具有权威。这种权威或是由正式组织的职权和等级形成的地位的权威，或是由个人的能力和影响形成的领导的权威。不管哪种权威，不被部下接受就不是权威。例如，美国的禁酒法，就曾是一个权威不被社会接受的典型事例。组织需要根据不同的对象和条件，针对各自的特点而做出相应的对策，来维持组织的权威。首先，一个良好组织在发布命令时，必须考虑权威能够被接受的四个条件，如果考虑到有些命令可能不会被下属接受，那么就需要采取诸如说服、教育、提供足够的诱因等措施，来保证命令的效果。

这样，组织命令的权威性就能得到有效的维持。其次，组织在发布命令时要考虑“无关心区”。“无关心区”是命令被顺利接受的一个“区域”。巴纳德认为，如果所有的行动命令按下属对它们的接受程度顺序来排列，则可以在逻辑上出现三种情况：第一种则显然是不能被接受的，即肯定不会被服从的；第二种是或多或少地处于边缘区域，可能被接受，也可能被拒绝；第三种是毫无疑问能够被接受的。最后这一区域就是“无关心区”。“无关心区”的范围大小，主要取决于诱因超过牺牲的程度，超过的程度越大，“无关心区”的范围也就越大，反之亦然。

巴纳德用“正式组织中的信息交流”来定义权威，使他对组织的研究有了

① ［美］巴纳德著，《经理人员的职能》，孙耀君等译，北京：中国社会科学出版社，1997年，第129页。

全新的视角。比如，人员任命和组织图示，实际就是对信息渠道的公布；隶属关系的确定，实际就是正式信息渠道的确定；减少管理层次，实际就是实现信息线路的直接和便捷；只能逐级管理而不能越级管理，实际就是保持信息渠道的完整性；组织对人员的素质要求，实际就是信息处理和传递的称职要求；职务代理，实际就是保证信息交流不中断；任命就职之类组织仪式，实际就是对相应人员发出信息的认证。这些论述，至今仍对管理学界具有极大的启发意义。信息交流体系的畅通与否，直接影响着组织权威的有效性。

从权威的被接受和实现出发，巴纳德认为组织的信息交流体系要做到以下方面：（1）信息联系的渠道应当让组织成员明确了解。而要做到这一点，则必须明确规定管理人员的权力、责任、义务，并使所有的组织成员都掌握组织图。（2）组织中的每个成员都应该有一个明确的信息联系正式渠道。即每个人必须同组织有明确的正式关系，隶属于一个上级，接受这个上级的命令并向他汇报工作。（3）组织中信息联系的路线必须尽可能地直接和短捷。信息路线愈短，则传递速度愈快，传递错误愈少。因此，在设置组织机构时，应努力减少层次。（4）必须运用完整的信息联系路线，以免发生矛盾和误解。一个组织的最高层到最低层的信息联系，应通过每一个层次，不允许跳跃。（5）各级管理人员是信息联系的中心，必须称职。因此，选择和考核组织成员是必不可少的。（6）组织在执行职能时，信息联系不能中断。组织中的权力不在人员而在职位，组织中的任职者一旦不能行使职权或出缺，必须有自动的临时代理职务办法，以保证权力线路的衔接和信息渠道的畅通。（7）每一个信息联系，都必须具有权威性。为了使组织成员了解由何人担任在信息联系中起中心作用的各种职位，以及该职位都具有什么职权，必须在组织中采取一些措施，以满足组织成员对信息沟通环节的了解需求。例如授权仪式、就职典礼、任免命令、就职宣誓、到任介绍等等。

巴纳德的组织理论，打破了传统意义上组织构成的概念。他认为，凡是对组织做出贡献的人，对于个人来说，就是为组织做出牺牲的人，都是组织的构成部分。因此，巴纳德所说的组织成员，既包括为组织交出了时间和劳动的雇员，又包括为组织交出了金钱和物资的投资者、供货者和顾客。这两类组织成员是不一样的。对前一类组织成员来说，组织为维持其平衡所支付的诱因主要是薪水、职位的威望与名声、晋升机会等。这种诱因与组织目标关系不大。对后一类组织成员来说，组织为维持其平衡所支付的诱因主要表现为对顾客的服务，给予投资者和供货者的赢利，实现吸引组织外界成员的社会目标（如“世界和平”、“援助饥饿的穷人”）等等。

由于引入了外部成员的概念，所以，实现组织的平衡，不仅包括内部平衡，而且包括外部平衡。对于外部成员，组织提供的诱因与内部成员有很大的不同。由于组织不能对外部成员采取强制措施，所以，能够提供的客观刺激包括对顾客的优质服务和售后服务，对投资者和供货者的高额赢利，公司信誉对社会的吸引等等；能够改变主观态度的措施包括广告宣传的影响，企业的公共关系等等。巴纳德对组织成员概念的这种扩充，使研究组织的视野得到了空前的开拓，组织的研究领域大为宽阔，更重要的是，对组织的研究视角从组织内部转移到了社会领域，组织观念和组织理论都因此而得到了更新。这是巴纳德对组织理论的一大贡献。可以在一定意义上说，到巴纳德这里，“顾客是上帝”等外部概念，企业的社会责任等伦理概念，才真正得到了理论上的阐释。

第二节　西蒙的行为主义行政管理学说

以管理学家身份而获得诺贝尔经济学奖的，至今只有一人，这就是决策理论的大师——赫伯特·A. 西蒙。同别的管理学大师相比，他看起来貌不惊人，平平淡淡，一团和气，笑容可掬，是那种典型的书院式学者，他身上没有什么别具一格的传说，也没有能引起轰动效应的绯闻或趣事，只是把等身的著作留给了世界。也许，他与众不同的地方只有一点，就是他对国际象棋的痴迷。他似乎要透过那黑白相间的棋盘，参透人类的奥秘。他的理论，对管理学的发展有着方向性的影响。

一、西蒙生平简介

赫伯特·亚历山大·西蒙（Herbert A. Simon）1916 年 6 月 15 日出生在美国威斯康星州米尔沃基市。西蒙的家庭是一个典型的美国中产阶级家庭，父亲是德国移民，犹太人，电气工程师，受过严谨的德国式大学教育，一生有几十项发明专利，母亲来自一个钢琴世家，在音乐专科学校任教。父亲的严谨认真、一丝不苟，对西蒙的性格有着重大影响，而母亲则给他留下了一手出色的钢琴技艺。对西蒙影响最大的，是他的舅舅哈洛德·迈可尔，迈可尔师从于制度经济学家康芒斯，在国家工业委员会工作，是他最早把西蒙引上了社会科学的探索道路。

西蒙的天资是过人的，他 6 岁上学，小学就跳了几级，不足 17 岁就高中毕业。因此，在高中和大学，他要比同班的学生小两三岁。在同学们中间，留下较深印象的是他的聪明、色盲和左撇子习惯。1933 年，西蒙入读芝加哥大学，逐渐对将来的发展方向有了一定认识。西蒙认为，如同那些“硬”科学一样，他本来想学经济学，但学经济学要求先修一门会计课程，于是，他尽管已经读过大量经济学书籍，还是改为了没有先修课程要求的政治学专业，大学二年级时，他就修完了政治学方面的课程。社会科学同样需要严密的数学基础，西蒙希望自己能够成为一名数理社会学家。通过正规训练和坚持自学，西蒙广泛掌握了经济学和政治学的基础知识，以及高等数学、符号逻辑和数理统计学方面的技巧，培养了对组织内决策行为的兴趣。大学毕业后，西蒙以研究主力的身份在国际城市管理协会从事决策科学方面的调查研究。由此，奠定了他运用严格的数理逻辑研究社会科学的学术方向。

大学毕业前夕，西蒙结识了里德利，里德利是国际城市管理者协会主任，芝加哥大学兼职教授。西蒙在选修里德利的市政管理课程时，参加了里德利的课题，进行市政管理的计量研究，开始在《公共管理》杂志发表文章，22 岁时就成为《公共管理》月刊和《地方年鉴》的助理编辑。西蒙给里德利当助手做出的成就，引起了加州大学伯克利分校的注意，邀请他设计洛克菲勒基金会资助的地方政府研究项目。1939 年，西蒙被伯克利聘为地方政府研究项目的主管。就在这一阶段，他形成了自己对管理学基本问题的研究思想，并作为他的博士论文的主题。这一博士论文，就是他后来赖以问鼎诺贝尔奖的大作《管理行为》的雏形。这时，西蒙已经在事实上进入了管理学家行列。

在朋友的推荐下，伊利诺伊理工学院聘请西蒙任教。在伊利诺伊，他深入展开了自己的研究。从他开设的课程来看，他已经成为社会科学的多面手。他讲授宪法学、城市规划、地缘政治学、合同法、统计学、劳动经济学、运筹学、美国史等等，还开设了科学哲学讨论班，并加入芝加哥大学的考尔斯委员会每周一次的经济学讨论班。伊利诺伊的经历，使西蒙的管理学研究更为深入，尤其在公共管理领域形成了相应的研究特色，有了如史密斯伯格、汤普森等研究伙伴，同时开始了他以数理逻辑方法融合社会科学各领域的研究起点。

1949 年，西蒙应聘到位于匹兹堡的卡内基大学，担任行政学教授和工业管理系主任。在这里，西蒙深入展开组织行为的研究，重视逻辑和理论的教学特点，使卡内基大学的工业管理研究生院名声鹊起，走出了一条不同于哈佛商学院案例教学式的管理教育道路，西蒙的管理学研究，在这里达到了顶点。

1955 年，西蒙的研究方向发生了重大转移。在这之前，他虽然在多个学科领域跋涉，但基本上还是在管理学、经济学的大范围内游弋。但这种多学科的综合研究迟早会导致学术性“溢出”。在卡内基，这种“溢出”的火候到了。他在管理学和经济学上的造诣，使他在接触到计算机后，一眼就看出了这种机器有可能带来的奇迹。于是，他立即转向了“人类问题解决”的心理学研究上，特别是转到对人类用于思维过程的符号处理研究上。从此，西蒙开始了他在计算机技术领域的创新，并赢得了人工智能创始人之一的地位。

尽管西蒙后期主要从事心理学和人工智能研究，但他的学术经历、研究方法、思想范围，远远不限于单一的心理学。比如，他一生对国际象棋十分痴迷，在他眼里，国际象棋几乎就是人类世界的缩影。从象棋里面，可以发现人类的思维习惯、符号解读，也可以进行程序编译、路径选择，还能够模拟决策方式、管理活动，等等。总之，如果说，“一滴水可以映射出太阳的光辉”是哲学家式的语言，那么，在西蒙那里，一副象棋可以包纳所有人类科学。在他那里，科学的分门别类不构成通行的障碍，反而是他前进的标志。他几乎把自然科学、社会科学、工程技术、甚至还有部分人文科学融合到了一起。在当代科学发展史上，西蒙是为数不多的那种不需要以学科来限定头衔的大科学家。

西蒙后来的研究重点已经不在管理学领域，不过，他对组织与管理的研究成果却使管理学产生了划时代的变化。他提出的决策理论在当代管理学中至今引领着研究潮流。由于他“对经济组织内的决策程序所进行的开创性研究”，在1978年被瑞典皇家科学院授予诺贝尔经济学奖。现代企业经济学和管理研究越来越重视他的思想，组织行为研究和决策理论已经被成功地用于解释和预测各方面的活动。以诺贝尔经济学奖而言，西蒙是以管理学家身份获得这一殊荣的惟一人士。仅此而论，西蒙虽不敢说是后无来者，但肯定是前无古人。在管理学领域，西蒙的有限理性学说、组织行为研究、决策程序研究、决策心理机制分析，都具有理论上的开创意义。

西蒙的研究涉及到政治学、经济学、管理学、社会学、心理学、运筹学、计算机科学等众多领域，并且在这些领域均做出了重大的贡献。这可以从他获得的奖项看出：1958 年，西蒙获得美国心理学会颁发的心理学领域的最高奖——心理学的杰出贡献奖；1975 年获得计算机领域的最高奖——图灵奖；1978 年获得诺贝尔经济学奖；1986 年获得美国总统科学奖——科学管理的特别奖。西蒙的学术贡献，可以从 1978 年瑞典皇家科学院的公告中窥其一斑：“组织决策理论已经被成功地用于解释和预测各方面的活动，如公司内部取得信息能力的分布和决策的制定，市场调整与有限竞争，选择证券投资和选择一个国家进行国外投资。现代企业经济学和管理研究大部分基于西蒙的思想。”

他的主要著作有：《管理行为》、《公共管理》、《人的模型》、《组织》、《经济学和行为科学中的决策理论》、《管理决策的新科学》、《自动化的形成》、《人工的科学》、《人们的解决问题》、《发现模型》、《思维模型》等。

二、西蒙的行为主义管理学思想概述

西蒙的管理学思想在很大程度上继承了传统行为主义对组织中“人”的重视，从人的行为来审视组织管理，但是，另一方面，西蒙却又弥补了过去行为主义对正式组织的忽略，从而把二者有机地结合起来进行研究。

行为主义（behaviorism）

行为主义（behaviorism），或称行为论和行为学派，系由美国心理学家华森（John B. Watson，1878—1958）在1913年所创立。行为主义的主张，最重要者有以下四点：（1）强调科学心理学所研究者，只是能够由别人客观观察和测量的外显行为。（2）构成行为基础者是个体的反应，集多个反应即可知行为的整体。（3）个体行为不是与生俱来的，不是由遗传决定的，而是受环境因素的影响被动学习的。（4）经由对动物或儿童实验研究所得到的行为的原理原则，即可推论解释一般人的同类行为。行为主义发展到二十世纪三十年代后，其严守自然科学的取向受到了批评。同时又因其他学派理论的影响，有些原属行为学派的学者，不再坚持“客观的客观”的原则，终而接受意识成为心理学研究的主题之一的理念。行为主义中持有此种理论取向者，被称为新行为主义（new—behaviorism）。

引自（美）约翰·布鲁德斯·华生：《行为主义》，浙江教育出版社，1998年版，第5～6页。

组织与个人的关系，是管理学里面纠缠不清但又非常重要的问题之一。在韦伯那里，组织的理性排斥了人的个性，最终使人变成组织的工具；而在阿吉里斯那里，组织是阻碍个人成长的怪物，管理学的出路在于组织上的革命。西蒙不是那么极端，在二者之间小心翼翼地寻找出路，他以逻辑实证的方法，论证了组织与个人的一致性。

有着多学科知识背景的西蒙，借用社会学中的一个概念“角色体系”来研究组织。在这一点上，他继承了社会系统学派巴纳德的思想，强调人的主体性，立足于“人”本身来认识组织，从而将人和组织有机地结合了起来，在理论上完善了人本管理的逻辑基础。西蒙指出，组织实际上是一个人类群体的信息沟通及其相互关系的复杂模式。组织向它的每个成员提供其决策所需要的大量信息，并确定了其成员的决策前提、预定目标和行为态度。比如，你在一个工厂里上班，你就能够通过工厂的运作知道，头儿会对你提出什么要求，你该做些什么，其他工友大致上会做哪些事，工友们会对你的言行有什么可以预料到的反应，等等。这些了解，使你能够明确区分大街上的行人与共事的同仁之间的差别。而所有这些，最终影响的是你同工友的群体行为。正因为这样，西蒙的决策理论又被人们称为组织行为理论。

实际上，行为科学家早已经注意到以往组织理论的局限性。西蒙继承了行为科学的思路，他批评说，从泰罗开始，人们经常谈到的组织，不过是画在纸上的组织图，或是写在叙述工作职责的精细手册中的那个东西。这种把组织部门画成图或写成手册的做法，使大多数人对组织的本质形成了极大误解。这一批评，可以说直接指向了古典组织理论的命门。西蒙指出，在以往的所谓组织理论中，“人”却失去了位置。在那里，组织与其说是为了供人居住而设计的卧室，还不如说是以抽象的建筑逻辑而设想出来的一排排井然有序但无人的住宅。如果这种偏差不改变，难免本末倒置。所以，我们在现实中常常可以看到，在传统理念支配下的组织，虽然有可能打出“以人为本”的大旗，却常常自觉不自觉地把组织中的成员仅仅当作实现组织目标的工具。从人出发研究组织，使西蒙吸取了行为科学重视人自身的长处，又避免了行为科学对正式组织的忽视。

（一）管理就是决策

西蒙是决策管理学派的主要代表人物，这一学派是在社会系统学派的基础上发展起来的，他们把第二次世界大战以后发展起来的系统理论、运筹学、计算机科学等综合运用于管理决策问题，形成了一门有关决策过程、准则、类型及方法的较完整的理论体系。西蒙非常强调决策在组织中的重要作用，认为管理就是决策。在《管理决策新科学》一书中，他特别强调：“决策几乎与管理是同义的。”①在《管理行为》第一版前言里，他说：“除了几个假设的结论以外，我没有任何管理原理。如果一定要说本书包含了什么‘理论’的话，那就只有：决策行为是管理的核心；管理理论的词汇必须从人类抉择的逻辑学和心理学中导出。”在《管理行为》的第四版导言中，他又说：“决策制定过程是理解组织的关键所在”。这些论述，在众多的管理学著作中演化为一句名言：“管理就是决策。”②

传统的管理将组织活动分为高层决策、中层管理和基层作业。认为决策只

① ［美］西蒙著，《管理决策新科学》，李柱流等译，北京：中国社会科学出版社，1982 年，第 33 页。

② ［美］西蒙著，《管理行为——管理组织决策过程中的研究》，杨砾等译，北京经济学院出版社，1991 年，导言。

是组织中高层管理的事，与下面的其他人员无关。但是西蒙却认为，决策不仅仅是高层管理的事，组织内的各个层级都要做出决策，组织就是由作为决策者的个人所组成的系统。首先组织的成员是否留在组织中，就要将组织提供给他的好处和他的付出进行对比。当决定了留在组织中后，无论成员处于哪一个管理阶层，都是要做出决策的。而且随着科技的发展，员工素质的提高和组织的日趋扁平化，决策权会逐渐下放，即使是处于作业层次的员工，也要对采用什么样的工具、运用什么样的方法做出选择。西蒙认为，组织是指人类群体当中的信息沟通与相互关系的复杂模式。它向每个成员提供决策所需要的大量信息和决策前提、目标及态度，它还向每个成员提供一些稳定的可以理解的预见，使他们能预料到其他成员将会做哪些事，其他人对自己的言行将会作出什么反应。成员的决策其实也就是组织的决策，这种决策的制约因素很多，涉及到组织的各个层次和各个方面，被称为“复合决策”。管理活动的中心就是决策。计划、组织、指挥、协调和控制等管理职能都是做出决策的过程。因此，管理就是决策的过程，管理就是决策。西蒙也强调管理不能只追求效率，也要注意效果。效率是在一定目标和方向上的效率，效果则是决定方向目标这一类的根本问题。西蒙等人认为，在“信息爆炸”的当代，重要的不是获得信息而在于对信息进行加工和分析，并使之对决策有用。认为今天的稀有资源不是信息，而是处理信息的能力。西蒙决策理论的核心概念和根本前提是人类认知能力的局限性。决策学派据此提出了信息处理模式。西蒙将人的思考过程看作一种信息处理过程，所以，可以利用程序使计算机也能像人一样思考和创造。但是他们只是决策者的决策工具，并不能取代决策过程。管理人员还必须对可供决策的方案评价以后进行决择，作出最后判断。一旦选定方案，经理人员就要对其承担责任和负担一定的风险。

而在西蒙看来，组织的重要性在于为决策提供有效的前提，在于组织结构会影响到经理和管理人员以及他们的群体行为选择。从这一开创性的思路出发来认识决策，就能体会到，组织对个人决策的影响，不是由组织来决定它的成员干什么，而是由组织提供给它的成员大量信息。这些信息构成组织成员选择行为的依据。因而，组织向其成员施加影响的关键是决策前提，而不是决策本身。

再进一步，西蒙将决策前提分为两大类。一类是事实前提，即技术、知识、情报信息这类可观察到的事物及其运动方式的陈述，陈述的正误可以由经验事实进行验证。另一类是价值前提，即个人的某种行为及其前景、后果的主观性评价，诸如组织目的、效率标准（效率标准如果作为手段则属于事实前提）、公平标准、个人价值等。西蒙特别指出，在决策时，组织具有一种独一无二的作用，那就是克服群体行为的不稳定性。我们知道，决策常常不是孤立的，大多数的决策必须同时考虑其他人的反应。也就是说，每个人为了确定自己行动的结果，必须了解他人所采取的行动，比如，一个教师早上去教室上课，他做出这一行为的前提是预计学生在教室里等他。如果教师知道学生统统没来（暂且不管是什么原因造成的没来），教师自然就不用去教室。而组织通过各种方式，给教师传递的信息是学生在等候，给学生传递的信息是今天早上有这个老师的课程，即提供了学生和教师决策的事实前提；而且组织还会培养学生的求知欲望，引导教师的探索兴趣，以各种方式形成师生对知识价值的共同判断，即提供了价值前提。这样，学校作为一个组织，其作用就通过教师和学生的行为选择反映了出来。没有学校的这种作用，个人行为就无法整合为组织行为。在西蒙看来，组织本质上就是一个合作行为系统，它具备了克服群体行为不稳定性的优点。组织向每位成员提供其他成员行为的信息，作为该成员个人制订决策的依据，而实现组织目标的内在要求，使得组织成员必然偏好于同样的期望。这样，每个人都能在比较准确地预测其他人行为的基础上，自觉地为这种共同偏好而采取一致行动，以求获得期望的结果。所以，组织设计不在于结构多么清晰，而在于能否形成价值选择和认同。

（二）决策的过程

在传统的思维中，人们一般把决策认为是从几个被选方案中选出一个最优的行动方案。但是西蒙等人认为，决策包括从一开始的调查、分析、选择方案等整个一系列的活动。它是一个分阶段，涉及到很多方面的复杂的活动。西蒙的决策划分包括 4 个阶段：

1. 搜集情况阶段。即搜集组织所处环境中有关经济、技术、社会各方面的信息以及组织内部的有关情况。通过收集情况，发现问题，并对问题的性质、发展趋势做出正确的评估，找出问题的关键。情报的收集应该尽可能全面，而且要真实，否则的话对以后的决策会有误导作用，极有可能做出错误的决策；

2. 拟定计划阶段。拟定计划即在确定目标的基础上，依据所搜集到的信息，编制可能采取的行动方案。这时可能会有几个候选方案，决策的根本在于选择，被选方案的数量和质量对于决策的合理有很大的影响，因此要尽可能提出多种方案，避免漏掉好的方案；

3. 选定计划和实施阶段。选定计划即从可供选用的方案中选定一个行动方案。这时要根据当时的情况和对未来的预测，从中选择最合适的一种方案。在选择方案时，首先要确定选择的标准，而且对各种方案应该保持清醒的估计，使决策保持一定的伸缩性和灵活性。计划选好了以后就要制定实施方案，方案的实施也是很重要的一个环节，也要制定一个合理的实施计划，这个计划要清晰且具体。对时间有一个合理的分配，对人财物也要做一个清晰的分配。在执行决策中，还要做好决策的宣传工作，使组织成员能够正确理解决策，同时制定出一种有利于实现决策的气氛；

4. 评价计划阶段。评价计划即在决策执行过程中，对过去所做的抉择进行评价。通过评估和审查，可以把决策的具体的实行情况反馈给决策者。如果出现了偏差，就及时地纠正，保证决策能够顺利实施，或者有的时候就修改决策本身，以使决策更加地科学合理。而且，通过执行决策的审查和使上级了解本组织、本部门的决策执行情况的问题，为以后他们作决策提供信息。

这四个阶段中的每一个阶段本身都是一个复杂的决策过程。问题的确认需要决策，而拟定各种被选方案就使决策的性质更加明显。所以，不能觉得只有决策活动才是最重要的。事实上，没有前两个阶段的正确决策，也就不可能做出正确的决策，而没有决策的执行，再好的决策也只是一张空文。西蒙认为决策的过程中，最重要的是信息联系，决策的各个阶段均是由信息来联系的。上面说了决策的几个程序，一般来说，决策是要遵守这样的程序的，但是也不能完全机械地用上面的过程一步步地去做，比如，在拟定方案阶段，出现了新的问题，这就需要重新返回第一个阶段来收集情报，结果又回到了第一个阶段。按说决策应该是充分地收集信息，然后做一个最好的决策，但有时候就没有足够的时间来收集信息，例如在经营中出现了突发事件，需要立刻解决，这时的决策就在很大程度上要依据管理者的经验和直觉来决定。同时，西蒙认为，并不是所有阶段都是同等重要的，相对来说，后两个阶段显然不如前两个阶段重要。因此，他建议，用大部分的时间“跟其他的同僚们一起去创造、设计和制定可行的行动方案，以应付需要作出决策的形势”，而“用较少的实践来选择他们为解决已经确认的问题而制定的而且对其后果也已做过分析的抉择行为”[①]。

（三）合理性的决策标准

“有限理性”原理是赫伯特·西蒙行为主义管理学的重要基石之一，也是对经济学的一项重大贡献。新古典经济理论假定决策者是“完全理性”的，认为决策者趋向于采取最优策略，以最小代价取得最大收益。西蒙对此进行了批评，他认为事实上这是做不到的，应该用“管理人”假设代替“理性人”假设。他在《管理行为》一书第三版的导言中明确指出：“行政理论所关注的焦点，是

---

① ［美］西蒙著，《管理决策新科学》，李柱流等译，北京：中国社会科学出版社，1982年，第34页。

人的社会行为的理性方面和非理性方面的界线，行政理论，是关于意向理性和有效理性的一种独特理论——是关于那些因缺乏寻求最优的才智而转向满意的人类行为的理论”①。在西蒙的研究中有一个著名的有关“蚂蚁”的比喻。一只蚂蚁在沙滩上爬行，蚂蚁爬行所留下的曲折的轨迹不表示蚂蚁认知能力的复杂性，只是说明海岸的复杂。它们知道蚁巢的大概方向，但具体的走路的路线却是无法预料的，而且他们的视野也是有限的。其实人和蚂蚁是一样的，对外界的认识能力是有限的，对于外界的很多事情无法做出全面的了解。人的行为的复杂性只是反映了所处环境的复杂性。西蒙以蚂蚁喻人，认为人的认知能力也是单纯的，人的行为的复杂性也不过是反映了其所处环境的复杂性，在这样的环境中，人不可能做出最优的决策。由于现实生活中很少具备完全理性的假定前提，人们常需要一定程度的主观判断进行决策。之所以这样认为，原因在于以下三个方面：

1. 信息的不完全性。信息可以帮助我们对备选方案进行选择，所以在选择方案时要做到绝对合理，就需要对各种备选方案可能的结果具备完整的知识，但实际上我们在此方面的知识经常只能是部分和片面的，人们很难得到关于某一件事情的全面的知识，而且有时候得到的知识还是虚假的或者错误的；

2. 预测的困难性。因为结果是未来的，还没发生的，所以在对它们进行评价的时候不能够说正确与否，对方案的判断只能够是想象力和经验的结果。价值判断更是不完整和不可预测的。这使我们的预测只不过是一种对未来的期待，实际情况到底怎样，我们还没法预料；

3. 穷尽可行性的困难性。只有人们把所有的方案都找出来，才能做出科学合理的“最优的方案”，绝对的合理性要求在可能发生的所有替代方案中选择，但是没有人能够把所有的候选方案都找出来，尤其是对企业中一些较为复杂的事务的决策，涉及的面很广，信息多，还远达不到将所有可能的结果和途径都考虑到的地步。有时候决策者自己也存在知识和计算能力方面的局限性，各种环境都在不断的变化，他们还要在缺乏完全信息的情况下进行决策，因此，在西蒙看来，“最优化”的概念只有在纯数学和抽象的概念中存在，在现实生活中是不存在的。按照满意的标准进行决策显然比按照最优化原则更为合理，因为它在满足要求的情况下，极大地减少搜寻成本、计算成本，简化了决策程序。因此，满意标准是绝大多数的决策所遵循的基本原则。而且，基于人和组织不

① ［美］西蒙著，《管理行为——管理组织决策过程中的研究》，杨砾等译，北京经济学院出版社，1991年，第19～20页。

可能全知全能的这个前提，西蒙提出了“管理人”假设，这种假设不同于以往管理科学和行为科学理论中的“经济人”假设。他认为“管理人”是在有限合理性的基础上，不考虑一切可能的复杂情况，只考虑与问题有关的情况，采用“令人满意”的决策准则，从而可以作出令人满意的决策。可以说，管理人拥有“知识”的程度决定着其决策和行动合理性和满意化的程度。这些观点为我们今天走进管理知识的大门提供了一个坚实的台阶。“令人满意”的理论准则应用到企业决策中，就是追求适当的市场份额而不是最大的市场份额，取得适度的利润而不是最大的利润，制定适当的市场价格而不是最高的价格等，这种满意的决策结果才是可行的。人们在作决策时，不能坚持要求最理想的解答，常常满足于“足够好的”或者“令人满意的”决策，从某种意义上来说，一切的决策都是某种折衷，最终的方案都不是尽善尽美的，只是在一定的条件下最好的。如果企业非要想找到最优的决策方案，那会花费很大的成本，是得不偿失的。为了在满意的基础上保证尽可能大的合理性，就应该通过组织结构的设计，使组织内信息处理单纯化，以尽量克服个人认知能力的局限性。西蒙将组织划分为三个层次：最下层是基本工作过程，在生产性组织中，指取得原材料、生产产品、储存和运输的过程；中间一层是程序化决策制定过程，指控制日常生产操作和分配系统；最上一层是非程序化决策制定过程，指对整个系统进行设计和再设计，并监控其活动。自动化和信息技术的应用，将使各层次之间的关系更为清楚明确。大型组织不仅分有层次，而且其结构几乎普遍都是等级结构。同时决策者也要提高处理信息的能力和行动的合理性，这种改变可以采用各种决策技术（包括传统技术和现代技术）。换个概念说，是我们需要提升自己的知识和能力，因为知识可以看作是处理信息的手段。西蒙承认技术就是知识，是如何制造东西的知识，是如何去做工作的知识。

（四）程序化决策和非程序化决策

一个组织的决策根据其活动是否反复出现可分为程序化决策和非程序化决策。程序化决策是结构良好的决策，非程序化决策，即结构不良的决策。一般来说，那种例行的反复出现的决策，比如：企业中的订货、材料的出入，产品的生产等，属于程序化决策；而那些对不经常出现的、非常规的事情做出的决策一般都是非程序化决策①，例如，制定一个新的战略，对竞争对手的举动做出反应等，这些没有一定的章法可循，因此也就没办法程序化。另一种区分它们的主要依据是这两种决策所采用的技术是不同的。现在制定常规性程序化决

① ［美］西蒙著，《管理决策新科学》，李柱流等译，北京：中国社会科学出版社，1982年，第41页。

策主要是应用运筹学和电子数据处理等新的数字技术，而制定非程序化决策的传统方式包括大量的人工判断、洞察和直觉观察，还未经历过任何较大的革命。一般来说，程序化决策呈现出重复和例行的状态，每当出现这种情况时，决策者就可以利用以前曾用过的方法和规则来处理问题，按照以前的办法和程序，组织一般都有这方面的规定，有一定的规章和制度。典型的非程序化决策表现为，问题是新颖的，其确切的性质和结构上不确定或者很复杂，决策者不能够简单地使用以前的准则和程序来解决这样的问题，他们要根据他们的经验和知识对环境做出判断，提出创造性的解决方案，要求他们在困难、结构不良的环境中进行决策。非程序化决策的现代技术也正经历着一场革命，主要是探索解决技术方面的应用，包括决策者的培训和探索式计算机程序的编制，而且已经达到了模拟人的判断和直觉的现实程序。日常的活动不管如何复杂都可以分解为最简单的行动步骤，加以程序化。当企业中产生新的和修正旧的程序的创新过程时，需要进行非程序化决策，就要依次地经过全部决策过程。西蒙将全部决策过程大致概括为：判定问题，确定目标，然后寻求为达到目标可供选择的各种方案，比较并评价这些方案的得失。在这些方案中进行选择，并作出决定，在执行决定中进行核查和控制，以保证实现预定的目标。但是，程序化决策和非程序化决策并没有截然的不同，在实际管理工作中，这两者很多的时候都是混合在一起的，像是一个光谱的连续体，一端是非常高度的程序化决策，另一端是非常高度的非程序化决策，这中间是慢慢的过渡阶段。此外，根据决策条件，决策还可以分为肯定型决策、风险型决策和非肯定型决策。肯定型决策是指决策执行后只有一种结果的决策，它又分为单目标决策和多目标决策。一般来说，这种决策是很少的，大多数都是风险型决策，这种决策存在着不确定的因素，一个方案可能会出现几种结果，但每种结果出现的概率大概是知道的；不确定决策也有几种不同的结果，但每种结果的概率也不知道。这几种决策所采用的方法和技术都是不同的。

西蒙说过管理就是决策，因此，他的决策理论不但适用于企业组织，而且也适用于一切正式组织机构的决策。他对于决策过程的理论研究工作是开创性的，而且也是管理学方面惟一获得诺贝尔经济学奖的人。目前这种理论已经渗透到管理学的不同分支，成为了现代管理理论的基石之一。随着现代企业和现代技术的发展，组织的特征已经发生了根本性变革，在最现代的组织中，西蒙的三层次理论已经不太适用，但是，西蒙的决策理论仍然是我们理解人类行为的钥匙。

第三节　林德布洛姆的渐进决策理论

20世纪以来，随着西方资本主义国家工业化、城市化进程的加快，国家（政府）管理职能不断扩张，迫切需要市政管理知识和决策理论。决策作为一门科学，在西方迅速兴起。纵观决策科学的发展历史，有一个非常突出的特点，那就是“经济人”的假设和包括行政决策在内的决策科学有着密切的联系，理性在决策科学和决策分析中特别是20世纪五十年代以前占据着统治地位。标准化（经济学）范式应用在政策分析中就是理性决策模型。然而，决策科学和决策分析中的这种理性化倾向由于其人性假设前提“经济人假设”的局限，在实际应用中面临着种种困难，在这种背景下，理性决策模型受到了另外两种模型的挑战，一种是前面我们提到的著名行政学家、诺贝尔经济学奖得主赫伯特·A.西蒙的“有限理性”决策模型，一种是这里我们所要讨论的著名政治学家、经济学家、行政学家查尔斯·林德布洛姆的“渐进决策”模型。

一、林德布洛姆生平简介

查尔斯·林德布洛姆（Charles E. Lindblom）是美国当代著名的经济学家和政治学家，“政策分析”的创始人。他于1917年3月出生在美国加利福尼亚州。1937年毕业于斯坦福大学，主修政治学及经济学。1939年在美国明尼苏达大学经济系任教，进而开始了他的教学生涯。1945年获芝加哥大学经济学博士学位。1946年任教于耶鲁大学至今。1954年在著名的行为科学高级研究中心担任研究员。1960年任古根海姆研究中心研究员。1963年—1964年出任美国驻印度大使馆经济参赞并兼任美国国际开发总署驻印度办事处主任。1968年—1969年出任耶鲁大学社会科学院院长。1972年—1973年担任耶鲁大学政治学系主任。1975年任美国比较经济学会会长。1980年当选为美国政治学会会长。现任经济学与政治学“首席讲座教授”和社会与政策研究所所长。作为一个政治学家，林德布洛姆在政治学领域的研究中进行了一些开创性的工作，他以对“政策”的分析研究、尤其是以其提出的“渐进决策模式”饮誉美国政治学界和行政学界。

在执教之余，林德布洛姆写下了大量的著作和文章，其中主要有：《政治、经济及福利——计划构成与政治经济系统的基本社会过程》（1953年）、《政策分析》（1956年）、《渐进调适》（1959年）、《决定的策略——政治体系是一种社会过程》(1963年)、《民主的智慧——经互相调节产生的决策》(1965年)、《决策过程》(1968年)、《政治与市场——世界政治经济体系》(1977年)等。在这些著作和文章中,《渐进调适》作为经典性的论文是美国攻读政治学和公共行政学专业的学生的必读书。而作为《渐进调适》一文的进一步发展，其另一部力作《决策过程》一书则以渐进的决策分析战略和多元的决策模式对一些长期以来较有影响的决策理论和模式,特别是理性决策模式和精英决策模式作了回答。此外，他的《政治与市场——世界政治经济体系》一书出版后，被认为是20世纪最后25年内最有影响的政治学著作,该书并荣获美国政治学会的最高荣誉奖——威尔逊政治学术奖。

作为一个政治学家和行政学家，林德布洛姆在政治学、行政学领域的研究中进行了一些开创性的工作。在以上的著作和论文中,《政治与市场：世界的政治——经济制度》是林德布洛姆教授的一部最重要的著作，该书提出了一个分析政治与市场关系的框架体系，详细讨论了政府与市场关系这样一个“既是政治学又是经济学的核心问题”。林德布洛姆享誉美国政治学界和行政学界的是他对“政策”的分析研究，尤其是他提出的“渐进决策模式”。林德布格姆对政策科学的主要贡献在于，他首先提出“政策分析”概念，并在对政策制定过程的比较深入、全面考察的基础上，提出了“渐进主义”的政策制定模型或“渐进决策”模型，他的这一模型在学术界有相当大的影响，因此，人们往往将林德布格姆的名字与“渐进调适”或“渐进主义”相提并论。

《政治与市场：世界的政治——经济制度》

这是林德布洛姆教授的一部最重要的著作，也是当代西方比较经济学和政治学的名作之一。这本书主要以欧美、苏东、中国和古巴为经验对象，研讨林德布洛姆所讲的成型及成熟的世界主要的政治经济制度的结构、组织方式及其意识形态，寻找各种体系的异与同，客观分析它们的起源、现状及走势，比较评说它们的成就和缺陷。与西方现代政治学的许多“纯理论”的经典不同，也有别于比较经济学——这一学科形态是在六十年代才刚刚崛起——的许多重要成果，林德布洛姆的这本书把比较经济学和比较政治学两大学科的对象与方法巧妙地结合使用，娴熟地贯穿制度分析的始作为一部“毋宁说更多地是经验的”著述，作者却同时独辟蹊径地在理论和研究手法上提出了新的内容：例如，在政府（政府）与市场的关系这一“个案”式的主题下面，林德布洛姆教授避开了传统的市场与计划、“资本主义”与“社会主义”、集权（集中）与分权（分散）的分析套路，相反，他从权威（国家权力）、交换（市场关系）、说服（训导制度）三种范畴出发（他称之为“要素”），建构、显示和比较人们平日熟悉的各种政治—经济组织构造之异同，并阐发了一系列既有特色又有内在逻辑的命题（论点），如：西方多头政治中趋于明显化的大众化控制的循环；实业界在市场经济内的特权地位以及市场制度的双重领导权；西方的政府和公司在计划和管理上不同于“东方”的创新；权威方式与说服方式（训导式“教育”）的并用与差异（尤其在他所说的“共产主义制度”——现实社会主义国家的应用）；市场社会主义的长处、限度以及它在东西方的经验对照（林德布洛姆取七十年代的南斯拉夫、一定程度上还有当时的匈牙利为这一实验的范例）。逻辑和分析当然有时已令人殚精竭虑，而教授还在书中列举了大量饶有趣味、生动形象的事实证据，以及鲜明且一以贯之的线索。

引自（美）林德布洛姆：《政治与市场：世界的政治——经济制度》，上海三联书店。

二、林德布洛姆渐进决策理论的主要内容

林德布洛姆的“渐进决策”模式经历了几十年的发展演变（1953—1979）。渐进决策的思想起源于1953年，他关于渐进决策的思想在其早期著作《政治、经济及福利——计划构成与政治经济系统的基本社会过程》（1953年）一书中已具雏形。他在该书中首次提出了“渐进主义”的概念，他通过对社会政治过程的四种基本形态的分析提出了他那已具雏形的“渐进决策”模式。他认为社会政治过程包含着以下四种基本形态：一是价格体系。价格由供给与需求决定。在政治领域中，社会大众需要服务，政治领袖需要权力。如价格体系一样，政治领袖控制着社会大众，同时又被社会大众控制，两者相互控制；二是层级体系。层级体系是政治领袖为实现其目标，由上而下、层层控制的工具。在政治体系中层级分明，上层会不断地控制并利用下层。在控制中，下层级层层贯彻上层级的指令，而其本身无多大自主权；三是多元体制。在美国多元化的政治体系中，存在着多元政治权力中心，并且各有其自己的政治领袖。决策经常是在各党派公开地相互竞争中进行，各政治领袖受到多元体制形态的控制；四是议价。市场上买卖双方要相互讨价还价。妥协的结果是互相退让，选取折衷方案作为成交的价格。在政治上，各政治势力团体，如政党、政治派别与利益集团等等，相互妥协、交易，取得一种能牵制各政治领袖的“议价”。林德布洛姆

认为，除了在层级体系形态中决策者可以较不必讲究“策略”，可以随心所欲达成决策之外，其余三者都不可能由单独的决策者独立做出决策，而是由相关的决策者之间互动的表现。在这种情况下，如果要进行决策，必须讲究“策略”，在达成共识基础上逐渐推展，便是“渐进主义”。

1958年，林德布洛姆在《政策分析》一文中，在批评传统的政策分析方法（即他所谓的“第一种方法”）时，进一步提出了“第二种方法”，即他的“渐进分析”方法。他认为，传统的政策分析方法在探讨政策问题时过于强调理论在政策研究中的作用，注重从政策理论中引申出一般规则，过于强调价值，把价值当作方案的抉择的标准；它过分强调所有重要变量，要求对变项——广泛综合的分析。而渐进分析（即第二种方法）则不同：第一，它不依赖理论作为政策分析或政策制定的指导原则，认为评定实际的政策分析或政策制定是配合现实情况的需要或限制，是超理论的；由于现实政治所推行的是渐进政治，对政策问题、各政治领袖与政党的看法大致上达成共识，所能调节或改变者，只是在小节问题上，因而是渐进的，在实际政治中人不一定需要用许多理论；第二，尽管政策分析或政策制定也会经常出现许多变量，但渐进分析只注重政策制定中出现的几个重要变量，作片段分析，方案的考虑也只限于少数几个，而不是广泛的；第三，它认为价值与事实在渐进分析中交互使用、互为一体。现实政治中的基本价值已达成共识，无需再寻求各种不同的价值标准作为决策的标准；第四，渐进分析着重社会已有的政策为前提。这样的政策更可能被社会上一般人所接受，较有把握，较符合实际，并且与现实差距不大，较容易控制，不致于冒太大的风险。

1963年，在《决策的策略》一书中，林德布洛姆将他的政策分析模型又称为“断续渐进主义”，而传统的理性决策模式则被他称之为“全面分析”，这种分析的含义是：小心和完善地对所有可能的行动途径及这些途径的可能结果进行研究，并且用价值观对这些结果加以评估；在各种不同的行动途径中作出选择。而断续渐进主义的特点则是只做因时间差距进行边际的选择，只考虑有限的政策方案和有限的行动后果，只在于调适目标，重新检查资料，作连续不断的补救性的分析评估及社会片段分析。到此，林德布洛姆的“渐进调适”模式已基本定型，并且产生了很大的影响。

林德布洛姆的“渐进调适”模式与此同时也遭到了激烈的批评。针对来自各方面的批评意见，林德布洛姆后来又发表了一系列论著加以反驳，并且改正、扩展、完善了他的“渐进调适”的科学，尤其是1979年他在美国《公共行政评论》上发表了《尚未达成，仍需调适》一文，对自己的理论进行系统的辩护和补充。他区分了渐进政治、渐进分析、党派相互调运等概念，补充了“党派相互调适”和社会组织等方面的内容，他特别对渐进分析的层次进行了划分，即划分为简单的渐进分析、断续的渐进分析和策略分析三个层次。在他看来，简单的渐进分析是指对与现状有差距的各种可供选择的政策方案，择其一而予以简化和重点性的策略研究，它所提出的几个可行性方案与现实差距甚微，所作的决策与现行的状况比较，并没有太大的改变。这种分析只能构成复杂的策略分析的组成部分，其结果必然造成“渐进政治”’即那种在实际的政治行为中只作局部的或点滴调整的政治。断续渐进分析是指每一项政策制定之前，在社会上已达成基本的共识，政策制定只能根据情况变化所产生的边际差距，在有限的可行性方案中，分析其后果，并重新检查资料，片段性地、连续地和修补性地调适目标，因为综合全面的分析既然做不到，那么就应退而求其次，采取“策略分析”。林德布洛姆认为，在各种“策略分析”方法中，“断续渐进”应视为一种较好的方法。策略分析是指针对复杂问题，直接经过深思熟虑后选择策略，它实际上是简化了的科学分析方法，是由简单的渐进发展而来的，它将断续渐进方法纳入自身之中，将它作为一种主要方法。此外，在林德布洛姆看来，试错法、计算决策法、启示决策法、突破瓶颈法等也是策略分析常用的方法。林德布洛姆还认为，渐进分析的这三个层次是相互联系着的：简单的渐进分析是断续渐进分析的一个组成部分；而断续渐进分析又是“策略分析“的一种。显然，《尚未达成，仍需调适》是林德布洛姆对他的渐进决策模式的较为系统的表述[①]。

正是在这种不断的发展和批评中，林德布洛姆形成了较为系统的有关渐进决策的理论，其内容总结起来，主要包括以下几个方面：

（一）对理性决策模式的批判

在林德布洛姆的决策理论尚未出现之前，最有影响的政治和行政决策理论是理性决策模式。理性决策模式的主要观点是：决策者知道所有同具体问题有关的目标；所有有关问题的信息都是可得的；决策者能辨别所有的选择；决策者能有意义地评估这些选择，即研究选择的结果并加以衡量和比较；所作的选择能最大限度地扩大决策者指出的价值。显而易见，理性决策模式深受传统经济理论“经济人”假设的影响，认为人在政治和行政决策的活动中也是可以非常理性的，是在追求“最佳”决策。20世纪六十年代以来，理性决策模式受到了两种决策模式的挑战，其一是著名行政学家赫伯特·A. 西蒙的“有限理性”

① 唐兴霖著，《公共行政学：历史与思想》，广州：中山大学出版社，2000年，第380～385页。

决策模式；其二就是林德布洛姆的"渐进决策"模式。"有限理性"决策模式对"理性"决策模式进行了批评。在西蒙看来，决策者的理性是"有限的"，决策者在决策中追求的是"满意"，因此应用"满意"决策来代替"最佳"决策。

林德布洛姆对过去的理性决策模型提出了质疑，在他看来，理性决策模型的"经典"问题解决的模式是：（1）面对一个存在的问题；（2）一个理性的人首先澄清他的目的、价值或目标，然后在头脑中将这些东西进行排列或用其他方法加以组织；（3）然后列出所有可能达到其他目的的主要政策手段；（4）并审查每项可选择的政策会产生的所有重要后果；（5）这时他就能将每项政策的后果和目的进行比较；（6）因而选出其后果与目的最为相称的政策。[①]林德布洛姆教授认为这种决策模型存在着不少问题：（1）界说政策问题的困难。因为决策者并不是面对一个既定的问题，而是必须指认并明确他们的问题。由于种种原因，在"问题"是什么这点上有各种争论的余地。没有任何可以通过分析来解决这一争论的方法。因此决策分析就有了一个局限，而决策中的"政治"和其他"非理性的东西"也必需有一个进入决策的时间；（2）问题的复杂性和不充分的信息。上述"经典"的问题解决模式中的第2步到第6步实际上对一些复杂的问题束手无策，即使采用最新的技术和计算机也是如此。一个明智的决策者并不试图去完成这些步骤。因为澄清和组织所有有关的价值观，排列所有重要的、可能的政策选择，探究每个选择可能产生的无尽后果，然后将每一选择的多种后果同阐述的目标进行比较——所有这些都超越了人类的智能，超越了一个决策者为解决问题所花费的时间和精力，事实上也超越了他所能够得到的信息。另外，作出一个决策也不能不考虑到时间限制和分析的成本问题；（3）确立目标或价值观的困难。作出一个决策，必然涉及到分析者的价值观问题。每一个人的价值观不可能是相同的。因为价值观无法被经验地证实，终极的主张无论在原则上还是在实际上都是不可能被证实的，因此，分析既无法证明任何人的价值观，也无法命令人统一他们的价值观。更何况涉及到种种不同的利益集团的切身利益，在政策标准上达成一致意见更是一件不可能的事情了；（4）对政策分析的抵制。人们以冷漠和敌对的眼光来看待政策分析，原因在于决策者在政策分析过程中并不是完全理性的。人类的智慧是有限度的，不可能获得充分足够的信息，决策者在决策时很难将事实和价值分开[②]。此外，人们

① ［美］查尔斯·E. 林德布洛姆著，《决策过程》，竺乾威、胡君芳译，上海译文出版社，1988年，第19～20页。

② 同上，第20～32页。

不可避免地一直受到那些想操纵他的人发出的大量信息的干扰，受到来自于外来环境的干扰。另外，组织阻碍了令人满意的分析，组织中的等级差别妨碍了信息交流；通才与专才的竞争播下了互不信任的种子并成为偏见的来源；组织的录用政策可能吸引不了能干的人；提升的基础或许是与组织一致，而不在于有分析技术，等等。

（二）渐进决策的含义和原因

林德布洛姆在对理性决策模型作出挑战性的批评后，提出了自己的解决办法，最初称为“渐进主义”(Incrementalism)，演变成“渐进调适”的科学(Science of Muddling Through)，后又修改成断续渐进主义（Disjointed Incrementalism），名称虽各异，其内涵其实是一致的。所谓渐进决策，就是指决策者在决策时在既有的合法政策的基础上，采用渐进方式对现行政策加以修改，通过一连串小小的改变，在社会稳定的前提下，逐渐实现决策目标。林德布洛姆进一步分析了推行渐进决策的原因。在他看来，政策分析之所以不能进行理性化的周密分析，而要采用渐进分析，是因为决策与政策的制定必然要受到政治、技术和现行计划的制约，它们决定着决策必然成为渐进过程。

首先，他认为，决策的渐进性是由政治的一致性所决定的。在西方国家，尤其是在美国，政治上所推行的是一种多党制，政府决策必然要受到多个党派的影响，必然成为各个党派折衷调和的产物，或者说，决策主体是多元的。然而，各个政党和政治领袖对基本政策的看法往往是一致的，因此，政治总是朝着一个统一的目标逐渐前进。各个政党之间虽然也有矛盾和斗争，但是由于其阶级利益的一致性，所以其政治利益常常也是一致的。一般来说，不会因为政党之间的矛盾和斗争而导致政治的剧烈变化，因此，林德布洛姆断言，西方国家所推行的实质上是一种渐进的政治，各个政党在竞选时仅仅对每项政策提出渐进的修改；政党自身的政策也是渐进地改变的。与此相一致，政府的决策过程必然地是一个渐进的决策过程。

其次，他认为，决策的渐进性也是由技术上的困难造成的。在他看来，任何一项决策的作出必然要与时间、信息等因素相关，而决策的正确程度则直接受制于决策者对决策备选方案及其后果等信息的了解程度，决策者对决策备选方案及其后果了解得越深入、透彻，决策正确的可能性就越大；反之亦然。然而，决策者并没有足够的时间和智慧或者其他手段了解所有的决策备选方案，洞悉每一项决策备选方案的后果，或者说，决策者在技术上不可能对决策的所有备选方案都做到深入、透彻的了解。因此，林德布洛姆认为，决策者不可能等到对决策的每一个备选方案及其后果都深入、透彻地了解后再做决策，而必须在有所了解的基础上就做决策，然后边执行边修正。这就是他所谓决策过程中的“修修补补”。

最后，他认为，决策的渐进性是由现行计划的连续性所决定的。在他看来，任何一项新的决策都不得不考虑原有决策的影响，因为原来决策已造成了一个既成事实——这就是现行计划，而现行计划可能已经投下了巨大的资本和精力，这就在一定程度上排斥了巨变，否则便会带来一系列组织结构、心理倾向、行为习惯的震荡和时政困难。因此，林德布洛姆指出，为了保证现行计划的连续性，决策过程也只能是渐进的。

林德布洛姆认为，决策的过程只是决策者基于过去的经验对现行政策稍加修改而已。这是一个渐进的过程，看上去似乎行动缓慢，但积小变为大变，其实际速度往往要大于一次大的变革。政策上的大起大落是不可取的，“欲速则不达”，它会危及到社会的稳定。他这样总结道：“按部就班、修修补补的渐进主义者或安于现状者或许看来不像个英雄人物，但他却是个正在同他清醒地认识到对他来说硕大无朋的宇宙进行勇敢的角逐的足智多谋的问题解决者”[①]。

（三）渐进决策的原则和内容

在林德布洛姆看来，渐进决策需要遵循以下三个基本原则：

1. 按部就班原则。林德布洛姆认为，决策过程只不过是决策者基于过去的经验对现行决策稍加修改而已。他明确指出：“按部就班，修修补补的渐进主义者或安于现状者，或许看来不像个英雄人物，但却是个正在同他清醒地认识到对他来说是硕大无朋的宇宙进行勇敢的角逐的足智多谋的问题解决者”[②]。在这里，林德布洛姆把决策过程视为一个按部就班的过程，他注意到了决策过程的连续性。

2. 积小变为大变原则。从形式上看，渐进决策过程似乎行动缓慢，但是，林德布洛姆认为，这种渐进的过程可以由微小变化的积累形成大的变化，其实际的变化速度要大于一次大的变革。在他看来，渐进决策要求变革现实是通过一点一点的变化，逐步实现根本变革的目的。

3. 稳中求变原则。为什么决策过程要按部就班和积小变为大变呢？林德布洛姆认为，其原因就在于要保证决策过程的连续性。在他看来，政策上的大起大落是不可取的，欲速则不达，那样势必会危害到社会的稳定，为了保证决策

① [美] 查尔斯·E. 林德布洛姆著，《决策过程》，竺乾威、胡君芳译，上海译文出版社，1988年，第43页。

② 同上。

过程的稳定性，就要在保持稳定的前提下，通过一系列小变达到大变之目的。

根据以上论述，林德布格姆渐进主义模型包含着如下几个基本内容：

（1）目的或目标的选择，对为实现目标所采取的行动进行经验分析，两者是相互交织密不可分的。（2）决策者只考虑解决问题的种种可供选择的方案的一部分，这些方案同现行政策只有量上或程度上的差异。（3）对每一可供选择的方案来说，决策者只能对其可能产生的某些“重要”后果进行评价。（4）决策者所面临的问题经常被重新鉴定目的——手段和手段——目的进行无限的调整容易处理。渐进主义允许对目的——手段和手段——目的进行调整，从而使问题更容易处理。（5）处理问题的决定和解决问题的一个“正确方法”并不是惟一的，考察一个决策的优劣并要求各种各样的分析者一致认为这一决策是否为达成现定目标最有效的手段，是看他们是否直截了当地一致同意这一决策。（6）渐进决策的形成，从本质上来说，是补救性的，它更多地是为了改革当今的具体的社会弊病，而不是为了提出未来社会的目标。

林德布洛姆还认为，渐进主义是美国多元社会中决策形成过程的典型。各种决定和政策是“给与取”的产物，也是决策形成过程中众多的参与者或支持者共同而定的结果。

渐进决策模式作为一种决策思想和方法在某种程度上具有相当的价值。从认识论上说，渐进决策模式的特点在于以历史和现实的态度将事物的运动看作是一个前后衔接的不间断的过程，即无论哪种新的决策，只能在直接碰到的、既定的、从过去承继下来的条件下进行，这些条件包括历史和现实的特点，包括决策主体的本身条件，以及整个社会、组织的政治经济状况和心理结构。在方法上，渐进决策模式注重事物变化的量的积累，以量变导致质变；它强调在进行改变时维持社会和组织的稳定，因而主张不间断的修改，而不是引起动荡的变革，逐步对政策加以修改并最终改变政策。从政治和行政决策的角度来看，渐进决策模式不失为在某种条件下的一种有用的思想和方式。

然而，仅仅是在某种条件下，仅仅是一种方式而不是全部，这就表明了渐进决策的限制和不足之处。其局限性和不足之处首先表现为它在方法上明显地带有保守的特点，它一般适合于比较安稳和变动不大的环境，以及从总体上说是比较好的现行政策。然而，一旦社会条件和环境发生巨大变化，一旦表明对以往的政策需加以彻底改变时，渐进决策模式所主张的修改和缓行就起不到它的作用，有时甚至还会对大变革起阻碍作用。历史表明，在社会发展的某些关头，需要在政策上作大幅度的调整，有时甚至是需要抛弃以前的政策而重新确立新的政策。如果我们把这种决策方式称作激进决策的话，那么渐进决策具有的认识论特点也并非为它所独占，激进决策也可以是非常注重历史和现实条件的。从政治决策的角度来讲，引起震荡的变革有时正是促进社会发展的一个必要条件。在社会政治的发展过程中，有时需要采用渐变的决策方式，而有时则需要剧变的决策方式，一切应当以时间、地点和客观条件而定。渐进决策作为一种决策模式，不应当是唯一的、排斥其他模式的决策模式，忽视渐进决策运用的限制条件，把它夸大为普通适用的模式，这正是林德布洛姆的渐进决策模式的另一个弱点[①]。

思考题

一、概念题

1. 什么是权威？

2. 什么是复合决策？

3. 什么是有限理性？

4. 什么是渐进决策？

二、简答题

1. 巴纳德认为社会系统得以成立的基本条件是什么？

2. 权威形成的条件是什么？

3. 西蒙认为决策的前提有哪些？

4. 林德布洛姆认为决策都是一种渐进的过程，为什么？

5. 渐进决策的基本原则是什么？

三、论述题

试论述西蒙所划分的决策的四个阶段。

---

① 丁煌著，《西方行政学说史》，武汉大学出版社，2005年，第249～250页。

第六章　西方行政管理思想的早期批评与拓展

本章重点

1. 沃尔多的公共行政观
2. 帕金森定律
3. 麦格雷戈的人事管理理论

第一节　沃尔多的综合行政管理观

沃尔多（Dwight Waldo）在西方行政学发展历程中是一位具有很重要影响的行政学家，一生留下的著述颇丰。沃尔多于1912年出生在美国内布拉斯加州的一个普通人家，在本州的州立师范学院和内布拉斯加大学完成了大学和研究生时期的教育。1942年他在耶鲁大学获得博士学位，博士毕业后正是第二次世界大战即将爆发的时候，由于不能在高校找到满意的工作，沃尔多先后在华盛顿的物价管理局和预算局从事过物价和行政分析工作，正是这些行政经历使得沃尔多对美国的公共行政产生了认同。自从20世纪四十年代开始活跃在西方行政学的舞台上，沃尔多先后担任过美国政治学会副会长以及《公共行政评论》主编等多项职务并著有《行政国家》、《组织与行政学的新观点》、《骚乱时代的公共行政》以及《公共行政的事业》等大量行政学论著。作为美国二战以后成长起来的公共行政学的代表人物之一，沃尔多的著作非常典型地反映了美国战后公共行政的一些新特点，这就是抛弃战前美国公共行政研究的狭隘的技术性特征，在行政研究中更多地借鉴其他社会科学研究的成果，包括经济学、政治学、心理学、比较研究、决策科学、企业管理等等，使美国公共行政的研究更加开阔，更少狭隘，更加理论化。为了纪念沃尔多在行政学领域所取得的成就，

1979年，美国行政学会专门以他的名字设立了美国行政学界最具影响力的学术大奖——沃尔多奖。

一、传统行政学之得失

沃尔多在公共行政领域是一个很好的评论家，他对公共行政研究有自己的视角和见解。对于传统行政学，沃尔多认为，有很多传统行政学的观点已经不适应社会发展的需要，随着社会的进步，传统行政学中的一些观点和理论都需要做出适当的调整以满足社会发展的需求。

沃尔多总结，传统行政学具有这样的特点：首先，传统行政学以古德诺的政治—行政两分法作为行政学研究的理论基础和框架，承认政治和行政的区别，即政治是国家意志的表达而行政则是国家意志的执行。在这里，行政是一种手段，是一种工具。在所有的政府体制中，都存在着两种主要的或者是基本的功能分工。而这种分工是普遍的而且是必需的。第二，传统行政学假设所有可以应用在私人企业管理中的技术和方法同样适用于公共部门中，公共行政也可以接受私人企业的管理程序和管理思想，它们都遵循一般管理的原则。通过对公共行政的科学研究，可以找到能够帮助政府提高工作效率的一般行政"原则"。第三，传统行政学重视组织内部等级结构的健全和完善，强调组织间的共性和原则，主张通过等级组织进行等级控制来增强行政权威，加强行政首长的权力，提高行政效率。

针对传统行政学的这些特征，沃尔多提出自己的观点。他认为传统行政学中的政治—行政两分法在新的社会背景下并不是很恰当。政治与行政的二分往往被用来证明行政学研究的正当性和必要性，但实际上两者之间的界限从来不可能是完全清楚的。行政作为国家意志的执行一定会受到政治的指导，通过政治的指导，行政才能更好地执行国家意志。在这个视角下，行政现象是与政治现象紧密融合在一起的。公共行政学应该运用这个视角来描述行政中的政治学，分析行政的政治过程，并且非常重要的是，提供适合于民主社会的行政的政治学。沃尔多反对传统行政学家将私人企业管理中的管理程序和管理思想直接应用于公共行政管理中，反对传统行政学家过于重视效率的做法。私人企业管理的目的毫无疑问应该是效率和利润，但是公共行政不同于企业管理，它以公平和民主作为终极目标，而不是以追求效率和利润为价值取向。沃尔多同样也批评了传统行政组织理论的理性主义倾向，批评传统行政学过分强调组织之间的共性或者是所谓的原则而忽视了作为"行政实质"的具体性。在他看来，建立组织的目的不应是符合一般的原则而是应能够解决问题，组织实际上所采取的形式和过程应该适合它所面对的具体情境，而传统组织理论所规定的一般的组织形式和组织过程却很难适应具体情境或不断变化的环境，而且传统行政学忽视了组织的非理性的方面和非正式的方面。

尽管沃尔多对传统行政学的很多观点都提出了批评建议，但是他也承认传统行政学包含了许多真理，而且他认为传统行政学代表着知识界对历史环境做出的一种反应。尤其是，政治—行政二分法不仅过去而且现在仍然有助于促进政治改革和改进行政管理工作。此外，传统行政学思想仍然深深地植根于我们的文化中，而且迄今尚没有任何其他的行政学思想被人们一致地认为能够完全取代传统的行政学范式。

二、当代公共行政学发展之概括

20世纪四十年代，公共行政领域也出现了多种不同的观点。沃尔多认为，在当代行政学中，既有仍然关注事实问题的行为主义的行政学观点，也有重新关注诸如行政人员在政治和政策过程中的角色等价值问题的其他行政学观点，他将当代行政学的主要思潮概括如下：

（一）组织理论

沃尔多认为，公共行政中的组织理论发展可以分为三个阶段。第一个阶段是传统的组织理论。这种理论的代表人物是泰勒、古立克、法约尔和穆尼。这一理论以“机器模型”为组织的基础，强调人类行为的理性规划方面。组织理论发展的第二阶段是所谓的“新传统组织理论”。它始于20世纪二十年代的霍桑试验并且一直影响到20世纪中期的组织理论。这一理论强调组织中人的行为的情感方面和社会心理方面，它集中关注的是诸如士气、知觉和态度、群体关系、非正式群体、领导以及组织行为的合法基础这样一些问题。组织理论发展的最后一个阶段是现代组织理论。这一理论以组织的“有机体模型”或“自然系统模型”为基础，强调组织的生存和发展。在这理论看来，组织应该更少地依赖等级控制，更多地依靠公认的权威，更多地提供个人流动的机会以及更善于接受新的变革，它具有明显的行为主义倾向，开始从理论科学向应用科学转变。

（二）比较公共行政

沃尔多认为，比较公共行政并不像人们想象的那样在当代公共行政中具有举足轻重的作用。它在当代公共行政中应该有的作用还远远没有发挥出来。在他看来，比较公共行政使我们更多地了解到行政与社会目标之间的关系、文明对有效政府行政的严重依赖以及将西方的行政模式传递给其他文化的种种困难。然而，虽然行政理论学家作了大量的研究，对于比较公共行政运动所运用的理论模型与实地研究证据之间的距离这一基本问题，至今未能取得任何精确的理论成果。

这样的一种情况导致了比较行政产生了向“发展”行政的转向，而沃尔多自己也一度赞同过这种转向。在他看来，比较公共行政发展不力，没有产生出多大的积极作用，我们只不过通过比较了解了一些大体上是无用的东西。而我们也看不到实现一般性“发展科学”的希望。沃尔多并不赞成那种所谓发展就是“西化”的发展观，在他看来，这种发展观难免会使发展行政变成一种具有“世界性宗教”色彩的“意识形态”。而这种所谓“发展”所实现的，大体上也只是对于韦伯官僚制模式理论的模仿。

（三）公共政策

公共行政在当代的第三个重要聚焦点是公共政策理论，这一理论在一开始比较偏向于案例研究的形式。案例研究是一种很重要的教学方法，它通过对现实行政事件的描述和分析为学生提供一种能够产生共鸣并加以储备的行政经验。案例研究可以以一种全面和集中的方式研究决策过程和决策结果，就政策决定和背后的伦理考虑得出很多基本的结论与看法，取有很大的参考和借鉴意义。案例研究必须以认真细致的观察为基础，以仔细、全面和事后的分析为过程，并且将有关行政过程的经验资料积累起来。而且，案例研究的方法也反驳了逻辑实证主义和西蒙的事实价值二分法。按照案例研究的观点，西蒙的事实价值二分法与老的政治行政二分法过于简单、过于极端，它令人不得不想起老的政治—行政二分法背后的那种非此即彼的倾向。当然，案例研究方法对于研究和学习公共行政虽然具有很大的积极意义，但它毕竟还不是研究和学习公共行政的惟一手段。不过很有意思的是，公共政策决策这个研究热点受到了其他学科的大量“入侵”，尤其是经济学“帝国主义”的入侵，而这些学科越界行事所侵犯的正是本应该属于公共行政学研究的问题。这从一个侧面表明了，公共决策在当代社会生活受关注的程度。

（四）新公共行政学

所谓的新公共行政学，其产生的背景是20世纪六十年代末、七十年代初的社会骚动和政治骚动。在社会的混乱和动荡背景下，“老的”公共行政学受到批判，人们普遍认为它缺乏一种明确的思想—哲学框架。新公共行政学强调，行政人员应该注意在寻求社会公平的过程中发挥积极作用；它假定了人性本善这样一个抽象的人性基础，人之所以腐败堕落的根本原因在于制度的缺陷。新公共行政学强调情感高于理性，感觉高于理智、本能、创造性以及自我实现高于惯例和规则的作用。新公共行政学的基本主题就是参与、分权以及代议官僚制。

在这种理论看来，参与既是一种政治过程又是一种组织过程，政治参与被视为权力分散和增加公民参与政府事务的一种手段，而组织参与可以成为促进组织变革和分权的一种手段。公共行政学认为，分权的目的在于在政府过程或组织过程中分散权力和增加公民参与；而代议官僚制的目的就在于要形成一种以顾客为中心的行政体制，而行政人员在这个体制中，只不过是顾客利益的代表，他们始终要把顾客的满意作为要去考虑的第一位要素。

在沃尔多看来，新公共行政学所具有的这种反组织态度虽然不无道理，但他认为这样的一种理论取向还是值得商榷的。因为这样一种态度取向有着不公正、不合逻辑且不现实的特点。首先，我们的行政精神虽然倾向于理性的目标，但这并不等于说我们必须盲目遵循僵硬呆板的组织程序和官僚制。其次更重要的是，官僚制组织不只具有缺陷与局限，它还常常被证明是一种变革的力量，很多创新的技术和方法都产生于官僚制组织中，官僚制的时代也曾是迅速变革的时代。再次，即使官僚制耽于适应现状，这种现状本身也不是一种不变的整体，而是各种不同的、经常在变动中的、必须加以满足的利益关系。最后，反组织的态度取向针对的也许是一个错误的效率概念。那种狭义的效率概念实际上早就被组织理论所遗弃。

沃尔多对于当代公共行政的整体发展并不乐观，认为到目前为止尚未出现任何新的综合性思想可以取代传统的思想。尽管在公共行政这个领域里，人们研究的问题越来越多，但总体来说，它还缺乏一个可以高屋建瓴，形成学科发展制高点的“公共哲学”。

三、沃尔多的综合公共行政学

至此，我们简要考察了沃尔多对公共行政这一研究领域所进行的描绘以及他对此所作出的反应。沃尔多本人与其说是一个创造性的理论家，倒不如说是一个评论家和批评家甚或综合家。然而，在他大量的著作中充满着许多颇有见地的言论，尽管这些言论没有构成统一的公共行政理论，但它们至少可以帮助我们更好地认识沃尔多自己的公共行政观。

（一）历史与公共行政的综合

历史是沃尔多建立自己的行政学理论所借重的对象。在沃尔多看来，历史有的时候会以一种曲折的方式向我们重现，如果我们忽视历史，我们就等于将忽视它能提供给我们的许多可以学到的东西。不仅如此，历史还是“洞见、假设和科学结论”的重要来源。正是历史的重要经验才让我们知道，行政的技术和方法在政治—政府的发展中具有什么样的地位，在人类应对各种公共事务中具有什么样的地位。

在沃尔多看来，政府与行政在很大程度上有着相同性。政府和行政受既成文明的影响，但它反过来，又为文明提供一种新的发展地基，并通过提供一套相对独立的发展目标型塑文明。在这个意义上，人们要看到的不只是政府与行政对于“自然状态”中的公共社会的一种“入侵”，而且也要看到，政府与行政在很大程度上也和市场、企业等一样，是人类公共社会的一种造物。因此人们对政府与行政所发挥的“维系作用、培育作用和创造作用”的评价应适当，既不可以太大，也不可以被忽视。应该看到，政府虽然在机构的规模和复杂程度上越做越大，它的能力实际上是有限的，政府行政不是万能的，政府有时会束手无策，有时即使能做也做得很差。但尽管如此，我们如果站在一个较宏大的历史角度对于人类社会的行政作一观察的话，我们还是不得不承认，政府行政是我们人类社会在公共事务处理上必须要有所求助的一种有效工具。

（二）官僚制与民主的综合

政府在韦伯看来，难以避免官僚制，因此和政府有着很密切关系的行政当然也是如此。然而我们这个时代在很多人看来又是一个高度民主的时代，因此，民主和官僚制之间便不能不存在或明或暗的冲突。所谓的“官僚制”总是意味着大规模的、正式的、复杂的、任务专门化的以及目标取向的组织。而当代的民主则是更多地强调参与和强调多数决定的一种程序性原则。因此，在这种视野下，民主和官僚制似乎是难以共存的。沃尔多看到了这一点，也承认这两者有着相抵触的方面。比如官僚制强调等级规则，而民主则强调平等；官僚制依靠纪律和监督，而民主则强调参与和互动。不过有意思的是，官僚制组织在沃尔多眼里，并非就注定着与民主概念完全格格不入。在他看来，官僚制组织也可以在某种程度上为民主价值观提供重要支持，离开了官僚制的民主可能也是不健康的民主。

在沃尔多看来，陷官僚制与民主于困境的原因是深刻的。人们一方面视权力为一种应该分散的危险物；而另一方面，又承认离开权力的帮助，人类怕是要一事无成。因此人们总是在这个问题上左右摇摆，一会儿主张对“不道德”的官僚权力作分权制衡的处理；一会儿又对官僚的无能和无效持一种极为严格的批评态度，似乎它们应该是高效而能干，能够用来应对我们所面临的各种危机和问题的。

这一问题在沃尔多看来，应该通过在民主与官僚制之间寻求一种融合的方式来加以解决。这也就是说，要在公共行政领域承认，民主是合乎需要的而官僚制也是必不可少的。我们应该关心人类平等和参与的价值观，但我们也不能不承认大量的权威、等级乃至压制对于人类社会来说，还是必要的和不可避免的。看来，在适应权威与反叛之间寻求一种合理的平衡，在参与、平等的追求中不否认权威的行使，这就是沃尔多对于这个问题的一种基本态度。

（三）公共行政与政治的综合

公共行政与政治的二分是行政思想早期发展中的一个重要思想。但随着人们认识的深入，人们发现这种二分虽然在理念上是完全可能也有积极意义的，但在现实的公共生活中却是不大容易分得那么清楚的。基于这样的认识，沃尔多针对政治—行政二分法指出，政治与行政实际上是结合很紧不可以分离的两个领域，在某种意义上，这两者就是一个统一的领域。当然，沃尔多意识到，把这两个领域统一起来，也会有很多问题，他可能也没有能力解决由此而产生的问题。不过他通过这样的强调表明了，公共行政在自身的发展中与政治有着一套连锁的价值观，正是这套连锁的价值观在专业观点上把公共行政和政治紧密地联系在一起，将这两个领域中的经济理性、政治理性以及社会理性的概念同“公共利益”的概念结合起来。因此公共行政在其与政治的联手中避免了自己退化为一种纯粹技术性手段的命运。而公共行政学在这个意义上，也获得了自己头上的价值理性的天空。

（四）道德与公共行政的综合

由于时代与认知上的原因，公共行政学在其最初的发展中主要是为了寻求效率而只关心技术问题和科学问题，并完全回避了价值和道德问题。这样的一种做法与研究方向在我们今天看来是不很妥当的，其原因在于，公共行政学的内涵不可能回避伦理道德问题和意识形态问题。我们甚至可以进一步说，公共行政理论必然包含道德学说和意识形态要素。而公共行政中的这部分内涵是不可能通过数据资料的收集与分析来进行研究的。

在有关公共事务中的道德问题研究中，一直存在着两种道德传统——一种是公共道德，另一种是个体道德——之间的冲突。古希腊传统所强调的是一种公共的道德，合理的政体安排本身就被视为是一种正义、一种道德。因此，服从城邦正义和好公民是同一的。相比之下，斯多葛派则认为在政治共同体之上还存在着一个应该受“自然规律”支配的正义，因而将个体道德问题提了出来。而中世纪的教会凭借着管理人们精神事务的特权从世俗王权的公共道德那里挣得了个体道德的合法权利。在某种意义上，近现代的人们又出现了对于公共道德与个体道德统一的传统立场的回归趋向。在一些人们看来，国家的行为虽然要以服从高级法为基础，但它仍有权在相当大的范围内确立正确与错误的标准。这种看法的极端表现有可能发展成为一种“国家理性”的教条，按照这种教条，如果某些行为能够符合产生、保护或增强政府权力的目标，那么即使它与个体道德不相容，也会有自己存在的理由。

这样一来，公共行政便不免在两种道德传统中挣扎，因为人们在这个领域中不仅要在道德与不道德之间进行选择，而且还要在不同的道德观念之间作出自己的选择。沃尔多由此意识到，公共事务中的所有决定和行动都必然具有道德的复杂性，这些决定和行动与其说容易成为不同利益的冲突，倒不如说易于成为善与恶的冲突。不过，沃尔多并没有试图去解决由公共事务中的道德复杂性所形成的难题，因为在他看来，那些问题不仅是不可能解决的，而且也是注定要和我们相伴始终的。正因为如此，沃尔多告诫人们，在公共领域中我们要防止一种简单化的道德判断。因为在公共道德问题上，所出现的问题并不是能用很简单的对与错的方式去加以解决的。

（五）逻辑实证主义与公共行政价值观的综合

既然公共行政领域的研究与实践都包含有复杂的价值观念因素，因此我们在这个领域中处理问题时，要避免一种简单的唯科学主义态度。沃尔多由此提出了他对于逻辑实证主义的看法。在沃尔多看来，逻辑实证主义虽然是一种值得重视的观点，但是它无视或者忽视了价值问题。而事实与价值是有机相连的，它们不可能分开，即便是在一门“纯粹的”科学中也是如此。只要这门科学具有社会性，价值与事实就不可能分开。逻辑实证主义鼓励了一种不成熟的、自以为是的技术取向，这种技术取向把公共行政仅视为实现外部确定的目标的一种工具。这就意味着放弃广泛的人类经验领域，即放弃人的审美经验、道德经验和形而上学经验，并进而让理性工具为并非理性化的目标服务。沃尔多由此得出结论说，我们也许需要对价值观念进行自我认识和自我批评，但在另一方面，我们更需要对逻辑实证主义方法作出真正的反思。他告诫人们在公共领域中决不要以价值放弃为代价去寻求严密性和确定性。相反，在公共行政领域中，科学性追求与规范性追求之间的冲突将会长期存在。正是在这两个方面的反思中，沃尔多觉得在逻辑实证主义和公共行政价值观之间需要有一种合理的宽容基础。

（六）科学与公共行政的综合

与逻辑实证主义这个问题有一定关联性的是科学与公共行政的关系。沃尔多对于能否建立一门行政“科学”这个问题的回答具有一定的含糊性。在沃尔多看来．最广泛意义上的科学只不过是一种导致对具体变化进行控制的知识而已。据此，沃尔多说包括公共行政在内的社会科学也具有科学性，社会科学已经在很大程度上实现了对人类行为的控制并且能够做出许多准确的预测。实际上在他看来，由于社会科学技术的进步与自然科学技术的进步密切相关，因此所有科学在某种重要意义上都是社会科学。不过，沃尔多也承认上述对科学的定义很宽容。如果科学在比较严格的意义上加以界定的话，即将科学视为把经验"实在"同假设和定律"安排"在一起的高度抽象的系统化概念以及按照规定的方法论原则获得的合法化知识，那么他便不相信存在甚或可能存在有一门行政科学。在他看来，尽管可能存在一些普遍的行政"原则"，但我们并不知道是否真是如此或它们的内容可能是什么。此外他还怀疑，所谓的"管理科学"是否只不过是为了管理者的利益而寻求控制的一种隐藏的、以阶级为基础的意识形态。由此看来，沃尔多在很大程度上对于把公共行政变成一门科学的努力抱有相当的怀疑的态度。尽管他在研究中深深地发现，在组织现象中的确有一些通过科学可以使我们更加了解的规律性。

（七）公共行政：学科与专业

作为一门学科的公共行政自然会有学科定位的问题。很多人都把公共行政学看成是一门应用科学，但沃尔多认为，也许把它视为一门艺术、一种专业或其他的东西更为合适。沃尔多认为，公共行政的良好展开需要由在公共服务部门工作的众多人们的多学科知识作为基础，而公共行政作为一门学科更是有其独特性质。他不同意一些人们仅仅把公共行政学看成是一门子学科，尤其是看成为政治学的子学科的观点。他还认为，公共行政也不应归属于企业管理学或"一般"管理学门类，因为公共行政需要一种特异的技术和一种有特色的哲学，公共行政的价值观和行政的技术、方法都不是企业管理学或一般管理学所能包含的。

沃尔多很希望公共行政学有一个很好的发展前景，他赞同把公共行政发展成为一种在大学里可以拥有独立专业学院的专业。为此公共行政学需要有一种自己独立的价值哲学与认知范式，否则公共行政在大学文科中就摆脱不了二等公民的地位，摆脱不了一种因为自己没有一种独特范式而会具有的内疚感。只有完成了这一个任务，公共行政才能成为一个可以令自己满意的专业。

（八）公共行政与未来

科学、技术和市场使我们这个世界的发展和变化越来越快。由工业社会向后工业社会的转变正在发生，未来充满着变革和动荡。沃尔多相信，在后工业社会中，知识将成为生产率的一种决定性因素，人们将会创造出一些新的信息、处理技术。工厂将会衰落，新的权力精英和权力中心将会在科学技术知识的基础上建立起来。而且人们所关注的中心将会由生产转向分配和服务业。与此相应的是，经济—社会—政治的变革步伐会得到加快，这种加快的步伐还会产生制度危机和心理—社会危机以及一系列必须或至少在某种程度上要由公共行政来探讨和解决的问题。一些新的组织形式和管理形式将会问世，人们也会被要求承担一些新的义务和责任。

对于公共行政要面对新问题和新任务，沃尔多猜测，未来的组织也许会具有较少的官僚制，它的公私混合性质会有进一步的发展。未来的组织与其说是一元的组织，倒不如说是组织系列、组织联合体或组织系统。而且，未来组织的运作方式很可能具有更多的国际性或多国性。未来组织还可能会面对诸如如何处理日益增加的道德复杂性，怎样对付越来越大的突发事件和危机等问题。在沃尔多看来，公共行政就是政府对付上述力量的主要机制，因此它会特别关注公共生活中的变革与转型。未来，公共行政的决策必然会是一个由政策判断、工具判断、法律判断和道德判断组成的复合体，而公共行政作为一项事业也会带有哲学多元论、学科多元论和方法论多元论的特点。

对于未来的解决方案，沃尔多认为主要有两种：集权主义方案和无政府主义方案。在集权主义方案中，政府是一体化的并且占据着支配地位，它在某种程度上将公共道德与个体道德加以统一。而无政府主义方案则认为，未来具有多重性特点，未来包含着分散、复杂的经济社会—政治制度，这些制度对于公共道德概念的解释具有很大歧义。在这种情况下要追求统一是不现实的。沃尔多自己可能相对偏爱于无政府主义的解决方案。因为他似乎已经看到了主权国家被解散，垂直型的权威结构被结构复杂的契约性、非正式水平关系所取代。作为未雨绸缪，我们可以从现在开始起就更多地互相学习、相互磨合、相互作用，未来虽然还有待于我们的创造，但它在宏观上应该是一个统一而不是一元、和谐而不是单调的互动世界。

四、沃尔多行政观存在的问题

沃尔多在公共行政领域中的身份是多样的。他是一个理论的创造者，也是一个评论家。他在公共行政领域的建树是大家都看得到的，但他的研究中存在的问题也是很明显的。下面我们想就他的理论存在的问题作一讨论。

首先，沃尔多在对于公共行政的把握上有着一种求全的心态。他吸收和整合了各个公共行政学流派的观点，力图把这些在他看来有贡献也有问题的观点整合进自己庞大而全面的体系中，尽最大可能地扩大了自己理论的包容度。这种方法应该说也不一定就错，但它同时也确实给沃尔多的理论带来了体系上的庞杂，使他的理论失去了自己应该具有的鲜明个性。

其次，沃尔多在公共行政的基本认识上存在着折中与矛盾心理，总是摩棱两可。例如“他坚持认为公共行政必然要涉及政治，而他又在政治—行政二分法中看到了某种连续的价值；他说公共行政既是艺术又是科学，而他却未能指明一个大家都可以应用的领域；他认为公共行政既不同于又类似于私人（企业）行政，而他却没有详细说明二者的相同点和不同点或后果；他认为我们应该既有民主又有官僚制，而他既没有告诉我们如何解决二者之间的冲突，也没有告诉我们它们之间的最优平衡是什么；他说公共行政不是而且也许不应该是一门专业，而他却极力主张它像一门专业那样发挥作用。”①这不能不损害到他理论体系所应该具有的严谨性。

再次，沃尔多对于公共行政的界定是从广义上作出的，因此沃尔多体系中的公共行政研究与实践所包容的内涵是极其庞大的。他把几乎所有的问题都视为行政问题。在沃尔多看来，行政与文明密切相连，而文明变动带来的一切变化都是政府行政所要全力对付的对象，所以他相信公共行政必然会涉及现在和未来的许多重要问题。这样来看问题应该说也有一定道理，但沃尔多的麻烦在于，他有时会丧失公共行政研究范围的意识。比如他曾经很清楚地要求人们明白区分公共行政范围和进行公共行政与公共行政环境划分的重要性，但到最后，他的理论体系几乎成了无所不包的大杂烩。正因为如此，沃尔多对公共行政拥有如此广大复杂的任务本身也有点惊叹起来。不过这在很多人看来，并不是公共行政要面对的困局，而是沃尔多自己制造出来的麻烦。

针对我们上面所陈述的沃尔多理论存在的问题和局限，美国学者塞尔（Wallace Sayer）对之作出了一个评价。他认为沃尔多对当代公共行政存在的“认同危机”持有一种悲观主义态度。他曾指出，沃尔多未必看到公共行政这一事业的崇高未来，但他还是对公共行政提出了一些崇高的要求；沃尔多没有解决这个领域中的很多问题，但却明显地学会了和这些问题共处；沃尔多在公共行政领域提出了行动的号召，提出了在他看来是公共行政所需要的“鼓舞人心的学问”，但就其特有的风格而言，沃尔多的“鼓舞”又隐含着一种悲观与怀疑的气息。

第二节　帕金森的“帕金森定律”

西里尔·诺思考特·帕金森（C. Northcote Parkinson）是英国作家、剧作家、

① 丁煌著，《西方行政学理论概要》，北京：中国人民大学出版社，2005年，第194页。

新闻工作者、传记作家和历史学家，主要以讽刺作品《帕金森定律》闻名于世。帕金森1902年生于英国达勒姆地区的巴尔纳德堡，曾就学于约克圣彼得学校，获剑桥大学伊曼纽尔学院硕士学位，在伦敦大学英王学院获博士学位。1939年在达特茅思的布里塔尼亚皇家海军学院任教；1940年—1945年在军队服役；1946年任利物浦大学历史学讲师；1950年—1958年任新加坡马来西亚大学的拉弗尔历史学客座教授。帕金森的主要贡献是在历史学、政治科学和企业管理学领域，主要著作有《东方贸易：1793—1813》(1937)、《贸易风》(1948)、《政治思想的演变》(1958)、《帕金森定律》(1958)、《英国入侵马来亚：1861—1877》(1964)、《从马克思到威尔逊的遗产》(1967)、《工业的解体》(1973)、《沟通：企业生存的帕金森公式》(1977)、《规律的不断追求》(1979)。帕金森常常以讽刺的笔调、小品文的方式讨论行政组织上的一些问题，并且在《经济学家》和《哈泼杂志》等知名刊物上发表了一系列剖析官僚组织弊端的文章，正是他的这一系列时评文章，使长期属于专家学者专利的公共行政组织分析成为广大民众在街头巷尾经常谈论的话题，帕金森也因此而享有“民众行政理论家”的美称。帕金森的管理著作中最成功的一本就是《帕金森定律》了，他将其在公共行政方面的系列文章以专集的形式出版，取名为《帕金森定律及关于行政的其他研究》，这本书于1958年出版后，立刻成为对各国公共组织管理有深远影响的重要著作。

一、“帕金森定律”的内涵

英国著名的作家诺斯科特·帕金森在自己长期的观察中，在对组织机构的无效活动进行调查和分析中，提出了一个关于组织机构臃肿低效的形成原因的定律。他概括出来的这个定律，由于给人以深刻印象，描述也入木三分，因而后人将这一定律冠以他的名字，称之为“帕金森定律”。帕金森认为，组织机构的庞大与工作效率日益低下的原因实际上是很简单的。

(1) 领导者宁愿增加可以指挥得动的下属，而不愿要有真正才能的“竞争对手”。(2) 官多了，自然彼此间会创造出许多工作，以便大家都在“做事”。(3) 机构年代越久，人员质量越低，因为当官的不断地选择了各种“庸才”，越堆越多。(4) 领导层的会议长短、与讨论问题的重要性成反比，因为小事人人可以发言，重大问题或因不懂，或因责任重大，发言者自然很少。(5) 一个机构成立越久，其委员会规模必然愈大，效能自然越低。当委员超过21人时，这个委员会就毫无效能，必须另设核心委员会，然后又逐年扩大，周而复始。(6)一个机构内部趋于腐败之时，也是它的外部建筑、设施日趋富丽堂皇之时，所以从机构的富丽堂皇可推测其腐化的程度。(7) 一个机构有多少预算，就必然开支多少钱，因为不用完，下届预算就可能削减。

作为对自己定律的说明，帕金森曾打了一个很有意思的比方。一位闲来无事的老太太为了给她的外甥女寄一张明信片，足足花了一整天的时间：她用了一个小时的时间找到明信片，又用了一个小时寻找眼镜，用一个半小时查对地址，一个小时零十五分钟写明信片，用二十分钟的时间考虑，决定去下一条街的邮局时是否带伞。最后，在经历了这样一整天的犹豫、焦急和操劳之后，这位老太太当然还真显得有点儿疲惫不堪。通过这个例子，帕金森告诉大家，一个忙碌的人总共用三分钟时间就可以做完的事情，另一个人却可能在一大充满紧张、焦虑和劳累的工作后才能完成。因此，帕金森认为，行政工作（特别是日常文书工作）对于时间的要求是有弹性的，在所完成的工作与所分配的人员数目以及所花费的时间之间很少或者根本就没有什么必然的联系。

和这位老太太的境况有点相似的是，行政官员们也会经常抱怨自己工作量的超负荷，而实际上，他们的工作量中有很多都是不必要地添加进去的。帕金森指出：人们曾经假定，公务人员总数的上升必然是他们在管理中所要完成的工作量不断上升的反映。而在对这种信念提出质疑时，另一些人们则设想，官员数量的倍增必然使其中的很多人会显得无事可做，或者使所有的官员都拥有大量空闲的时间。但是，这两种有点不大一样，甚至有点截然相反的观点实际上都是有问题的。尽管人们都认识到，所要完成的事情越重要、越复杂，它所需要耗费的时间也会越多，但是，这却掩盖了事情的另一种可能：那就是人们可以利用的时间越多，人们会把某件事情的办理过程变得越复杂。因此，官员数目和工作量相互之间没有一种必然的正相关关系。受雇人员总量增加得越多，工作量本身就会不断地增加，工作过程也会显现得越复杂。

帕金森定律在指出了组织内部人员和工作量之间的独特关系后，还探讨了另一些问题。比如，组织内部的层级组织与人员增加的推动要素问题，组织机构的开支与其真实需要间的关系等等。在帕金森看来，组织机构除了工作量会有一个自我增加的规律外，还内在地存在着一种不断增加不必要层级与人员的趋势。而不必要层级与人员的增加同样会使组织的复杂性得以加强，并造成机构膨胀和工作量不断增加的趋势。他由此总结出两条法则：一是增加部属与人员的法则；二是增加工作量的法则。而在组织机构的开支问题上，他认为，政府的开支是由政府的“进款”多少决定的，政府永远不会有“钱多得花不了”的情况出现。了解帕金森定律的这些思想对于我们深入把握帕金森定律是非常重要的。

二、帕金森定律的第一法则

组织有着一种不断使自己的层级复杂化的趋势。为了说明这个问题，我们假设有一个当官的A君，当他觉得工作劳累时（不管是真的工作忙，还是其他原因均无关紧要，他总是不愿意请一位和自己级别相当的B君来分担自己的工作。因为有朝一日上一级的W君退休时，B君就成了自己晋级道路上的对手。他也不大愿意请一位地位稍逊于自己的C君来当自己的助手，因为时间一久，C君几乎就有可能充当B君的角色，且日后是A君的唯一接班人，身份就更像B君了。在这种情况下，A君的最佳选择是把C君和与C君地位相似的D君同时选来当助手。他可以把工作分别交给C君和D君去掌管，自己高高在上，掌握全局。所以，要找助手非找两个或两个以上不可，这样，他们才能互相制约，牵制对方的提升。有朝一日，当C君也抱怨自己的工作疲劳过度时，A君出于经验，会跟C君商量，给他也配上两名助手。鉴于D君与C君的地位相当，A君也只得建议给D君同样增配两名助手。在补充了E、F、O、H四君之后，原来一人的事务就变成了三级管理。A君的晋升便是十拿九稳了。据此，帕金森提出，当行政官员感到自己的工作量过重时，对此问题所采取的措施受动机规律引导，即“一个行政官员想增加的是下级而不是对手”，其目的在于减少组织中的竞争对手，同时增加部下也可以提高官员自己的地位。这就是所谓的第一法则：增加部属的法则。正是这一法则决定了，组织内部的层级组织和人员存在着一种不断膨胀的内在动力。

三、帕金森定律的第二法则

对由一个人完成的工作，现在由七个人在做，这会不会产生工作量不足的问题呢？帕金森认为不会。因为这七个人相互之间会制造出许多原来没有的工作，会人为地增加了许多工作量．从而会使工作本身显得需要有更多行政人员来分担。一个人的工作由七个人来做不仅不会使工作显得轻松，反而会使工作显得比以往更多，也更难做。每一个人的时间都会排得满满的，人人都忙得不可开交，连A君本身也会比以往更辛苦。

我们试以处理一份文件为例。当A君收到一份文件后，照例要批示给下属传阅于是文件便到了C君和B君手中。文件由C君传到B君后，B君认为这个文件是F君管辖的事，将文件转到F君处。F君阅后便起草了一纸复文送给C君审问。C君将文件大加修改后请D君会签。D君本应把文件交给G君去办，不巧G君休假，不在，于是文件转到H君手里。H君在文件上写了自己的意见，修改了草稿，经D君同意后送还到C君。C君采纳了意见，把修改稿送到了A君手里。A君本来可以不加审查，直接签发了事。但是，A君这时的脑袋里已经装上了许多矛盾问题：他盘算着明年该接 W 君的班了，他必须从 C君和B君中物色一位来接替自己；严格说来，G君够不上休假条件，可他又不得不批准他走；H君的健康状况不佳，脸色苍白，部分原因是闹了家庭纠纷，本来应该让H君休假才对。此外，A君还要考虑F君参加会议期间的补助问题，E君的工作调动问题。A君又听说D君爱上了一位打字员，可她是一位有夫之妇。G君和H君闹翻了，已经到了互不理睬的地步，天知道是为了什么原因……如此多的矛盾使A君心烦意乱，可A君毕竟是一位有能力、办事认真的人，他决不敷衍塞责，开始仔细阅读文稿。他删去了C君和H君在文稿中加上的一些罗嗦话，把稿子恢复到精明能干、可惜爱吵架的F君最初起草的样子，然后又改了改文字，因为年轻人不注意语法，最后算是定稿了。这份定稿，假定世界上根本没有F君、C君、H君，A君同样可以弄出来。有了这一系列的下级部属之后，办同样的事所花的时间反而比过去多了，可谁也没闲着，人人都费了很大的劲。没有一个人是懒散无事的，所有的人都尽了最大的努力。在晚上，直到已经很晚了，A君才最后离开他的办公室，开始踏上回家的路程。办公室灯光在深夜最后一次熄灭，标志着又一天使人劳累的行政工作结束了。在最后离开办公室的人中，A君的形象最为感人，上了年纪，操劳过度，心思满腹，甚至还有点忧心忡忡。由此可见，不仅文件草案、会议记录和所收到的文件在他们七个人之间的相互传阅自然而然地增加了工作量，而且为了保证他们七个人都能够努力地工作，A君的工作就显得比以前更加努力、更加费时了。

从这个设定的情况来看，我们便会较容易理解为什么行政官员彼此之间会人为地制造出许多本来不必要的工作、增加本来不存在的工作量。组织内部存在的这种规则就是帕金森定律所谓的第二法则。

在帕金森的笔下，一幅机构臃肿、体制扯皮、人浮于事、办事效率低的图画跃然纸上，使我们看到了传统的功能性组织的弊端。帕金森把这种官僚作风的病态称之为不治之症。这种病使组织机构逐步瘫痪，最终必然走向灭亡。灭亡有如下三部曲：病情的第一期是领导者们无所作为，不求上进，甘居下游，并且振振有词地把这种行为视为“谦虚”的美德。病情的第二期表现为领导者们自我陶醉，对现状处于麻木不仁状态，而实际上这个机构已经堕落到有事无人管、一切紊乱不堪的地步了。病情的第三期则已病入膏肓，这样的机构实际上已经死亡了，至少是名存实亡了。

帕金森定律是人们对于组织机构所具有的消极作用的一次较为认真而切实

的反思，它唤起了人们研究组织的兴趣。正是在这个基础上，人们对于组织理论研究的兴趣和深度都有了不小的加强。

四、实证分析

帕金森定律的得出不只是像上面行文中那样，是一个逻辑推导的结果，它是帕金森长期观察和思考得出的结论。帕金森曾以英国海军部和殖民部为例，对于自己归纳出的定律作用过程进行了实证分析。他指出，据英国海军预算透露，在20世纪的多半个世纪中，英国海军军舰的数量和海军官兵的人数均有所减少，但是海军元帅和海军船坞的官员的人数却迅速增加。事实上，白厅海军部中的官员在这段时间里几乎增加了80%。然而，统计材料已经证明，在这增加的80%的人数中完全没有一个人是实实在在的水兵。如果说海军部的情况比较特殊、复杂的话，那么与英国海军部的情况相类似的英国殖民部或许更能说明问题，因为殖民部具有较纯粹的行政管理特点。帕金森说，1947 年和 1954 年的统计数字表明，即使在大英帝国的领域急剧缩小的第二次世界大战期间以及第二次世界大战之后，英国殖民部行政人员的数目依然增加了许多。他根据对有关统计资料的定量分析，提出了一个可以对帕金森定律进行量化说明的数学公式，他说，在任何实际上处于和平时期的行政部门中，可以预料其工作人员将按照下列公式增加：

$$X=（2K^{m}+L）/N$$

这里，K 是通过任命下属谋求晋升的工作人员数；L 代表任职年龄和退休年龄之间的差异；m 是用于答复部门内部的各种文件的人员一小时数；N 是所辖实际单位数；X 将是每年所需要的新的工作人员数。当然，数学家将会认识到，为了发现增长的比例，他们必须用 X 乘以 100，并且除以上一年的人员总数，即：

$$［100（2K^{m}+L）/YN］\%$$

这里，Y 表示原有人员总数。这一数字已经证明恒定在5.17%～6.56%．而不考虑所完成的工作量（即使没有被完成）发生的任何变化。

经过这样的实证分析，帕金森进一步得出结论说，各级行政机构一旦建立，内部势必会开设各种各样的委员会、理事会和局、办、厅等，财政上比较重要的问题也往往必须通过它们才能解决。这种状况产生了被帕金森称为“烦琐定律”的典型的委员会工作方式。这种工作方式意味着，在委员会“议事日程上所要讨论的问题中，花钱的多少和讨论时间的长短成反比”。对此，帕金森举例说，在“烦琐定律”的影响下，一项关于原子核反应堆价达 1,000 万英镑的包工合同，只是在形式上提及工程师和地球物理学家的报告和计划之后，就很快在同意的“嗡嗡”声中通过了。帕金森认为，在这个例子中，“烦琐定律”的作用还由于得到了技术因素的补充而加强了，这是因为，包括委员会主席在内的一半委员会委员不知核反应堆为何物，其余的一半委员则不知核反应堆作何用，而真正懂得核反应堆的那个委员，尽管他内心对包工合同存有疑虑，而且，对他来说也不存在上述解释上的困难，但他还是认定不说为妙。不过，当议事日程进行到讨论给本部门职工盖自行车车棚时，委员会的所有成员都懂得此刻的议题和金钱的数目。此时，他们便竭尽全力争论，以弥补刚才在核反应堆问题上的沉默。这样一来，讨论起码要持续 45 分钟，最后满意地取得了节约 100 英镑的成果。

帕金森认为，这种委员会工作方式的效率很低，而 21 人则是委员会低效能系数的关键。他指出，当委员会的人数达到 21 人时，会议桌两端就会开始有人交谈，发言的人为了使大家听得见自己的发言，不得不站起来说，可是，发言者一旦双脚站立，好像是出自习惯，总要进行一番演讲。在这种情况下，委员会想要进行高效率的工作是不可能的。

当然，帕金森的调查资料和英国官方的统计资料有着一个如何解释的问题，但帕金森的确通过自己的努力使人们承认了他的定律，并且开始用该定律来分析和解决组织机构的臃肿问题。帕金森认为，从本质上来看，机构臃肿的根源来自于组织机构上层中一位掌权者的嫉妒病，这位二流水平的领导，想方设法使自己的部下成为三流水平的人，而三流水平的第二级领导也在努力地把自己的下级变成四流水平的人，如此类推，组织机构便认可了自身的平庸，也不再想与其他强的组织机构竞争。既然组织未做什么创新，也就不会犯什么错误。而组织机构目标的低标准，又保证了组织机构在实现目标时能取得成功。因此，臃肿的组织机构的存在依然会显现出自己的合理性。

不能不承认，帕金森对组织特性的上述评价方法开了组织研究之新生面。但帕金森认为，还有一种比上述方法更容易的评价方法，即组织的物质设备完备与组织的活力、效率成反比。例如，当组织处在自己艰难的创业时期时，它常常设在破旧而又临时凑合的地方。然而，这时组织一片生机，效率甚高。相比之下，缺乏活力和效率的却是那些给人以庄严而匀称的外表的行政机构。他认为，那些面临垮台的单位往往都在致力于外形上的完美无瑕的设计。而在有激动人心的发现或进步的年代，人们是没有时间去规划那些完善的办公楼的。帕金森指出，在行政管理中，存在着一种倾向，那就是把公共开支花在自己精心设计的办公建筑上时，也是行政效率大幅下降之日。他指出，建筑的豪华程度与行政的效率高低之间，在很大程度上存在着一种反比关系。他从正反两个方面对这个问题作了说明：当新建在日内瓦的国联大厦于1937年开放时，国联也就名存实亡了；英帝国的扩张是在殖民部随意地使用办公设施的时候，而当1875年殖民部派人精心建造办公大楼时，英帝国的势力范围也就缩小了；在第二次世界大战期间，战争的许多指挥部署是在华盛顿拥挤混杂的办公楼中进行的；当地处弗吉尼亚阿灵顿、布局精致的五角大楼建成时，那是很久以后的事了。

帕金森认为，事实上，一切形式的管理都容易浪费。为此他还提出了所谓的"帕金森第二定律"。所谓帕金森第二定律是指：公共"开支的增加只是为了抵消进款"。这个定律不难理解，它在每个家庭的日常生活中常能看到。例如，家庭在丈夫的收入增加后并不大会出现存款的同幅增加。他认为，这种现象在政府部门中也同样普遍存在。不过，政府部门和家庭之间的一个重要的区别在于，政府在行政管理中的开支额增加往往会超过一个合理的限度，而一般的家庭则总会有一些合理的限定。

机构膨胀是一种病

一个水利局实行银行代发工资两个月后，职工们竟发现多出了 34 张"嘴"，有 34 名非水利局职工，却拥有水利局职工的工资帐户。后经查实，这多出的 34 张"嘴"都是水利局干部的亲属，其中 21 人是水利局副科级以上干部的子女亲属。这其中有含饴弄孙的老人，目不识丁的农妇，甚至还有 9 名是正在学习的大中专学生。宁夏西海固地区同心县，曾经是以"苦甲天下"而闻名的，但就是在那里，这种帕金森现象十分常见，在同心县部分干部违法乱纪，有能力的人才得不到重用，而那些能力平庸的人又大量超编进入行政机构，致使这个国家级贫困县吃"皇粮"的人数畸形膨胀。冗员吃空了财政预算、补贴，就连专项资金也被挪用……这种"贫困的腐败"，引发了一连串的咄咄怪事——在这个仅有 33 万人口的贫困县里，吃"皇粮"者高达 1.1 万人，全县超编人员高达 2,800 多人。让人匪夷所思的是，在这支超编大军中，有大批"拿着俸禄不上朝"的"挂职干部"，轮流上班的"轮岗干部"，10 来岁的"娃娃干部"，四五岁的"学龄前儿童干部"。县烈士陵园只有 3 座墓碑，但却供养着 20 名管理人员，难怪有人嘲讽是"20 个活人守着 3 个死人"。机构、人员过多过滥而造成的效率低下，几乎成了一些地方的通病，而少数"懒和尚"当主持而产生的"食客者众"，更成了这些部门的“痼疾”。

转引自：http：//wiki.mbalib.com/wiki/%E5%B8%95%E9%87%91%E6%A3%AE%E5

五、对于帕金森评价

严格说来，帕金森不是一位行政管理思想方面的专家。但正是他以讽刺的笔调和小品文的方式对官僚组织的弊端进行了极有价值的剖析，从而使单调枯燥的组织分析成为广大民众在街头巷尾经常谈论的话题。并给西方行政管理思想留下了一份值得后人们重视的宝贵思想遗产。帕金森由此获得“民众行政理论家”的美称是当之无愧的。

帕金森定律所反映的观点是否过激，是否存在片面性和倾向性，这也许是一个仁者见仁、智者见智的问题。但是从行政管理组织的发展历史中，我们的确可以看到，它道出了存在于行政机构组织中可能存在的某些常常值得令人注目的倾向。行政机构组织的出现是为了更有效地解决公共生活中面对的问题，但不容否认的是，行政机构组织在一定的情况下的确会像其他事物一样，出现一种值得我们警惕的自我异化。

关于帕金森定律的理论正确性如何以及它是否适合中国的状况，这也是一个可能会存在争议的问题。但是考虑到我国在行政管理上有着“大一统”和“高整合”的历史传统，机构的臃肿和低效也一直是中国政治不稳定因素积累的重大原因，我们没有任何理由对于“帕金森定理”有丝毫的忽略。在我们的日常生活中，我们不难从大大小小的组织机构的运作中发现，组织机构的运行有时的确不是为了实现组织的目标，而是为了保护和维持组织机构本身内部的存在关系和权力威信。也就是说，组织机构成员的行为动机，有时只是为了满足组织机构内部的所谓制度、条例和个人利益，而不去考虑组织机构整体的目标和利益。因而从表面上看，庞大的组织机构始终在忙忙碌碌，而实际上组织机构的自我异化现象在很多层面上都会得到表现和反映。

而在政府的行政管理工作中，政府在组织机构的设置或管理方面倘若出现了帕金森所描述的现象而不予以或无法抑制，随意批准各层次机构的增人请求，容忍部下无故增加工作量，那么也必然会导致政府的管理机构的膨胀与人浮于事，形成一种自我增强的“正反馈机制”，从而将官僚主义的弊端发挥到极至。而这往往是政府在组织机构发达和办事能力增强的假象掩盖下，最容易面临的危险。

帕金森定律揭示的是一种组织机构内在的发展趋向，只要我们一不留意，它就会按照自己的逻辑行事。在这个意义上，加强对行政主体的科学化管理，简化行政流程，合理构建政府组织，保持精干的公务员队伍，强化组织的法制保障，硬化对行政主体的监督，严控组织机构的设置，遵循以事定职、以职选人的原则等等，就成为我们今天超越帕金森定律，克服帕金森“综合症”必须要去认真面对的事情。考虑到我国特殊的政治与行政传统，帕金森定律对于中国行政的发展，对于中国社会的转型也许有着特别重要的意义。

第三节 麦格雷戈的人事管理理论

道格拉斯·麦格雷戈（Douglas M. McGregor）是当代美国著名的行为科学家和管理学家。他在年轻时曾一度从事过服务性工作，后在韦恩大学取得文学学士学位；1935 年，他取得哈佛大学哲学博士学位，随后留校任教；1937 年－1964 年期间在麻省理工学院任教，但其中有六年（1948－1954 年）在安第奥克学院任院长。麦格雷戈擅长社会心理学和组织管理学，他曾教授过心理学和工业管理等课程，并对组织发展等问题颇有研究，而且发表过多篇社会心理学方面的论文。任院长期间，他对当时流行的传统的管理观点和对人的特性的看法提出了疑问。其后，他在 1957 年 11 月号的美国《管理评论》杂志上发表了《企业的人性方面》一文，提出了有名的“X 理论—Y 理论”，该文 1960 年以书的形式出版。在此后他又出版了《企业的人性方面》和《领导和激励》以及《职业的经理》等著作，在这些著作中，麦格雷戈进一步充实和发挥了这一理论。麦格雷戈的人事管理理论对传统 X 理论合理内核进行了一种批判性的扬弃，并在这个基础上进而提出了以发挥人的才干和热情、重视人的行为、尊重人格为特征的 Y 理论，从而把管理思想对于效率发挥的研究提升到了一个新的时代。

一、传统 X 理论

所谓的 X 理论即是指传统的管理观点。传统的管理观点最著名的代表人物是泰勒，他们将人的活动动机归结为经济动机，工人都是为了满足其经济需要才去参加劳动的，这是一种“经济人”假设，其主要内容是：

1. 管理人员的任务是为了经济目的才将组织中的各种要素如金钱、物资、人员组织起来的。

2．管理人员的职责就是指挥组织成员，激励他们工作；控制他们的活动，矫正他们的行为，使职工适合于组织的需要。

3．如果管理人员不进行上述积极的干预，组织成员会对组织采取消极的甚至是对抗的态度。因此管理人员必须对员工进行说服、奖励、惩罚、控制，管理的实质就是通过这种种方式把事情做好。

4．正常的人性总是懒惰的，他们总是尽可能地逃避工作。

5．人总是天生以自我为中心，对组织漠不关心。

6．人总是本能地反对改革。

7．人总是缺乏雄心壮志，也不喜欢负什么责任，而宁可让别人来领导。

8．人都是不聪明的，易于受骗，容易被骗子和野心家蒙蔽。

麦格雷戈将这种传统的管理观点叫做X理论。根据X理论的假设，管理人员的职责和相应的管理方式是：

1．管理人员关心的是如何提高劳动生产率、完成任务，他的主要职能是计划、组织、经营、指引、监督。

2．管理人员主要是应用职权，发号施令，使对方服从，让人适应工作和组织的要求，而不考虑在情感上和道义上如何给人以尊重。

3．强调严密的组织和制定具体的规范和工作制度，如工时定额、技术规程等。

4．应以金钱报酬来收买员工的效力和服从。①

由此可见，此种管理方式是胡萝卜加大棒的方法，一方面靠金钱的收买与刺激，一方面是严密的控制、监督和惩罚迫使其为组织目标努力。麦格雷戈发现，当时企业中对人的管理工作以及传统的组织结构、管理政策、实践和规划都是以X理论为依据的。

然而麦格雷戈认为，传统组织理论所论及的人们的种种行为尽管在工业社会中比比皆是，但决不能把这些说成是人的天性所致。人的行为之所以如此，很大程度上是西方社会的工业组织、流行的管理哲学、实施的相应政策和措施等造成的。

传统的X理论正是以错误的因果关系为依据的。在这种传统的人和人性的假设下，组织的管理往往呈现出两个极端。一个极端是管理人员是“严厉的”或“强硬的”，管理行为中充满着伪装了的强迫和威胁、监督与控制。另一个极端是管理人员是“温和的”或“软弱的”，管理行为则是充满了宽容，满足人们

---

① http://baike.baidu.com/view/499453.htm

的要求，以求相安无事。“严厉的”做法存在问题，过分的压力引起的是反压力，产生的是敌对情绪和巧妙的怠工；“温和的”做法也存在问题，它常常导致放弃领导，对工作实绩漠不关心，人们的期望值越来越高，从而难以得到满足。

麦格雷戈认为X理论决不是一个容易被击倒的稻草人，它在组织研究和实际的组织管理中曾产生过重要的影响。但是，科学的发展证明，有许多理论尽管有部分的正确性并产生过一定的影响，但是它们最终还是要被更为科学的理论所代替。通过对人的行为动机和马斯洛的需要层次论的研究，麦格雷戈指出，在人们的生活还不够丰裕的情况下，胡萝卜加大棒的管理方法是有效的；但是，当人们达到了丰裕的生活水平时，这种管理方法就无效了。因为，那时人们行动的动机主要是追求更高级的需要，而不是“胡萝卜”（生理需要、安全需要）了。采用强硬管理办法常常引起各种反抗行为，例如，磨洋工、采取敌对行动、组织好斗的工会以及对管理者的目标进行巧妙而有效的破坏。更重要的是，这种强硬管理办法在职工充分就业、劳动力供应短缺时期更难实行。但是，如果不采用这种强硬管理办法而采用松弛的管理办法也会产生许多问题。例如，松弛的管理办法常常使管理人员放弃管理、放任自流，尽管大家保持一团和气，但在工作上却马马虎虎，人们对这种温和管理方法钻空子，提出越来越多的要求，而做出的贡献却越来越少，等等。于是，较为普遍的倾向是，试图吸取软硬两种管理方法的优点，推行一种“严格而合理”的管理方法，正如美国政治家罗斯福所说的那样：“说话和气但带着一根大棒”。但是，这种管理方法说到底，在本质上依然是以X理论为基础的。

二、作为Y理论思想基础的需要层次说

美国心理学家马斯洛（A. H. Maslow）在1943年从心理学角度阐述了人的需要分类和层次及其动态过程，创建了他的需要层次说。这一理论假说对包括行政学在内的整个管理学理论的发展产生了重大影响。按照马斯洛的需要层次说，人的基本需要一般被划分为生理的需要、安全的需要、感情和归属的需要、尊重的需要、自我实现的需要五个层次。这五个层次不是并列的，而是有先后顺序的，如生理的需要是最基本、最原始的需要，而自我实现的需要则是最高层次的需要。

麦格雷戈吸取了马斯洛等一大批心理学家的研究成果，并对人的不同层次的需要进行了考察。他认为人的需要可以编成一系列层次，按其重要性排一个等级。位于最低层次的需要是生理需要，也是最基本的一种需要。这种需要一般而言较易得到满足，而当这种需要的满足受到挫折时，其重要性就会具有一

种压倒性。若人没有面包时，人就会为面包而全力以赴。在这种情况下，爱的需要、地位的需要、得到承认的需要都会退居次要地位。但是当一个人一日三餐不愁时，人的需要就不会再停留在获取面包上了。人其他的生理需要如休息、锻炼、住房、遮风避雨的需要无不如此。当生理需要合理地得到满足时，下一个较高层次的需要开始支配人的行为。这就是安全方面的一些需要，即避免危险、威胁、剥夺的需要。安全的需要是对"最公平的可能机会"的需要。当人们确信可做到这一点时，他就非常乐于承担风险。但是，当一个人受到威胁或从属于他人时，他的最大需要就是要求得到保障。在管理中，专断行为、歧视行为、无法预见的政策都会激发人们对安全的需要，在各种层次的雇佣关系中，管理者对下属的依赖也常常激发人们对安全的需要。当人的生理需要得到满足，不再担心物质福利时，社会需要就会成为其行为的重要激励因素。这就是归属、交往、认可、友好、互爱的需要。许多研究证明，在适当的条件下，紧密结合的内聚力要比同等数目的分散的个人能更有效地实现组织目标。在较低级的各种需要合理地得到满足以前，社会需要是不会成为激励因素的。而超过社会需要的则是对管理人员和职工本人都有极大激励作用的需要，即自我的需要。它有两种：一种是与一个人的自尊有关的需要，即自给、独立、取得成就、追求能力、追求知识的需要。二是与个人的名誉、地位有关的需要，即对地位、得到别人承认、得到别人了解、得到同伴们应有的尊重的需要。与低级的需要不同，这类需要很少能得到充分的满足。当一个人一旦感觉到这些需要的重要性以后，他就可能无限制地追求，以获得对这些需要的满足。对一般人来说，这类需要在生理需要、安全需要、社会需要都获得满足以前，并不显得重要。在工业社会中，处在较低阶层上的人并不容易获得满足自我需要的机会。在传统的组织理论中，人们很少注意激励组织成员对满足自我需要的追求。科学管理学派的理论在某种意义上是阻碍人们对这类高层次需要的追求。最后，是处在人的需要层次顶端的自我实现的需要。这是一种努力发挥自己潜在能力的需要。持续的自我实现的需要又是一种具有创造性的需要。在现实生活中，这种最高级的需要只能以极少的机会、极弱的方式表现出来，对于相当多的人来说，这种需要只能以休眠的状态存在。

除了马斯洛的"需求层次理论"以外，1924 到 1932 年间的梅奥的霍桑实验也为麦格雷戈的"Y 理论"的提出提供了实证方面的支持。霍桑实验的结果证实生产效率的提高，不仅取决于工人的工作环境和福利的增长，工人的心理因素也对生产效率的增长起到促进作用。

基于马斯洛的"需要层次说"和霍桑实验的启示，麦格雷戈概括发展出了一套独特的理论，正是这套理论对后来的行政学理论产生了极为重要的影响，这就是麦格雷戈的“Y”理论。在Y理论看来，人在工作中运用智力、体力，正如游戏或休息一样自然，人可以自我指挥和自我监督，最有意义的奖励是自我实现的需要得到满足。这正是需要层次说的主要内容。

霍桑实验

1929年，美国哈佛大学的心理学教授梅奥率领哈佛研究小组到美国西方电器公司的霍桑工厂进行了一系列的实验和观察，这就是著名的霍桑实验。通过一系列的调查实验，梅奥等人总结出这样的观点：工作的物质环境和福利的好坏，与工人的生产效率并非有绝对的因果关系，相反，职工的心理因素和社会因素对生产积极性的影响很大。于是梅奥从“霍桑实验”中认识到除了对经济利益的需求外，人们对社会和心理方面的需求更为重要，因而否定了经济人假设，提出了社会人假设。他认为，人们的行为并不单纯是追求金钱，更还有社会方面的、心理方面的需要，即追求人与人之间的友情、安全感、归属感和受人尊敬等，而后者更为重要，从而提出工人是“社会人”而不完全是“经济人”的人性论点。

转引自《麦格雷戈人性假设思想评析》

http：//www.blog.edu.cn/user4/xiaolin1047/archives/2007/1618394.shtml

三、Y理论的基本观点

实践证明，以X理论为前提的管理模式造成人才创造性和奉献精神的不断下降、员工对工作绩效的毫不关心等等不良后果。与X理论消极的人性观点相对照，麦格雷戈提出了Y理论。Y理论对于人性假设是正面的，它假定人性本善，假设一般人在本质上并不厌恶工作，只要循循善诱，雇员便会热诚工作，在没有严密的监管下，也会努力完成生产任务。而且在适当的条件下，一般的人不仅愿意承担责任而且会主动寻求责任感。①

作为一种新的人事管理理论，Y理论主要包括以下基本内容：

（1）为了经济上的目的，管理部门应该负责把生产企业的要素：资金、材

① http：//www.528844.com/mba/point/200509/6278.asp

料、设备、人员等组织起来。

(2)人并不是生来就对组织上的需要采取消极或抵制态度，他们之所以会如此，是由于他们在组织中的经历和遭遇所造成的。

(3)人并不是天生就厌恶工作。应用体力和脑力来从事工作，对于人来说，正如游乐和休息一样，是自然的。当依赖于可控制的条件时，工作可成为满意的源泉（自愿从事工作），也可以成为惩罚的源泉（尽可能避免工作）。

(4)外来的控制和惩罚的威胁并不是促进人为实现组织目标而努力的惟一方法。人对自己所参与制定的目标，能够实行自我指挥和自我控制。

(5)对目标的参与是与获得成就的报酬直接相关的。这些报酬中最重要的是自我意识和自我实现需要的满足，它们能够促使人们为实现组织的目标而努力。

(6)在适当的条件下，一般人不仅能够学会接受责任，而且能够学会主动承担责任。逃避责任、缺乏进取、强调安全感一般来说是经验的结果，而不是人的天性。

(7)在解决组织问题方面，多数人而不是少数人具有发挥相当高的想像力、独创性和创造力的能力。

(8)在现代工业社会的条件下，一般人的智慧潜能只是部分地得到了利用和发挥。

(9)动力、发展的潜力、承担责任的能力、指挥自己的行为使其朝向组织目标的意愿，这些都存在于人们当中。管理部门不应该不理会它们，管理部门的职责是要使人们更好地认识和发挥自己的这些特性。

(10)管理部门的主要任务是安排好组织条件和工作方法，使人们的智慧潜能能够充分发挥出来，更好地为实现组织的目标和自己具体的个人目标而努力。这个过程主要是一个创造机会、挖掘潜力、排除障碍、鼓励发展和帮助引导的过程。①

麦格雷戈认为这是一种新的管理理论，建立在Y理论人性基础上的管理措施，既不同于“控制管理”，也不同于“温和”的理论，“这主要是创造一个机会、发掘潜力、消除障碍、鼓励成长、提供指导的过程，这就是彼得·德鲁克的‘目标管理’。X理论完全依赖于对人的行为的外部控制，而Y理论则很重视依靠人的自我控制和自我指挥……”，他同时指出，目前有一些与Y理论完全一致的创新思想和管理措施被较为成功的应用，但是如果这些思想在X理论

---

① 丁煌著，《西方行政学理论纲要》，北京：中国人民大学出版社，2005年，第178页。

及其假设的范围内应用，往往不能取得成功，例如“用控制的方法推行授权，就不能成为进行管理的一种有效措施。”只有对人的能力有信心并自身也致力于组织目标而不是致力于保持个人权力的管理人员，才能掌握Y理论的含义，他们将会找到并成功地应用其他的创新思想进行有效的管理。[①]

麦格雷戈在《企业的人性方面》中把Y理论叫做“个人目标和组织目标的结合”，认为它能使组织成员在努力实现组织目标的同时，最好地实现自己的个人目标。所以他认为关键不在于在采用“强硬”管理方法或“温和”管理方法之间进行选择，而在于要在管理的指导思想上变X理论为Y理论。这两种理论的差别在于，是把人们当作小孩还是当作成熟的成年人看待。

根据以上Y理论假设，相应的管理措施为：

1. 管理职能的重点。在Y理论的假设下，管理者的重要任务是创造一个使人得以发挥才能的工作环境，发挥出职工的潜力，并使职工在为实现组织的目标贡献力量时，也能达到自己的目标。此时的管理者已不是指挥者、调节者或监督者，而是起辅助者的作用，从旁给职工以支持和帮助。

2. 激励方式。根据Y理论，对人的激励主要是给予来自工作本身的内在激励，让他担当具有挑战性的工作，担负更多的责任，促使其工作做出成绩，满足其自我实现的需要。

3. 在管理制度上给予工人更多的自主权，实行自我控制，让工人参与管理和决策，并共同分享权力。在适当条件下，参与式和协商式管理可以鼓励人们为实现组织目标而进行创造性工作；在做出与他们工作有直接关系的决策时，给他们提供发言权；并为满足他们的社会需要和自我实现需要提供重要机会。要求职工为自己制定指标或目标，鼓励职工对自己的工作成绩做出评价。这种新管理方法鼓励个人对制定计划和评价自己对组织目标所做的贡献承担更大责任，有助于职工充分发挥自己的才能，满足自我实现需要。

四、对麦格雷戈的人事管理的评价

麦格雷戈对人类社会最大的贡献以马斯洛的需要层次说为基础，通过对传统人事管理理论“X理论”的批评，进而提出了自己的“Y理论”。我们知道，以泰勒为代表的人事管理领域的早期研究者趋向于接受以提高组织活动的效率为基本目标，并切实寻找方法，使管理者能提高员工的劳动生产率。人事管理

---

① 蔡雪冰，《有没有天生不变的人的特性——评麦格雷戈的X理论—Y理论》，载《管理科学文摘》，2002年，第12期。

研究最初的焦点就是单调、孤独和工人疲劳等问题的克服。而这些研究者往往以传统的 X 理论为指导，更多地在调整管理幅度这类组织形式或程序方面做文章。这使人事管理理论面对这类问题的解决时总显得很有限。麦格雷戈在人事管理问题上独辟蹊径，力主一种新的人事管理理论，即 Y 理论，他基于需要层次说指出，管理者有必要从 X 理论——指挥和控制管理，转变到 Y 理论即转变到“创造机会、挖掘潜力、排除障碍、鼓励发展和帮助引导的过程”上来。于是目标变成为对具有人情味的环境的创造。在这种环境里，人们通过引导自己朝向组织目标的努力，最好地达成自己的目标。而扩大职责范围、权力下放、分散责任和群众参与管理，则是麦格雷戈认为在组织中实施贯彻执行 Y 理论的几种具体方法。实质上，麦格雷戈探究的是创造一种健全组织机构的方法，以便允许最大限度地发挥人的潜能。他试图通过对人类行为动机的具体认识，通过培育有益于个人能力发展的民主组织环境来达到这个目的。

Y 理论作为一种管理理论，它看到了传统 X 理论所忽略的层面，对于人的把握应该说也更为全面，因而克服了 X 理论所无法超越的局限。麦格雷戈的 Y 理论虽然主要是针对企业管理提出来的，但是 Y 理论为管理人员提供了一种对于人的乐观主义看法，这种乐观主义看法不仅对于争取企业组织成员的协作和热情支持是不可或缺的，而且对于争取政府行政机关公务员的协作和热情支持也是完全必要的。而作为一种一般的管理理论，Y 理论认为个体和组织的目标完全可以有效地融合，只要能注意满足个体的需求和利益，个体就能为组织尽更多义务和责任。强调个体内心需求协调，实行自我控制等思想与传统的 X 理论相比更能代表行政发展的方向。

当然，我们对于麦格雷戈的 Y 理论也应看到它所存在的一定局限性。在现实的社会生活中，其实并不是所有的人都适合用 Y 理论进行管理的。虽然像 X 理论所假设那样把所有的人都视为天生就是懒惰和不愿负责任的是不合理的，但是在现实生活中的确有这样一些相对被动的人，这些人不大会改变自己的行为堕性。另外，按 Y 理论，要开发和实现人的潜能，就必须要有合适的工作环境，而在现实中，这种合适的工作环境并不是经常有的. 而且有时要创造出这样一种环境来，成本也太高。所以，Y 理论在现实的生活中有时会缺乏现实的条件。正是因为 Y 理论本身存在着一定的局限性，后来才出现了诸如“超 Y 理论”、“Z 理论”等较之 Y 理论更为完善的种种新管理理论。

总之，麦格雷戈的 Y 理论强调调动被管理者的主体能动性，主张用更多的分权，更少的强迫和控制，更多的民主领导方式，来调动人们的参与积极性。这一理论通过排除满足需要的人为障碍，通过人们高层次需要的满足和潜能的激发，使组织获得更高的效率并和被管理者的自我实现得以一定的结合。麦格雷戈的这些观点不能不说是颇有见地的。美国行政学家帕拉洛和昌德勒指出，“它的主要格言：人类个性的整体观、使工作成为值得干的需要、存在于自我实现者中的潜力，在美国公共行政中已留下了不可磨灭的迹印。”①

思考题

一、概念题

1. 什么是“帕金森定律”？
2. Y理论的具体内容是什么？

二、简答题

1. 在Y理论的指导下，管理者应该采取什么样的管理措施？
2. 简述传统X理论的思想基础。
3. 当代公共行政应该如何跨越“帕金森定律”？
4. 简述沃尔多对传统公共行政的评价

三、论述题

1. 如何评价沃尔多综合折中的公共行政观？
2. 如何看待“帕金森定律”中的“烦琐定律”？
3. 根据中国国情，谈谈你对帕金森定律的认识。
4. 谈谈你对麦格雷戈人事管理理论的看法。

① 转引自［美］帕拉洛、昌德勒：《行政学词典》，湖北社科院该书翻译组译，四川人民出版社，1988年，第148页。

第七章　西方行政管理学说的应用与发展

本章重点

1. 德罗尔政策科学思想的主要内容
2. 彼得原理的主要内容
3. 里格斯的三种行政生态模式

第一节　德罗尔的政策科学思想

二战以后，随着公共行政实践所遇到的问题越来越突出，行政学的研究更加关注实践问题的解决，出现了一些新的研究方向和课题，并且跨学科的综合应用研究越来越受到重视，其中最为突出的就是公共政策（学）和政策研究，它是二战后开始出现，六十年代末、七十年代初异军突起的一个跨学科综合性应用性的新研究领域。它的诞生，是由社会科学家与科技专家联合致力于解决人类面临的日益复杂问题的需要所推动产生的。它的出现被视为"当代公共行政学的最重要的发展"，当代政治学的"一次最重大的突破"以及当代西方社会科学领域的一次革命性变化。其中，德罗尔就是对政策科学的发展做出了杰出贡献的一位理论家与实践家。

一、德罗尔生平简介

叶海卡·德罗尔（Yehezkel Dror，1928—　），1928 年生于奥地利音乐之乡维也纳，10 岁时移居以色列。曾在耶路撒冷的希伯莱大学和美国哈佛大学学习法律、政治与社会学。叶海卡·德罗尔 1968 年—1970 年曾任美国兰德公司高级参谋、顾问并撰写了著名的政策科学著作：《公共政策制定的再审查》（1968

年）、《政策科学构想》（1971 年）、《政策科学探索》（1971 年），为了政策科学的发展，他力荐哈罗德·拉斯韦尔在 1951 年写的开创性著作《政策科学展望》一书，并鼓励拉斯韦尔写了《二十年之后》一书，总结和评价政策科学当时所处的地位。他还与兰德公司数学部主任爱德华·奎德（Edwards Quade）一起创立了《政策科学》理论刊物，并倡导了第一个政策科学国际培训班。自美国回到以色列之后，1975 年—1977 年曾任以色列国防部高级策略分析顾问。他还撰写了《以色列高压计划》（1966 年）、《疯狂的国家：违背常规的战略问题》（1980 年再版）。作为理论探索，1986 年他又出版了《逆境中的政策制定》一书。该书连同他 1983 年再版的《公共政策制定的再审查》和随后出版的《政策赌博》，可以说是他政策科学理论追求的三部曲，包含了他丰富实践经验的总结。德罗尔除了在理论上有许多重大贡献之外，还担任了 20 多个国际组织（如经济合作发展组织、联合国开发署等）、国家政府及多国公司、大型企业的政策顾问。在顾问、咨询工作上他主要涉及政策规划、高层决策系统、关键性抉择优化、战略构想、行政管理改革和具体政策研究等领域。近年来他把政策科学的研究推向深层领域，对逆境及逆境中的政策制定进行了广泛的考查，提出了政策哲学、高层政策推理、多值逻辑在政策科学中的应用等众多新的课题。他在对社会、政治环境中的不确定性、突变机制的考查中提出了危机决策、应急决策、模糊赌博机制的观点。他还提出了政策制定与元政策制定系统重建的理论并把它与统治方式的重建、政策中枢决策系统的重建结合起来，纳入社会控制与调节的整体系统中考查。作者认为，这正是政策科学宏观理论构建的希望所在。

作为一位杰出的政策科学家和社会实践家，有着出色研究成果的他被许多国家的大学和政策研究机构聘为教授、客座教授、兼职研究员。1975 年又被选为世界艺术与科学学会会员，1983 年作为“一位对公共政策的理解作出贡献的学者”，被国际政策研究联合会授予首届哈罗德·拉斯韦尔年度奖，1986 年在美国政治学联合会年会上又荣获“福尔布莱特四十周年纪念的著名学者”称号。自 80 年代中期以来，德罗尔把政策科学的研究集中到高层政策制定领域。现任耶路撒冷希伯莱大学教授、政治学终身教授。并任建于荷兰马斯特里赫特的欧州公共行政管理研究院政策分析教授与课题负责人。在那里，他以“德罗尔培训班”的名义为各国高层决策者、顾问、政策研究人员举办以“高层政策推理”为主要内容的国际培训。1988 年，应中国科技促进发展研究中心的邀请，德罗尔曾来我国作过题为《高层次政策的制定》的学术报告。

德罗尔是政策、规划与计划方面的国际权威人士。他将自己全新的理论思维与他作为“政府和公司医生”而获得的实际经验有机地结合起来，为政策科学的规范化研究作出了举世瞩目的贡献，因而他被誉为“政策科学之父”[①]。

二、德罗尔政策科学思想的主要内容

政策科学的概念是美国政治科学家拉斯韦尔首先提出的，早在1943年的一个备忘录中，他就提到了“政策科学”这一名词，而这一概念在出版物中的首次出现则是他与卡普兰在1950年合著的《权力和社会：政治研究的框架》一书。1951年，拉斯韦尔在与拉纳合编的《政策科学：范围和方法的新进展》一书，特别是拉斯韦尔本人所写的“政策方向”一文中，首次对社会科学中的政策研究方向，即政策科学的对象、性质和发展方向作出规定，奠定了政策科学发展的基础，成了政策科学诞生的标志，拉斯韦尔因此成为“现代政策科学的奠基人”。拉斯韦尔认为，政策科学需要关心的是“社会中人的基本问题”，应该重视对变化、创新和革命的研究。他的工作提醒了那些仅着眼于应用的社会科学家，不要只知道以政策为出发点；也提醒了那些蛰守传统社会科学各自领域的专家，不要只知道以学科为中心，只有把社会问题本身作为研究工作的逻辑起点，才能将社会科学中现有各学科的知识进行更彻底、更有效的综合。此外，他还强调运用分析模型和数学公式来提高政策研究的合理性。因此，拉斯韦尔的“政策科学”被认为是理论与实践高度统一的新型知识体系。德罗尔是继拉斯韦尔之后，对政策科学发展做出了杰出贡献的又一位理论家与实践家。德罗尔指出，现代政策科学关心的不是具体政策，而是关心如何理解和改善整个社会的发展方向，关心如何改进政策制定系统，以行为科学和管理科学的融合为基础，吸收其他各种学科的知识，甚至谋求建立一种操作性的价值理论，为改进政策制定系统，提高政策服务质量。

哈罗德·拉斯韦尔（Harold Dwight Lasswell）

美国政治学家，1902年2月13日生于伊利诺伊州的唐尼尔逊，卒于1978年12月18日。1918年入芝加哥大学，1926年获哲学博士学位。1922年～1938年在芝加哥大学教授政治学。1939年在纽约社会研究新学院执教。1952年任耶鲁大学政治学教授。1954 年受聘任行为科学高级研究中心研究员。1955年当选美国政治学会会长。1978年在美国去世。

拉斯韦尔是美国行为主义政治学的创始人之一。他运用 S.弗洛伊德的

① 唐兴霖著，《公共行政学：历史与思想》，广州：中山大学出版社，2000年，第436～437页。

精神分析法来分析和研究政治现象，认为“各种政治运动的生命力来自倾注在公众目的上的私人感情”，意即各种政治运动的成长和发展，是参加这些运动的人把自己根深蒂固的个人感情导向公共渠道的结果。他试图用精神病理的特性来分析各种类型的政治领袖，指出历史上许多杰出的领袖在精神上或生理上都有反常现象，而一切心理上的失常在政治上都是危险的。自卑感、仇视父亲、同性恋、自我陶醉和不能自拔的罪过心理，都是造成狂热者、独裁者和专制暴君的材料。病态的恐惧心理是造成战争的根源。他认为为了防止人们从暴行、迫害和冲突方面找出路，必须消除“折磨人的灵魂的各种紧张”，建立“预防的政治”，即依靠教育来清洗人们的心灵，依靠足够的受过精神病学训练的社会科学家来指导和教育群众；而不能依靠制定法律、改变政府组织、扩大民众参与等社会变革来实现。

拉斯韦尔的主要论著有：《精神病理学与政治学》、《政治学：谁得到什么？什么时候和如何得到？》、《传播的结构和功能》、《政治的语言：语义的定量研究》、《世界历史上的宣传性传播》、《世界政治与个人不安定》、《我们时代的世界革命》、《政策科学》等。

引自（美）哈罗德·拉斯韦尔：《政治学：谁得到什么？什么时候和如何得到？》中译本，商务印书馆，2005年版，译者序。

德罗尔的政策科学思想可以概括为以下几个方面的内容：

（一）政策科学的研究内容

在德罗尔看来，政策研究的学科边界是模糊的、开放的，所以人们对其范围的理解也是不同的。他认为，政策科学有一个难以实现的明显特征，即在感情、价值因素介入时，必须保持观察的客观性，尽管这难以做到，但政策研究仍然需要有一种科学的态度，需要尽力区别政策和分析者与辩护者，区别社会评议家与政策科学家，区别政治行动主义与政策——专业贡献，区别理智活动的价值分析与人类需要的价值信仰。他还说，在具体政策的个人价值观与服从于权力之间，谨慎地保持一种动态的平衡，以及在知识与权力之间取得协调统一，这些对于政策研究都是十分重要的。政策科学的另一个特征是，它把理解现实和改进政策、制定政策融为一体。

关于政策科学的研究内容，德罗尔认为主要包括九个方面，并进行了讨论：

1. 现实和问题的理解。这是政策制定的基础，他提出怎样理解和真实理解的问题。在行为性方面，提出认识和感知性问题，人类和人类组织怎样理解现实，提出问题并制定出决策的先后次序；在论证性方面，需要有一种哲学意义的扎实方式提出问题和考察环境，并找出可行的方法尽量真实地理解事实。

2. 宏观政策和关键选择。在主要的政策决策中，应对最基本的政策范例做进一步的探讨。在行为性方面，需要研究和解释基本政策及其基本假设；在论证性方面，应创造出作为政策主题的宏观政策和关链选择方式。

3. 超渐进主义。政策制定中应及时采取超渐进主义形式，进行创造性研究。通常认为政策制定应采取渐进式，这是种误解。在行为性方面应该看何时采用超渐进主义形式，并进行创造性研究；在论证性方面，需要指出渐进性政策可以接受的条件以及如何制定更好的更有创造性的超渐进性政策。

4. 复杂性。即政策制定中各种因素的相关联系和动态作用。各种因素相关联系及动态作用构成政策制定的主要特征。在行为性方面，要了解相关政策系统、研究制定机构对复杂性的反应；在论证性方面，发展对付复杂性的方法，改变面临复杂性时学术方法上的无能局面。

5. 模糊性决策。即所有决策都面临着不确定性并在重大问题上遇到只是匮乏的情况，所以在行为性方面，需要一套测定不确定性程度以及组织对不确定性反应的方法；在论证性方面需要一套方法来减少和模拟不确定性。

6. 学习。研究和解释现实中学习不当和学习不足，并研究加速和改进学习的方法，在行为性方面，必须对现实中的学习、学习不足、学习不当进行研究和解释；在论证性方面加速和改进学习方法。

7. 政策结构。政策结构引入创造力因素并提出把政策研究与计划联系起来引入创造力因素，同时产生把政策研究与计划业务联系起来的需要。在行为性方面，要注意影响创造力的变量问题；在论证性方面则应注意如何鼓励政策创造力的问题。

8. 因难的选择。所有政策都涉及价值选择及不同价值观之间的交换率。在行为性方面，要测定价值并研究选择机制；在论证性方面，处理如何改进价值可能性等一系列难题。

9. 元政策。所谓“元政策”就是“制定政策的政策”，它涉及政策制定的所有操作和改进系统。在行为性上应研究具体政策的演化；在论证性上则试图改进具体政策；而从两者的结合上，应从整体上对待政策制定①。

（二）逆境中的政策制定

德罗尔认为，社会中存在由不同原因造成的难以消除的各种紧张状态，他

---

① ［以］德罗尔，《政策研究的基本概念》，载［美］斯图亚特・那格尔编，《政策研究百科全书》，林明等译，北京：科学技术出版社，1990 年，第 7 页。

称之为“逆境”。它可能是统治机制内生的，即政治制度本身特征中固有的；也可能是外生的，与政治制度意外的乃至超社会的现象有关，由所考察的社会及其范围之外的各种因素造成。他举出当今发展中国家和发达国家所面临的政治经济等问题加以论证。逆境对于政策制定来说就是一种政策困境。他认为对付逆境，政府中枢决策系统的政策制定是其他途径所不能替代的。只有极大地改变政策制定系统乃至整个政治系统的有关组织、过程及其构成要素的主要特征，才能真正提高政策制定的质量，从根本上有效地应对逆境，之后他提出了应对逆境的政策原则：

1．社会改造原则。社会改造原则是指对一个社会的机构、制度、政治和经济生活的运行过程实行广泛而彻底的调整和变革。它是应付逆境的纲领性原则，其根本出发点在于支持应付逆境的创新方案出台以及支持不同于常规的超渐进主义变革出现。其核心是国家政治和经济体制改革。应当注意的是，这种调整与变革不是社会自发的行为，而是政府中枢决策系统自上而下的、经过认真规划设计的自觉行动。在德罗尔看来，社会改造原则的主要特点包括：对不断发展的现实实行广泛的干预、综合长远的规划，积极合理的奋斗目标，足以达到临界限质量的政策手段，不断调整决策模式以适应急剧变化的形势以及使现实得到超渐进变化的能力等等。但是人们在现实中常常看到的却是僵化的政府机构和低效率的运行机构像一张无形的网通过各种社会互动过程妨碍着政策创新。在德罗尔看来，这种现象既是逆境产生的原因又是社会走出逆境的阻力，为此，社会改造原则的核心就是国家政治和经济体制的改革。

2．达到临界质量的原则。它是一种强调适宜临界点的原则，临界质量主要是资源投入的数量，决议设计的范围，方案作出的时间跨度等等。逆境的特征都有变化域限，其域值取决于逆境特征的原动力、规模、复杂程度以及社会状态是稳定还是动乱等。德罗尔看来，“政策若要取得效果，必须达到一个适当的临界质量，足以对其对象产生预期的影响”[①]。这里，临界质量主要指资源投入的数量、决议涉及的范围、方案作用的时间跨度、使用政策手段的数量、政策方案设计的完备程度、政策干预的范围和力度等等。逆境中政策制定的特点就是往往面临一个要求政策质量相当高的政策问题，要想对它产生影响就必须使政策质量达到一个临界点（阈值），否则就不能奏效。

3．有选择的激进主义原则。因为渐进主义对阈值高的政策问题无能为力，而激进改革代价较高，风险也大，后果无法预料，所以有选择的激进主义就成

① ［以］德罗尔著，《逆境中的政策制定》，尹宝虎等译，上海远东出版社，1992年，第106页。

为一条切实有效的途径。也就是，“有选择”是认真分析逆境的特征之后挑选出足以改变逆境的主要社会变量，“激进”就是集中政策资源，采取强化的干预手段，使其朝着良性转化，从而改变逆境。与此同时，要注意不能受未被挑选的社会变量的惰性所在地阻碍。德罗尔认为，有选择的激进主义原则与社会改造原则是相辅相成的两条政策原则。在逆境不十分严重、有可能通过少量社会变量的改良而得到纠正的条件下，就不必要进行全面的社会改造；反之，当逆境较为严重、必须进行整个社会改造，有选择的激进主义也不失为一种较为稳妥而有效的策略。

4. 准备承担风险同时避免万一的原则。逆境意味着社会局势的紧张状态并伴随着极大的不确定性。德罗尔认为，在这种社会条件下，政策制定不仅存在很大的风险，而且还呈现出模糊赌博的特征，如果此时仍一味遵循渐进主义原则，采取保守主义态度，而不采取果断干预的确实措施，那么逆境将会继续存在并且可能加剧恶化。这也就意味着，面对逆境的渐进主义对决策者而言具有更大的风险性，因为逆境不会自行消失，此时的渐进主义选择必然会导致悲剧性的后果。在这里，德罗尔明确指出，准备承担风险的原则并不是鼓励冒险，更不是主张轻举妄动、孤注一掷，不是主张对待逆境采取轻率的态度，而是打破那种认为可望推行诸如渐进主义方案这种没有风险的对策就可以走出逆境的幻想，从而正视现实，采取积极的、自觉承担风险的、更为有效的政策方案。此外，德罗尔还指出，承担风险的原则还要求十分注意可能出现的小概率的灾难性后果。为此，他告诫人们要注意分析各种不良后果出现的可能性并预先采取措施，防患于未然，或者通过主要社会变量的调整和资源的投入使出现的概率进一步降低。这就是“避免万一”的含义。

5. 产出价值优先原则。德罗尔认为政策制定的过程涉及两套不同的价值：一套是，目标与要求的支配，作为政治系统输出的产出价值，也就是政策对现实的影响方面的价值和目标；另一套是，政策的制定与政策执行的形式方面的价值，就是民众参与，公开性等。在不同的政策环境下，两套价值观的相对权重应作调整，即社会呈现承平、稳定的顺境时应给形式价值较大的权重，而在逆境中则要赋予产出价值优先地位。从系统分析的角度看，由于产出价值与形式价值的交叠以及不同人的价值观的差异，使得政策目标的追求处于两难的境地。因此，德罗尔认为，有必要在不同的政策环境下，对上述两套价值观的相对权重给以适当的估价。

6. 积极性强制干预的原则。他认为对社会进行积极并带有强制性的干预是政府中枢决策系统发挥能动性的行为方式，也是政策指定的本质特征之一。德罗尔说，实际上，前述的社会改造原则和达到临界质量的原则都需要积极性强制干预原则作为保证，因为在逆境条件下，政策方案必须带有创新的特点，必然要改变社会的主要变量，必然要克服保守、僵化的组织机构的惰性，也一定会触及旧有体制的改革。所有这些都会使得逆境中的政策制定遇到来自各方的阻力。而且逆境所固有的风险性也使对许多重大决策难以像常规情况下那样容易达成妥协和统一，有时还会出现巨大的分歧，甚至合法性的方案也难以贯彻执行。德罗尔指出，在这种情况下，除了重新依靠政治权威、推行强制性的决议之外，别无他法。

接着，他提出应对逆境的对策。他说，逆境的一个显著特征就是政策制定本身固有的无能与克服逆境所需要的高质量的政策制定之间存在巨大的质量赤字，也就是说，逆境正是政策制定固有的无能所造成的低质量的政策的产物。因此，应付逆境就必须从消除政策制定的无能入手，并改进政策制定系统，具体包括：改进应付逆境的基础条件；改进政策制定过程；改变决策观念和决策方式。

（三）总体政策论

德罗尔不赞同拉斯韦尔有关过分推崇行为科学方法论作用的观点，分析了管理科学与行为科学方法的局限性，提倡系统群研究方法，确立了总体政策论。主要内容是①：

1. 宏观政策以判断和行为的哲学而不是科学的哲学作为基础。科学的宗旨在于追求真理，这一点对于各门学科来说都是无可争议的，尽管政策分析同真理问题具有一定的相关性，但是它却肩负着不同的使命，其目的在于改善决策。亦即做出比其他可能的决策更好的决策，再加上政策分析具有诸如由决策的特殊节奏造成的时间约束等特征，因而透过实际推理和行为哲学这面镜子来看待政策分析更为重要。虽然政策分析应尽可能地寻求科学的标准，利用科学的方法，但从根本上讲，它则是一项“实践的”而不是“科学的”工作，所以，德罗尔认为把政策分析建立在科学哲学以及与之相伴而行的实证主义方法基础之上的倾向是不恰当的，宏观政策分析不能死抱着“硬性”方法论和实证主义方法不放；相反，它在处理隐晦朦胧的难题时有必要更多地依赖玄妙的理解技巧和其他的“软”方法，其目的在于对重大抉择方案做倾向性选择。为此，宏观政策分析常以启发型原则、定性化的备忘条文以及推理的准则等形式出现，该方法使用的是推理而不是计算。这里所谓的模型制作，更多地是指一种比喻而

① 丁煌著，《西方行政学说史》，武汉大学出版社，1999 年，第 293～303 页。

不是具体的计算模式。当然，德罗尔也承认宏观政策分析的这些特性给人们带来了严重的问题。但是，他认为，如果要在这些问题和对关键性抉择无所作为之间做一选择的话，他仍主张从恰当的行为和判断哲学的角度出发推行宏观政策分析。

2. 以宏观政策为焦点来考虑政策模式。在德罗尔看来，目前在政策制定中实际上大多存在着这样一种倾向，即从特定的和局部的微观决策向综合的、不甚明确的总体宏观政策发展，并伴之以有关目标和期望的空泛宣言。然而，这些都没有多大的行动意义。与此相对应，宏观政策分析，包括对政策模式的选择，均应以总体政策为视野焦点，这一点无论是对不发达国家还是对发达国家都具有重要意义，因为在许多国家，具有不可替代作用的宏观政策则常常被日常的具体决策和临时的权宜之计所淡化。德罗尔认为，宏观政策分析应根据当地的实际情况和现实要求选用恰当的政策模式，该渐进的就渐进，该激进的就激进。随着客观条件的不断交化，即使是对过去被认为“显然正确”而接受了的政策模式，也应加以重新考虑和修改。

3. 从国家兴衰、革命和政权的命运、发展规划、“宏观事业”之成败以及未来因素的高度来思考问题。由于社会发展过程中常常存在着种种不确定性因素而且许多变量又具有一定程度的历史唯独性，因此以决定一个国家命脉的大政方针为视野焦点的宏观事业的命运至少是提出一些突出存在的问题并由表及里地探求其兴衰之原因，那么它就很难对其关注对象——如国家命运以及一些重要措施等——产生效力。所以德罗尔认为，宏观政策分析应以历史和理论假设作为最广阔的思维框架来思考国家与政权的兴衰、革命运动的远期影响、发展计划的成败以及类似的宏观事业之前途。

4. 在历史中思考，对形势进行广泛的、远期的以及动态的预测。在历史思考的意思是指从长远的角度考虑问题并且注意到一定的时间过程所具有的不确定性和各种变迁，这是宏观政策分析的重要原则之一。德罗尔自己秉承着一个无历史学思维和行为假设，即未来并不在很大程度上由过去所决定的，政策制定享有较大的自由度，并能对现实世界的演化起积极作用，乃至具有从根本上决定未来状态的潜在能力。因此，宏观政策分析应该进行一些透彻的、触及历史过程深层的认识，包括对所有相关的不可能性和疑问以及相关的“历史重演”等情形的推测。

5. 以协调的观点为指导集中注意关键性抉择，避免不利结局，争取良好绩效。在德罗尔看来，宏观政策分析应该沿着两条部分地分离而又部分地相互交织融合的线条进行，即：在降低最坏的和不良的情况出现的几率的同时，增大期望效果出现的可能性。德罗尔认为，全面把握这一原则对于宏观政策分析十分重要，因为，意识到坏情形的可能并就如何避免坏情形达成一致意见比实现好的情形相对要容易一些；从人类决策的历史来看，避开一些危害甚大的选择会极大地有助于取得重大进步。

6. 清除病弊，探求深层复杂性的处理。德罗尔认为，与一般的政策分析不同，宏观政策分析远不止是对付表面上的复杂性，而是要发掘出问题的缠结错综之处并正确地对待其最内在的特点——即他所谓的处理深层复杂性。在德罗尔看来，面对深层复杂性就意味着处理矛盾，宏观政策分析必须承认并处理各种矛盾。这里，他明确指出深层复杂性的处理必须采用正确的策略，具体地说就是要在宏观政策分析中利用多种学科知识、理论框架、研究手段、视角取向、认识方法以及各种分析工具的组合，只有这样才能有效地把握住深层复杂性。为此，他说，作为一种难度极大且万般复杂的活动，宏观政策分析必须依靠各种手段方法的适当组合，在一个统一连贯的主导思想下开展具体工作。

7. 政策赌博。由于社会发展过程和物质运动过程中都包含着大量的不确定性，决策行为在本质上带有赌博的色彩。当不确定性涉及不同决策的未来形态和决定变化的原动力时，决策就成了一种模糊赌博，其中搀杂着不可知量和一些尚未确定的回归函数关系，最终结果可能是违背期望的或是未曾料及的，甚至会一发而不可收拾。德罗尔指出，他所提出的其他宏观政策分析原则大多依赖于其政策赌博的观点，如在历史中的思考、研究深层复杂性以及考虑环境反应等，均会导致更多的不确定性因素，因而他认为“政策赌博”也许是其宏观政策分析的所有原则中最大胆且最重要的一条。

8. 价值分析和目标探索，创新与创造性。“价值”一词是指一系统的偏好。价值分析的基本目的是确定某种目标是否值得为之争取、采取的手段是否能被接受以及改进系统的结果是否良好。而目标是决策者通过其决策试图完成或实现的东西，当个人或政府部门需要通过政策分析来作出决策或选择政策时，必须假设该决策或政策要实现的某些对象，这就是目标。目标是政策分析五大要素中最重要的因素，作为政策分析过程中最重要的一步，目标的确定与阐释本身就体现着一定的价值偏好。由于决策的本质是资源分配而且价值也相应地成为资源分配指导原则的核心，所以透过优先等级显现出来的价值分析和目标探索在宏观政策分析中便格外重要。德罗尔强调，无论宏观政策分析怎样需要定性处理、怎样依据历史性思维、怎样鼓励创新，它都无一例外地必须考虑目标与资源之间的关系，必须注意在使用稀有资源时设置分配优先顺序的必要性。

9. 政治上的周密性和相对独立性，危机决策的相关性。德罗尔认为，宏观政策分析必须在做到政治上周密的同时保持自身与政治的相对独立性。具体地说，一是应把政治现实视为一种约束，但不能过于狭隘和刻板，应把国家领导人当作使必需的东西成为可能的一种手段；二是必须了解政策分析的政治，包括政治推理的需要和方式与宏观政策分析基本世界观之间的矛盾；三是要避免使政治分析沦为有关如何摄取权力、建立权力和维持权力的政治建议，警惕政策分析被人误用或被用于政治目的。同时政策分析专业人员还应避免超越其专业工作领域去介入政治上的政策辩论。

10．有关元政策的制定。德罗尔认为，在这方面宏观政策分析面临着一个两难困境：一方面，由于利用各种方法手段提高政策质量的过程有赖于恰到好处的结构、人员和文化，因而若想在政策变化领域突破陈规，就必须具备带有独立性的智囊机构，它们同政治保持距离，同时又享有把政策分析渗入实际政策制定的机会；另一方面，在组织的策划者、决策过程的管理者、宏观政策分析人员以及其他职能人员之间必须有所分工。而要克服这种两难局面，则需要有某种程度的职能重叠、群体合作和任务分工，所有宏观政策分析人员都必须具备有关组织设计和部分决策程序管理的主要知识，而决策程序管理领域的所有专业人员也要具备扎实的宏观政策分析知识；此外，还应把具有不同专业知识的专业组织成项目小组或研究班子来处理重要的元政策制定项目。

除了以上内容，德罗尔还对政策科学研究的方法提出了很多自己的建议，他建立了系统群研究方法。即先把所有可能对整体产生强烈影响的具有代表性的个体罗列出来，接着勾勒出一个整体大系统——系统模型，然后将其中若干个个体加以移动，观测整个系统有什么变化。这是一种模拟实验的方法，因为研究中出现了复数以上的整体系统，所以不叫系统研究而称系统群研究。

第二节　彼得的《彼得原理》

职务晋升是一种很好的激励方式，它可以使雇员得到物质和精神的双重满足。因此，大多数组织都倾向于采用职务晋升的方式奖励雇员。但是，是否给优秀的雇员以职位的晋升就是雇员和组织的最佳博弈状态呢？当雇员的职务晋升达到一定的程度，超出他的能力范围后就会出现他的不胜任级，就必然会导致个人绩效的下降，在组织整体的职务晋升背后隐藏着一种更可怕的现象——组织整体绩效的下降。导致这种现象的一个深刻原因就是“彼得原理”现象的存在。人往高处走，水往低处流。彼得原理揭示的就是基于人“向上爬”的本性在层级组织中带来的“不胜任”的无奈。而对这一现象进行系统论述的就是管理学家劳伦斯·J. 彼得（Lanrence J. Peter）。

彼得，1917年生于加拿大的范库弗，大学就读于美国华盛顿州立大学，专业是教育学，而他的研究领域主要是感情上受到伤害和智力迟钝的儿童。也由于他的专业的缘故，彼得还做过学生的心理学教师，还做过监狱的指导员、律师和顾问。1957年获美国华盛顿州立大学学士学位，6年后又获得该校教育哲学博士学位，现任教于美国南加利福尼亚大学教育系。他阅历丰富，博学多才，著述颇丰，他的名字还被收入了《美国名人榜》、《英国科学界名人录》和《国际名人传记辞典》等辞书中。

一、晋升中不胜任现象的普遍性

在彼得看来，工作上的不胜任随处可见，普遍存在于政治、法律、教育和企业各界。“我们可以看到优柔寡断的政客装腔作势，俨然像是果决刚毅的政治家；自命消息可靠的权威人士，到头来将过错归咎于情况的难以掌握；懒散而傲慢的公务员不计其数；军事将领以豪壮的措辞掩饰行为的怯懦。在这个复杂、虚矫的社会里，对那些不道德的牧师、贪污的法官、头脑不清的律师、文笔不通的作家，以及连拼音都会出错的英文老师，实际上我们也只能无可奈何地耸耸肩而已。甚至在大学校园里，我们也能见到文告由拙于沟通的行政人员拟稿；而一些单调、乏味的课程，则由声音不清、表达能力缺乏的老师主讲”[①]。彼得还特别提到了政治组织中的不胜任现象，在政党，如党员所知，每个政党也都是一个层级组织。显然地，大多数党员为党奉献，甚至出钱为党谋福利，但尽管如此，政党中仍然有非常严谨的阶层结构，同时并有明确的升迁制度。彼得认为和工厂或军队中一样，在政党里，胜任是层级递升的必要条件。例如，一位胜任的挨户助选员有资格获得晋升，他或许能获准组成助选小组。而缺乏效率或是惹人厌的助选员，则只能继续挨户敲门助选，但反而使选民对候选人的印象更加恶化。一个动作敏捷的传单装发员可以成为传单装发组的组长，而一个不胜任的传单装发员，则只能缓慢而笨拙地装寄传单，有时将两份传单塞进同一信封里，有时信封中空无一物，有时折错传单，有时又将传单掉得满地等等，只要他继续留在党内工作，情况将维持一样。另外，一位能干的基金筹募者可能晋升为候选人提名委员会的委员。此人虽然擅于筹募基金，却可能无法判断谁是合适的立法者，因而可能支持不胜任的候选人。即使大多数提名委

① ［美］彼得著，《彼得原理》，闾佳译，北京：中国工业出版社，2007年，第1页。

员会的委员均能胜任选拔人才的工作，他们选出来的候选人将不是依据该人立法的潜能智慧，而是依据他赢得选举的潜力。在过去，选举结果由公众集会决定，所以公开演讲是一门崇高的艺术。一位能吸引听众的演说家便可能获得党的提名。而候选人中最具口才的人即可能赢得席次。但是，能以声音和姿势吸引、取悦及煽动大批群众的候选人，不必然具备思考敏锐、辩才无碍和明智决定国家大计的能力。随着电子科技的发展，政党在决定候选人时，可能会提名在电视上形象最佳的入选。但是，以化妆和灯光加强电视荧光幕上的吸引形象，并不能保证该名候选人能胜任立法的工作。因此，不管是以旧式或新式的方法竞选，许多人由候选人一步登上立法者的职位，但实际上只是到达他们的不胜任阶层。在立法机关里，立法机关本身便是一个层级组织，一位因选举而当上民意代表的人，如果不胜任立法工作，将无法获得晋升。但是，一位能胜任的立法者，便有资格晋升到拥有更大职权的职位——例如担任重要委员会的委员、委员会的主席或是内阁总理等。同样地，在这些阶层中，那些被晋升的人可能显得不能胜任。所以，彼得认为，彼得原理控制了政府组织中的整个立法机关。从卑微的党内工作者到掌有重权的立法者，每个人都倾向于向上晋升，同时每个职位迟早将由不胜任者担任。显然地，彼得原理也可适用于行政机关：包括政府的局、处、司，以及中央和地方各级政府等。从治安单位到军事单位都是僵化的层级组织（员工领固定薪资），组织中必然充塞着不胜任者，这些人无法执行任务、无法获得晋升，但也无法加以解雇。而不论是民主、独裁、共产或采取自由企业的政体，当其层级组织到达不能忍受的成熟状态时，必定都会垮台。

在彼得看来，当文武官的任命全部取决于长官的私人好恶时，情况可能更糟。为了说明这点，彼得举了一个生动的例子，假设有一个国家叫普洛维亚，在其国内没有文官考试、机会均等和依功绩晋升的制度。这个国家的阶级制度十分僵化，政府、商业、军队、教会等各层级组织的高官，全部保留给统治阶级的成员。在普洛维亚这个国家里，以何种基准区分阶级并不重要，重要的是它有统治和隶属两个阶级，金字塔式的图形可以显示典型的普洛维亚层级组织：低阶层由隶属阶级的员工充任，不管其中员工的表现有多优异，没有任何人有资格晋升到阶级界限以上。而高阶层则由统治阶级的员工担任，他们无须从层级组织的最基层干起，而是由阶级界限开始往上晋升。显然地，许多低阶层的员工，因为阶级界限的缘故，而永远无法晋升到他们的不胜任阶层。因此，他们终生致力于能胜任的工作上，没有人可以超出低阶层的范围，亦即这个阶层将继续保有能胜任的员工。换句话说，阶级界限的保存，反而可以使低阶层达到更高的效率。反观阶级界限以上的高阶层，如前所述，员工到达不胜任阶层的可能性和层级组织中的层级数目成正比——亦即层级数愈多，员工愈容易达到不胜任阶层。在高阶层范围内，由于实务所需而形成只有少数阶层的封闭组织，因此，大多数员工也将不会到达他们的不胜任阶层。此外，由接近金字塔顶端开始晋升的方式，可以吸引一些聪明干练的员工加入组织内，而这些人如果被迫必须从基层做起，将永远不可能成为组织的成员。基于这种分析，彼得认为提高组织效率的唯一有效方法是在高阶层注入新血缘。在当今大部分制度下，这种吸收新血缘的情形只有在组织改组或是急速扩增时才偶然发生，但是在普洛维亚的层级组织中，这是一种持续不断的过程：亦即新员工通常可以直接进入阶级界限以上的高阶层工作。因此，显然地，包括阶级界限以下的隶属阶级和界限以上的统治阶级，普洛维亚的层级组织比无阶级或平等社会中的组织更具效率[①]。

不胜任现象之所以会如此普遍，在彼得看来这是由组织内在的层级体制所决定的，彼得原理假定，孜孜不断地追求，要其成员取得更多的成就。为此，组织提升了那些胜任原来工作的人，以便他们干得比以前更为出色。这样，胜任新工作的人又有资格提升到更高的职位，直到他所做的工作超出他的能力范围，而他的所为无法再使他提升为止。可是，这时他已被提升到了他所不能胜任的那一级职位。不过，彼得原理的成立需要以下两个条件：一是组织的等级机构中有足够的职位供其成员提升；二是组织成员又有充裕的时间去完成这些提升。假如组织具备了这两个条件，那么，所有的组织成员就会被提升到他们无力胜任的那一级职位上，并且将一直从事着他们力所不能及的工作。由此，彼得原理的推论可以表述为："最后，组织中的每一个职位都将为一个无力胜任该职位的人担任。"每一个组织成员都将进人彼得所说的平稳时期，在这一期间，他得到提升的商数为零。

那么，组织中的工作又是怎样完成的呢？彼得原理的回答是：组织中的工作则是由组织中的那些尚未被提升到其无力胜任那一级职位的组织成员来从事和完成的。在某些特殊的场合，可能存在着"最高的能力"，即那些胜任的公司经理和在战场上得胜的常胜将军尚没有足够的时间使自己晋升到无力胜任的那一级职位上。通常，这些人要等到他们转业改行以后，新的工作单位才使他们晋升到他们所无力胜任的那一级职位上。彼得认为，从总体上说，以阶层界线为基础，采用典型的金字塔结构的组织，较之于实行无层级的或平均主义的等

① ［美］彼得著，《彼得原理》，闾佳译，北京：中国工业出版社，2007年，第21页。

级制度的组织，要更为行之有效。这是因为，在阶层界线分明的情况下，许多组织成员停留在原有的职位上，而未能提升到自己所无力胜任的那一级职位上。这些组织成员终身所从事的职业就是他们能够较好地胜任的工作。在阶层界线之上，金字塔尖急剧变窄，吸引着那些尚未被提升到其无力胜任那一级职位的组织成员更奋发努力地工作。他们中的许多人由于机遇开始了向等级制度的制高点迈进。在彼得看来，对拟被提升的候选人进行智力、才能等方面的测验实际上未必就能够促进工作效率的提高，这样做所导致的结果可能只会是那些被测验的人能够更早地被提升到其无力胜任的那一级职位上去。

彼得认为，有两种主要的方法可以使组织成员更快地被提升到其无力胜任的那一级职位上，这两种方法分别被称之为“拉”和“推”。在他看来，所谓“拉”的方法，就是指“组织成员通过与等级制度中其职位在其上面的一个人的血缘、婚姻或熟人关系”而得到提升；而“推”的方法则常常从组织成员对培训和全面的自我完善那种变态的兴趣中显示出来。现在的问题是这两种方法中哪一种更为有效。在彼得看来，“推”的作用被夸大了，因为在实际情况中，“推”的力量常常被“论资排辈”的反作用力所抵消；而相对来说，“拉”的方法受论资排辈的影响当然要小得多。他认为，在这个问题上、人们所奉行的名言是：“当你能得到‘拉’时就千万别‘推’”。

为了说明彼得现象的普遍性，彼得列举了现实生活中的大量例子，并指出了五种特例：

1. 冲击式晋升。把不胜任、无创造力、无生产力甚至碍事的冗员升调到组织的高一层级的一个可有可无的职位上。彼得称之为冲击式晋升，实际上是假晋升。获得晋升的员工并没有比以前担负更重的职责，并没有在新职位上完成多于原先的职位的工作量，有时简直是在制造“垃圾”。这类的假晋升是造成层级组织机构臃肿、冗员众多、人浮于事的原因之一。那么层级组织为什么会采用这类假晋升策略呢？一是隔离冗员而使其他员工专心工作，通过清除重要岗位的不胜任者和冗员而使作业更加流畅。二是掩饰升迁政策的失败。如果上司承认被晋升者不胜任，旁观者便会想，在给被晋升者最后一次晋升前，组织早该知道他不是合适的人选。三是鼓舞员工士气。有些员工至少会想，连他这样的人都晋升了，我当然也能获得晋升。四是维护该层级组织的安全，尽管被晋升者不能胜任，但不能排除他若跳槽到竞争对手那里可能导致的危险。

2. 蔓藤式晋升。蔓藤式晋升是另一类型的假晋升。蔓藤式晋升和冲击式晋升相似，都是在为不胜任员工制造一些可有可无的晋升职位，以欺蒙他人、隔离冗员、改变重要岗位的不胜任状态。如果说冲击式晋升是纵向晋升，那么蔓藤式晋升则是横向晋升。如公司把业务划分成许多区域，把不胜任的一些高级主管外放到各省，担任所谓地区副总裁的职务。蔓藤式晋升时不胜任员工能获得阶层上的提升，但许多时候薪资并没有增加，只是被冠以一个更高的新头衔。层级组织规模愈大，蔓藤式晋升愈容易实行。

3. 阶层淘汰。阶层淘汰是指有些优秀、卓越的员工为什么不仅得不到晋升，甚至还遭到解雇的现象。为了说明这点彼得举了一些例子：依规定艾克西尔市的新任教师都得试用一年。布区曼在大学时对英国文学的研究颇有心得，于是在他担任英文教师的试用期间里，他把自己对古典和现代文学的热爱灌输给学生，有些学生因此受到感染，不但开始上市立图书馆查资料、还经常留连于书店或旧书摊；他们兴致勃勃涉猎各种书籍，其中有许多书不在学校批准的阅读书单上。不久，几位愤怒的家长和两个教区的代表前来拜访学校，抱怨他们的孩子尽读些“没有用”的文学作品。于是，布区曼第二年没有被学校当局续聘。另一位试用教师克利瑞，一开始被指派为弱智特殊班的老师，虽然他事先知道这些学生能力有限，但他仍尽全力教导他们。学年终了前，许多克利瑞班上的弱智学生，在阅读和算术的共同测验上，成绩竟然优于正常班的学生。但是，克利瑞却接到解聘通知，原因是他完全忽略弱智学生该有的活动，例如串珠链、玩砂箱及其他种种。此外，尤其是艾克西尔市特殊教育部门提供的泥塑、指画等活动，他也没有充分运用。还有一位小学试用老师毕佛小姐，她禀赋优异，但缺乏教学经验，她把大学里所学到的因材施教法应用到学生身上，结果，有些比较聪明的学生一年内就念完了两、三年的课程。后来该校校长向她解释为何不能聘她为永久正式老师：因她不按教学课程施教已破坏了教育制度。她使学生无法适应下一年的课程，使评分和教科书发行制度为之瓦解、同时还使下学年接任的教师大感不安，因为所有的课程学生们都已经学过了。

之所以产生这种现象，彼得解释说，普通不胜任者不至于被解雇：至多只是无法晋升而已。超胜任者却经常遭到解雇，因为他们破坏了层级组织，并违反了层级组织必得维护的首要戒律。

4. 世袭晋升。有些老式家族企业的老板惯于待自己的儿子如一般员工，他们的儿子由基层干起，然后再循着彼得原理往上爬升。当然，这类老板对层级组织的热爱、对组织保持效率和获利能力的渴望、以及对公平公正的严格要求，显然胜于他个人对家庭的自然情爱。尽管如此，这类企业的老板还是经常把他们的儿子摆升到高阶层，并抱持着一种观念：不须经过依次的擢升，他们的儿子便能及时接掌最高统治权，也就是成语所说的：“穿上父亲的鞋子”（继承衣钵）。这种类型的人事安排，彼得称之为“世袭晋升”。世袭晋升的施行主要依照两种方式：第一：为了给世袭晋升者空出一个职位，乃将现任的员工开除，或以蔓藤式晋升、冲击式晋升的方法将他们调职。此种晋升方式较少被采用，因为容易惹起员工对新任者的反感。第二：为世袭晋升者创设新职位，并冠以一个令人印象深刻的职衔。在彼得看来，任用世袭晋升者或多或少总会引起其他组织成员的不满。事实上，员工对晋升过程极为敏感（这是一种“彼得倾向”），他们从前循序升上来，希望将来能再依次往上升。因此，经由其他管道安插人事的措施，他们多半憎恶不满。

彼得认为，上述安排人事的方法仍然符合彼得原理，只要职位能找到人充任（有人穿上鞋子），胜任与否并不重要。如果充任者能胜任新职，不久他将有资格获得晋升，然后在另一个较高的职位上，他将发现自己到达了不胜任的阶层。

彼得原理的实例

蓝特过去曾是胜任的学生、教师和系主任，他因而获升为副校长。在副校长任内，他表现出优异的智慧，与老师、学生、以及家长们都处得十分融洽，于是他又进一步升到校长的职位。

在担任校长以前，他从未直接与学校董事会或当地的教育督学交涉过。上任后不久，他马上显露出缺乏与这些高级官员打交道的本领。有时他会为了替两个学童调解纠纷，而让督学一旁等候。有一回他替一位请病假的老师代课，却错过了副督学召开的课程修订会议。

他竭尽全力处理校务，以致于无法兼顾社区组织的活动。例如，他拒绝当教师暨家长协会的主席；拒绝当社区改进会的会长；同时也拒绝当文学指导委员会的顾问。

因此，蓝特的学校失去当地社区的支持，他本人也不再受到督学的赏识；他逐渐被一般大众和上司们认为是一位不胜任的校长。也因为如此，当副督学的职位出缺时，学校董事会拒绝提名他；直到退休以前，蓝特将只能继续当一名不快乐且不胜任的校长。

专断者杜莱尔先生以往曾是胜任的学生、教师、系主任、副校长、以及校长，因而被提升副督学。在此之前，他只须阐明学校董事会的政策，并有效率地加以施行即可。现在，身为副督学，他必须参与学校董事会的政策研讨，并以民主程序作出最后决策。

然而，杜莱尔不喜欢民主程序，他坚信自己就是一名专家。当他向董事会会员们发表意见时，使用的态度和他从前对学生训话的态度没有两样；此外，他也试图以校长管理教职员的方法控制董事会。

于是，学校董事会评议杜莱尔为不胜任的副督学，他将不会再有晋升的机会了。

技穷史班德曾是胜任的学生、英文老师、系主任、副校长以及校长，之后六年的副督学任期里他也颇能胜任——富于爱国心、擅长交际、和蔼可亲、且受众人爱戴。于是，他又晋升为督学，负责掌理学校财务。但没多久，他发现自已一头雾水。从他担任教师开始，史班德不会为钱烦心。因为他太太已全权处理他的薪资、支付家庭开支、并每星期给他零用钱。

现在。史班德在财务方面的不胜任显露无遗了。他向一家不可靠的公司大量采购教学器材，结果该公司什么产品也没制造便已宣布破产。此外，他在市内各校的每间教室里装置电视机，尽管当地电台的教学节目只适合中学生。总而言之，此时史班德已到达他的不胜任阶层了。

引自（美）彼得:《彼得原理》中译本，机械工业出版社，2007 年版，第 17 页

二、不胜任带来的危害

基于这种现象的普遍性分析，彼得认为，在一个等级制度中，每个员工趋向于上升到他所不能胜任的位置。彼得认为，每一个员工由于在原有职位上工作成绩表现好（胜任），就将被提升到更高一级职位；其后，如果继续胜任则将进一步被提升，直至他所不能胜任的职位。彼得由此导出的推论是，每一个职位最终都将被一个不胜任工作的员工所占据。层级组织的工作任务多半是由尚未达到不胜任阶层的员工完成的。概括地说，每一个员工都将上升到他所不能胜任的职位上去，每一个职务都将会由不胜任的员工来承担。

面对不胜任，似乎有三种选择：一是放弃，回到或留在自己胜任的位置，但这种人古今中外少有；二是学习、磨练，努力为之，其结果必然是：继续升不胜任的位置；三是自得，在不能胜任的位置上，干一些自认为聪明的蠢事。不幸的是，人们的选择多是最后一种。选择最后一种的人也有他们的苦衷。一方面，一些无意或“无能”的人，由于在工作中做出了成绩，却被提到了高位；另一方面，一些有意或“有能”之人为了得到更高一级的职位，会排贤抑能，见风使舵，到处钻营，以遂其愿。结果，无论哪一种人，当他们最终没有得到令人羡慕的职位后，所面对的却可能是他们不能胜任的工作。由于表现出色的员工被从原岗位上不断地提升，直到他们不能胜任为止，但这个过程往往是单

向的、不可逆的。也就是说，很少有被提升者回到原来他所胜任的岗位。因此，这样的“提升”最终的结果是企业中绝大部分职位都由不胜任的人担任。这样的现象还会产生另外一种后遗症，就是不胜任的领导可能反而会阻塞了可能胜任者的提升途径。

当然，危害还远非这些，在对层级组织的研究中，彼得还分析归纳出彼得反转原理：一个员工的胜任与否，是由层级组织中的上司判定，而不是外界人士。如果上司已到达不胜任的阶层，他或许会以制度的价值来评判部属。例如，他会注重员工是否遵守规范、仪式、表格之类的事；他将特别赞赏工作迅速、整洁有礼的员工。于是对于那些把手段和目的弄反了，方法重于目标、缺乏独立判断力、只是服从而不作决定的职业性机械行为者而言，他们会被组织认为是能胜任的人，因此有资格获得晋升；而以顾客、客户或受害者的观点来看，他们本来就是不胜任的。组织价值标准弄颠倒了，这种危害将是毁灭性的。

如何看待晋升的这种问题，彼得的对策是：一是对于个人，他给自己提出一个座右铭：“身为人类家庭中的一名优秀成员，我发誓要尊重自己，也尊重他人，并透过言语或行动实践我的主张。我发誓我个人的一举一动或所有决定，都将朝着提高生活品质的目标迈进，而不是向上攀升到自己无法胜任的地位。”二是对于组织，彼得主张要为个人提供创造性的工作，使组织环境能给员工提供足以使之愿意留在胜任的职位上的条件。这样，员工才能够根据自己的能力和兴趣来工作，而不是为了追求提升而工作。

第三节　里格斯的行政管理生态学说

行政生态学是 20 世纪六十年代在西方兴起的以生态学的方法研究行政现象，行政行为与行政环境之间相互关系的公共行政管理学派，最早将生态学引入公共行政研究的是美国哈佛大学的约翰·高斯，而对这一学派的发展做出重要贡献的是 F. W. 里格斯。

弗雷德·W. 里格斯（Fred W. Riggs），美国著名的行政学家。他 1917 年出生于中国桂林，1948 年获得美国哥伦比亚大学政治学博士学位。他曾担任美国比较行政分会的第一任主席。从 1967 年起，他一直在夏威夷大学东西研究中心任职，同时是斯坦福行为科学高级研究中心的研究员。里格斯的著述主要有：《比较公共行政的模式》（论文，1957 年）、《公共行政生态学》（1961 年）、《发展中国家的行政：棱柱型社会的理论》、《泰国：一个官僚政体的现代化》（1965

年)、《发展行政的新领域》(1971 年)、《重访棱柱型社会》(1973 年)等。在这些论著里，里格斯从比较的角度，运用生态学的理论与方法，研究发展中国家的行政问题，从而创立了以生态学方法研究行政管理的新的行政理论体系，使行政生态学成为一门系统的学科，并在行政学理论领域产生重要影响，使他成为行政生态学、比较行政学和发展行政学的创始人。

生态学

生态学（Ecology）是研究生物与环境，及生物与生物之间相互关系的生物学分支学科。生物的生存、活动、繁殖需要一定的空间、物质与能量。生物在长期进化过程中，逐渐形成对周围环境某些物理条件和化学成分，如空气、光照、水分、热量和无机盐类等的特殊需要。各种生物所需要的物质、能量以及它们所适应的理化条件是不同的，这种特性称为物种的生态特性。

任何生物的生存都不是孤立的，同种个体之间有互助有竞争，植物、动物、微生物之间也存在复杂的相生相克关系。人类为满足自身的需要，不断改造环境，环境反过来又影响人类。随着人类活动范围的扩大与多样化，人类与环境的关系问题越来越突出。因此近代生态学研究的范围，除生物个体、种群和生物群落外，已扩大到包括人类社会在内的多种类型生态系统的复合系统。人类面临的人口、资源。环境等几大问题都是生态学的研究内容。

“生态学”一词是德国生物学家海克尔 1869 年提出的。海克尔在其动物学著作中定义生态学是：研究动物与其有机及无机环境之间相互关系的科学，特别是动物与其他生物之间的有益和有害关系。

其后，有些博物学家认为生态学与普通博物学不同，具有定量的和动态的特点，他们把生态学视为博物学的理论科学；持生理学观点的生态学家认为生态学是普通生理学的分支，它与一般器官系统生理学不同，侧重在整体水平上探讨生命过程与环境条件的关系；从事植物群落和动物行为工作的学者分别把生态学理解为生物群落的科学和环境条件影响下的动物行为科学；侧重进化观点的学者则把生态学解释为研究环境与生物进化关系的科学。后来，在生态学定义中又增加了生态系统的观点，把生物与环境的关系归纳为物质流动及能量交换；20 世纪七十年代以来则进一步概括为物质流、能量流及信息流。

引自（美）奥德姆：《生态学》中译本，外语教育与研究出版社，2005 年版，第 2 页。

一、国家行政的生态要素

生态学原本是生物学的一个分支学科，它研究的是生命有机体在其生长过程中相互之间以及与其周围物质环境之间所发生的相互关系、相互作用。由于生态学具有多学科性，所以它在很大程度上具有重要的思维方法论功能。行政生态学主张跳出行政系统本身，从生态学的视角来把握行政系统和其所处的环境之间的关系。在生态学看来，没有一种生命机体是可以孤立存在的，任何一种有机体都必须依赖于周围的生物或无生物，都必须同周围环境进行物质交换才能生存。按照 J. M. 高斯的观点，行政生态学包括对人、地区或财产、人所期望的自然和社会技术、思想、个体和紧急状态的研究。根据这种观点，行政生态学认为，要了解一个国家的公共行政，不应该仅局限于行政系统本身，而应跳出行政系统，从社会这个大系统来考察行政，亦即考察一国的行政与该国的社会环境的关系。在这里，行政和它的环境互相影响，对发生这一过程的动力的认识对于理解行政过程是必要的。这种方法被称为生态学方法。行政生态学是以生态学理论和方法研究行政管理与其周围环境的一门科学。它主要研究各个国家的社会文化和历史传统等因素对公共行政的影响以及公共行政对该国社会变迁与发展的影响。最早把行政问题与其外部环境联系起来进行研究的是美国哈佛大学教授高斯。他于 1936 年发表的《美国社会与公共行政》一文指出行政环境与行政管理有密切关系。1945 年后他在塞拉马大学作了一系列讲演，详尽阐述了运用生态学方法研究行政管理的问题。1947 年他发表了《政府生态学》一书，再次强调外部环境对行政管理的作用，正式把生态学一词引入行政学研究领域。但遗憾的是高斯的理论在当时没有引起理论界的重视。二次世界大战后，出现了一批新的民族国家。西方世界在对他们进行经济援助的同时，也提供了政治“援助”——按照西方的模式，帮助这些国家建立起一套“西化”的行政制度。西方的行政体制、行政方法、行政技术以及文官制度等在这些国家迅速建立起来。但不久以后人们便发现：在西方国家行之有效的这些制度在发展中国家收效甚微，以至于毫无功效。这一现象引发了西方学者的思考。

里格斯吸收了高斯研究政府和行政的视角，正是基于这种思维方法论，里格斯把行政生态学定义为研究“自然以及人类文化环境与公共政策运行之间的相互影响情形”的一门行政学分支学科。他认为，要了解一个国家的公共行政，不应该仅仅局限于行政系统本身，而应该跳出行政系统，从社会这个大系统来考察行政，亦即考察一国的行政与该国的社会环境的关系。在他看来，在现代的、过渡的社会里，一直有一种建立正式的政治和行政制度的趋势，但是这些制度却仍然只是一种形式主义的制度。这就是说，有效的行为绝大部分取决于传统的结构和压力，诸如家族、宗教以及一些继续存在的社会和经济成规。因此，只有以生态学的观点——亦即从非行政的因素去观察，才能了解这些国家的政治和行政。在里格斯看来，行政生态学的研究范围包括两个方面：一是探讨各国所持有的社会文化以及历史等诸因素是如何影响并塑造该国的公共行政；二是反过来研究各国的公共行政又如何影响该国的社会变迁与发展。

里格斯的行政生态学说起源于他的比较公共行政学研究。里格斯在他发表的一篇题为《公共行政比较研究的趋势》的文章中颇有见地地指出，现代公共行政比较研究的重要发展方向之一就是从非生态的研究转向生态的研究。早在1955年普林斯顿大学主办的"比较政治研讨会"上，里格斯就形成了农业的与工业的观念，尔后他在印第安纳州立大学政治学系出版的一本名为《公共行政的比较研究》的划时代著作中发表了一篇长达93页的纯理论性文章《农业社会与工业社会——建立比较行政的类型》。在这篇著名的论著中，他借用社会学的结构——功能分析的概念，把人类社会分为两种主要的类型并建立了一个可以用来描述最欠发达社会与最发达社会的"政治行政制度"的"两极模式"，以观察和预测这两种类型的社会在行政方面各自具有什么显著的特点。在这个"两极模式"中，里格斯已经自觉地意识到，在现实世界中，既没有纯粹的农业社会，也不存在纯粹的工业社会，他并且意识到在"农业社会与工业社会"之间存在着一个"中间的"社会形态，或可称之为"过渡的"社会形态。尽管里格斯的"两极模式"有其不足之处，但是它却为他后来提出的"棱柱模式"做了最好的准备工作。1956年，里格斯又参加了耶鲁大学的"比较行政学研讨会"，这使他的理论性工作又向前推进了一大步。之后，他以社会科学研究理事会比较政治研究会会员的身份到泰国研究其公共行政，在泰国的这段时间使里格斯的模式建构工作获得了印证的机会，进而为他的"棱柱模式"找到了坚固的奠基石。1958—1959年，里格斯被菲律宾大学聘为客座教授，这使得他更有机会对"棱柱模式"作更深一层次的思考。在这几年中，里格斯一直都在为他的"模式建构"持续不断地进行发掘工作并为此发表了一系列重要的学术论文。最后，里格斯终于放弃了他最初提出的所谓"农业社会和工业社会"的"两极模式"，而以归纳的思考建立了一个更富有逻辑性的模式，这个模式已不仅仅以"最欠发达或最发达"的社会为适用对象，而是可以适用于传统社会、现代社会以及过渡社会等各种类型的社会形态，这个新建的模式就是构成里格斯行政生态学说核心内容的"融合的——棱柱的——衍射的模式"。正是基于对诸如传统泰国、现代泰国、菲律宾以及现代美国等不同形态的国家公共行政的比较研究，里格斯创立了他的行政生态学说并得出了如下结论：当我们研究一个国家的行政制度和行政行为时，不能只是从行政本身作孤立的描述和比较，而必须进一步了解它与周围环境的相互关系。里格斯认为，在发达国家，社会的各个方面，例如经济、政治、行政等，多少都有各自的范围，所以比较容易个别地抽离出来研究。但是，在发展中国家，这些方面往往纠缠在一起，彼此密切地相互影响着，因此研究者必须把眼光扩展到整个社会政治系统的各有关因素，才能够把公共行政的真实情况勾画出来。

1961年，里格斯发表了《行政生态学》一书，运用生态学的理论与方法，研究发展中国家的行政问题。他的研究在行政学理论领域产生重大影响，使行政生态学成为一门新的、系统的学科，并且标志着只在行政系统内部研究行政管理的时代的结束。

里格斯在分析研究美国、泰国、菲律宾等国社会经济结构、文化、历史与公共行政相互影响关系的基础上，提出了解行政行为必须超出行政系统本身，从社会背景中去了解行政与外部环境间的相互关系。在他看来，行政生态理论的研究在于揭示行政系统与外部环境间的互动关系：一是各国特有的社会文化以及历史诸因素是如何影响并塑造该国的公共行政的；二是研究各国的公共行政又如何影响社会的变迁和发展，目的在于探讨公共行政系统如何适应社会的需要。里格斯认为，影响一个国家公共行政的生态要素是多种多样的，主要有五种：经济要素、社会要素、沟通网络、符号系统以及政治构架。其中，社会经济机制和生产力发展水平是影响公共行政最主要的因素，一个国家的公共行政模式基本上是由该国的经济结构所决定、所塑造的。

1. 经济要素。里格斯把经济要素列为影响一国行政的第一位要素，认为一个国家的行政模式基本上是由该国的经济结构所决定的。他把社会经济结构依社会类型分为三种：传统农业社会中的“互惠－重配”结构，过渡社会中的“集市－有限市场”结构与现代化工业社会中的“市场－企业”结构。这三种经济结构的市场化程度不同，因此对行政所造成的影响也就不同。市场化程度越高，行政管理中受传统事物制约的程度就越低。

2. 社会要素。里格斯注意到社会组织在不同社会形态中的不同作用。他把社会组织分为两大类：一类是以血缘关系为纽带结成的自然团体，如家庭、家族等；另一类是以利益关系为纽带结成的人为团体，如教会、政党、工会等，通称为“社团”。在农业社会中和过渡社会中，家庭和家族在行政过程中发挥着重要的作用，而在现代化工业社会中，社团则对政府和行政起着重要的作用。

3. 沟通网。沟通网包括社会的文化水平、使用语言的状况、社会舆论的力量，以及通讯和交通的状况等是整个社会互相沟通的手段。里格斯认为，沟通网的状况直接影响到一个社会的“动员性”和“同化性”。所谓动员性，指全社会的人口参与庞大的沟通网的程度。同化性指全社会的人口与优异分子分享同一的符号、认同于同一的基本价值与目标的程度。由此，里格斯认为，如果一个社会文盲少，传播媒介与通讯、交通网络都很发达，则该社会的动员性和同化性都很高，在这种社会里，民众与政府之间有着基本相同的价值观和信念，双方容易沟通，因而比较易于相互信任，互相了解，里格斯称此种社会为“一元化社会”，意指整个社会容易取得一致，上下融为一体。相反，如果一个社会的沟通渠道不畅通，人们之间语言不能互通，传播媒介落后，交通闭塞，人们之间的情感、思想、信念、价值观无法沟通，社会动员性和同化性极低，则称该社会为“多元化社会”，意指整个社会分散零散，各自为政，人们之间以邻为壑，互相阻隔。显然，一个社会的沟通水平高，则容易在更多的问题上更快地达成共识。反之，政府在行政过程中就面临着比较多的不同意见和麻烦。

4. 符号系统，即社会政治符号系统，包括政治神话、政治法则和政治典章等。这些实际上就是关于政治意识和政治游戏规则的影响。里格斯认为，政治神话是指用以表明主权的最后源泉、人之天性与命运、人之权利、义务以及主要的关系等等的信念。里格斯认为这种神话提供了政治统治的一种“理论依据”。他认为政治神话中包含一些直接影响着人民的政治意识。如在西方国家的政治传说中更多的包含了主权在民、人生而平等、天赋人权等观念，而在东方政治神话中更多的包含了君权神授等观念。政治法则和政治典章则使前者进一步的具体化、规范化。

5. 政治构架。秉承古德诺的政治—行政二分思想，里格斯认为政治与行政应该是分离的，政治领导行政，而行政则实现着政治的目标，这种关系决定了政治结构也是影响行政生态的一个重要因素。

里格斯最后总结，以上这五种要素之间不是互相孤立的，而是交叉作用、互相影响的，因此在实际考察中，情形是错综复杂的，既要注意单个分析这些重要因素，又要注意到彼此之间的互动性。

二、行政生态模式

以上里格斯所列举的行政生态的要素是在分析各国行政生态的基础上提出来的，他认为，人类历史上存在着三种基本社会形态，即传统的农业社会、过渡社会、现代工业化社会，每一种社会形态都各有其独特的生态环境。他运用“结构功能分析法”和物理学上“光谱分析”的概念，对世界各国行政生态背景进行分析研究，提出了与这三种社会形态相适应的三种行政类型：

1．融合型（Fused Model）

在农业社会中社会结构是混沌不分的，如同折射前的自然光是一道白光一样。它以农业为经济基础，没有明确、细致的社会分工，与之相适应，行政行为与其他行为，如政治行为、立法行为、司法行为、战争行为等是混杂一起的，没有专业化的行政机构，因而行政效率低下。其权力来自君主，官吏来自特殊阶层，实行世卿世禄制度；政府与民众沟通很少，官僚职位重于政府政策，行政风范带有浓厚的亲属主义色彩。里格斯选择革命前的泰国及古代中国为例，作为融合社会概念的代表。这样的社会没有功能的划分，只有一个单一的结构执行许多功能，是所谓“功能扩散的”社会。这种社会的“融合型”行政特征为：

（1）在经济要素方面。传统农业社会的经济结构是“互惠一重配”结构。所谓“互惠”，泛指国家或地区之间互赠国产，地方官吏向国王“纳贡”，以及民间以物易物、互补不足的交易形式。这种交易，主要是基于情感的、宗教的、或者主仆的关系而进行的，与市场经济下以赢利为目的的交换是完全两回事。在这种“互惠”行为中，实际上完成了社会经济活动的“重配”功能，即在一定程度上实现了社会财富的重新分配。国王仍是“重配”的中心，他将所得的贡物“重配”（即赐予）给廷臣、皇族及各级官吏，各级官吏手中也都握有一些财富以“重配”给其下属，依此类推，实现社会财富再分配。这种经济结构决定了该社会的行政只能是一种“重配”的行政制度，经济结构也就是行政机构，“经济行为”与“行政行为”是重合的；（2）在社会要素方面融合模式中家庭所发生的作用是很大的；（3）在沟通网方面里格斯认为，传统社会就是多元化社会。在一个分化为各种互相对立的社会集团的多元化社会中，行政机关所面对的是许多敌对的竞争团体，各个团体都以能代表“功能利益”而自居。尽管这种情形可以增加官僚机关的权力，但却也会阻碍有效的计划之执行。行政机关在任用、选拔官吏时也遇到同样的情况，由于不同的语言及宗教团体的存在，社会中充满了斗争和猜疑，因此政府用人可能必须运用一种“分配制度”来保证各个团体的代表额，或者明白地把有些社区排除。在这两种情形里，甄别工作就要受到妨害，而行政中不免渗入了摩擦与误解的因素；（4）符号系统方面，在一些传统的社会中，政治神话指在上帝面前人人平等、君权神授、君臣名分不可逾越等等。其中“君权神授”的政治神话认为，统治者被认为是神的代理人，统治者的权威是建立在神意之上的，人民对统治者的顺从也就是顺从神，人民意见无足轻重，甚至不起作用。因此，在这种社会中，整个行政系统便只对专制统治者负责而不向人民负责，行政的权威不是来自人民高度的认同感，而是来自武力的强制；（5）政治构架方面，在传统社会，由于社会结构没有分化，没有专职的行政机构，政治权力与行政权力是合为一体的，人们无法在“政客”与“官僚”之间划一界限，从国王到各级地方官员实际上都是身兼二任的。这样，由于行政权力与政治权力合为一体，行政官吏可以不向任何人或任何机关负责而专横独断，为所欲为。

2．衍射型（Diffracted Model）

与现代工业化相适应的是衍射型行政模式，从光谱分析来看，白光经过棱柱体的折射后，衍射为红橙黄绿青蓝紫七色光，这如同现代工业化社会，整个社会有着明确的、细致的分工，故政府职能也是明确的，有着分工极细的行政机构，执行着不同的行政职能，讲求行政效率与科学性。民众与政府沟通较多，有影响政府决策的渠道；行政风范体现平等主义、成就取向。里格斯选择美国作为衍射社会概念的代表，“衍射型”的行政特征为：

（1）经济要素方面。里格斯认为，现代工业化社会是一种“市场—企业”经济结构。社会经济运行遵守价值规律，根据“功利”与“理性”的市场原则进行交换，力图用最少的投入取得最大的产出。在这种经济结构下，整个行政制度也市场化、商品化。最明显的是人事行政，政府机构与行政官员之间是一种基于契约的雇佣关系；（2）社会要素方面。里格斯认为，在现代工业社会中，由于社会分工极为发达，社会结构高度分化，因而代表着各种不同社会利益的功能性社团也种类繁多，非常活跃，对社会生活的各个方面都产生重要影响，尤其与行政的关系非常密切，彼此之间互相影响、互相作用；（3）沟通网方面。里格斯认为，一元社会行政问题的解决是十分复杂的，它必然有许多的消息、资料需要交换、表达，这在一元化的社会里是非常有利的。因为，一元化社会中，不同的利益团体可以顺利地凝聚他们的要求，制作他们的“公共舆论”，并把他们的需要与事实促使官吏或政客的注意，而当官吏考虑执行法律，或者应该建议何种政策时，他们也能够作出相当靠得住的不同方案以及预估它们可能的结果。就执行法令来说，官吏也应当向公众说明他们的期待以及可能提供的服务等等，而凡此种种，莫不需要大量的沟通工作，这又只有在一元化社会中才是可能的；（4）符号系统方面。里格斯认为，依据“民权在民”的观点，政府的权威来自人民，政府只对人民负责。政府官员任何行为均受到民众监督，而舆论也必然对其形成一种压力。这种行为结构实质上也反映了其自身的符号系统；（5）政治构架方面。里格斯认为在现代社会，行政是服从于政治的，行政官僚的权力是有限的，是受着“非官僚权力”制约的，因此可以保证较高的行为效率。在里格斯看来，只有在“非官僚的权力”强大得足以控制，并奖惩官僚的成绩表现时，以及其执行步骤能很清晰地被规制时，我们才能期望一个高水准的行政的产出的获得。

3．棱柱型（Prismatic Model）

里格斯将介于农业社会和现代化工业社会之间的社会形态称为过渡社会，与过渡社会相适应的是棱柱型行政模式。里格斯着重探讨了发展中国家——过渡型社会的行政生态问题，其研究行政生态的直接动因是发展中国家何以不能适应西方行政模式的问题，因此他在书中着重讨论了发展中国家——过渡型社会的行政问题。由于其过渡性，故既保持着传统社会的一些特征，又具有现代社会的一些因素。在行政方面，行政行为已经渐渐与其他社会行为区分开来，但还未完全分化；专业化的机构已经建立起来，但还不能正常运作，功能有限；行政过程仍受着各种传统势力的制约等等，因而行政效率低下。这种情形，如同光进入棱柱中的折射过程，所以称为“棱柱型”模式。里格斯认为，这种“棱柱型”行政模式的一般特征为：

（1）社会的经济结构是“集市——有限市场”型。在这种社会里，虽然已有了市场化的“集市”，有了以货币为媒介的交换行为，但社会经济并未完全商品化，政治的、社会的、宗教的以及个人地位等因素仍然强烈地影响着经济行为，也就是说过渡社会的经济是一种有限的市场经济。这种经济结构的一个最明显特征是“价格不可决”，即：商品价格不完全由其价值决定，而要受到许多非经济因素，诸如交换双方的社会地位、家庭出身、名望、亲疏等因素的影响。这种“价格不可决”影响到行政方面，最突出的表现是行政职位的授予、荣誉及薪水的确定，“市场”与“身份”同时在起作用。在棱柱模式下，“职位分类”综合了职责与身份、成就与关系，既要看其能力高低、贡献大小、绩效如何，又要看其资历深浅、教育水准，以及家庭地位、社会背景乃至宗教信仰、种族肤色等等。（2）在社会要素方面。棱柱社会，家庭福利、裙带关系和偏袒在分配各种行政职务、履行行政功能方面起着非常重要的作用。过渡社会在组织形式上，家庭所扮演的角色异常重要，社团发展则较脆弱。这与传统社会类似。政府官员的任命升迁所注重的，主要不是其能力才干，而是其家庭和社会背景。（3）在沟通网方面。过渡社会的社会沟通渠道比传统社会畅通，但比现代社会的同化性程度低。（4）在政治符号系统方面，过渡社会中的传统社会的符号系统和现代社会的符号系统并存、主流的符号系统和支流的符号系统并存。（5）政治构架表现为政治权力与行政权力的分离未完成，甚至合成为一体。

总之，里格斯把棱柱社会称之为一个“非均衡政体”，在这个“非均衡政体”

里，尽管政治领导人享有宪法规定的权力，但官僚却控制了政治—行政系统。结果，在决策过程中，棱柱社会的官员比衍射社会的官员起着更重要的作用。由于权力集中在官僚主义手中，因而人们的需要和愿望往往就搁置一边了。在这种情况下，加强发展中国家的公共行政可能会阻碍政治的发展。

除了以上的一般特征外，里格斯认为棱柱型行政还具有以下三个突出的特征：

第一，异质性（Heterogeneity）。

异质性指在同一个社会中同时存在不同的行政制度、行政行为和行政风范，既有农业社会的，也有工业社会的，从而出现极不调和的现象。如在中央政府部门设置齐全，管理设施先进，而在一些边远地区却根本没有行政机构，依靠宗教组织、家族组织维持秩序。在人事上表现为优秀人才因为家族背景等原因不能进入政府机构加入政治精英集团，而导致他们的反精英行为。高度异质性的存在是棱柱社会主要的独特的特征。异质性是指极为不同的体制、习俗和观点同时存在。由于一个正好相反的观点和习俗的平行共处，因而棱柱社会的社会变革将是不协调的、不完善的，也是无反应的。异质性也把它的达魔克斯之剑直接伸到行政系统之中。

在棱柱社会里，存在拥有“复杂的”知识分子阶层、西方式的办公室和行政现代化的市区。同时存在着非常发达的通讯系统、摩天大楼、空气调节器，还存在着从事各种社会的、政治的、经济的和技术的服务的专门机构。另一方面，在农村地区，人们过着一种非常传统的生活，没有电话、电冰箱这种现代生活设备。村里的“长官们”兼负有各种政治的、行政的、社会的、经济的和宗教的任务。异质性存在于棱柱社会生活的各个方面，于是社会就呈现出一种自相矛盾的画面。在教育领域，社会在学习西方式教育方面支付了很高的额外费用，但是社会同样证明它自己对传统的私塾式教育很敏感。拥有全部现代化设备的医院能进行对抗疗法，但是神汉、巫术、家庭诊所和自然疗法中心则与之同时并存。这种不同体制的和平共处推动了社会向不同的方向发展，同时也使得作出判断成为困难。在棱柱社会，政治任命官员和行政官员享有权大的影响，并且权力和威信有助于挣钱。尽管所有的人都有同等的机会，但只有一些人才能享有足够的特权，并有希望在更高的集团中找到工作。那些不能找到工作的人会很快组成“压力集团”以反对政府，并且以某种借口煽动闹事。尽管一个政府的存在通过了正式的民主选举过程，但它并不能控制人们。掌权的那些人将尽一切努力来保护他们的利益，并紧抓权力不放。这样，人们对于那些引起社会紧张和不稳定的事实总是表示出误解和歪曲。

这个问题在一个多集团的社会里变得更加复杂。在那里，不同的集团都试图推动社会向不同的方向发展，以促进和维护他们自己的局部利益。这在亚洲、非洲和拉丁美洲的几乎所有的发展中国家中都是很明显的。缺乏一体化是构成棱柱社会的一个基本特征。在生活几乎所有方面的所有这些不同、分化不仅影响了行政系统的作用，制约了它的行动，而且给行政带来了许多问题。里格斯认为，统治阶级将一如既往地努力保护“有钱人”的利益，而不顾“穷人”的利益，这将在社会里产生革命的气氛。

第二，形式主义（Formalism）。

形式主义是指“应然”与“实然”不相符，理论与实际相脱节。如规定与描述之间，正式的权力与生效的权力之间，宪法、法律、条例所产生的效果之间，组织、统计资料与政府和社会的实际、事实之间存在的差异的程度。换句话说，它是指在正式制定的规定和有效进行的实践、规范和现实之间的差异与自相矛盾的程度以及在“既定目标”和“实际行动”之间存在不一致相差距。形式和实际之间的差异越大，一个系统内的形式主义就越多。与一个具有高度形式主义的棱柱社会相比，融合和衍射社会相对地说来具有高度的现实主义。

虽然法律、规则和条例规定了政府官员行使职权的类型，但是在他们的实际行动中，却存在着广泛的偏差。官员们有时坚持规则，但有时又忽略甚至违反它们。由于缺乏促使政府制定有计划的目标的压力，缺乏左右官僚主义计划的社会力量以及对专断行政的容忍，导致了形式主义的行为。这样，政府官员和官僚主义的行动就很难预言，表现为前后矛盾，并且随着情况的变化而变化。这种行动的原因可以归纳为职员“捞外快”的自然倾向，或者归纳为存在管理不善的可能性。这样，行政中的形式主义一般为社会中的贪污贿赂铺平道路。在泰国和菲律宾，虽然议员通过公正竞争选举产生，但是他们对政府的政策根本没有影响力，国会只是装饰品，议员们的主要工作只是任用私人，这种形式主义造成了行政权威合法性的危机。过渡社会在变迁过程中，旧有的权力基础——神圣的君主权力已经逐渐消解，替代的人民主权的权力基础没有生成起来。这种权力基础的危机影响了统治和政府管理权力的社会合法性。而这种合法性的缺乏，不仅使社会经常反抗政府的非法之治，而且官僚机构内部也因为没有主权权力者的监督和潜在的制约而很容易发生非法的权力斗争。官僚统治者只有从主权者那里获得承认，他的赤裸的权力才能被承认为合法的权威，但是人民主权的新原则并不代表泰国社会内部权力的实态。同时，由于议会不能有效地行使制定法律的权力，这使得行政官僚在政策制定中扮演着更为活跃的角色。他们努力地并且不得不努力地去影响目标与政策，这种行政对政治决策大量干预的现象，基本上动摇了行政与政治分开的原则。里格斯认为，这将在官僚集团中造成政治斗争，并由此形成多种“小帝国”。这种派别的存在致使行政的性质受到根本歪曲，任命与升迁不再取决于能力与资格，而取决于是否有利于加强对“小帝国”的控制。官僚间的政治比重越高，则诸如效率、理性等纯行政标准便可能越低。与行政政治化相关的一个现象是程序的仪式化，即过去所推行的一切法规、官僚习惯都逐渐固定成为一种内在的价值。

里格斯认为，形式主义一旦与官僚权力相接触，就会产生许多矛盾和弊病。首先，一方面官僚完完全全地墨守成规，另一方面他们则常常蔑视法令，他们可以随意作决定，而不受任何有效政治控制的约束。其次，形式主义深深地影响行政行为的品质，促使贪污腐败愈演愈重：倘若政策、法令普遍被侵犯，那么行政贪污的机会也必然会随之增加，同时在政策、法令不能得以有效贯彻、执行的情况下，老实的守法者将处于不利的地位。于是，商人行贿、行政官员待遇低、政策和法令贯彻受阻，官员受贿等现象层出不穷。再者，成就取向很有限。在过渡社会中，虽然依门第、种族、身份等关系的用人标准已经被放弃，一种以成就为取向的考试制度已经建立起来，但是，往往因为整个人事政策是不确定的，因此，要决定怎样考试才能测验一个人的真才实学，则是相当困难的，而这一时期，社会又十分重视证书与文凭，所以出现了有人专为文凭而考试的不良倾向。凡此种种，在里格斯看来均为形式主义所导致的后果。

里格斯认为，形式主义存在于社会生活的各个方面。与社会文化生活方面有关的法律通常并没有受到重视，也没有得以坚持。它们仅仅存在于政府的文件室内，并且政府也不认真负责它们的贯彻执行。在几乎所有发展中国家，社会生活中这种有法不依的情况通常是一种习惯而非例外。在解释形式主义的范围时，里格斯也提到了符合宪法的形式主义。符合宪法的形式主义是指符合宪法的原则和原则实际执行之间的差距。宪法正当地把管理权交给经选举出来的人民代表手中，但是事实上，真正的政府权力和势力则是由议会之外的某些个人和集团所拥有。宪法把制定法律的任务交给立法机关的成员，但是事实上，他们仅花了很少时间制定法律。他们更热衷于政治权力，而置他们的立法任务于不顾。在棱柱社会里，这就有利于官僚政治在制定法律时起主要作用。由于执政党或内阁内部拉帮结派。这就使得官僚们组成集团或与各种政治领袖结盟，这样，形式主义就存在于棱柱社会的每一个方面。

在过渡社会中，国家虽然有着完整的法律制度，但实际上起不到约束和规范作用，形同虚设，传统的东西在实际上仍具有巨大的影响力。如许多国家宪法规定了议会制和内阁制，但军人们常常会发动政变，宪法如同一堆废纸。

第三，重叠性（Over Tapping）。

所谓重叠性是指组织和结构上传统的与现代的重叠存在。在过渡型社会中，行政机构不能发挥其应有功能时，就不得不由一些非行政组织，如家族、宗教团体、同乡会等来完成其任务，这就造成了机构的重叠。这种机构重叠带来的恶果是使合法机构的权威性丧失，受控于非法机构，使政府官员投靠非正式组织，为其服务，造成行政行为的多元化。在行政系统内，那些被说是行政行为的东西实际上是由那些非行政标准确定的，即是由政治的、社会的、宗教的或其他的因素确定的。在融合社会里，传统的结构几乎履行了各种功能，重叠的问题并没有出现，因为在这样一个社会里，任何正式的内容也就是有效的。然而，在棱柱社会里，虽然建立了“新的或现代的”社会结构，但是事实上，旧的或未分化的结构继续控制着社会系统。虽然与衍射结构普遍联系的新的规范和社会准则可以得到正式认可，但实际上，它们只是得到了口头上的赞同并被大大地忽略了，而与非衍射社会相联系的传统社会准则却得到赞同。这样，在棱柱社会里，议会、政府机关、市场、学校等等就履行了各种行政的、政治的和经济的职能。事实上，他们的行为受到诸如家族、宗教、特权阶层这样一些传统组织的支配和影响。

在讲到棱柱社会的权力结构重叠时，里格斯说，棱柱社会包括一个与控制系统重叠的高度集权的集中的权力结构，此控制系统高度的地方化呈高度分散状态。在此，存在着权力（被正式认可的或合法的权力）和“控制”（确实的但未被正式认可的或不合法的权力）之间的分离。事实上。法律上的“权力”从属于事实上的“控制”。许多结构以一种专门方式运转，甚至常常违背建立这种结构的目的。有时，对行政缺乏主要取向的结构与对行政负责的其他具体结构一起执行行政功能。这种重叠影响了政治家与行政机关之间的关系。

里格斯认为，造成“棱柱型行政”的原因是因为其属于过渡型行政，是从“融合型”向“衍射型”转化的“变迁中”行政。而发展中国家的社会变迁受外部作用比较大，属于“外发型变迁”，所以变迁顺序多由技术层面到制度层面再到思想层面，变迁难度越来越大，在变迁过程中会出现三者显著脱节的现象，这就导致了棱柱型行政产生的环境基础。

三、发展行政思想[①]

里格斯集中讨论了棱柱模型的特质后，又重点论述了棱柱社会中的变革问题，从而提出了他的发展行政思想。

---

① 唐兴霖，《里格斯的行政生态理论述评》，《上海行政学院学报》，2000 年，第 3 期，第 24 页。

在任何社会，发展的速度主要依赖于系统中有利于变革的条件。西方社会的发展相对地经历了较长的时间跨度，因此能逐渐地调整他们的行为以达到所期望的模型。在发展的过程中，他们比当代变革的或发展中社会经历了更少的形式主义、异质性和重叠性。

一般地讲，在棱柱社会，变革的压力来自于国内外两个方面。假如这种压力主要来自于国外（以前是靠外国技术援助方案），它就可以被称为“外生的”变革；假如这种压力主要来自于国内（正常情况下是靠行政改革），它就可以被称为“内生的”变革。而且，假如这种变革是同时来自国外和国内的压力的结果它就可以称为“共生的”变革。里格斯用这种方法解释变革的窘境，认为衍射的过程越属于外生型，那么它在棱柱阶段就越具有更多的形式主义、越是异质并存；“内生”特征越多，则形式主义和异质性越少。这样，形式主义、异质性和重叠性越多，“外棱柱”的情况就越多，而变革的“内棱柱”特征就越少。这种差别的产生是因为，随着内生的变革，“有效的”行为先于新的正式的机构的建立，但是在外生的变革中，次序却颠倒过来了。当棱柱社会企图在最短的、可能的时间内吸收外来因素发动变革时，他们却面临着产生更严重的形式主义、异质性的可能性以及产生革命压力的严重性。

里格斯把发展定义为增加社会系统的自主权（处理权限）的进程，由于衍射程度的提高而成为可能。他处理权限就是在选择对象中间进行挑选的能力，而衍射是指在一个社会系统中分化和综合的程度。里格斯把分化和综合看作是发展过程中两个关键性的因素。分化意指每一种功能都具有为执行它而设立相应的、专门的机构这样一种情况的存在。综合意指一个机构连接、联合、配合、协调各种专门角色的机制。分化和综合的程度代表了发展的衍射和棱柱过程的状况。假如社会高度分化但综合程度不高它就是棱柱状态。衍射导致了发展，并且分化和综合的程度越高，发展的程度就越高；反之，分化和综合的程度越低，发展的程度就越低。同样，分化和综合之间排列不当的程度导致了不同程度的棱柱状况。里格斯提出了变革社会发展中的控制问题。这种社会正变得越来越分化，但却不能通过社会综合的机制成功地控制由这些变革所引起的问题。存在着各种被分化的角色这一事实导致了更大的混淆和混乱——除非专门化的角色互相之间能小心地协调起来。必须有一种机制把各种专门化的角色连接在一起。这样，综合变成了控制变革的基本机制。里格斯认为，训练人们去扮演现代政府的专门化的角色比综合这些角色并把它们统一起来要容易得多。只有在这些角色能得以认真地综合时，发展才成为功能。

里格斯通过分析影响分化和综合的因素，进一步地解释了他关于发展的概念。在任何国家，分化的程度依赖于技术的和非技术的因素。技术发展越快，分化的程度就越高。综合依赖于两个重要因素：渗透和参与。渗透是指一个政府在全国范围内制定和执行政策的能力。参与是指对法律的接受能力以及帮助执行政府制定法律和政策的愿望。这样，参与就有两个重要的组成部分，即人们参与的愿望和人们参与的能力。在一部分人当中，参与的愿望和能力越大，参与政府事务的程度就越高。这样，渗透和参与就能促进在发展中产生的分化结构的综合，而分化与综合的统一就意味着变革社会行政发展的实现。

里格斯的行政生态学在西方行政学发展史上所具有的重要地位，特别是他在行政学方法论方面的贡献和创造，为行政学开辟了新的领域，使行政学摆脱了那种就行政论行政，抽象地讨论行政原则，难以科学地反映和指导行政实践的学术研究作风。用一种生态的观点来考察行政，无疑这是正确的认识途径。此外，里格斯还把行政生态学的方法运用于对各种形态的社会公共行政的比较研究，开创了比较行政学这一新的学科，为行政学研究提供了一种新的方法论。里格斯的研究在东方国家的行政学界也引起了很大反响。印度亚洲出版社在该书出版后很快就出版了英文版。我国台湾商务印书馆于 1978 年出版了该书的中文版。我国台湾学者彭文显于 1988 年出版了他的著作《行政生态学》。行政生态学的研究方兴未艾，至今已经取得了可喜的成果，作为一门新兴的交叉学科、边缘学科，行政生态学有着广阔而光明的前景。

思考题

一、概念题

1. 彼得原理
2. 行政生态学

二、简答题

1. 德罗尔应对逆境的政策原则有哪些？
2. 彼得现象的特例有哪些？
3. 国家行政的生态要素有哪些？
4. 里格斯认为的三种行政生态的模式分别是什么？
5. 棱柱型行政的主要特征是什么？
6. 里格斯的发展行政思想是什么？

三、论述题

1. 试论述德罗尔政策科学研究的主要内容。
2. 论述总体政策论的主要内容。

第八章　西方行政管理学说的创新

本章重点

1. 弗雷德里克森新公共行政管理学的主要内容
2. 菲德勒权变管理思想的主要内容
3. 目标管理的操作框架
4. 政府失败说的主要内容

第一节　以弗雷德里克森等为代表的“新公共行政管理学”

新公共行政学的出现可以说是行政学历史上的一次重要转折。它打破了传统公共行政学一直以来以行政效率为核心的理念，强调实现社会公平才是公共行政的基本目标。

一、新公共行政管理学产生的背景和历史

所谓新公共行政管理学是相对于传统公共行政学而言的。传统公共行政学指的是以1887年美国威尔逊发表的《公共行政之研究》和1900年古德诺出版的《政治与行政》为标志的，以政治与行政二分和韦伯的官僚制为理论基础的，以效率至上为追求目标的，在二战之前居于主流的行政学理论。然而在二战结束之后，在整个世界范围内的政治、经济、社会、价值观念等方面都发生了翻天覆地的变化：科技迅猛发展，政府职能急剧膨胀，政府结构趋于臃肿和无效率；另一方面，科学研究的态度促使人类原有的终极信仰转变为对客观知识和工具理性的信仰，导致意义的沦丧，形成现代人内在的空虚感，促使人类社会更加功利化、世俗化；科技的发展还造成当代规范体系的混乱，原有的价值规

范丧失权威，而新的价值规范尚未形成，于是便导致了现代人对价值的无所适从。面对诸多领域的巨大变化，传统公共行政学理论再也无法有效地指导政府如何去解释和解决上述问题的出现。因为传统行政学理论是实证科学的产物，它也就无法应付现代科技的发展所导致的诸多社会问题带来的危机。但是同时，传统公共行政学陷入危机也为以弗雷德里克森为代表的新公共行政学的产生创造了可能性和必要性。也正是在这样的历史背景下，随着 1968 年以弗雷德里克森为代表的明诺布鲁克广场会议的召开和《明诺布鲁克——走向一种新公共行政学》论文集的出版，社会公平理论在全世界的兴起等一系列的事件的发生，以弗雷德里克森为代表的新公共行政学产生，并成为二战之后的主流行政学理论。

明诺布鲁克广场会议是由锡拉丘兹大学麦克思韦尔公民与公共事务学院的瓦尔多（Dwight Waldo）教授发起的，1967 年，他认识到，由于这些骚动的年代，公共行政已经发生变化。他希望更好地理解这些变化对公共行政造成的影响，以及这些变化与二战后六十年代前的变化有何不同。瓦尔多感兴趣于比较两类人在价值观和看问题的角度方面的趋势和差异：一是六十年代进入公共行政领域的人，二是那些经历了三十年代大萧条、二战、朝鲜战争和实用政府的人。瓦尔多得到他的年青同事夫里德利克圣、马诺力（Marini）和莱牧布莱特（Lambright）的支持。为了更好地了解青年学者看问题的角度，他们所组织的明诺布鲁克会议只邀请六十年代进入公共行政领域的学者和官员，其中包括弗雷德里克森。瓦尔多让 12 位参会代表提交论文，以便讨论和分析当代公共行政面临的问题。会议在锡拉丘兹大学的明诺布鲁克会议中心召开，时间是 1968 年 9 月 3 日至 7 日。参会代表辩论、批判和分析源于这些论文、会议和讨论所产生的不同主题。会议结束后的几年时间里这方面的著述增多，讨论持续不断地进行，开辟了公共行政新的角度和眼界。这些论文和书籍现在被统称为新公共行政。会议的成果后来被称为明诺布鲁克视野。会议抓住了青年学者理论探讨和研究角度的实质，这些学者察觉到美国民主的失败，强调了最为显著的价值观（社会公平、代表性、响应、参与和社会责任感）的重要性，会议的成果集中体现在《明诺布鲁克——走向一种新公共行政学》论文集之中。

新公共行政所提出的价值观念不仅给公共行政打上了深深的烙印，而且也改变了公共行政。几乎所有的主要大学都开设公共行政教育项目，硕士点相继设立，并且成为那些欲在政府中谋职者的敲门砖。新的杂志创办了，分支领域的研究也变得繁荣。公共行政领域的重心也从机构的管理转移到政策科学。政策问题与政府机构的效率同等重要（甚至更为重要）。公共政策的研究繁荣起来并在政府内获得了动力。

第一次明诺布鲁克会议20年之后,另一群学者与研究人员聚集在明诺布鲁克会议中心重新审视六十年代的观点。评论这20年的变化以及对公共行政当前和未来的影响。1987年春，在波士顿（Boston）召开的美国行政学年会上，第一次明诺布鲁克会议的参加者讨论了组织第二次明诺布鲁克会议的设想。所有第一次明诺布鲁克会议的参会者都受到了邀请,并邀请了这20年间对公共行政学领域作出杰出贡献的人士。1988年明诺布鲁克会议有66人参加，会议提供了比较六十年代与八十年代理论与研究视角异同的良好机会，并且讨论和决定了这些对比的观点是如何影响这一时期的公共行政行为的。六十年代与八十年代群体的主要差异被认识到。八十年代的女性人数明显增加。1968年只有1名女性参会，而1988年有14名女性参会。这一变化被认为是肯定行动的结果。不过，少数民族的代表人数在1988年下降了。参会者的年龄也有较大的差异。1968年参会者的年龄在35岁左右，1988年参会者的年龄大都在40多岁至50多岁。这表明不少人是在其他领域工作一段时间后再进入公共行政领域。他们受教育的背景也不尽相同。六十年代群体主要是学政治学出身，而八十年代群体的学业背景差异较大，包括政策科学、经济学、城市研究和法律。1988年会议包括了许多与第一次明诺布鲁克会议相同的主题，主要有道德、社会公平、人际关系与民主的协调以及对整个领域的关心。其他题目不像1968年那样鲜明，如领导艺术、宪法性、合法性、技术、政策与经济观点。与1968年会议不同，第二次明诺布鲁克会议有意总结、比较并得出结论。第二次明诺布鲁克会议考虑了十一个主题，这些主题可分为两部分，前五个主题提供了历史地与明诺布鲁克会议对照的观点。后六个主题集中于当时（1988）和未来公共行政的见解，这十一个主题是：1. 1968年所出现的不满足于现状的见解不再是临时性的。对社会公平的见解相似，并且接受这样的看法，即社会公平与现实接近；2. 强烈关注民主价值及其在公共行政的核心地位；3. 持续进行价值观与行为观的争论；4. 社会多元化并体现于就业构成的观点成为本次会议的基本价值取向。性别多元化清晰地成为1988年的主题；5. 本次明诺布鲁克会议的声音是乐观的，对比于六十年代感觉无希望的处境，参会者感觉到了在九十年代“有限的希望”；6. 对近期的看法和革新的预期更符合现实；7. 公共行政在处理其多学科根基的问题上遇到了障碍，并辩论了公共行政职业中民族中立的问题；8. 尽管接受了私有化的观点，资本主义（商业和企业）却受到藐视；9. 对公共人事系统限制的不耐烦情绪比较明显；10. 不愿意涉及技术及进步，认为技术进步是一种错误而不是改善公共服务的一种工具；11. 尽管是公共行政在政策制定中的作用，参会者不愿意进一步探讨政府该做什么，政治与行政的二分法仍然有其市场①。

之后，新公共行政学的思想得到了越来越多人的重视，为行政学的研究提供了新的重要研究视角。

二、弗雷德里克森新公共行政管理学的主要内容

弗雷德里克森（H. G. Frederickson 1934— ）是美国新公共行政学思想的主要代表人物之一。他对传统公共行政思想提出了激烈的批评，并适应时代发展和社会需要，阐述了新公共行政学的基本思想。由于他在美国公共行政学发展中的重要作用，所以于 1977 年当选为美国公共行政学会主席。弗雷德里克森的著作及学术论文主要有：《论新公共行政学》（论文，1971 年）、《社会公平和公共行政》（1974 年）、《新公共行政学沿革》（1977 年）和《新公共行政学》（1980 年）等。

弗雷德里克森新公共行政学思想集中体现在以上这些论文和著作之中，概括起来主要包括以下几个方面的内容：

（一）对传统公共行政的批判

之所以称为新公共行政学，是因为该理论的创立是建立在对传统行政学理论的全面批判的基础之上的。最主要的是对传统公共行政学的重要理论基础进行的批判。

首先是对政治与行政二分思想的批判。严格说起来，自威尔逊和古德诺相继提出和完善政治与行政二分思想之后，就不断遭到行政学者的批判，诸如罗伯特·达尔提出的“政治与行政二分所导致的三个问题”，赫伯特·西蒙的“行政谚语论”等。但很多学者的出发点往往局限于政治与行政本身能否二分，而以弗雷德里克森为代表的新公共行政学思想对政治与行政二分的批判着眼于所导致的“价值中立的不可能性”。他们指出，由于传统行政学的政治与行政二分法观念使得行政学的研究局限在一个非常狭窄的领域内，尤其把研究焦点放在行政机关预算、认识、组织以及大量其他的所谓“中性”的问题上，相反却很少重视与社会、政治密切相关的政策制定和政策分析等问题的研究，致使公共行政游离于社会政治现实之外，远远不能满足解决社会问题、处理好社会危机的需要。政治—行政二分法缺乏一种经验证明，因为很明显，行政管理者不仅要执行政策，而且还要制定政策。政治—行政的连续性更准确地说是以经验为根

① ［美］康特妮·马克·霍哲，《新公共行政：追求社会公平与民主价值》，《中国行政管理》，2001 年，第 2 期，第 47 页。

据的。但是，它仅仅是以未经证明的理论在进行辩论。新公共行政学试图以这样一种方式来做出回答：行政管理者不是中性的。应责成他们承担起责任，把出色的管理和社会公平作为社会准则、需要完成的事情或者基本原理。基于此，他们认为，政治与行政二分只是一种理论虚构，而在现实的政治与行政运行中，行政体系游离于政策制定之外的状况是根本不存在的。

其次是对单纯追求效率的批判。传统的公共行政价值体系以效率、经济为核心，20世纪以来，由于政府资源的有限性和人民需求的日益增长，效率和经济观念逐渐在公共行政的理论研究和实际工作中得到广泛应用，在这一时期内，这种价值体系满足了“行政国家”对经济和效率追求的内在需要。在新公共行政之前，行政学者往往立足行政效率，关注经济，专注于成本效益分析，将公共行政当成政府目标完成过程中的管理者和材料，将公共行政定义为达到治理目的的载体与工具。在这种理论前提下，绩效评估以产出作为决策的基础，即假设某一方案的选择要基于对资源的有效利用。在弗雷德里克森等人看来，传统行政学所追求的效率是一种“机械性效率”，即在逻辑实证主义的指导下，可以用具体数字表示的投入与产出之间的比率，过分强调以最小的投入获得最大程度的产出。传统公共行政学的这种效率观将效率视为基本价值，强调非人性化和客观化的所谓理性效率，促使组织对人与人之间的互动采取机械性的控制，人与人之间变成了工具般的相互操纵，从而造成了行政组织与服务目标的隔阂与疏远，失去了组织本应承担的社会价值和责任，而在事实上这种效率观常常导致事实上的低效率甚至是无效率。此外，由于对社会公平的漠视，效率至上观指导下的政府行为往往促使社会上有组织者、有权势者以及既得利益者受益最多，而造成越来越多而且差距日益增大的不公平、不平等现象。

除了以上对传统公共行政的两个方面的批判外，新公共行政学者还对传统公共行政的责任体系进行了批判，认为，传统公共行政模式下的官僚制组织的责任通常仅仅意味着对政治领导者负责，而政治领导者则对外界负责[①]。这产生了两个明显的弊端：一是政治领导者的政治负担过重，不得不过多地干预行政事务；二是弱化了官僚组织在管理绩效和成就方面的责任，不利于行政效率的提高。

（二）重塑社会公平

基于对传统行政学理论的全面批判，以弗雷德里克森为代表的新公共行政

① ［澳］欧文·E.休斯著，《公共管理导论》，彭和平等译，北京：中国人民大学出版社，2001年，第264页。

学理论提出了自己的基本主张。如前所述，传统的公共行政学是把效率和经济作为公共行政的两个基本原则：所谓效率是指利用有限的资源提供更多更好的服务；所谓经济是指花费更少的资金保持和提高服务水平。在传统的公共行政学的视野中，经济特别是效率无庸质疑是公共行政的出发点和终极目标。而以弗雷德里克森为代表的新公共行政学派则明确提出，经济和效率虽然是公共行政的价值和追求的目标之一，但决不是其核心价值，更不是终极的价值准则。他们提出要以社会性效率来取代经济性效率，提倡要扬弃政治与行政的二分。最核心的价值理念就是对社会公平价值观的提倡，认为公共行政的核心价值在于社会公平，在于促进公民社会所拥有的、以社会公平为核心的基本价值。

何为社会公平？最早提出“公平”概念的是美国心理学家亚当斯。但他提出的公平还不是我们今天看到的新公共行政学派所理解的公平。弗雷德里克森在其代表作《新公共行政学》一书中就明确指出：公平意味着人与人之间的一种公正、正当和公道的精神或习性，它与自然权力或正义同义。社会公平包含着对组织设计和管理形态在内的一系列价值取向的选择；社会公平强调政府提供服务的平等性；公共管理者在决策和组织推行过程中的责任和义务。总之，倡导公共行政的社会公平是要推动政治权力以及经济福利转向社会中那些缺乏政治、经济资源支持，处于劣势地位的人们。由此可见，新公共行政学不仅对“社会公平”作出了更为具体的独特的理解，还将其视作公共行政的“公共目的”赋予它作为核心价值的意义。社会公平价值观的引入，否定传统行政片面追求效率、经济，而忽视公平这一首要价值的理论体系，将使全社会，尤其是为社会的最少受惠者提供公平的公共服务，这个“社会公平”价值全面运用到当代公共行政管理的理论与实践中。新公共行政学派认为，社会公平的价值观有效地指导政府官员的行为，明确官员及其组织的行为必须保障公民基本平等自由权的实现。

新公共行政从其社会正义和社会公平的理论基点出发，认为民主行政是实现其社会公平价值观的有效形式。为此，新公共行政学特别主张突出政府管理的“公共”性质。他们从当时的社会背景出发，认为“公共性”是政府管理与企业管理的根本区别。由于公共的实质意义就在于代表公共利益，与此相一致，政府应实行民主行政。出于实现公共利益和时代发展的需要，新公共行政学者主张构建新型的政府组织形态并重新审视组织的运做过程。他们认为，由于其本身的特性，传统的公共行政组织已经造就了一种超稳定的能力，政府因此失去了必要的同情心和敏感性。同时，行政组织的呆板、僵化与激变的社会变革形成了巨大的反差，因而，行政组织的变革势在必行。新公共行政学者关于新的政府组织形态的设计方案主要基于两个目标：顾客导向和回应能力。在此基础上，提出了包括行政分权模型、居民控制模型、联盟模型和讨价还价模型在内的多种行政组织形态。

（三）组织理论

以弗雷德里克森为代表的新公共行政学者指出，传统的公共行政注重研究行政组织本身，特别是研究政府内部的组织与管理，如人事、预算、编制，而且理论上太空洞，像决策、角色、群体等中层范围内的理论虽然理论性较强，且表现出了更多的实证性，但他们还是倾向于只强调公共组织的内部动力。而新公共行政学要求从一种完全不同的角度对行政现象进行分解，以便更好地理解它。新公共行政学认为，在公共组织中有四种基本运作过程，更进一步地认为这些过程适于理解和改进公共行政。这四个过程是：

1．分配过程。弗雷德里克森认为，新公共行政学必须关心分配形式，因为分配过程对社会公平的实现是非常重要的，并高度关注在政府服务权限内分配平等问题，并提出这样的问题：地方教育委员会是不是把教育平等地分配给各学校和其所辖地区的在校学生，如果不平等存在，那么这种不平等是有益的还是无益的？环境卫生服务是不是平等地分布于城市的每个街头区，如果是不平等地分布，那么这种不平等表现在哪里，怎样使其合理化？州和联邦的援助是不是平等地分配，如果不是，怎样使其合理化？必须依据从公共行政项目实施中获得的效益，来处理对特定类别人提供物品和服务的外部分配问题。成本——效用或成本——效益分析是试图理解分配过程结果的主要技术，这种分析形式意味着测定特定公共行政项目的个人效用。因为这种分析试图使可抉择项目的可能成本和效益具体化，所以它是新公共行政学的核心内容。这种方法之所以成为中心内容，是因为它对理解平等问题提供了一种科学的或准科学的手段，它也为再分配提供了一种适宜的或经典的行政管理原理。成本——效用分析是有效的手段，通过它能说明不平等问题。它是一种工具，通过它立法机构和顽固的官僚机构能有理由公开地为其分配决策辩护。而组织内部分配形式是组织理论的系统内容，组织内部对资金、人力、地位、空间和优先权的竞争是组织理论的重要成分，由此引发的分配过程的分析必然和组织的决策方式联系在一起。

2．整合过程。所谓整合过程是指协调公共行政管理组织中人的工作的过程，特别是不同层级之间的协调问题。弗雷德里克森提出了几种整合传统层级机构的手段：第一种或许是最知名的方法是矩阵技术或规划技术。从定义角度看，项目规划是暂时的。项目规划经理及其同事是一个工作班组，该班组试图利用一个不断发展的组织中正规确定层级的各种便利服务。在项目规划期间，项目规划经理必须从组织的技术层级中得到技术服务，从人事机构中得到有关人事服务，从预算部门得到预算服务等等。如果项目规划方法不是代表对项目工程的很高水平的支持，那么它是无效的。在项目规划要求与确定层级的生存要求之间存在冲突时，高层管理决策必须都有利于项目规划。项目规划的主要优点当然在于它有决定性作用，官僚机构难以维系或自我崩溃，都取决于项目规划。项目规划的概念在与“以前”的硬件、研究与开发或资本改良努力相联系时，就显得特别有用。这概念在工程界相当熟悉，而且在理论上能够应用于许多技术性小的社会问题。项目规划技术，作为一种工具能监督和协调政府与企业签署的合同。其他的整合层级的方法有：群体决策模式、联系枢纽功能法和所谓的辩证组织方法。当然，分权方法肯定是最基本的改变层级的方法。

对这几种方法的开发和实验是新公共行政学的基本内容。寻找相对非结构的、非正式的和非权威的整合技术也是新公共行政强调的。从长远角度看，相对非正式的和非权威的整合技术可能证明是更有效率的和经济的。当然，他们也看到，由新公共行政学倡导的相对非正式整合过程存在两个严重问题：第一，照这样发展下去，会缺乏作为项目建构者的公共行政专家。新公共行政官员接受的培训是作为变革代理人和非正式的、分权的、整合的过程的倡导者，可能没有能力建构和维持大型的、永久性的组织。这个问题可能不是一个严重的问题，因为几个专业领域（教育、执法机构、福利等等）中的行政官员通常是有能力的组织建构者，或至少是维护者，所以一名公共行政专家能够全神贯注于由别人建构的层级的变动或调整；第二个问题是在相对非正式、整合的组织中高层与低层行政官员之间有潜在的冲突。在描述行政管理的分配过程时，十分清楚地知道高层行政官员中是强硬的和专断的。在对整合过程的描述中，对扩大基层组织自主程度有显著的偏爱。在理论上，只有一种方式可迁就这种矛盾，该方式是通过组织设计。在组织设计中，高层行政官员被看成是政策倡导者及一般政策评论员。如果他们对政策应用中的变化相当宽容，那么能相信组织的中低层在项目申请中可运用解释性的、很宽的特许要求。可以肯定这种迁就是微弱的，但是组织中高低层的关系仍是个行政管理问题。过去对这些问题的解决曾倾向于符合权威层级上层、立法机构一些部门和有势力的利益集团的利益。新公共行政学探求一种手段，通过它能够有利于组织的低层和相对无势力的少数民族。

3. 边际交换过程。边际交换过程描述了公共行政组织与它的关联群体及对象之间的一般关系。这些关联群体是立法机构、被选出的行政长官、铺助参谋机构、服务对象以及有组织的利益集团。边际交换过程也说明联邦制度中各级政府之间的关系。由于公共行政组织发现他们处于一个竞争的政治、经济和社会环境之中，所以他们寻求支持。弗雷德里克森指出：边际交换过程是这样进行的，首先找到一个与立法机构一起扮演倡议角色的对象，然后在行政管理机构与立法机构关键人物或委员会之间发展一种共生关系，最后尽可能建构和维持永久性的组织；而且未来的组织理论必须包含下面的边际交换方式，即需要服务对象更多地参与，来代表目前还没有参与的少数群体。

4．社会情感过程。所谓社会情感过程，实际上是一种社会情感训练的过程，如普通使用的敏感训练、T 技术，或“组织发展”等技术。弗雷德里克森认为，这些敏感技术与刚刚讨论过的分配、整合和边际交换过程是相似的。他还指出，社会情感训练技术是行政管理变革的基本工具，这些技术迄今一直用于加强或改变已确立的和继续发展的官僚机构；今后，期望同样的技术会被利用，以促进分权化的和可能项目的组织形式的发展。社会情感训练能使行政人员降低对权威层级的依赖，能接受各种风险的挑战，也能对各方袭来的冲突采取宽容大度的态度，以提高行政机构整体适应各种社会环境的能力。

客观地说，以弗雷德里克森为代表的新公共行政学思想的创立是对自威尔逊、古德诺开创行政学以来、西方行政学历史上一次广泛而较大规模的理论变革与创新。他们对传统公共行政学存在的问题的批判，对经济性效率和政治与行政二分的否定与对社会公平价值观念的倡导，尤其是他们对传统行政学中的基本研究范式——威尔逊—韦伯范式的突破与创新，在公共行政学的历史发展中起到了相当重要的作用。

从理论方面来看，新公共行政学最大的贡献就是超越了实证主义的研究模式。他们成功借鉴和运用了解释学方法和批判理论，强调民主行政下的有效沟通和意识形态的解放，着眼于对意义和价值的关注，显然摆脱了传统“理性模式”的束缚。其次，迈开了公共行政学独立发展的步伐。在二战结束到上世纪七十年代左右，行政学的发展已经沦为政治学与管理学的附庸；自七十年代以弗雷德里克森为代表的新公共行政学派兴起之后，便不再局限于对制度和技术的研究定向，并且试图从政治学和管理学中独立出来；再次，新公共行政学扩大了公共行政的领域范围。新公共行政学认真细致地研究和界定了“公共”的意义和范围，着眼于建立公共哲学，倡导民主行政，同时也扩大了公共行政实际工作者的权力和责任。第四，深化了公共行政教育的内容。传统的公共行政学理论指导下培养行政管理人员的目标是“高效率的机器人”，而新公共行政学则强调应当培养具有对社会负责任、摒弃价值中立的行政通才；从行政实践方面来看，新公共行政学基于社会公平原则提出的诸如减少层级节制、分权、参与、民主行政、对社会民众的需求做出有效回应以及面对面的沟通等观念和主张，从公共服务的平等分配、公务员权力的解放、利益与价值代表的多元化、参与观念的增强，到人事行政的分权化等方面，均对当代美国政府及其行政管理产生了重大而深远的影响。在上个世纪的70到80年代，美国公共部门的改革正如以弗雷德里克森为代表的新公共行政学派预料的那样展开着，政府部门广泛推行全面质量管理运动，倡导政府部门积极寻求公众的基本需求，尽量改善服务质量，以及至今都方兴未艾的政府再造运动等等。

第二节　菲德勒的权变领导理论

权变管理强调在管理的过程中，要保证管理工作的高效率，在环境条件、管理对象和管理目标三者发生变化时，施加影响和作用的种类和程度也应有所变化，即管理手段和方式也应发生变化。权变管理理论的创始人是美国著名管理学家弗雷德·菲德勒（Fred E. Fiedler）。

菲德勒出生于1912年，美国当代著名心理学和管理专家，美国华盛顿大学心理与管理学教授，兼任荷兰阿姆斯特丹大学和比利时卢万大学客座教授。菲德勒在芝加哥大学获得博士学位，毕业后留校任教。1951年移居伊利诺伊州，担任伊利诺伊大学心理学教授和群体效能研究实验室主任，直到1969年前往华盛顿。菲德勒现为美国华盛顿大学心理学与管理学教授。他从1951年起由管理心理学和实证环境分析两方面研究领导学，七十年代提出了“权变领导理论”。“权变管理”的思想打破了传统企业管理中所提倡的普遍性管理原理。“没有最好的，只有适合的”就是权变管理的核心思想。这种理论开创了西方领导学理论的一个新阶段，使以往盛行的领导形态学理论研究转向了领导动态学研究的新轨道，对以后的管理思想发展产生了重要影响。权变管理认为并不存在一种适用于各种情况的普适的管理原则和方法，管理只能依据各种具体的情况行事。管理人员的任务就是研究组织外部的经营环境和内部的各种因素，弄清这些因素之间的关系及其发展趋势，从而决定采用哪些适宜的管理模式和方法。他的主要著作和论文包括《一种领导效能理论》（1967），《让工作适应管理者》（1965）、《权变模型——领导效用的新方向》（1974），以及《领导游戏：人与环境的匹配》等。

权变理论学派是在七十年代形成的一个管理学派，他们把企业看成一个受外界环境影响并且也对外界环境施加影响的开放系统，他们也认为管理中要根据企业所处的环境条件等的变化而相应地作改变。美国学者卢桑斯（F. Luthans）在1976年出版的《管理导论：一种权变学》，系统地介绍了权变理论的内容。这种理论开创了西方领导理论的一个新阶段，使以往盛行的领导形态学理论研究转向了领导动态学研究的新方向。在管理对象和管理目标保持不变而环境发生变化时，原有的管理方式已经不适应新的环境条件了，因此管理方式就要改变。当管理对象发生变化而其他的两个没有改变时，管理所施加影响和作用的接受者已经发生了变化，在这种情况下就很难达到预定的管理目标，因此管理方式也要改变。

卢桑斯的权变管理理论思想

权变理论的兴起有其深刻的历史背景，七十年代的美国，社会不安、经济动荡、政治骚动达到空前的程度，石油危机对西方社会产生了深远的影响，企业所处的环境很不确定。但以往的管理理论，如科学管理理论、行为科学理论等，主要侧重于研究加强企业内部组织的管理，而且以往的管理理论大多都在追求普遍适用的、最合理的模式与原则，而这些管理理论在解决企业面临瞬息万变的外部环境时又显得无能为力。正是在这种情况下，人们不再相信管理会有一种最好的行事方式，而是必须随机制宜地处理管理问题，于是形成一种管理取决于所处环境状况的理论，即权变理论。1976年，卢桑斯出版了《管理导论：一种权变学》，系统地介绍了权变理论的内容：

一、权变理论就是要把环境对管理的作用具体化，并使管理理论与管理实践紧密地联系起来；二、环境是自变量，而管理的观念和技术是因变量。这就是说，如果存在某种环境条件下，对于更快地达到目标来说，就要采用某种管理原理、方法和技术。比如，如果在经济衰退时期，企业在供过于求的市场中经营，采用集权的组织结构，就更适于达到组织目标；如果在经济繁荣时期，在供不应求的市场中经营，那么采用分权的组织结构可能会更好一些；三、权变管理理论的核心内容是环境变量与管理变量之间的函数关系就是权变关系。环境可分为外部环境和内部环境。外部环境又可以分为两种：一种是由社会、技术、经济和政治、法律等所组成；另一种是由供应者、顾客、竞争者、雇员、股东等组成。内部环境基本上是正式组织系统，它的各个变量与外部环境各变量之间是相互关联的。

引自姜杰等编著：《西方行政管理史》，北京大学出版社，2007 年，第 169 页。

一、权变的含义

菲德勒权变理论的思想核心就是：改变环境以改变领导的思想。一个组织的成功和失败在很大程度上取决于它的管理人员的素质。如何寻找最佳的领导者是一个十分重要的问题，但是更重要的是如何改变环境以更好地发挥管理人员的才能。要求企业进行权变管理的因素有很多。首先，企业的环境进行着不断的变化，随着时间的推移，企业的规模会变大或者变小，企业或者会进入到一个新的行业，或者也会退回到一个旧的行业，人们的生活水平不断提高，员工的知识文化素养也在不断提高，竞争对手可能采取了一项新的举措，企业就要做出相应的调整等等，这些都要求企业要根据具体的不同的环境来进行管理。没有一成不变的管理，很多情况都在变化，管理方式也应该随着这些变化而改变。菲德勒指出，企业管理中，权变可以从以下三个方面的意义来理解：

1. 时间上的含义。在时间上，权变指的是随着时间的推移而导致企业环境条件的变化，从而引起管理方式和手段的变化。比如由于时间的发展，导致的经济的发展，人民生活水平的提高，竞争的加剧和技术的更新等等，人们受教育程度的提高，劳动者的综合素质也就提高了，员工就要求更加宽松的管理环境，要实行人性的管理方式。随着时间的流逝，新时代的管理方式比旧时代的一般都有很大的进步。管理者自身也会因为时间的增长、阅历的增加而在管理方式上有所改变。

2. 空间上的含义。在空间上，权变指企业所处的环境不同，或者管理者所处的环境不同——来到了一个新的企业，或者在原有的职位上进行了提升等导致管理方式和手段发生变化。同一个管理者，管理职位不同，他的管理方式也就不同。所处的职位越高，与高层接触的机会也就越多，与下面普通员工密切接触的机会也就越少。另外，由于企业所处的行业的不同，整个行业的经济状况和员工的士气不同，竞争的激烈程度不同等等，都会影响到管理者的管理行为。

3. 对象上的含义。对象指的是管理对象。在这一方面，权变指的是管理者因下属的多样性和变化性而相应地在管理方式和手段上进行改变。现在人们的受教育程度普遍提高了，对下属的管理方式，比泰勒时代的方式要变化很多。而且不同员工的文化素质观点成熟度、个性等方面都存在差异，对于不同的员工，要用不同的沟通方式和激励方式。

二、权变的原则

权变的原则就是变化的原则，即管理方式和管理手段随着管理的条件和管理的对象的变化而变化。菲德勒给出了权变的含义后，也指出了权变管理应遵循的原则：

1．相对稳定的原则。环境总是在不断地变化着，但是管理方式和管理手段却不能随意变化。过度频繁变化的管理方式一方面消耗管理者的精力，另一方面，这也会让员工觉得无所适从，不知道该怎样去适应领导者了。当然，这也不是说领导者的管理方式就是一成不变的，那样也不行。当环境有了较大的变化时，风格也要变，否则不适应环境，这里只是说，风格不能过度地频繁地变动。

2．考虑重点，兼顾一般的原则。影响领导者管理风格的因素有很多，外部的竞争环境、企业的组织结构、员工的素质和能力、管理者自身的个性、企业的规模等等都会影响到管理者的管理方式。有时候，这些影响因素对风格的影响并不是一致的。有的因素需要领导者采用关系型领导方式，而另外一些因素则需要领导者采用任务型领导方式。

3．试验性原则。有的时候，很难判断哪种管理方式最好，这时候最好的办法是试验。通过不同管理方式的试验来判断哪种管理方式最合适。在试验的时候，管理者不可以忽略与下属员工的沟通，通过这样的沟通来了解员工对管理者管理方式的建议，这样他们的管理方式就容易被员工接受。管理环境的变化是决定管理者采用权变原则的一个关键因素。无论是企业内部的环境发生了变化，还是企业外部的环境发生了变化，管理的方式和手段都要发生变化。这就是管理工作的试验性原则。

三、有效领导的权变模型

在许多研究者仍然争论究竟哪一种领导风格更为有效时，菲德勒已经把自己的研究方向转移到更重要的问题上了：民主和专制这两种领导方式各自适合什么样的环境？菲德勒认为企业的领导人对企业的成功与失败的影响是非常大的，如何寻找一个好的管理者是一个非常重要的问题，但是如何发挥领导人的才能，是一个更为重要的任务。菲德勒在大量研究的基础上提出了有效领导的权变模型，他认为任何领导形态均可能有效，其有效性完全取决于所处的环境是否适合，菲德勒剥离出影响领导形态有效性的以下三个环境因素：一是领导者——成员的关系。即领导者是否受到下级的喜爱、尊敬和信任，是否能吸引并使下级愿意追随他；二是职位权利。即领导者所处的职位能提供的权力和权威是否明确充分，在上级和整个组织中所得到的支持是否有力，对雇佣、解雇、纪律、晋升和增加工资的影响程度大小；三是任务结构。指工作团体要完成的任务是否明确，有无含糊不清之处，其规范和程序化程度如何。菲德勒模型利用上面三个权变变量来评估情境。领导者与成员关系或好或差，任务结构或高或低，职位权力或强或弱，三项权变变量总和起来，便得到八种不同的情境或类型，每个领导者都可以从中找到自己的位置。

菲德勒自1951年起从管理心理学和实证环境两方面分析研究领导学，他的理论对后来的领导学和管理学的发展产生了重要的影响。招聘领导人时，传统的企业一般是通过招聘、选拔和培训。但是菲德勒认为，依靠培训使领导者的个性适合管理工作的要求时，这种做法从来没有取得过真正的成功。相比之下，改变领导者所处的环境要比改变领导者的风格要容易得多。可行的做法是改变工作环境来适应人而不是改变人来适应环境。菲德勒相信影响领导成功的关键因素之一是个体的基本领导风格。一个领导者对他的同事和下属的看法会影响他们之间的关系。如果领导者认为自己的下属友好、热情并且善于合作，那么他们之间的关系会更加和谐，反之，如果领导者认为自己的下属冷淡，不善于合作、没有能力等，那么他们之间的关系会越来越差。到底领导者怎样看待他的同事和下属呢？这与领导者的个性有关系。每一个领导者都有一个特定的自我，由他们特有的知识水平和品质个性来决定。这同他的年龄、经历和职位等都有关系。为了发现领导者对其他人的看法到底如何，这个领导者到底属于哪种领导风格，菲德勒设计了最不喜欢同事（LPC）调查问卷（如右表所示），问卷分为16个项目，由16组对应形容词构成，分为1到8个等级。作答者要先回想一下自己共过事的所有同事，并找出一个最不喜欢的同事，在16组形容词中按1～8等级对他进行评估。把16个项目的总分数加起来除以16，就得出了“相反方面类似点”的分数。

菲德勒的LPC问卷表

不快乐	——12345678——	快乐
不友善	——12345678——	友善
拒绝	——12345678——	接纳
无益	——12345678——	有益
不热情	——12345678——	热情
紧张	——12345678——	轻松
疏远	——12345678——	亲密
冷漠	——12345678——	热心
不合作	——12345678——	合作
敌意	——12345678——	支持
无聊	——12345678——	有趣
好争	——12345678——	融洽
犹豫	——12345678——	自信
低效	——12345678——	高效
郁闷	——12345678——	开朗
防备	——12345678——	开放

这个问卷的最后得分可以用来测定一个领导人对其他人的态度，也可以说是测定情感上或心理上的距离。菲德勒运用 LPC 问卷将绝大多数作答者划分为两种领导风格，也有一小部分处于两者之间，很难勾勒。如果以相对积极的词汇描述最不喜欢同事，则他的 LPC 得分高，一般在 4.1～5.7 之间，这个领导就很乐于与同事形成良好的人际关系，他是以人际关系为中心的，乐意与别人建立良好的人际关系，是关系取向型领导。这种人对同事和下属往往持谅解和支持的态度。相反，如果分数得出来在 1.2～2.2 之间，则说明他对同事的看法很消极，也说明作答者可能更关注生产，就称为任务取向型。这种领导是以任务为中心的，他所关心的是工作任务的完成，即使因为工作任务而损害了人们之间的关系也会在所不惜。这类领导者重视的是通过完成任务来满足他们的自尊心。另外，下属的成熟度也会对管理方式的选择有影响。下属的工作技能越高，各种文化素质越好，就说明下属的成熟度越高。反之，他们的成熟度就很低。对于高成熟度的下属，适合采用比较宽松的、能够让他们自由发挥才能的管理方式，也就是关系型管理。反之，则适合采用任务型管理方式，此时下属的知识文化水平比较低，管理者要做的就是下达命令，让他们按照固定的规章制度来操作就行了。企业中的管理者应该具有极强的适应性，而合适的领导人有时候是很难找到的。以前的时候，似乎有很多好的领导者，他们一个个都很有领导才能，前程远大，而且人数众多，企业可以随时找到。但现在就不是这种情形了，这种人不可少而且还不好找，不可能一夜之间就找到他们的替代者。如果这些人的管理风格同企业的环境不相适应的话，那就只有改变工作环境去适合他们的领导方式了。这也就是菲德勒的权变的领导理论的核心内容，也就是如何去改变环境来适应领导者的风格。菲德勒说：“管理者应当学会分析和识别工作环境，然后就可以将下面的管理人员分配到适合他的风格的环境中去工作。每个环境到底需要什么样的管理风格，取决于环境对管理者的有利程度，而这种程度是由若干因素决定的。……显然，改变这些环境因素要比调换下级经理或者是改变他们的工作作风要容易得多[①]。”

菲德勒认为领导风格是与生俱来的——你不可能改变你的风格去适应变化的情境。因此提高领导者的有效性实际上只有两条途径：（1）你可以替换领导者以适应环境。比如，如果群体所处的情境被评估为十分不利，而目前又是一个关系取向的管理者进行领导，那么替换一个任务取向的管理者则能提高群体绩效。（2）改变情境以适应领导者。菲德勒提出了一些改善领导者——成员关

① ［美］菲德勒、加西亚著，《领导效能新论》，何威等译，北京三联书店，1989 年，第 100 页。

系职位权力和任务结构的建议。领导者与下属之间的关系可以通过改组下属组成加以改善，使下属的经历、技术专长和文化水平更为合适；任务结构可以通过详细布置工作内容而使其更加定型化，也可以对工作只做一般性指示而使其非程序化，领导的职位权力可以通过变更职位充分授权，或明确宣布职权而增加其权威性。菲德勒模型强调为了领导有效需要采取什么样的领导行为，而不是从领导者的素质出发强调应当具有什么样的行为，这为领导理论的研究开辟了新方向。菲德勒模型表明，并不存在着一种绝对的最好的领导形态，企业领导者必须具有适应力，自行适应变化的情境。同时也提示管理层必须根据实际情况选用合适的领导者。

菲德勒模型的效用已经得到大量研究的验证，虽然在模型的应用方面仍存在一些问题，比如 LPC 量表的分数不稳定，权变变量的确定比较困难等，但是菲德勒模型在实践中还是具有重要的指导意义的。

第三节　德鲁克的目标管理理论

随着机器大工业的发展和现代化的前进步伐，20 世纪成为管理科学蓬勃发展的世纪。其中，德鲁克的目标激励理论在“管理丛林”的园地绽放得尤为鲜艳，它被政府、企业、团体、个人广泛采用，显示出蓬勃的生命力，而目标激励理论本身，也在这一过程中不断地完善和发展。

一、德鲁克生平

德鲁克（Peter F. Drucker）于 1909 年生于奥匈帝国的维也纳，祖籍为荷兰人。其家族在 17 世纪时从事书籍出版工作（Drucker 原意为“印刷者”）。他的父亲为奥国负责文化事务的官员，曾创办萨尔斯堡音乐节。他的母亲是奥国率先学习医科的妇女之一。德鲁克从小生长在富有文化的环境之中。其 1979 年所著的自传体小说《旁观者》对其成长历程作了详细而生动的描述。

德鲁克先后在奥地利和德国受教育，1929 年后在伦敦任新闻记者和国际银行的经济学家。于 1931 年获法兰克福大学法学博士。1937 年移民美国，曾在一些银行、保险公司和跨国公司任经济学家与管理顾问。1942 年到 1949 年任贝宁顿学院哲学教授和政治学教授。1942 受聘为当时全世界最大企业——通用汽车公司的顾问。他于 1946 年将心得成果编辑为《公司的概念》一书出版，对大企业的组织与结构有详细而独到的分析。1950 年起任纽约大学商业研究院管理学教授。

德鲁克于1954年出版《管理实践》一书，从此将管理学开创成为一门学科（discipline），从而奠定管理大师的地位。他于1966年出版的《卓有成效的管理者》一书成为高级管理者必读的经典之作；1973年出版的巨著《管理：任务、责任、实践》则是一本给企业经营者的系统化管理手册，为学习管理学的学生提供的系统化教科书。德鲁克的著作多达30余本，传播及130多个国家，甚至在前苏联、波兰、南斯拉夫、捷克等国也极为畅销。其中最受推崇的是他的原则概念及发明，包括将管理学开创成为一门学科、目标管理与自我控制是管理哲学、组织的目的是为了创造和满足顾客、企业的基本功能是行销与创新、高层管理者在企业策略中的角色、成效比效率更重要、分权化、民营化、知识工作者的兴起、以知识和资讯为基础的社会。德鲁克著书和授课未曾间断，自1971年起，一直任教于克莱蒙特大学的彼德·德鲁克管理研究生院。为纪念其在管理领域的杰出贡献，克莱蒙特大学的管理研究生院以他的名字命名。1990年，为提高非营利组织的绩效，由弗朗西斯、赫塞尔本等人发起，以德鲁克的声望，在美国成立了“德鲁克非营利基金会”，该基金会十余年来选拔优秀的非营利组织，举办研讨会、出版教材、书籍及刊物多种，对社会造成巨大影响。

作为旁观者的德鲁克

2005年11月11日，彼得·德鲁克在加州克莱蒙特家中去世，终年95岁。德鲁克死时已享“现代管理学之父”的盛名。近年来，他的此类著作在中国拥戴者甚众。但以为《旁观者》是又一本“HOW—to”类的指南、想从中得到“指点”的经理先生们或会失望，因为在这本回忆录中，作者并非以管理学教主的身份出现，而是一位集历史学家、哲学家、艺术鉴赏家、作家和记者等诸种角色于一身的老派知识分子。德鲁克说：“旁观者没有个人历史可言。”所以本书不是一部纯粹的个人史，而是分章忆述了对他此生有重要影响的人物：从他充满了喜剧色彩的奶奶、一手塑造了基辛格的学者弗里茨·克雷默、传播学大师麦克卢汉，到力挽企业危机的通用汽车公司总裁斯隆，他们有的在20世纪历史上意义重大，有的已被遗忘。他写弗洛伊德的一章，可被视作对这位精神分析大师的精神分析，亦是对那个时代的历史研读。经由他的回忆，当时的维也纳不再是弗洛伊德带给我们的印象——性压抑的城市，而是正相反。“19世纪末期的维也纳，性是极其自由、开放的”德鲁克说，并引当时城中春宫之繁盛为证。

德鲁克于 1909 年生于奥地利维也纳，二战前为避欧洲战祸，跨洋移居美国，但终生乡音难改。他八九岁时，被介绍给弗洛伊德，然后大人们告诉他，刚才他遇到的也许是欧洲最重要的人。他问："比皇帝更重要吗?"他父亲答道："是的，比皇帝更加重要。"他对波拉尼一家人的描写令人动容。他们都是洁身自好、志向高远、令人尊敬的知识分子，来自匈牙利，笃信非马克思主义的社会主义革命，并付诸行动。但"重要的不是他们的生平事迹，而是他们的理想和挫败"。德鲁克说，"他们的挫败象征着……西方人追寻的落空，亦即追寻一种完美的'公民宗教'，或是追寻一个十全十美的，或是完善的社会，却不得其果。"

那么德鲁克本人呢?他心目中的理想社会又是什么样呢?"我则愿意以一个充裕、能让人忍受且自由的社会取而代之，"他说，"这么一个社会也许是我们所能希冀的最好的一个。"他回忆了与《时代》周刊创办人、20 世纪新闻史上的风云人物亨利·鲁斯的交往，后者乃传教士之后，生于中国。德鲁克说他"可说是个中国人……他办杂志那一套简直是出自东方传统政治，制造党派斗争，在位高权重的人士间挑拨……让内斗愈演愈烈，互相猜忌，对立。这样的厚黑描写究竟是否出于偏见，我不知道；但对鲁斯这一套手腕，我们的确不感到陌生。"德鲁克写了近 30 本书，大多数讲企业管理，都是在宣扬企业管理，都是在宣扬一种与鲁斯方式截然相反的、更阳光、也更"以人为本"的管理哲学。如此看来，目前他在中国的大受推崇，当然是一件好事。我平生读过的德鲁克作品仅此一本，但它带来了不小的惊喜。他的文风从容淡定，亦不乏幽默与深刻，传达出一种欧洲的、而非美国的文化气质。更值得一提的是，经历了 20 世纪的腥风血雨，对于历史，他仍抱持乐观和积极的态度。这一点与大多数知识分子，甚至与许多历史学家的经验迥然相异。

引自《中国新闻周刊》2005 年第 45 期

二、德鲁克目标管理的主要内容

目标管理（MBO，Management by objective）和自我控制，被公认为是德鲁克对管理实践的主要贡献。他于 1954 年出版的《管理实践》一书中第一次提出"目标管理"的概念。"目标管理"的提出在当时的管理学界引起了巨大反响，并被许多企业和政府机构应用于管理实践当中。虽然在此之前，有许多管理思想家对组织中的"目标"、"任务"和"计划"等内容进行过论述，但是，他们的论述较为零散，并没有形成关于"目标管理"系统的理论体系。总结起来，德鲁克的目标管理思想主要体现在以下几个方面：

（一）目标激励理论在企业和政府中的运用

目标在组织中以及在关键领域中的重要性。德鲁克指出，管理企业就是要平衡各种各样的需求和目标。目标在一个组织中具有非常重要的作用，没有了目标就像轮船没有了罗盘。特别是组织中八个关键领域里的“目标”更为重要。因为这些目标在理论上能够解释很多企业现象，并在实践中能够检验工作成效，同时，还能够预测未来；作为评价决策正确与否的重要标准，它还可以帮助管理者分析自己关于目标的执行情况，积累经验，提高业绩。这八个领域分别是：市场地位、创新、生产率、实物和金融资源、利润、管理人员的表现和培养、工人的表现和态度、公共责任感。虽然后三个属于无形领域，但是，如果忽视了这三个领域目标的制定，最终也会导致前五个领域的失败，这是因为它们决定着企业的精神和公共信念。德鲁克为此而指出：“一个团体必须建立在共同信念的基础上，必须体现其在共同原则中的凝聚力，否则是很难取得良好成绩的”[①]。德鲁克于1954年提出目标激励理论，主要用于企业管理。其基本论点是：1．企业的目的和任务必须转化为目标；2．一个领域没有特定的目标，这个领域必然会被忽视；3．如果没有方向一致的分目标来指导每个人的工作，则企业的规模越大，人员越多时，发生冲突和浪费的可能性越大。为解决该问题，他建立了一套目标制定、分解、督查的分析模型并用于企业的经营管理，取得了很好的效果，他本人也因此声名鹊起。1973年，德鲁克把目光转向政府及其公共服务机构，用企业组织和管理模式分析政府。他认为企业和政府无论在目标定位和行为方式上都是两种差别很大的社会组织。企业的目的在于获得利润，因此企业与顾客之间是一种平等的利益交换关系，企业的行为必须要以“顾客满意”为基点，否则，企业的生存就有了问题。而政府机构不同于企业，它不以赚钱为目的，不以“顾客满意”为基点，它的生存是靠国家权力，靠预算获得拨款，其工作业绩的好坏与拨款之间没有必然联系。同时，政府机构不像企业那样竞争对手如林，而是独此一家的垄断组织，它的钱与竞争同样没有关系。这样，政府无须去讨好公众，而只需同预算拨款的有关部门和人员搞好关系就行了。由此，政府工作效率低、回避矛盾、墨守成规、不愿改革等弊端便十分突出。本来应为公众服务的机构，却成了不务正业的官僚机构，背离了“出色服务”这一政府管理的目的。

德鲁克认为，要改变政府管理的状况，必须要使政府机构同企业一样，采

① ［美］德鲁克著，《管理实践》，毛忠明等译，上海译文出版社，1999年，第71～72页。

取同一的目标和任务。即政府工作一开始就要有明确的目标和任务，根据划拨经费，安排先后次序，限定日期，指定专人负责。为了达到上述要求，他提出政府要做到6个“必须”：1．必须认真考虑和回答自己本身的任务、目的和作用是什么；2．必须从任务使命中提出能获得行政效益的明确目标；3．必须围绕重点工作规定达到目标的日期、权责标准；4．必须制定衡量和考核政府工作的标准；5．必须有整个机构及所有人员达标的系统；6．必须加强对目标和效益的检查、考核和评估，发现和解决达标中的问题，防止金钱和精力浪费在没有效果的工作上。

（二）目标管理激励理论的核心及其先决条件

德鲁克目标激励理论的核心是试图很好地解决“人与事”的关系问题。他认为，过去的领导理论与方法，包括许多激励的方法都只强调一点，而不顾及其他。而目标激励理论及由此形成的一整套目标管理的原则、程序、方法，则把以“工作为中心”和“以人为中心”结合了起来。这样，一方面能调动职工的工作热情、发现自身价值、满足自我实现的需要；另一方面组织的目标也因此而得以实现。为了使目标管理获得成功，德鲁克认为，必须具备以下6个先决条件：第一，高层领导人员的积极参加。组织的高层领导人员必须积极参加制定和实现单位的战略目标和高级策略目标。第二，下级人员必须积极参加目标的制定和实现。目标管理计划之所以能起激励作用并改善人际关系，就因为它能吸引各级人员和广大职工参加制定目标并为目标的实现承担责任。第三，有充分的情报资料。要制定有效的目标就要求有充分而精确的情报资料。各级人员如果不了解高层领导制定的目标，就不能适当地制定他们自己的目标。此外，各级人员还必须掌握与组织有关的各个方面的情报资料。第四，对实现目标的手段有控制权。否则，目标虽然制定了，却并不能影响管理行为并取得成果。第五，对由于实现目标管理而带来的风险要予以激励。以往一贯是按照各人做的工作来对职工进行评价的，至于是否达到一定的目标，职工并不承担什么责任。实行目标管理以后，每个人都要为实现一定的目标而承担责任。为此，他就要承担一定的风险：目标不一定能实现。不然的话，有的人口头上赞同目标管理，实际上却不积极，甚至暗中抵制。第六，对职工要有信心。一般说来，目标管理要求以Y理论来看待职工，相信职工能制定目标并承担实现目标的责任，相信人的本性愿意承担责任、能够自治、愿意上进和发展。有许多目标管理计划的失败，都是由于领导者未按目标管理所要求的作出对职工态度的转变，议而不决；有的是由于职工不能迅速适应目标管理的要求。所以，组织的领导者和职工两方面都应在态度上有所转变，才能使目标管理获得成功。

（三）目标激励理论的操作框架

将目标激励理论运用于实际管理活动，德鲁克提出目标管理三阶段操作框架，如图所示：

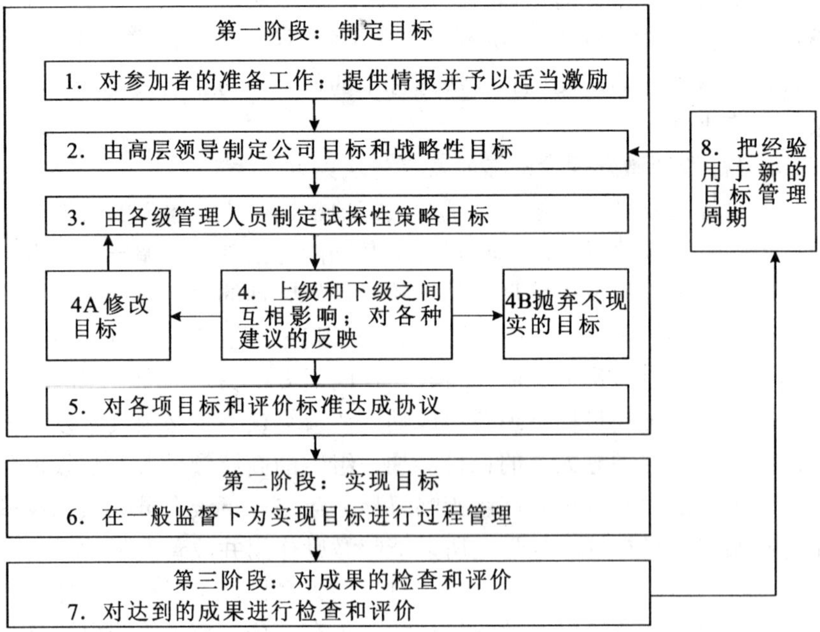

目标管理的第一阶段是制定目标。“确立目标”是目标管理中非常重要、而且不易解决的一个问题。德鲁克对此提出了一种有效的方法，即分别确定每个领域内要衡量的是什么以及衡量的标准。德鲁克提出的这种衡量方法一般都是软性的，就是“只对衡量市场地位拥有足够的手段，对其他的一些领域只能表现一些意愿而已”。德鲁克分析了在八个领域中目标制定的主要思路，可以总结为以下几个制定目标时需要坚持的主要原则：1. 制定目标要具体化。无论在哪个领域，目标都要尽可能制定得具体而明确，在无形领域中更要注意这一点。这样才能够保证对目标执行过程的有效指导以及对其结果的准确检查。2. 制定目标要具有超前性。德鲁克指出，目标虽然不是预测未来，但是它却能为组织的未来指明方向。所以，任何一个组织都应提前制定出各个领域的目标，提前为各个领域的发展指明方向。特别是为德鲁克提出的八个关键性领域制定目标时更需要具有超前性。3. 制定目标要具有平衡性。无论制定任何领域的目标，一方面要注意保持长期目标与短期目标之间的平衡，以及各个领域中目标之间的平衡和可以达到的利润率之间的平衡；另一方面，要注意目标也是不断变化的。在制定目标时，还要保持目标与变化的外界环境之间的平衡，在外部环境发生变化时也应做出相应调整。4. 制定目标还要注意目标之间的逻辑顺序。德鲁克指出，在制定目标时一定要确定好优先次序，即使这个次序不合理或不正确，也比毫无顺序要好。所以，德鲁克随后提出了确定优先次序的重要原则：重视将来而不是过去；重视机会，不能只看到困难；自己选择而不要盲从；目标要高，要有新意，不能只求安全和方便[①]。

整个单位制定一年或一个时期的战略目标，各级管理部门制定本部门要实现的策略目标，每个职工制定自己的目标（方案和任务），这样就形成一个目标体系。这一阶段十分重要，目标愈是明确、具体、数量化，则实现目标的过程管理和对成果的检查与批评也愈容易。这一阶段又分五步：1. 准备；2. 由高层领导制定战略目标；3. 在管理阶层制定试探性的策略目标；4. 各级人员提出各种建议，相互讨论并修改；5. 对各种目标和评价标准达成协议。

目标管理的第二阶段是实现目标的过程，也是连接第一阶段的第六步。它是在一般监督下为实现目标而进行的过程管理。这种过程管理同传统的管理方法不同，主要由职工自主管理或自我控制，上级只是根据例外原则对重大的问题才过问和干预。因为每个职工都有由他自己制定的目标，能充分发挥其积极性、创造性和主动性来实现他自己的目标。由于职工的个人目标和各级管理人员的策略目标是以整个组织的战略目标为依据的，所以当职工的个人目标和各级管理人员的策略目标实现时，组织的战略目标也就实现了。为了使目标管理计划贯彻于日常生活中，必须以目标管理计划为依据，作为逐日的安排，各级管理人员和每个职工每日在开始工作时要问一问自己，我今天能够具体做些什么来为实现自己的目标作出贡献？今天的时间应该怎样最好地予以利用？有哪些工作本来是自己做的，现在可以授权别人去做？如何防止干扰？有哪些特别耗费时间的活动可以减除等等。

目标管理的第三阶段是对成果进行检查和评价，也就是连结上两个阶段的第七步。把实现的结果同原来制定的目标相比较，对做得好的，肯定成绩，予以各种形式的奖励；对做得不好的，一般并不予以惩罚，而是尽量使各级管理人员和职工自己总结教训，上级予以辅导，以使将来更好地发挥自己的能力，做出贡献。

最后一步是把这一个周期中总结出来的经验和教训应用到目标管理的下一

① ［美］德鲁克著，《卓有成效的管理者》，许是祥译，北京：机械工业出版社，2005年，第113页。

个周期中去，以便不断地提高目标管理工作的质量。

（四）德鲁克目标管理体系思想的特点

在德鲁克之前，许多管理学家对“目标”、“任务”、“计划”等都有过相关论述。例如，泰勒提出了制定“合理的日工作量”的观点，法约尔提出应把“计划”作为管理活动的五要素之一，厄威克提出把“目标原则”作为行政管理的原则之一，麦格雷戈提出了把个人目标与组织目标相结合的观点。由此可见，在德鲁克之前的管理思想家们也非常重视组织中目标的意义。但是，德鲁克发明的目标管理与在他之前的管理学家们对“目标”等问题的研究是不同的。

首先，之前的管理学家都认为目标是行动的基础，与组织的计划密不可分。而德鲁克进一步澄清了二者的关系。他认为，组织的目标优先于组织的计划，只有在组织首先确立了组织目标的前提下，才能够合理地做出各种计划。

其次，德鲁克对“目标”的意义的理解也比前人要深刻得多。之前的管理学家认为，管理是对整个组织工作的计划、组织、整合和衡量，而其中的整合就是通过“目标”的设定而达到组织中各因素相互协调的一种状态，这是前人提出“目标”的主要目的之所在。而德鲁克则认为，管理的真正含义就在于“设定目标”，“目标”是管理的核心，所有的管理都是围绕“目标”进行的。“目标”将决定管理者要做什么事情，需要达到什么标准，以及如何实现这一标准。德鲁克打破了在管理学界一贯把“目标”作为计划的一部分的传统看法，这是与前人的根本性不同。同时，在德鲁克之前的管理学家提出的关于“目标”的思想都很零散，相关的观点并不是以“目标”为核心的管理理论。而德鲁克提出的目标管理是一种概念，是一种体系，是一种管理哲学。在这种以目标为中心的管理体系中的管理活动都是围绕“目标”而展开的。组织有总的目标，各个部门有部门目标，每个管理人员和员工也有自己的个人目标。部门目标和每个人的目标都是为实现组织总目标的需要而设定的，它们之间既相互联系，又都统一在组织的总目标之中，为实现组织总目标服务。所以，在这种管理体系中，“目标”在组织中具有十分重要的地位，对于管理人员和员工也具有十分重要的意义。

再次，德鲁克与以前的管理学家对“目标”在组织中的被认知程度有不同的认识。以前的管理学家认为“目标”是众所周知、显而易见的，没有向组织成员提出关于“目标”的过多要求。而德鲁克则认为，人们对目标的认识并不清楚，而且对目标的理解也不深刻。组织目标需要管理人员努力把组织成员的注意力导向组织的共同目标，从而实现组织目标在组织中的普遍认知，必须要使组织成员对组织的目标在熟知的基础上实现深刻理解，从而实现组织“目标”

的分解，并进一步转化为个人的目标和个人的责任。德鲁克还十分强调：员工必须了解组织的共同目标，必须清楚为了实现组织的目标自己需要贡献什么。从本质上讲，就是要求员工必须了解自己在组织中的目标和责任，这也是德鲁克区别于其他管理学家的核心思想之一。德鲁克之所以在自己的管理理论中如此强调“目标”的作用，其本质原因就在于它可以使每个组织成员都能够根据自己的目标而确定自己的责任。只有组织中的每个人都明确自己的责任，才能使组织创造出业绩。德鲁克也是以此为出发点来阐述目标管理体系的。即无论从设定目标、目标实施，还是在成果的检测和自我控制阶段，都需要强调每个人的责任。目标只是落实责任的手段和途径，目标使组织中每个人的责任都更加细化和具体。这样，不仅可以在成果检测阶段，清晰地了解责任落实和完成情况，同时，还可以使每个人不断地调整自己的行为，以便更好地完成自己的责任。

第四，前人在关于“目标”的思想中基本上没有论及目标与管理者的关系，而德鲁克在提出组织目标之后，还对管理者提出了要求。他认为，管理者是组织实现目标管理的一个关结点。在组织中，所有人都应该有自己明确的目标，每个人的目标都是为了组织总目标的实现，这就需要在组织中形成一股力量，从而使所有人员都为实现组织的总目标而共同努力。把所有员工的注意力集中在一起为了实现同样的目标而努力，这就是管理者的最大责任。管理者既要使组织中的所有人都明确地了解组织的共同目标，以及为了实现这个目标，每个人所明确的、具体的、单个的“目标”；同时，也要明确地了解每一个员工在这里工作究竟想获得什么。通过个人努力实现了组织的共同目标，同时通过组织目标的实现来满足个人的自我需要，这就实现了德鲁克提出的个人需要与组织目标相结合的管理理念。

最后，德鲁克目标管理体系比前人更强调协作。无论是个人与组织之间，还是个人与个人之间，德鲁克都强调要为实现组织的共同目标而进行协作。德鲁克也曾经把目标管理中的上下级之间的关系概括为“协助”。其实，目标管理强调的就是一种协作关系。英国著名的行政学家厄威克曾说过：“除非是为了一个共同的目标，否则就无理由要求人们进行合作，也无理由要把他们组织起来”。[①]德鲁克正是通过制定目标来激发人们的责任心和工作积极性的，并且把每个人的注意力都集中到组织的共同目标上，经过每个人的努力，最终实现组织的目标。通过这种管理模式可以使个人目标与公共利益相协调。

① ［美］邓肯著，《伟大的管理思想》，赵亚麟译，贵阳：贵州人民出版社，1999 年，第 126 页。

德鲁克的目标管理理论问世以后，在管理学界产生了巨大影响。人们对这种新出现的管理模式和管理哲学产生了极大兴趣，并且纷纷把它应用到自己的实践当中。目标管理之所以广受欢迎，就是因为它无论是在理论上，还是在逻辑上都具有很强的可操作性和实用性。首先，目标管理体系符合系统理论的原则。系统理论的核心就是强调“研究联系，保证整体”。在一个组织中，把各个员工通过组织的共同目标联系到一起，并为了组织的共同目标而努力，这种效力并不是所有员工简单相加的总和；其次，目标管理符合激励理论的原则。目标本身就是激励理论的有效方式。通过制定适当的目标能够激发人们的行动动机，调动人们的积极性和主观能动性。目标管理最科学的地方就体现在变以前的外部控制为内部激励。它通过让员工参与设计和制定目标，可以起到激励员工的作用，促使员工发自内心地、努力地完成组织目标。目标管理的有效性主要体现在：迫使管理者认真思考目标，所以它有利于计划的制定；通过制定明确的目标为管理者与员工提供了相互交流和沟通的机会，这可以改善组织中的人际关系；通过员工参与制定出的目标，既可以增加员工的工作能动性，又可以调动员工的积极性；通过不断地反馈信息，可以不断改善工作状况，提高工作绩效。洛克和莱瑟姆曾经指出，目标管理可以促进生产力的提高，其原因就在于目标管理可以把管理者和员工的注意力集中到重要方向，也可以发挥出一个人真正的工作能力。而且，如果在一个许可的范围内制定一个较高的目标，还可以发挥出员工较大的工作潜力。

德鲁克构建的目标管理体系对我们今天也有深远影响。在德鲁克之后，有很多人对目标管理进行了深入研究，并且有很多学者在德鲁克理论体系的基础上发展了目标管理思想。现在目标管理已经发展成为一种相对较为成熟的管理模式。这种模式现在也越来越多地被各种组织所应用。目标管理理论传入我国之后，很多企业或政府机构也广泛采用了这种管理模式。到现在为止，在我国有 20 多个省市实行了省级目标管理，包括省会城市在内的 200 多个城市实行了城市政府工作目标管理或党政群机关工作目标管理。这些机构根据自己的工作重点和实际情况形成了较有特色的目标管理工作模式，收效较为显著。德鲁克的思想是深邃的，影响是深远的，也需要我们通过不断学习他的思想理论来丰富我们的管理知识，开拓我们的视野。更为重要的是，可以将他的管理思想应用于我们的管理实践之中。正如德鲁克自己所说，管理必须成为一种能使文化上的差异为人类的共同目标服务的工具，要学会把超国界的管理的统一性和文化的多样性在一种管理中协调起来；如果管理不能成功地使一个国家或一个民族的特殊的文化遗产发挥作用，那么，社会和经济发展就不可能实现[①]。我国现在正处于社会转型时期，需要吸收各种优秀而科学的管理思想，并使之与我国传统的管理思想相结合，发挥我们自己的优势来创新和发展符合我国国情的管理理论，这也是我们学习德鲁克目标管理思想的意义之所在。

第四节　布坎南公共选择理论的“政府失败说”

20世纪三十年代遍及资本主义世界的经济危机打破了传统经济学的“市场万能”的幻想——完全竞争的市场制度能够自动实现社会资源的优化配置。这在客观上促使了凯恩斯主义的兴起。凯恩斯经济学主张放弃自由放任的市场经济政策，实行政府的干预以矫正市场失灵，提高经济运行效率。然而随着政府干预的加强，政府干预的局限性和缺陷也日益显露出来，政府财政赤字与日俱增，政府规模扩张，大量政府开支落入特殊利益集团的私囊，政府的社会福利计划相继失败，经济停滞膨胀。而公共选择理论正是克服了西方主流经济学主要研究经济市场上的供求行为及其相应的经济决策而把政治因素当作经济决策的外生变量的局限性，将经济学的分析方法运用到政治市场的分析当中，目的在于揭示“政府失败”并试图克服政府干预的缺陷。

一、布坎南生平简介

布坎南是美国著名经济学家，公共选择学说的创始人，美国布莱克斯堡弗吉尼亚大学公共选择研究中心的教授和总负责人。1919年出生于美国田纳西穆尔弗里鲍尔。1940年获田纳西大学理学学士学位。1941年获该校文学硕士学位。1943年获芝加哥大学哲学博士学位。1955年赴意大利研究欧洲公共财政的传统，为公共选择理论奠定了基础。1956年—1968年任弗吉尼亚大学托马斯·杰斐逊政治经济学中心麦金太尔讲座经济学教授、主任。1962年与图洛克等共同创建了公共选择学会。1963年—1969年任洛杉矶加利福尼亚大学经济学教授、主任。1963年任南方经济协会会长。1969年先后任弗吉尼亚工艺研究所和乔治·梅森大学公共选择研究中心的教授和主任。1972年任美国经济学会副会长。1980年任蒙特·派勒林学会执行委员会会员。

① ［美］德鲁克著，《管理——任务、责任、实践》，孙耀军译，北京：中国社会科学出版社，1987年，第50页。

布坎南的突出理论贡献是，把政治决策的分析和经济理论相结合，并将经济分析扩大和应用到社会——政治法规和制度的结构选择上，在分析政治决策结构的基础上批评了凯恩斯的宏观经济政策，同时澄清了机会成本理论，批评了后凯恩斯主义的公债理论，由于布坎南是公共选择理论的最重要的创始人之一，以及公共选择理论的主要传播者和杰出贡献者，1986 年，他被瑞典皇家科学学院授予诺贝尔经济学奖。

布坎南的著述主要有：《个人投票选择和市场》（1954）、《同意的计算：宪法中民主的逻辑基础》（1962）、《外在性》（1962）、《民主进程中的公共财政》（1966）、《公共产品的需求与供给》（1968）、《成本与选择》（1969）、《公共选择论：经济学的政治性效应》（与托列逊合著，1972）、《自由的极限》（1975）、《宪法契约中的自由》（1977）、《赤字民主：凯恩斯爵士的政治遗产》（与魏格纳合著，1977）、《市场、国家和道德范围》（1978）、《征税的权力》（1980）等。

公共选择理论的发展历程

现代的公共选择理论开始于政治学家邓肯·布莱克（Duncan Black），他在 1948 年提出了一套后来会成为中位选民理论（Median Voter Theory）的概念。经济学家戈登·图洛克（Gordon Tullock）将他称为是“公共选择理论之父”。詹姆斯·M.布坎南以及戈登·图洛克在 1962 年共同发表了《同意的计算》一书，这本书被视为是创立公共选择学派的里程碑。尤其因为本书探讨了一个自由社会下的政治结构，然而两人所使用的研究方式和概念，在本质上却是源自于研究一个社会的经济架构的学科。这本书专注于以实证经济学的分析方式解读现代立宪民主制政府的运作，但研究的主轴则是聚焦于政府在政策实践上与社会选择间产生的冲突、与原先理想中的资源分配最佳状态的落差。

肯尼斯·约瑟夫·阿罗在 1951 年所发表的《社会选择与个人价值》一书也影响了公共选择理论的发展。其他重要的作品还包括了公共行政学家 Anthony Downs 所著的《民主的经济理论》以及奥尔森（Mancur Olson）所著的《集体行动的逻辑》。

公共选择理论通常与维吉尼亚州的大学相连结，尤其是乔治·梅森大学、维吉尼亚大学和维吉尼亚理工大学。乔治·梅森大学的詹姆斯·M.布坎南与戈登·图洛克一同发展了这个理论，他们也因此被称为政治经济学的“维吉尼亚学派”。

随着公共选择社会（Public Choice Society）组织在 1965 年于美国成立，公共选择理论的发展也随之加快。组织的所在地开始发行一份名为公共选择的学术期刊，并且定期举行学术讨论会。参与期刊和讨论会的主要是经济学家和政治学家，经济学家们引入他们以“选择”为基础、架构研究模型的技巧，政治学家们则引入他们对不同政治体制的知识、以及对于政府体制和政治互动之间的研究。其他许多领域的学者，包括了哲学、公共行政学以及社会学家们也都参与了公共选择理论的发展。公共选择理论发展的结果则是产生了一批专精于研究集体决策的学者，在研究上这些学者假设所有的经济人都是出于私利而采取行动的。

引自李丹：《公共选择理论——西方研究现代经济与政治问题的一种新方法》，《世界经济》，1991 年第 5 期，第 34 页。

二、公共选择理论的“政府失败说”主要内容

所谓公共选择，就是通过集体行动和政治过程来决定资源在公共物品间的分配。它是指人们选择通过民主政治过程来决定公共物品的需求、供给与产量，是把个人私人选择转化为集体选择的一种过程或机制，是对资源配置的非市场决策。布坎南解释道，公共选择只是明确提出公共经济一般理论的一种努力，它可以帮助我们在集体选择方面从事人们长期以来在市场微观经济学方面所做的事情，即用一种相应的尽可能合适的政治市场运转理论来补充商品或服务的生产与交换的理论。该理论是这样一种尝试，它要建立模拟今天社会行为的模式，其特点是，根据个人是在经济市场还是在政治市场活动，采取不同方式处理人类决定的过程。一切传统模式都把经济决定视为制度的内在变化，而把政治决定视为外部因素，人们拒绝就这些外因的规律及其生产进行探讨，在这种情况下，公共选择论的宗旨却是把人类行为的两个方面重新纳入单一的模式，该模式注意到：承担政府决定的结果的人就是选择决策的人。布坎南还解释说，公共选择是一个总括性的名词，是指将分析扩充到市场外的另一选择——政治力量。布坎南声称，公共选择理论的根本目的，不是要去调查出市场的一些缺陷之后，去说明政府任何干预都是正当的，而是要通过对政策决策行为的研究，使政府缺陷尽可能降到最低限度，从而达到以政治市场领域的和谐运转去弥补经济市场运转不足的目的。布坎南的政府理论研究了市场经济条件下政府干预行为的局限性或政府失败问题。这是公共选择理论的核心问题。所谓政府失败，是指个人对公共物品的需求在现代议会制民主政治中得不到很好的满足，公共

部门在提供公共物品时趋向于浪费和滥用资源，致使公共支出规模过大或者效率降低，政府的活动并不总像应该的那样或像理论上所说的那样“有效”。在布坎南看来，政府作为公共利益的代理人，其作用是弥补市场经济的不足，并使各经济人所做决定的社会效应比政府进行干预以前更高。否则，政府的存在就无任何经济意义。但是政府决策往往不能符合这一目标，有些政策的作用恰恰相反。它们削弱了国家干预的社会“正效应”，也就是说，政策效果削弱而不是改善了社会福利。在布坎南看来，“市场的缺陷并不是把问题交给政府去处理的充分条件”，因为“政府的缺陷至少和市场一样严重”[①]。于是就提出了一个问题：为什么政府干预会产生“负效应”以及如何从制度上弥补这些缺陷。布坎南对这些问题的回答就构成了公共选择理论的政府失败说。概括起来，布坎南关于政府失败说思想主要体现在以下几个方面：

（一）分析工具

公共选择理论之所以能够成为一大学术流派，是因为它首创了以经济学观点来研究政治——行政过程。布坎南在分析公共选择理论的“政府失败说”就是以这种新的分析方法为基础的，布坎南把这种新的分析方法归纳为以下三个方面：

1.“经济人”假设。“经济人”假设是指在经济活动中把个人假定成理性的利己主义者，人的“天性”是追求经济利益或效用的最大化，面临选择时进行成本——收益分析，总是倾向于选择能给自己带来利益最大化的机会，除非这种行为受到抑制。公共选择理论这种将人的自利行为从市场决策领域向政治决策领域的扩展，有利于保证对人类行为分析的一致性。在此之前，政治学与经济学对人类行为的分析，采取的是两个完全相反的标准。在经济学分析中，人人都是自利主义者的；而在政治分析中，却突出了人的利他主义，人又变成“慈善、博爱的利他主义者”。这使对人的分析陷入了悖论，而“经济人”假设则为避免这种两难境地提供了途径。

2. 经济学的交换范式。布坎南认为经济学是一门研究交换的学问。交换范式，也就是将经济学看作一门交换的科学，主要是研究交换的过程。政治领域的基本活动方式也是交换。政治是个人及各种团体基于利益，通过复杂的契约和协议开展的交换活动。公共选择理论把政治——政府过程看作一种类似于市场的交换过程，并在此基础上提出了“政治市场”的概念。在政治市场中，需

① ［美］布坎南著，《自由、市场和国家》，平乔新、莫扶民译，北京经济学院出版社，1988 年，第 13 页。

求者是选民，供给者是政府官员。

3．方法论个人主义。微观经济分析出发点是个人，形成个人主义方法论。公共选择理论把个人同样作为集体行动的出发点，将个人的选择或决策当作公共选择或集体决策的基础。经济过程与政治过程是类似的，在经济过程中个人行动通过市场发生交换行为并相互作用，由此产生经济上的宏观结果；在政治过程中同样是众多个人通过政治市场的行动导致了一系列政治结果。因此，政治学研究和政治行为分析同样可以采用个人主义分析方法。

（二）政府失败原因的探讨

运用这些分析方法，布坎南对政府失败的几种主要表现形式及其根源进行了较为深入的剖析：

1．政府政策的低效率

布坎南认为，所谓政府政策的低效率是指所执行的政策不能确保资源的最佳配置。一般说来，美国政府的政策在理论上可分为三类：一类是由政府有关部门拟定方案，最后由选民投票确定的政策，像重大税收政策的调整、对国家前途影响较大的对外政策的制定等。第二类是由政府的高级领导层拟定方案，如联邦政府或地方州政府拟定的方案。第三类是由政府部门全权独立制定与实施的政策，这种政策的合理性通常是由宪法等法规来保障的，政府部门的职责是照章办事。这里仅以第三类政府政策拟定的方案作为政策低效率的考察对象。就这类政府政策而言，因为每个政府部门所遵循的政策，通常是由该部门领导人根据自己对公共利益的理解来决定的，所以，一方面是由于这些部门的政治家的行为具有相当大的自由，使得他们有意或无意地被自身的“经济人”动机所左右，以至于对公共利益的理解经常难以符合实际；另一方面，由于该部门政治家行为的灵活性与他们的自利动机的强刺激性，使得他们的行为实际上不是倾向于为最大限度地增进公共利益服务，而是依据自己获得的信息和个人效用最大化原则来决策。布坎南认为，产生这一政府行为的外部原因是缺乏一种约束机制来制约政府行为方式。如果约束机制不能提供一种良性压力，以确保任何人处于某一特权地位时均不能过多地牟取私利，那么，再高尚的执政官也不能保证公共利益不被他人或他的后继者有意或无意地损害。正是在这个意义上，公共选择理论强调，不应该把增加社会福利与保证个人平等的权力随便交给某一特权机构，然后再虔诚地等待它的恩赐。理性的做法是，使这些特权机构或特权人物受制于某一硬约束机制，并且由公民真正地而非形式上地掌握该约束机制的最终决策权。

在布坎南等看来，之所以产生政府决策低效率的问题，是由政府决策本身的特性决定的。公共选择理论认为，政府决策作为非市场决策有着不同于市场决策之处，如市场决策是以个人为决策主体，以私人物品为对象，并通过完全竞争的经济市场（即用货币选票来购买商品）来实现；而政府决策中，虽然单个选择者也是进行决策的单位，但是作出最终决策的通常是集体，而不是个人，以公共物品为决策对象，并通过有一定秩序的政治市场（即用选票来反映对某项政策的支持）来实现。因此相对于市场决策而言，政治决策是一个十分复杂的过程，具有相当程度的不确定性，存在着诸多困难、障碍或制约因素，使得政府难以制定并实施好的或合理的公共政策，导致公共决策失误。在布坎南等人看来，导致公共决策失误的原因是多方面的：（1）社会实际上并不存在作为政府决策目标的所谓公共利益，阿罗的不可能定理已经证明了这一点。而且，“在公共决策过程中实际上并不存在根据公共利益进行选择的过程，而又存在各种特殊利益之间的缔约过程”[①]。（2）即使现实社会中存在着某种意义上的公共利益，而现有的公共决策机制却因其自身的内在缺陷而难以达到实现这种利益的目的。如现代代议制中通常使用少数服从多数规则，但经常出现多数人对少数人利益要求的漠视。（3）决策信息的不完全性。获取决策信息总是存在诸多困难而且是需要支付一定成本的，不管是选民还是政治家，他们拥有的信息都是不完全的，因而大部分公共政策是在信息不充分的基础上作出的，这就很容易导致决策失误。（4）选民的“短见效应”。由于政策效果的复杂性，大多数选民难以预测其对未来的影响，因而只着眼于眼前的影响。而政治家为了谋求连任，就会主动迎合选民的短见，制定一些成本的付出滞后，或从长远来看弊大于利的政策。（5）选民的“理性的无知”。由于选民作出决策需要支付一定的成本以收集有关候选人的信息等，作为理性的经济人，他在权衡自己的成本——收益计算时，如果成本太大，选民将不去投票。在现实生活中，许多选民往往也会出于搭便车心理而寄希望别人去投票以使自己坐享其成。这被称为选民的“理性的无知”。而这将导致通过选票上台的政治家并不代表多数人的利益，其制定的政策充其量只能代表一部分人的利益[②]。

2．政府工作机构的低效率

所谓政府工作机构的低效率是指政府机构执行政策的效率不高，官僚主义作风严重。而这必然影响政策执行的结果，有可能使好的政策产生恶的结果，

① James，Buchanan，*A Contractual Paradigm for Applying Economics*，American Economic Review，No. 5，1975，pp. 225-230.

② 忻林，《布坎南的政府失败理论及其对我国政府改革的启示》，载《政治学研究》，2000年，第3期，第55页。

从而导致政府失败。政府失败说认为政府机构低效率的原因在于：（1）缺乏竞争压力。在美国的政府机构里，由于相当一部分官员和公务员，受终身雇佣条例的保护，没有足够的压力去努力提高其工作效率；在提供公共服务的政府机构里，也往往因只此一家，别无分店，而使其不注重提高服务的质量和效率。（2）政府行为趋向于资源浪费。布坎南认为，首先，官员花的是纳税人的钱，就像弗里德曼所说的"用他人的钱，为别人办事"，由于没有产权约束，他们的一切活动根本不必担心成本问题。官员行事时无成本压力，自由度比市场中私人企业家还大，使不计成本的政府行为不断发生。其次，政府行为也没有利润含义，官员从个人的得失出发，为追求选票和政绩，尽量满足来自方方面面的要求，结果使公共产品超量供应，社会福利费用过高，造成了资源浪费。还因为官员的权力是垄断的，有"无穷透支"的可能，他们一旦决策失误，由此造成的资源浪费可能远远大于一个企业家的投资失误。（3）监督信息不完备。从理论上说，政治家及公共服务机构并不能为所欲为，而是必须服从公民代表的政治监督及司法、审计监督等，以保证政府运行的效率。然而在现实中，这些监督的效力很可能因为信息的不完备而降低、甚至失去。这是因为监督者为了有效履行其职能，必须对被监督者的情况了如指掌，但向监督者提供信息的往往是被监督者，由于政府部门对其经营业务有着自然的垄断性，可以利用其垄断地位来封锁一部分公共产品所涉及的有关资源和成本的信息。因此，监督者根据被监督者提供的不完备的信息所进行的监督，其实效是大打折扣的。

3．政府的寻租活动

根据布坎南的定义："寻租是投票人，尤其是其中的利益集团，通过各种合法或非法的努力，如游说和行贿等，促使政府帮助自己建立垄断地位，以获取高额垄断利润。"① 如纺织业寻求政府的关税与配额的保护，将外商拒之于国门之外，维持本行业的垄断地位，而高额垄断利润超过平均利润的部分被称为经济租金。可见，寻租者所得到的利润并非是生产的结果，而是对现有生产成果（利润）的一种再分配。因此，寻租行为具有非生产性特征。同时，寻租的前提是政府权力对市场交易活动的介入，政府权力的介入导致资源的无效配置和分配格局的扭曲，产生大量的社会成本，这些成本包括：寻租活动中浪费的资源，经济寻租引起的政治寻租浪费的资源，寻租成功后所损失的社会效率。现代社会中的寻租活动，是利用行政和法律的手段来阻碍生产要素在不同产业

① ［美］布坎南：《寻求租金与寻求利润》，载《经济社会体制比较》编辑部编，《腐败：权力与金钱的交换》，北京：中国经济出版社，1993年，第112～113页。

之间自由流动、自由竞争，以维护和攫取既得利益。寻租活动赖以存在的前提是政府权力对市场交易活动的介入，寻租活动会使政府决策和运作受利益集团或个人的摆布。布坎南认为，由于政府的各项经济决策往往以某种公共利益需要为解释而为某些利益集团服务，特殊的利益集团为谋求政府保护，逃避市场竞争，实现高额垄断利润，往往进行各种“寻租活动”。而为了获得这种经济租金，政府官员会想方设法地去利用种种特权寻求租金，这就是所谓的“政治创租”或“抽租问题”。寻租活动导致“政府失败”，因为它导致经济资源配置扭曲，或者说它是资源无效配置的一个根源。寻租作为一种非生产性活动，并不增加任何新产品或新财富，只不过改变生产要素的产权关系，把更大部分的国民收入装进私人腰包。寻租也导致不同政府部门官员的争权夺利，影响政府的声誉和增加廉政成本，导致社会资源浪费。公共选择理论认为，市场经济条件下，最常见的寻租行为有四种：一是政府定价；二是政府的特许权；三是政府的关税和进口配额；四是政府订货。

4．政府的扩张

政府部门的扩张包括政府部门组成人员的增加和政府部门支出水平的增长。布坎南指出，由于政府官员也是个人利益最大化者，他们总是希望不断扩大机构规模，增加其层次，扩大其权力，以相应地提高其机构的级别和个人待遇。同时也使他们去制订更多的规章制度，增加自己的俸禄和享受，结果导致社会资源浪费，经济效益降低，资源配置效率低下，社会福利减少；而且政府机构扩张直接导致财政赤字，当赤字压力过大时，便会迫使政府增加货币发行，诱发通货膨胀。近两个世纪以来特别是二战之后，西方国家的政府迅速膨胀。对于政府机构为什么会出现自我膨胀，布坎南等人从五个方面加以解释：（1）政府作为公共物品的提供者和外在效应的消除导致扩张；（2）政府作为收入和财富的再分配者导致扩张；（3）利益集团的存在导致扩张；（4）官僚机构的存在导致扩张；（5）财政幻觉导致扩张。公共选择理论还特别指出，官僚机构和立法部门都追求预算的最大化，他们与利益集团结成“铁三角”，导致政府预算具有不断扩大的趋势。

因此，布坎南等公共选择学派对西方现行民主制度，对国家和政府深表怀疑，正如布坎南所说：“公共选择理论以一套悲观色彩较重的观念取代了关于政府的那套浪漫、虚幻的观念。公共选择理论开辟了一条全新的思路，在这里，有关政府及统治者的行为的浪漫的、虚幻的观点已经被有关政府能做什么，应该做什么的充满怀疑的观点所替代。而且，这一新的观点与我们所观察到的事实更为符合。”[①]

（三）补救政府失败的政策性主张

综上所述，在现行的民主制度下，没有一种选择机制可以称得上是最优选择机制或有效率的选择机制。既然政治市场上现行的选择机制是失败的，那么出路何在？公共选择理论为此提出了两条思路：其一是市场化改革，其二是宪法制度改革。

所谓市场化改革是试图通过把经济市场的竞争机制引入政治市场来提高后者的运行效率。公共选择理论深信市场这一只“看不见的手”在经济生活中潜在的巨大效力，而不再寄希望于通过提高政治家和官僚的道德水准或政府机构内部改革来改善政府机构及其工作状况，而是主张对政府机构进行市场导向性改革。具体是指大力引进竞争与效益机制，减少国家干预，尽量发挥市场的功能，最大限度地削弱政府对社会经济生活的干预。“公共选择理论的结论是，只要有可能，决策就应转交给私营部门”[②]。市场化改革的思路主要包括三方面的内容：（1）明晰和界定公共物品——公有地、公海、公共资源——的产权，从而消除在这些公共物品使用上的“逃票乘车”和掠夺性消费。（2）在公共部门之间引入竞争机制，重构政府官员的激励机制，按照市场经济原则来组织公共物品的生产。（3）重新设计公共物品的偏好显示机制，使投票人尽可能真实地显示其偏好。

所谓宪法改革，是试图通过建立一套经济和政治活动的宪法规则来对政府权力施加宪法约束，通过改革决策规则来改善政治。在公共选择理论家们看来，要克服政府干预行为的局限性及避免政府失败，最关键的是要在宪制上做文章，布坎南认为，要改进政府的行政过程，首先必须改革规则，因此，“公共选择的观点直接导致人们注意和重视规则、宪法、宪法选择和对规则的选择”[③]。布坎南等人着重从立宪的角度分析政府制定的规则和约束经济及政治活动的规则或限制条件，即他们并不直接提出具体的建议供政策制定者选择，而是为立宪改革提供一种指导或规范建议，为政策制定提出一系列所需的规则和程序，从而使政策方案更合理，减少或避免决策失误。

总之，公共选择学派认为，一旦发生公共生产低效率的问题，就该从现行

---

① James，Buchanan，*The Theory of Public Choice*，Ann Arbor，The University of Michigan Press，1972，p. 19.

② ［美］布坎南著，《自由、市场和国家》，平乔新、莫扶民译，北京经济学院出版社，1988 年，第 28 页。

③ 同上。

体制上寻找原因，从对策上着手，确立一种选拔和制约政治家的程序与规则，以减少政府失败。

思考题

一、概念题

1. 权变管理
2. 目标管理
3. 公共选择
4. 政府失败
5. 寻租

二、简答题

1. 弗雷德里克森对传统公共行政的批判主要在哪些方面？
2. 新公共行政学认为，在公共组织中有四种基本运作过程，分别是什么？
3. 权变的原则是什么？
4. 目标管理的基本过程是什么？
5. 公共选择理论的分析方法主要有哪些？

三、论述题

试论述政府失败的主要表现形式以及根源。

第九章　西方行政管理思想的新探索

本章重点

1. 法默尔现代公共行政的局限性理论
2. 库珀的行政伦理思想
3. 霍哲的绩效理论

第一节　法默尔的后公共行政管理思想

法默尔（David John Farmer）是美国当代的行政学家，也是西方后现代公共行政理论流派的主要代表人物之一。法默尔先后在英国伦敦大学和美国弗吉尼亚大学获得经济学博士学位和哲学博士学位。毕业后在美国政府部门任职多年后，他回到学校担任教职，从事行政管理学的教学和研究工作。如今是美国弗吉尼亚大学政府与公共事务学院教授。作为一位具有广博知识背景和丰富行政经验的行政管理思想家，他思想开阔，勤于笔耕，著述甚丰。在《公共行政评论》、《行政与社会》、《公共行政理论与实践》等著名学术期刊上发表了大量有关后现代公共行政的论文，而且还出版了《公共行政的语言》和《行政理论再思考》等学术专著。《公共行政的语言》较为集中地体现了法默尔在后现代公共行政方面的理论建树。

一、后现代公共行政的背景："后现代性"话语跨领域使用

后现代公共行政学的问世，是以后现代主义的兴起作为背景的。后现代主义是一种源于工业文明并针对工业文明的负面效应所进行的思考与回答；它是一种批判现代主义鲜明倾向的社会文化思潮，也是对西方传统哲学的本质主义、

基础主义、“逻辑中心主义”的批判与解构。后现代主义不仅包含了现代主义和后现代主义在时间上的前后相继，而且还包含了后现代主义在内容上对现代主义的反叛和纠偏。

后现代主义看重被现代性所忽视以及现代性之后和之外的一切，如不确定性、异质性、无序等，而对被现代性所看中的一切，例如原则、整体性、确定性、权威、同一性、规律等都加以怀疑。相对于现代性下的同一性、本质性和封闭性而言，作为现代生存危机和文化危机在哲学层面上的反映，后现代主义强调差异性、多元性以及“去中心”的边缘性和创造性、开放性，倡导与现代性理论、话语和价值观相决裂。

后现代公共行政思潮，是在当代国际社会“后现代性”话语出现跨领域使用的背景下形成的。有趣的是，“各个专业对着‘后现代’这头大象，自说自话，IT业把它称为数字化，哲学界把它称为本质直观，心理学把它概括为行为体验，伦理界称它为自我认同，人类学称为它社会资本，物理学将它概括为负熵，化学说它是复杂和混沌，生物学说它是基因重组……，好像大家在谈论不同的事，其实，‘后现代’只有一个，不同专业的概括，反映的都只是这同一件事的不同方面”[①]。福克斯、米勒意识到这一点，他们通过打通政治学和哲学的话语壁垒，建立了后现代公共行政的话语体系。

后现代主张从经验的具体，上升到本质的抽象；再从本质的抽象，回到更高实践的具体。所以，“回到事物本身”的这个“回到”，是理解后现代的关键。凡是没有“回到”这个意识的，我们称为“现代”（强调本质至上，普遍性至上）；凡是有了“回到”意识的，我们称为后现代（强调本质之上的存在，强调普遍性之上的个性化）。“实事求是”，就是从抽象教条，回到具体实践本身。从后现代公共行政的观点看来，无论是新公共管理还是治理理论，都还没有彻底回到政治本身。因为他们语义中的政治，还只是一种本质，一种抽象；而每个公共的利益是具体的。后现代公共行政，就是从本质的抽象，再回到现象的具体，使公共行政可以响应公民个性化的公共需求。但现代公共行政，做不到这一点。它相当于大规模生产，只能对共同的公共利益进行批量化满足。如果非让它去满足公民个性化要求，就相当于个体定制了，它的成本太高了，不可能实现。在法默尔看来，现代主义和后现代主义乃是我们看待公共行政的两个基本视角或基本的语言范式。在现代主义的视角中，公共行政被建构为一种科学，一种

① 姜奇平，《后现代公共行政——介绍一种先锋派理论》，《互联网周刊》，2003 年，第 5 期。http://www.cnki.com.cn/Article/CJFD2003-HLZK200316024.htm

技术，一种企业，一种阐释。而在后现代主义的视角中，公共行政欲通过对想象、解构、非地域化的强调来掀起一场变革官僚制的革命。在现代主义的视角中，公共行政寻求的是科学性、客观性、效率和确定的意义。而在后现代主义的视角中，公共行政的世界为超现实的形象所淹没，所有的意义都遭到解构，所有的边界都被瓦解，行政被反行政所取代。①

二、后现代公共行政理论的哲学基础

一般来说，一种新的理论的建立首先要以新的哲学范式的建立为基础。在这方面，后现代公共行政理论亦不例外。作为公共行政理论哲学基础的行政哲学，是对人类行政活动过程本质与规律认识的反思活动，即对一定的行政理念、行政认识进行反思的活动。简而言之，行政哲学就是对于公共行政系统的哲学性思考。行政哲学的内容至少包含两方面的主题：本体论与认识论。

哲学总是会涉及到本体论和认识论，这一点行政哲学也不例外。行政哲学中的本体论所关注的是组织与个人之间的关系，而它的认识论则关注研究与理解行政系统的模式，为人们提供理解行政现象的途径与方法。行政哲学中的本体论与认识论之间并非相互孤立，而是存在着一种互动的相关联系。

后现代的公共行政理论的哲学基础是后现代公共行政哲学，理解后现代公共行政哲学的概貌，对于我们把握和了解后现代公共行政理论来说，是很重要的。

1．后现代公共行政哲学本体论

组织中个人的本质与行为是行政哲学本体论的主要内容，也是行政哲学与公共行政研究的一个重要出发点。在公共行政学中，事实上也存在着有关人的本质、理性的限度、政府的实质等方面的基本假设，只是这些基本假设没有被系统地、理论化地加以归纳和提炼。尽管如此，我们还是看到，一些学者对公共行政学的基本假设作了初步的阐述。

美国行政学家西蒙认为，传统的“完全理性”的假设已不符合人类行为的现实，他从人的意识、决策环境与人的能力等方面否定了“完全理性”的假设，提出了“有限理性”假设，从而构建了具有鲜明西蒙特色的行政行为理论。再如，建构性后现代公共行政学者哈蒙认为，公共行政需要一种新的范式。他的基本假定是，人性是自主的，而不是被动的，是社会性的，而非原子论的。因

① ［美］法默尔著，《公共行政的语言——官僚制、现代性和后现代性》，吴琼译，北京：中国人民大学出版社，2005年，第3页。

此，人绝不是仅仅对环境的影响加以回应，而是自主地决定外在环境：人和环境的关系是一种对等的互动关系，人本身也是“社会互动”的结果。后现代主义者指出，科学强调尊重事实和试图发现真理，但科学是社会建构而成的并且靠话语得以维系，而这种建构和话语本身就是在主体的大量参与下形成的。后现代主义者否认纯粹的客观，强调在建构不同的现实时，我们使用着不同话语。他们主张文化、话语和知识的多样性。故此，福克斯和米勒通过打通政治学和哲学的话语壁垒，建立了后现代公共行政的话语体系，并在此基础上提出以真实、诚实和坦诚对话为基础的话语理论。

2．后现代公共行政哲学认识论与方法论

后现代主义作为一种反对同一、推崇差异的文化思潮和思维方式，具有解构性后现代主义和建设性后现代主义之分，前者以“怀疑”和“否定”为特征，反对任何假定的“惟一中心”、“绝对基础”、“纯粹理性”、“等级结构”、“单一视觉”、“惟一正确解释”、“一元论方法”以及“连续性历史”，志在摧毁传统的封闭、简单、僵化的思维方式；后者则以“建设性”为主要特征，倡导开放、平等，注重培养人们倾听、学习、包容和尊重“他者”的美德，鼓励多元互动的思维风格，提倡对世界采取家园式的态度等。尽管这两种后现代主义在理论立场上有所区别，但总体上看，后现代主义都反对对所有复杂现象一成不变地抽取本质的做法，后现代主义反对本质主义，消解僵化话语并打破思想禁锢的权威主义，强调以差异性去打破整体同一性，破除理性主义和惟我独尊之启蒙心态，将所谓神圣性绝对主体消解还原为凡夫俗子；后现代主义通过自己对具体世界作出自己独特的陈述而抛弃所有形而上学大话和宏大叙事，并从绝对理念和终极价值走向具体经验和个人独特阐释。[①]

在社会科学中，有关知识本质的争论与有关如何获得知识的争论常常混在一起。其实，认识论是本体论的反面（flip side），[②]涉及知识与对象（行政世界）的关系，研究我们如何才能宣称我们知道某件事物，即我们用何种方式去认识对象。一般而言，方法是主体用于建立自身和客体之间的联系并与客体保持一致的概念性工具和手段。在公共行政学中，方法论层面上的问题是指，我们如何把我们对公共行政实践、现象的认识表达出来？如何研究公共行政？

后现代公共行政理论，在某种意义上说，是一种在“语言”层面上的话语解构和建构活动，是一种话语的“解码”和“再编码”活动。从“语言游戏”

① 丁煌，《法默尔的后现代公共行政理论析评》，载《上海行政学院学报》，2005年，第6期。

② Charles J. Fox and Hugh T. Miller，*Postmodern Public Administration: Toward Discourse*，California: Sage Publications，Inc.，1995，pp. 18-51.

的角度看，人们基于不同公共生活（游戏）的目的而形成不同的共同体（如政府、公共组织、跨国的公共组织等），在这些共同体中并不存在一个确定无疑的中心，只存在一种相对层级（基于不同游戏目的而形成的层级）。各个共同体在对话、交谈和商谈中形成共识，这种“普遍共识”取代了地位、传统和真理这些外在权威，而成为共同体间采取行动的合法性依据。对后现代主义的这一概括恰好体现了后现代主义思潮在认知范式和方法论上的特点，而这一特点的形成又是和当代西方哲学中的“语言学转向”紧密相关的。所谓“语言学转向”，是指当代哲学从认识论研究到语言哲学研究的转变，这种转变被视为哲学中的一场伟大革命，其过程可以上溯到19世纪末至20世纪初，而在20世纪六十年代以后，由于结构语言学对哲学的影响，而形成了一个转折点。在结构主义语言学的影响下，结构主义和后结构主义都把语言问题作为研究的中心问题，并且把语言学作为一切思考的出发点。后现代主义认为，任何事物都依赖于语言，语言建构世界和反映世界，因而，以语言为基础的知识总是受制于其产生的历史条件和特定环境，后现代主义把人文科学看成是独立自主的话语体系，这种观点表明了后现代主义给人文科学领域所带来的认识范式和方法论上的根本变革。

法默尔认为，公共行政领域更多的认识和努力应致力于通过语言解释而不是通过实证研究来开展。在他看来，公共行政理论必定是对真实信息的采集物，然而，它又不仅仅是对这种真实信息的采集，因为这种反映某些人关于公共行政实践之思想和言说的真实信息是经过整理和加工了的，而公共行政信息被整理和加工的方式就是公共行政语言。[①]法默尔认为，对现代公共行政理论的解释和对后现代公共行政理论的探寻就是对反思性语言范式的应用。他认为，反思是就该语言的潜在内容进行的一种具有游戏性和协调性的对话过程，其作用就是弱化现代公共行政的正统教条并给后现代主义公共行政的潜能增加一些实质性内容，以便两者能同时、同地并且以同样的语气得到讨论。法默尔的反思性解释旨对于那些能够导致连续扬弃过程作进一步探究。法默尔宣称，伴随着现代性被后现代性所取代，将会产生一种扩展公共行政语言的机会，按照他的这种反思性语言范式，目前的公共行政语言将与后现代扩展的语言共存。

三、后现代公共行政的反思：对传统公共行政理论的批判

在西方，有关现代性的思想也许可以追溯到古希腊城邦追求理性化的和谐

① 丁煌，《法默尔的后现代公共行政理论析评》，载《上海行政学院学报》，2005年，第6期。

统一传统，中间经过文艺复兴、启蒙运动的发扬而蔚为大观。现代性思想高扬理性与进步的大旗，追求确定性，反对偶然性，使人们从蒙昧和神秘中解脱出来；它探求历史发展的规律，追求永恒真理和终极价值。作为一个后现代公共行政理论家，法默尔对后现代公共行政理论的探寻是从对现代公共行政理论的反思，特别是从对其局限性的批判入手的。所谓现代性，简言之，就是对前现代性、神话、宗教仪式以及基于继承传统或圣职授任的传统权力的启蒙拒斥。理性时代拒斥了基于迷信或预言的知识并取而代之以基于科学的知识。在现代，理性的应用被视为产生了无限的人类进步，而且它一个主要的基调就是合理化。现代性意味着自我因其摆脱了迷信的束缚而自立，所有现代学科和科学领域都源于启蒙和一种基于对现象进行客观观察和定量或定性描述的认识论。现代主义所崇尚的是通过理性来寻求知识，而且由此而产生的知识完全被假定是事实并因此而具有真理性。正如法默尔所言，现代性反映了人们对于运用合理语言去捕捉世界的能力信心十足。

这种信心反映的是一种乐观主义态度，因为它声称自己拥有完整理解世界的潜力。从现代主义观点来看，这种广泛的解释具有一种先验的普遍真理性，它构成了文明的基础并且为文明提供合法性，正是这种解释让现代世界变得可以理解。另两位著名后现代公共行政理论家福克斯（Charles J. Fox）和米勒（Hugh. R. Miller），也用“现代性”一词指称那些用元话语来证明自己合法性的科学，认为它明显求助于某种宏大叙事。而且，坚持现代性的讨论往往有一个假定，那就是我们已经认定理性是一种无理解范围限制的东西。而后现代性则可能被看成是为理性假定了一种理解的限度。于是，现代性可能就象征着假定所有事实都是可言说的，而后现代性则往往会否定这种假定，后现代主义否认那种无所不包的“宏大叙事”或“元话语”。法默尔认为，公共行政就是现代性的一个典型范例。在他看来，作为一种认识和改变官僚体制的力量，公共行政理论是有限度的。他正是透过后现代主义的透镜，从特殊主义、科学主义、技术主义、企业精神以及解释学等方面对现代公共行政理论的局限性进行了某种反思。

1．专业分工过细的局限

伴随着对于效率的片面追求，专业分工原则在现代公共行政领域得到彻底的贯彻，形成了很细的专业分工。政府的行政效率在某种程度上的确由此得到了一定的提高。然而在法默尔看来，这种过细的专业分工形成了一种公共行政领域内的事务处理呈现出一种专门化和特殊化的特点。正是这种专门化和特殊化使得这一现代公共行政理论只能适应美国的情况，只能对公共生活进行一种特殊的、狭隘的甚或是有点僵化的分析，只关注政府的功能问题。这就使我们很难用这种理论对于不同社会进行考察，很难运用其他地方的公共行政学理论来观察和解释美国的公共行政实践，也很难使公共部门和私营企业部门之间形成一种相互学习、相互启发的互动互助的关系。

2．科学主义的局限

在科学主义影响下，力图将行政学研究发展成为以实证主义方法运用为基础的行政科学，大概是自威尔逊提出要创立一门独立的行政学学科以来，许多现代行政学者的不二追求。我们可以把古利克的《行政科学论文集》、西蒙的《行政行为》以及《行政科学季刊》这些权威学术期刊，均看成是这方面努力的一种具体而持续的体现。然而，在法默尔看来，“科学”一词在公共行政领域中的运用，往往很难做到“科学”。它在很多情况下，只是用来赋予某一种理念以重要性，或者只是用来掩盖或论证某一假设和观点的手段。所以法默尔认为，按照后现代主义观点，科学理念或实证主义方法享有着一种它们不应该享有的“特权”，它们实际上并没有为真理提供更大保证的能力。因此，当公共行政把自己的研究局限于所谓的科学基础上，而拒绝给予价值陈述以相同的认识论地位时，便会显得错误百出。因为公共行政事务不仅有自己的事实陈述，也不可避免地会涉及到必要的价值判断。科学主义并没有为公共行政中的伦理发展与伦理判断提供一种可能。

3．唯技术主义的局限

公共行政在很大程度上涉及到对于人类公共生活的组织和管理，从这个意义上讲，并非不能把公共行政界定为一种管理的技术。尽管公共行政通过对于管理技术的应用取得了重大的收获，而现代主义从工具理性主义出发也竭力把公共行政的实践与研究推向技术主义。然而，公共行政的实践与研究能不能作这样唯技术主义的处理？公共行政除了有着自己所具有的技术性方面，有没有一种不是技术能够处理的方面，比如它的艺术的方面，伦理的方面？唯技术主义在这个问题上往往会表现出一种科学主义式的片面和浅薄。

法默尔指出，受现代性支配的所有社会人文学科，往往都倾向于为社会问题、经济问题、管理问题和政治问题寻找技术解决答案。尽管这些问题的解决中不是不包含技术问题，但是，这种对技术解决方案的过度热衷本身使问题的解决走上了一个错误的方向。法默尔尤其担心这种技术主义的取向不只是一个不合理的问题，而且会使低技术含量的官僚工作和作为管理对象的高技术系统更易泯灭人性。所以他强调，作为技术系统促进因素的公共行政与作为个性之促进因素的公共行政之间存在悖论。片面强调公共行政的技术性，会使公共行政无法去面对管理中经常会发生的伦理价值分歧。

4．企业逻辑的局限性

公共行政学创立初期从管理学中吸取了不少有益的东西。当时，具有很大影响力的泰勒科学管理理念就被引入进了行政管理领域；伴随着20世纪后期新公共管理运动的兴起与发展，企业管理的理念和方法对于行政效率的提高和行政学理论的发展也起到了重要的促进作用；20世纪九十年代美、英等国的政府在管理创新的探索中，引导公共部门朝着更加顾客导向的方向发展，号召行政管理者像企业家那样行为，并且要求突破官僚体制。所有这些使公共行政一步步地朝着企业管理的理念靠拢。

然而，法默尔认为，尽管将企业理念应用于行政管理有着强大的政治和经济势力支持，尽管市场、民营化和企业家精神等都是提高效率的有力工具，但公共行政中出现的这一似乎势不可挡的潮流，却并不是能够包治百病的灵丹妙药。将企业逻辑应用于公共行政的创新举措已经受到了来自多方面的挑战。法默尔指出，行政官员应有的动机是为公共利益服务，而私人部门企业家的动机则是自利，尽管民营化和政府内部的竞争能够产生一些收益、解决一些问题，但是，就像市场本身也会失灵一样，对于民营化的完全依靠并不是我们今天解决官僚制弊端的最佳方案。

5．解释学的局限性

包括现代公共行政理论在内的现代性和科学主义所寻求的是一种基于“宏大叙事”并试图运用“元话语”来显现自己普世性的一种解释与证明。这种对公共行政发展，也是对于世界发展的普遍解释和证明，虽然有助于我们对于事物的把握，但在另一个方面，这种解释和证明又总是有着它自身不可克服的局限。法默尔认为，这种带有“元话语”特征的解释和证明虽然有着所谓的“普世性”特点，但它们在实际上不过是一种特定利益和价值观的表达和诉求。因此，这种以普世性面貌出现的现代主义公共行政理论，不可避免地是在用一种特定的、具象的“认知范式”描述行政现实，把基于特定利益的安排说成是不可避免的必然安排。在这种情况下，现代主义公共行政理论不可能不把那些生活在社会生活边缘地位的“他者”及其利益排斥在“普世真理”和“普世权利”之外。

综上所述我们不难看到，在后现代主义看来，现代公共行政理论因过于依赖反映着理性主义和科学主义的社会科学逻辑和认识论，过于偏爱打上了“普世精神”的美国特殊主义，过度依附于组织和管理技术，过于受市场经济企业逻辑的影响以及过于追求基于“宏大叙事”的所谓“真理性”解释，而存在着很大的局限性和片面性。法默尔正是基于对上述局限性的认识而开始后现代公共行政理论的探寻。他的目标很明确，那就是要从根本上颠覆现代主义的公共行政学认知范式。

四、后现代公共行政理论探寻

所谓的“后现代”，通常情况下是相对于“现代”而言。这“后”字，有时间意义上的“后”之义，更有内涵上“相反”和“颠覆”的意思。按照西方后现代主义大师利奥塔的看法，后现代是一种精神、一套价值模式。它的表征是：消解、去中心、非同一性、多元论、解“元话语”、解“元叙事”、不满现状、不屈服于权威和专制、不对既定制度发出赞叹、不对已有成规加以沿袭、不事逢迎、专事反叛、睥睨权威、蔑视限制、冲破既成范式、不断创新。

法默尔秉承后现代主义的精神特质，将后现代公共行政视为“对现代性之核心思想的否定”，在分析了上述传统公共行政学理论的五大局限的基础上，提出了自己有关走出现代主义公共行政学困境，重建后现代主义公共行政学的四个方法论方面的考虑和建言。

1．想象

“想象”是一个我们相对来说比较熟悉的、在日常生活中经常会接触到的一个概念。但在法默尔这里，想象却是一个可以与“合理化”这个我们经常在韦伯及许多主流行政理论家著作中所见到的词汇相提并论的概念，是一个法默尔用它来表明后现代主要特征的重要语词。正像“合理化”这个重要的概念反映了韦伯式理性主义官僚结构模型的关键特征一样，“想象”在后现代主义那里同样有着极为重要的“催化”作用。在法默尔看来，正是对更多想象的寻求构成了后现代主义多元取向的一种标志。

在现实生活中，官僚体制的僵化和毫无回应能力不仅使人们感到灰心丧气，也使组织的创新能力走向绝对的枯竭。后现代主义公共行政学正是站在这个立场上，力图用“想象”这个概念来唤醒组织创造力。在后现代主义中，这种“想象的渴望”扮演着打破“合理性”所设下的思想禁锢，鼓励人们不断寻求新的认知范式的角色。后现代主义者认为，公共行政领域中的范式创新首先就在于要对充斥于公共行政领域中的理性主义和合理化加以拒斥。正是我们对于理性主义和合理化的过于关注，限制和束缚住了我们在行政管理中可能具有的想象能力和创造能力。法默尔强调，在后现代，想象将会比作为现代性特征的逻辑中心论更有价值，它是一种不依赖于制定规则和遵循程序之现代主义行为的行政精神，是一种可以为想象力的发展提供主要动力的行政精神。作为一种创造性的管理艺术，想象将会提供现代“理性”规则导向下的官僚机构所缺少的许多“试错路径”。在法默尔看来，关于想象的讨论虽然并不涉及到具体的公共决策，但它作为一种方法论，颠覆了原先视为当然的“教条”，开启了一条活跃“创新”思维的路径，使我们有了一种可能超越现代主义公共行政理论的工具。

2．解构

解构是后现代主义理论中的一个关键性术语。这个术语概念为后现代主义理论家德里达较早探讨和倡导的。德里达指出，在认识论中，不存在脱离“能指”的“所指”世界。这里的“能指”是语言学中的概念，它指称的是符号（例如，管理者这个语词），而“所指”则指称的是能指所指涉的事物（例如，被指称为管理者的那个人）。解构作为一种方法就是要打破能指和所指之间的截然对立，打破叙事文本和事件之间的断裂。通过对于对立和断裂的分析，解构表明能指和文本因对二元对立的依赖而发生曲解的情况；它可以表明能指和文本存在着多种意义，而且能指和文本还会抑制作者能够表达的意义。

德里达通过解构这个概念，力图打破像内外、真假、公私、政客——文官以及善恶这样的二元对立，打破这种截然相反的极性。因为他认为享有特权的术语作为符号，不能充当我们信念的基础或第一原理。法默尔很欣赏德里达的解构概念，他认为，解构本质上是对能指和文本的一种良好解读，解构一直都被比作对一幅绘画进行 X 光透视以便显现潜在的图像，而且这个不同的目的导致在解释和解构之间的强调重心从同一转向差异。解构概念对于公共行政理论研究人员和实际工作者都是一种重要的资源。他利用解构来拒绝给予源自官僚制的权力话语以任何特权地位。他强调，在公共行政语境中，解构可以被用来质疑我们据以建立现代主义公共行政的前提基础，可以打开一种反行政的新视野，为一种试图使公共行政思维摆脱官僚等级观念和偏见束缚的解放准则扫清道路。在这里，所谓“反行政”并不是否定一切行政的意思，而是指一种旨在否定行政官僚权力和韦伯式理性等级观点合理性的管理方式，它表明的是一种打破既成权威，支持多元解读以及多样性尝试的后现代主义行政观点。

3．去领地化

“去领地化”(Deterritorialization)也是后现代主义词汇中的一个重要概念。这个概念是指，消除由既定思维方式，尤其是所谓“科学”思维方式施加给认识者的认识编码或“认识格栅”。后现代主义强调，后现代的所有知识，在特性上都是去领地化的。因此，后现代主义的公共行政思想当然也不例外。法默尔指出，后现代主义认为科学仅仅是诸多话语体系中的一种，而当科学只是被视为许多会话中的一种会话时，人们的思维特性就会发生很大的变化。在后现代这种去领地化的语境中．科学研究必然会失去其作为具有认识论特权信息提供者的地位，因而也必然使我们的思维能够更自由地去探索新可能性。在法默尔看来，在我们过去称之为公共行政的领域里，现在的确出现了一种认识范式上的变化，形成了一种新的认知环境，甚至一种新的认知信仰。

其实在法默尔眼中，所谓去领地化，本质上是一种打破在所有组织中都可以发现的结构固化的分析方法，这些固化的结构既体现为僵硬的部门和科层范畴，也表现为公共服务准备人才的特殊专业和教育过程，表现为工作划分的所有其他方式。后现代主义者正是要通过去领地化，破除组织与结构的樊笼，打破那些伴随着范畴分类和实际领域或智力领域而出现的固定思想模式。因此去领地化既意味着公共行政实践领域中的革命，也意味着我们思维结构的根本变化。

4．变样

后现代主义公共行政理论强调的第四个方面，被法默尔称为“变样”。在法默尔看来，所谓的“变样”，是一种与有道德的他人——一个当事人、一个下属、一个上司，或一个旁观者——的关系。因此，通过“变样”这个术语我们可以深入到公共行政中的道德世界。法默尔认为，“变样”意味着一种对行政人员应该怎样与他人相处这一问题的基本关注；意味着强调和重视在行政过程中受压迫、被抑制以及被排斥的边缘群体。而现代性公共行政以行政人员为本位的观念和规范必须彻底加以改变。法默尔指出，公共行政领域中的后现代性就是要强调，任何后现代主义行政都应该旨在以一种我们称之为反行政的方式履行自己的职责，因此，公共行政的所有项目都应该进行变革。不过，这样一来也许会出现一种悖论：公共行政本身似乎也像任何其他专业一样也有可能构成了一种需要加以解构的“格栅”。法默尔认为，作为一种解决之道，后现代行政人员很可能就是善于实践和不断发展反行政意义的人。这样后现代主义就把公共行政指向了强调发展和创造的多元主义的概念，一种常新的发展和创造将会以一种反思和颠覆性的思维方式贯彻自己的反行政导向。

不难看到，对“变样”的强调，使法默尔把后现代公共行政引向了对他人开放，偏好多样性，反对元叙事以及反对既定秩序的“反行政”的道德立场，这种“反行政”的后现代道德立场意味着公共行政的实践应该构建和转变成为一种反独裁主义的实践活动；意味着应该鼓励服务取向的态度；意味着行政应该力求将其所有的决策活动向社区开放，并且不应该把各种官僚文本强加给他人；意味着承认不存在任何有特权的意义；意味着在公共行政中要力求避免打棒子和重复陈规老套；并且最终意味着鼓励以一种后现代的怀疑论去审视所有现存的政府制度和公共官僚机构。于是，变样在这里和想像、解构与去领地化相互支撑，构筑出一种后现代主义的公共行政新范式。

五、简评

后现代主义基于对现代性的批判与解构，彻底否定并超越了现代社会赖以维持的理性原则、方法论基础以及人类中心主义的价值观，同时又凸现出后现代社会的文化逻辑。与现代性所强调或体现的理性主义、普遍主义、基础主义、确定性、权威性和中心主义相比，后现代则以差异、断裂、多元、分解、零散性、破碎性、片断性、游戏性、或然性、散漫性等范畴来表现不确定性、碎片性、反整体性及反本质主义、反基础主义、反中心化、反权威化等，并以此对现代性进行成功的解构。总的来说，后现代主义是一股源自现代主义但又反叛现代主义的思潮；是一种源于工业文明并对工业文明的负面效应的思考与回答；是对西方传统哲学的本质主义、基础主义、“逻辑中心主义”的批判与解构；是一种在批判与反叛中又未免会走向另一个极端——怀疑主义和虚无主义的“过正”和“矫枉”。后现代主义不仅包含了现代主义和后现代主义在时间上的前后相继，而且还包含了后现代主义在内容上对现代主义的反叛和矫枉。后现代主义看重被现代性所忽视，以及在现代性之后和之外的一切，如不确定性、异质性、无序等，而对被现代性所看中的一切，例如原则、整体性、确定性、权威、同一性、规律等都加以怀疑。相对于现代性下的同一性、本质性和封闭性而言，作为现代生存危机和文化危机在哲学层面上的反映，后现代主义所强调的差异性、多元性以及“去中心”的边缘性和创造性、开放性等，都大大丰富了人们对公共行政的认识。因此一般认为，后现代公共行政包含着民主行政、多元参与、责任伦理、权力解构、市场自由、弹性组织和放松规制几个方面。

在法默尔看来，现代主义和后现代主义乃是我们看待公共行政的两个基本视角或基本的语言范式。在现代主义的视角中，公共行政被建构为一种科学，一种技术，一种企业，一种阐释，而在后现代主义的视角中，公共行政欲通过对想象、解构、非领地化、变样和他在性的强调来掀起一场从根本上变革官僚制的革命。现代主义的公共行政是基于笛卡尔主义的心灵模式，而后现代主义的公共行政则是基于福柯式的自我伦理学革命。法默尔正是基于后现代主义的这种怀疑论态度，强调对现代公共行政文本中一些“不言自明”的、所谓“真理”性叙事加以质疑。在他看来，这种所谓的“真理”性认识如果不破除，那么公共行政的理论和实践就无法突破一种无形而又无处不在的障碍，就无法开创出自己发展的新阶段。

后现代公共行政理论在某种程度上不可避免地带有后现代主义通常会具有的一些弊端，容易走向语言决定论、怀疑论、相对主义乃至无政府主义。法默尔在这方面当然也不例外。不过总体而言，他在这方面还是相当有节制的，并没有完全陷入极端的相对主义和放弃一切真理与价值的犬儒主义。他在批判、质疑的同时，也带有一定的建构的心态，他力图就公共行政和官僚制的改造而开辟一条有助于超越现代性公共行政理论局限，有助于未来公共服务改革的新思路。法默尔的后现代主义立场告诉我们，在公共行政中应该关注和重视反例，反对以理性主义的态度去坚持所谓的普世性真理。他认为，达到这个目标的关键在于我们如何使用我们的语言。正是在我们使用的语言平台上，公共行政的各种理论和思想才得以达成交流，问题才得以形成，答案才得以构建。在这里，公共行政领域中的语言转向显然是极其重要的。在法默尔看来，公共行政学目前所使用的话语存在着很大的局限性，而公共行政理论在涉及公共官僚机构的范围、规模、功能及本质等方面的局限性实际上正是这种话语局限性的表现。因此，完成公共行政后现代语言学转向，对于公共行政理论和实践的变革来说，也许是当下公共行政领域中的一项最为基础性的任务。

在公共行政学发展的历史上，韦伯对于公共行政的理性主义描述将现代学者的基本信念与前现代思想家的假定和信念从根本上区分了开来。在法默尔看来，现代性与理性主义思想在自己长足的发展中，同时也给公共行政学的发展设置了语言的边界。尽管受现代性影响的学者在努力探讨如何在理性主义思想的指导下改革公共官僚机构，使其组织机构向生产型与服务型方向靠拢，但这些学者面对着一道他们根本无法逾越的语言学之墙。而法默尔的最大理论贡献就在于提供一种全新的认知范式，完成了在公共行政学领域中的语言学转换。指出了在公共领域中语言符号的“能指”对于“所指”的所具有的建构作用，指出了语言本身作为一种具有游戏性和协调性的活动过程。这一语言学的转换大大地弱化了现代公共行政学中的正统教条，给后现代主义公共行政学的发展潜能增加了一种方法论的内容，突破了现代性公共行政学理论自我设置的“语言囚笼”。法默尔宣称，伴随着现代性被后现代性所取代，公共行政学领域将会产生一种自我扩展的机会，在新的语言范式中，现代性的公共行政语言将在受到严格反思的前提下，被融合进后现代主义公共行政语言的框架之中。

法默尔的后现代主义公共行政学框架，是在对于现代公共行政理论的五种局限性，即特殊主义、科学主义、技术主义、企业逻辑以及解释学进行反思和批判的基础上建立起来的。通过这些反思和批判，后现代公共行政学在新的语言学框架中，扩展出一种可以导致更富有生产性的理论主体和更具有创见性的建构方法。比如，不再局限于逻辑理性的“想象”有能力成为建构新理论的有效手段；能够去除思维僵化外壳与刻板叙事方式的“解构”，有助于解放思想，扩大公共行政学的视野与看问题的角度；能够打破各种有着真理性外衣的种种语言格栅和准则的“去领地化”，则有助于我们打破各种认识的壁垒，开辟新的领域；而具有着反行政特点的“变样”则使公共行政领域直接在开放性和多样性这种时代的要求面前创新求变。总而言之一句话，法默尔通过对于公共行政学的后现代主义改造，将反思反省、开放多元、求变创新、不断建构这样一些方法带进了公共行政领域，使这一领域产生了一种和时代的认知水平相应的有力提升。

法默尔认为，我们对公共行政理论的角色和本质的概念化方式需要从根本上加以改变。他把自己的研究建立在维特根斯坦的语言概念基础之上，维特根斯坦把语言视为一种生活形式，法默尔据此确立了这样一个基本前提：为了改变公共行政领域，我们作为行政管理者必须改变我们正在玩的语言游戏。法默尔的语言学转向更准确地说是使语言多元化，在他看来，任何特定的语言都不能宣称自己具有普遍性或独有的特权，因而，实现公共行政领域的根本变革并不意味着拒斥一切来自过去的东西。法默尔所做的既不是一种辩论也不是一种常规意义上的批评，而是在承认现代主义的成就和逻辑限度的基础上，从后现代主义视角去揭示现代主义框架内在不可避免的局限性，进而去探讨后现代主义超越现代主义公共行政思想局限性的潜能。这种对现代主义和后现代主义所做的平衡是法默尔后现代公共行政理论最显著的方法论特征。综观法默尔的后现代公共行政理论，应该说，他的研究目的既大胆又不失自己的恰当性。

在笔者看来，相对于具体公共行政问题的研究而言，法默尔的后现代公共行政理论在哲学认识论和方法论层面上的理论探讨，以及它作为一种从全新角度寻求新的合法性基础的价值重构，对于公共行政理论和实践发展所具有的意义甚为重大、深远。

公共能量场——现代公共行政的核心

后现代公共行政理论的核心——“公共能量场”这个“场”，来自库特·卢因的场理论。“场是作用于情境的力的复合”。

首先，我们看“力”这个概念。

以往的公共管理，都只注重几种主要的力，以及力与力之间线性的联系。因此提供公共产品的力仅限于政府等主体。而忽视了其他可以起作用的力

（比如类似居委会老太太这种力）。后现代观点则认为，力是一个场，不是粒，而是波，是力的有机场。现象学用意向性说明这种力，要求回到力的本身，回到力的源泉来认识力。

其次再来看情境，这是需求方的概念。公民的公共需求，虽然可以概括成一些抽象的条条，但回到需求本身看，每个公民的公共需求，其实都是非常具体的，是具体到可以还原成可体验情境的。

从后现代观点看，到位的公共行政，是在提供基本公共产品的基础上，可以具体问题具体分析的公共产品供求。在这个场中，有四年才响应一次全体公民的发力节点（如总统选举），也有每时每刻都在对公民进行响应的发力节点（如"居委会"）。同样，公共行政主体表现的意向性，也越来越变成切合情境的意向性，保证话语是对特定事件、特定语境下的行为：强调普遍的参与以及实质性的贡献。这就是公共能量场的理论。

资料来源：姜奇平，《后现代公共行政——介绍一种先锋派理论》，互联网周刊，2003.5.26

http://www.cnki.com.cn/Article/CJFD2003-HLZK200316024.htm

第二节　库珀的行政管理伦理思想

特里·库珀（Terry L. Cooper）是美国当代颇有名气的行政伦理思想家。年轻时代的库珀先后在加利福尼亚大学洛杉矶分校、克莱蒙特大学和南加利福尼亚大学获得学士、硕士和博士学位。1976年—1982年间任职于美国行政学会职业标准与伦理委员会，并参与编撰了该委员会的《公共行政官员应用职业标准与伦理指南》。1988年—1989年库珀曾来香港中文大学讲学，并致力于"香港高级公务员对于1997年回归中国大陆的先期反映"问题的研究。目前担任美国南加利福尼亚大学政策、规划与发展学院教授。

作为美国乃至西方行政伦理学领域的著名学者，库珀长期致力于公共行政伦理与公民权研究。他笔耕不辍，著述甚丰，在行政伦理方面，不仅在《公共行政评论》等权威期刊上发表了大量专业论文，而且还出版了《行政管理的公民伦理》、《模范公共官员》和《负责任的行政官员：行政角色的伦理探讨》等多部行政伦理专著，主编了由多国知名行政伦理专家参加撰稿的《行政伦理手册》。库珀也正是通过这些著述，奠定了自己在西方行政伦理学界中的重要地位。有人甚至认为，当今西方行政伦理学的领军人物非库珀莫属。

一、什么是行政伦理

（一）行政伦理的概念与行政伦理的思考层次

“伦理”是一个在日常生活中经常会接触到的一个概念。从广义上来讲，伦理所涉及的是诸如善恶、行为的得体与不得体、应该和不应该这样的问题。而行政伦理则是指行政人员在行政管理活动中的道德行为规范的总和，它是维持行政管理活动相关各方之间合理和正当关系的原则和规范。行政伦理对于公共行政的正常运行来说，有着相当重要的意义。

探讨行政伦理可以有不同的角度。库珀倾向于从有助于行政管理实践的角度来探讨这一问题。因此，他关注公共行政实践中那些正在发生的行为过程中的伦理问题。库珀认为，当行政人员在消除具体伦理困境过程中，界定自己责任的界限和内容时，他们便是在为自己创造一种伦理身份，在塑造自己的品性。为了阐明行政伦理的意义和必要性，库珀指出，可以把伦理问题的处理看成是在时间和信息约束的范围内，为人们所面临的具体情境设计出一种快速和最佳反应的过程，充当一种人们作出快速即时反应时的行为向导。当然，这样的一种认识需要在动态而不是静态意义上去达成。为此，库珀没有仅局限于普通教科书或词典上有关伦理的定义，而是提出了一个有着操作性特征的伦理概念。他指出，伦理就是要对于义务、后果和最终目的进行实质性的推论。因为任何进行伦理思考的人都要对体现在各种行为和社会秩序中的原则进行分析和评估，从事伦理实践也就意味着要更系统地思考指导我们行为选择的价值观。当我们对这些潜在的价值观进行思考时，我们要自问这些价值观与我们的义务相符程度如何，以及它们所导向的是什么目标。记住了我们所承担的义务和我们所扮演的角色，我们在作出特定伦理决策时就要设法对这些价值观进行等级排序。从这样一种认识出发，他将行政伦理界定为，是一个根据某一具体的行政决策将我们的价值观进行整理排序的实际过程。而在涉及到伦理决策和价值观排序的具体操作过程中，他认为，人们大体上不外乎要涉及到下面四个思考层次：

第一是情感表达层次。在这个层次上，人们只是就一些问题或事件表达自己的情感，这种表达不一定意在于引起回应也不一定旨在劝阻他人的不当行为，并不实用性地去提供与这种表达相关的事态证据，也不是在进行详细的事态描述。但是，这一层次的处理方式并不是完全无意义的，它完全有可能会随着情感表达主体和情感表达强烈程度的变化而影响到此后的一系列其他处理方式。

第二是道德规则层次。在这个层次上，人们对于什么是恰当行为的问题、可能的备选方案以及行为后果进行评估。在库珀看来，这是严肃提出问题并予以严肃回答的第一个层次。在这个层次上，人们往往要根据某些被奉为道德规则的准则、格言和习俗来思考行动步骤并预期后果。在多数情况下，行政决策中的伦理问题都是在这个层次得到解决的。因为我们所做出的决策往往都具有实用的后果，并且具有可以为我们所接受的道德理由。由于大多数实际的行政决策追求的是特定问题的解决而不是去进行专门的道德思考，因此，我们在这一层次上对伦理所进行的理性和系统的思考是较为有限的。只有当我们在运用既有的实际道德规则而仍然不能做出令人肯定的决策时，我们才会进行更高层次的伦理思索。

第三是伦理分析层次。当现成的道德规则在特定情况下不能正确发挥它的决策引导作用时，我们就不得不对我们所要遵循的道德规则进行一种更为深入的再思考。库珀认为，在常规的行政角色行为中，我们通常并不需要进行这种根本性的再思考。但有时，由于问题太独特、太复杂或者其后果影响面太大，以至于我们只能选择对隐含在我们行为规范之中的伦理原则进行再审查。在他看来，所谓伦理原则，指的是就实现某一价值所必需的行为规范或行为模式，一种特定的价值是与一种普遍的行为模式联系在一起的。当我们面临行政伦理困境时，我们就必须澄清并重新安排我们应该优先考虑的价值并由此调整我们的行为规范。如果我们所信奉和坚持的基本价值原则是维护公共利益，那么我们在做出行动决策时就必须权衡该公共利益本身是不是构成问题，每一种决策备选方案将会给公共利益带来什么样的影响，进而以谨慎的方式采取恰当的行动。如果我们这样做还不能对价值原则和备选方案作出相应的排序，那么我们就必须进入到下一个更深层次的伦理思考。

第四是元伦理思考层次。元伦理思考层次思考的最典型问题是，“我为什么应该遵守道德规范？”在多数情况下，一般的行政人员都不会达到这样一个最基本的哲学思考层次。只有当我们陷入非常棘手的伦理困境时，我们才可能会进入到这一层次进行思考。元伦理层次的思索并不在于为我们在伦理层次上所进行的排序作出某种论证，或寻找到某种根据。只有当我们发现我们自己在进行价值排序时不可能不“进行道德博弈”时，只有当我们发现人类在道德领域的博弈存在着自己恰当理由时，我们也就实际上在这一元伦理思考层次上进行着实际的思考了。

应该说，这四个层次构成的行政伦理决策结构是一个高度的统一动态系统，一个完整的行政伦理决策结构是不可能缺乏其中的某一个环节的。而且，我们在理论上有时也往往把行政伦理决策描述为会合乎逻辑地逐一遵循这四个层次思考的过程。但在现实中，人们在努力解决什么是正确的事情以及什么是应该做的事情时，常常是因具体情况差异而有选择地游移于这四个层次间的。不过库珀还是强调，尽管我们日常的行政决策往往都是在没有过多思考的情况下做出的，但我们面临重要问题时对决策的伦理方面越是能够有意识地加以系统性的处理与思考，则我们在工作中就越能够成为负责任的行政人员，而行政伦理也越能够得到良好的贯彻。

（二）行政人员的角色与责任

从目的性角度而言，行政伦理问题探讨要加强的是行政人员的角色意识和责任意识。库珀对于行政伦理问题的讨论也的确是从对行政角色的分析入手的。他通过对行政人员行为角色的分析而引出了作为行政伦理核心概念的行政责任。库珀指出，要想最好地考察行政伦理，就必须对行政人员的角色规范有所认识，因为行政人员的角色规范涉及到行政伦理发生作用的社会文化背景。众所周知，一个人在生活中总是要扮演特定的、有时是很不同的角色，例如，父母、子女、消费者、生产者、上级、下级、朋友、公务员、公民等，而每种角色都具有构成其行为规范的特定社会期待，每种角色都代表着一系列的义务和责任。正是"角色规范"这个概念把社会"期待"与"义务"和"责任"结合在一起，使人们在各种角色规范的要求下承担起自己的各种义务和责任。

然而在现实生活中，人们常常承担着多种多样的角色，有时会在没有明确意识到各种角色规范不同的情况下，穿插活动于这些不同的角色之中。在这种情况下，人们便会陷入角色矛盾和角色冲突的状态之中。库珀认为，与每个生活在现实社会中的普通人一样，行政人员也必须同时在家庭、组织、社区、公共部门、政府以及社会中承担不同角色，他们所扮演的每一种角色背后也都附带着一系列义务和责任，夹杂着各种不同的利益考虑。在具体的行政实践中，附着在行政人员身上的各种角色规范经常会发生冲突，这种情况在后现代主义思潮反基要主义和反权威的影响下，显得特别突出。作为不同角色扮演者的行政人员常常会被置于尴尬和矛盾之中，而他们在如何进行角色排序，执行何种角色规范问题上，会具有较大的随意性。尽管法律和法规会从原则上对行政人员的行为进行硬性的规范，但这通常只给行政人员的行为提供一些底线性的、倾向性的指导，而对于拥有相当行政自由裁量权的行政人员来说，在随意性很大的情况下，要想做出负责任的、符合角色规范的行政决策，并不是一件很自然、很容易的事情。在这里，通过加强行政伦理建设来提高决策者的伦理水平和增强其良知就显得至关重要了。

不仅如此，行政人员不得不讲求务实的行政实践，也决定了行政人员关心的主要是怎么办的问题，而很少会去思考价值观和伦理原则问题。这就不可能不导致他们对行政伦理素质的提高不甚感兴趣，并进而降低他们应对行政伦理困境的能力。此外，我们生存于其中的“生产－消费型”社会，使得一种功利性、利益性的考虑占尽了上风，较之于成本——收益、国民生产总值、经济发展张力、组织结构、生产装备线、财政预算、机构精简、时间和政治压力这类事物，原则与价值、善事与义务仿佛显得无足轻重。这就不能不使以思考义务、责任和终极关怀为目的为己任的伦理思考越来越受到社会的轻慢与怀疑。于是，行政人员和行政组织往往看不到系统学习行政伦理知识的意义，进而在行政人员中会出现这样一种倾向：要么完全忽视对行政伦理知识的学习，要么也只是草草应付了事。库珀认为，在这种功利化的宏观社会环境下，行政人员面临的工作环境通常只是一味要求他们努力将工作做完，这种现实的工作压力逐渐挤压了行政人员的教育、培训和常规操练时间，紧张的日程安排和繁重的工作负担使得他们无暇顾及什么是应该做的事情以及为什么要这样做。因此，他们一旦在行政实践中遇到责任冲突和伦理困境时便难以应对。在这个意义上，行政人员在现代社会环境中加强对伦理价值问题的思考，增强其责任与义务意识，实在是刻不容缓。

二、作为当代行政伦理基础的公民权理念

（一）公民权

从法律意义上看，“公民权”主要是指公民所享有的、由法律规定的公民权利和义务。而从伦理角度看，公民权涉及的是一些与个人在某一政治共同体中成员资格的特性有关的更为一般的问题，它主要包括诸如公民的权利和责任这样的伦理问题。对于公民权的这两个角度的认识并不是完全割裂的，它们都从特定的角度奠定着公民行为的规范基础，对公民权理念的全面认识是我们准确把握库珀行政伦理概念的基本前提。

库珀在这样一种认识的基础上指出，公民权是指对一个社区中个体成员因其公民身份和角色而拥有的权利和义务。这种身份和角色可以是根据宪法、宪章和法律规定的资格、权利和义务的正式条文中整理出来的，也可以从实践中的价值观、传统、习俗和惯例中非正式地抽象出来。考虑到公务员首先是生活在社会中的公民一分子，道德公民权的理念一定会反映到公务员身上，因此公民权的理念不只是现代法律规范的根本，它同时也是行政伦理的概念基础。

库珀从美国的社会发展历史出发指出，美国人的行为方式背后有着一种符

合公民权理想的强大传统，在早期清教徒所共有的、参与性自我治理的习俗传统中，在引起托克维尔关注的、建立志愿性社团的经验里，在反联邦主义思想以及在贫民区建立福利性工作社团的实践中，已经存在着一套为道德公民权规定要义的价值、惯例、信念、原则和理论。这种与更加正式的法律规范有着很大的区别的，有关道德公民权的强大传统，为美国积极参与式的公民权提供了基础，从而为美国的行政伦理提供了一个不竭的源泉。在库珀看来，公民权理念与公共行政的关系极为密切，公民角色是认识公务员角色的基础。库珀认为，公务员的地位和合法性根源于其作为公民的角色，因此，公务员就不仅仅是技术专家、解决问题的人或政府雇员，他们也是将公民的责任和义务延伸到其职业生涯中的人。在这个背景下，在公务员身上体现出一种对于社会公共利益的关怀并不是一件很希罕的事情，而公共伦理也由此打下了自己的坚实基础。

古代的公民权

公民角色和责任的认识可以追溯到古希腊哲学。美国政治思想家波科克认为，西方政治思想中公民权概念的历史可以被视为理想与现实、人与物之间的一种“未完成的对话”。在他看来，关于公民权的经典描述是亚里士多德在《政治学》中首先提出的，这种描述最好地表达了“理想”。按照亚里士多德的观点，公民之所以参与城邦的工作，其原因在于正是在这种工作中个人可以获得其最完备的人性。由于人具有主动性、社会性和道德性，他们关心生活的目的，所以他们试图达到更高目的并且为此而必须进行自决。“因此，公民既处于支配地位又受人支配；当每个决定者都尊重别人的权威时，公民就彼此一起参与决策。并且他们都共同服从……他们所做出的……那些决策”，按照他的理解，公民在社会生活中更加关注的是有待达到的“目的”，而更少关注工作或生产的“手段”，公民权不被视为一种工具性活动或一种达到目的的手段，而做一个积极主动的公民，这本身就是一种目的，这一点因为那种通过参与政治组织的工作所获得的自由而受到重视。后来，法国政治思想家卢梭遵循亚里士多德的传统从根本上把公民界定为把社区的利益放在心上行动的人。在他眼中，公民权是一种生活方式，这种生活方式包含着一种对社区及其成员的承诺。包含着对公共事务的一种重要参与水平，并且包含着一种将个人的利益置于更广泛的社会利益之下的临时意愿，这种意愿后来被另一位法国政治思想家托克维尔称为“被恰当理解的自利”。美国政治理论家沃林认为，尽管人们在社会中扮演着许多角色．但是公民权提供了其他角色所不能提供的东西：即将同代人的多重角色集合在一起的整合经验，而且这种整合经验要求各种角色应该从一种更加普遍的观点加以审视：例如，作为一个父亲的角色有可能会与作为一个雇员的角色相冲突，只要有这种情况存在，就需要一种更加广泛的角色以一种概括的形式将这各种角色整合在一起，而公民角色就能够提供这样的整合。

转引自丁煌《西方行政学理论概要》2005 年 11 月第一版第 312 页。

（二）“公民美德”与“行政责任”

由于公民权理念中有着如此浓厚的道德规范，而公民权理念与公共行政之间又存在着如此密切的关系，因此，公务员所从事的公共服务在本质上是民主政体中所有公民都期待的公民美德的一种扩展与延伸。这里我们涉及到了“公民美德”这个概念，它是指能对于一个公民正确地进行道德判断发挥影响，进而影响公民行为的一种倾向，这种倾向主要表现为公民为了追求公共利益而必须拥有的诸如诚信、忘我、公正、正直和勇敢这样一些个性特征。公民美德的理念体现了为公众服务的观念。一个合乎伦理要求的公民应该是一个参与社区工作的公民，也应该是一个有着为他人服务责任或义务意识的公民。民主与道德公民权的理想从一开始就已经意味着公民为了促进社区的改善而应该承担的某种责任或义务。从本质上看，公务员所从事的公共服务正是来源于这种包含着责任和义务的公民美德。公民美德是民主社会中合法行政实践所必需的核心个性特征。如果行政人员能够从民主道德公民权的基础上获得其伦理身份，那么他们就可以承担一切特殊的角色和职责，完善对自身责任问题的认识。

库珀由此指出，行政官员的伦理身份和应该遵守的伦理规范并不是一种游离于社会的特殊规范，它和道德公民权有着高度的统一。被雇用来作为行政人员而为我们的公共生活工作的公民，是一种“职业公民”，他们所委以从事的工作是我们在一个复杂的大型政治共同体中所不能亲自干的工作。因此，行政人员完全是公民这个整体的受托人，行政官员也应该是那些特别负责任的优秀公民。在这个意义上，行政官员坚持一套适合于处理公共事务的伦理准则不只是对他的职业要求，也是对于他作为公民的责任要求。在这里，行政伦理体现为对于行政人员的一种双重的责任伦理要求，行政责任和公民美德不仅获得了一种统一，而且也在后者的支撑下获得了突破。在这种情况下，没有行政责任感的行政人员不只是一个不合格的行政人员，更重要的是他还不是一个合格的公民。库珀强调，正是这一点构成了行政责任的源头活水。

三、作为行政伦理核心的行政责任

（一）行政责任的基本类型

1．客观责任

行政责任具体而言，可以分成两个层面：客观责任和主观责任。而所谓的客观责任，与从外部强加的可能事物有关，包括对某人或某集体负责，也包括为某一任务、下属人员和目标的实现负责。在库珀看来，客观责任包含着职责和应尽的义务。而从相对重要性来看，两者中义务更为根本一些。职责是确保义务在等级制度结构中得以实现的手段。职责意味着上下级关系以及自上而下行使权威以确保既定目标的实现。他认为，如果把客观责任的这两个方面放在行政角色的组织和政治背景中加以解释，我们就可以对政策过程中关键角色之间的责任关系有一个较为明确的了解。

客观责任首先表现为，行政人员要直接地执行其组织上司的指示，为完成目标任务而在彼此间达成共识；要在上司面前为其下属的行为承担责任。在库珀看来，这里体现的主要是一种直接的职责关系。

客观责任其次表现为，行政人员要向民选的官员负责，执行体现民选官员意愿的公共政策。库珀认为，这种法律责任关系不像第一种责任关系那样直接，但它却是更为基本的义务。由于代表民选官员意愿的公共政策是行政组织任务和使命的根据，所以行政人员服从公共政策制定者的义务是第一位的，应该放在对直接上级的服从之上。

客观责任最后表现为，行政人员还要洞察、认识和权衡公民的偏好、需求和其他利益。库珀认为，尽管这不是行政人员最直接的职责关系，但它却是最根本的义务关系。因为公民是主权者，行政人员是他们的受托人。在现代社会，与民选官员一起分担代表和受托只能意味着行政人员也要与民选官员分担这种义务关系。尽管这二者之间因此会出现一定的角色模糊和角色冲突的情况。

总之，在库珀看来，负责任的行政人员必须从实践和伦理这两个角度为自己的行为负责，责任的完整含义既包括实践责任，更包括伦理责任，但相比之下，伦理责任是占首要位置的。

有学者用经济学的委托——代理理论来解释客观责任问题，库珀认为这种解释过于简单。因为这种解释只关注效率价值，而忽视了伦理考虑。在他看来，行政人员作为一种代理人角色，已经决定了他负责的责任内容：他要为多种委托人负责。这些委托人包括组织中的上司、民选官员、职业性协会和公民。尽管效率在行政管理工作中十分重要，但未必是最重要的。正义、权利、诚实守信和其他许多价值也同样很重要。处理相互冲突的委托任务和对抗性价值、处理职责和义务之间的矛盾，这些都需要进行伦理思考和伦理分析，而这些问题不是经济学的委托——代理理论所能够面对的。

2．主观责任

主观责任是相对于客观责任而言的。如果说客观责任大体上源于法律、组织、社会对行政人员的角色要求，那么主观责任则主要根植于行政人员自己对忠诚、良心和身份的信念。库珀强调，主观责任作为对行政人员信仰、个人与职业价值观以及性格特征的一种表达，与更为明确的客观责任的表达有着同样的真实性。行政人员在履行行政角色时的主观责任反映了通过个人经历形成的一种职业伦理。他们相信法律，听从上级命令，遵守客观责任不只是一种单纯的服从，也是因为由信念、价值观和伦理认同等构成的内驱力驱动的结果，是经由他们良心认可的一种特定行为方式。行政人员对某人负责或为某事负责的感觉和信念是在社会化过程中产生的，这些感觉和信念体现了他们通过家庭、学校、朋友、宗教团体、职业培训和组织参与而获得的价值观、态度和信念。价值观是一种比其他信念类型更为基础的信念，可以控制人类行为，是指导人类行为的准则，主观责任就来源于基本的价值观信念。

当行政人员面对具体的问题和事件时，相关的价值观和原则便会引导他们以特定方式行事或寻求实现特定的目标。人们在通常情况下建构的一整套主观责任与那些从外部强加的客观责任是相适应的。行政人员通过这两者的结合将自己的需要、习性、良知、道德感与角色的要求融合在一起，而角色规范也使人们有必要从内部产生一种价值观子系统，这正是使客观责任的履行与他们自己的内心良知相一致的一种伦理准则。因而，库珀认为，一个负责任的行政人员的行为通常情况下是与其所扮演角色的伦理准则相称的。在这个意义上，保持高度的主观责任非常重要，它不仅有利于培养整体意识、自尊心和认同感，也有利于客观责任的加强和履行。实际上，行政行为对逻辑和连续性的需求使得主观责任的建立成为必要，客观责任所允许的行政自由裁量权范围必然取决于行政人员对伦理思考的心得掌握多少，一个行政人员需要一些基准尺度将那些进入其行政活动范围的各种冲突性价值观要求联系起来。因此，主观责任不仅仅从人们的社会化过程中产生出来，是人类活动不可避免的一个方面，它也是行政思想和行政体系的发展对于以连续、理性和独立的方式履行客观责任的必要条件。连续性和内部控制力量能够使行政人员以一种相对可预测的方式形成自由裁量权，公众也因此会对行政人员产生信任。正是基于这种认识，库珀认为，伦理过程就是这样一种手段，通过它，主观责任的内部要求与客观责任的外部要求得以联系起来了，行政伦理由此而得以完备地建立起来。

行政责任非常重要，缺乏行政责任将使整个公共行政走向无效和瘫痪。然而，在现代社会中，严格地履行行政责任对于行政人员来说，并不是一件非常轻而易举的事情。一方面是因为社会高度复杂，各种各样的价值观相互渗透，另一方面也是因为行政人员在实际的行政实践过程中承担的责任要比理论的描述更为复杂。当行政人员承担多种角色时，与各种角色规范相关的责任之间往往会发生冲突，而行政人员因此也不可能不去面对体现在自己身上的责任冲突。

（二）行政伦理困境——责任冲突

社会中的人，大体上都是多种角色的承担者，责任冲突对于每一个社会成员来说几乎都是存在的。因此，面对冲突性责任并不是行政人员的独特境遇。但由于行政人员面对责任冲突可能直接造成社会公共秩序的紊乱，因而更值得我们去认真对待。行政人员身上表现出来的责任冲突是行政伦理困境的一种具体表现形式。尽管人们有时不将这种冲突视为伦理困境而只把它当作一种实践问题。但从根本上讲，这种困境实际上涉及到我们怎样有意、无意地为价值和原则排序的问题。由于行政角色只是行政人员在现代社会和后现代社会中可能扮演的全部角色中的一种角色，所以角色发生冲突的可能性总是存在的。而且行政人员角色与公民角色也存在发生冲突的可能。公务员的受托人特征本身使他有责任代表公民的利益行事，但由于这种责任发生在组织内部，因此在履行这种责任时，个人利益、组织利益和公众利益之间以及在组织中的上司、政府官员和法律之间经常有可能发生内在的冲突。

1．角色冲突与行政伦理困境

在日常生活中，不同的角色所持有的价值概念有时是不相容的或是相斥的。比如在工作中，我们可能会面临下面这样的情况：我们作为行政工作人员所应遵循的规范与我们作为一位好母亲、善良的基督教徒或美国行政学会会员所应遵循的规范是相矛盾的。在这种情况下，行政人员角色与组织工作之外的其他角色之间就会发生库珀所谓的“内部角色与外部角色”的冲突。角色冲突实际上意味着角色责任冲突，意味着我们在履行其行政工作责任时会遭遇到的行政伦理困境。

2．权力冲突与行政伦理困境

权力是一种支配性的力量，不同的权力在自己的支配过程中发生交叉，就有可能导致相互之间的冲突。行政人员在自己的工作实践中，不是只会处于一种权力的支配之下，他们时常会在两种或两种以上权力的支配下工作。不同的权力把不同的客观责任从外部强加到行政人员身上，就有可能形成行政人员要履行的客观责任发生冲突，只要这不同的权力对我们提出的行为要求是不相容的，这种发生冲突的可能就会变成现实。例如，在法律要求和你的上司的要求有所冲突时，你所要履行的客观责任马上会产生不相容性，这时你就会面临如何处理这种由权力冲突而带来的行政伦理困境。

3. 利益冲突与行政伦理困境

行政人员对于个人利益的考虑，行政单位对于自身利益的考虑，都有可能导致行政主体在处理行政事务的时候，与行政人员的角色规范产生矛盾。而行政主体在个人利益考虑方面一旦占有上风，便会现实地与自身作为一个公共机构与公共官员的义务和责任之间发生的冲突，构成我们这里所讲的行政伦理困境。按照库珀的理解，这里所谓的利益冲突，实际上就是行政主体在利益与职责、与公共角色义务之间存在的紧张关系；而在实际行政工作中，所谓的行政伦理困境即意味着，我们在扮演公务员角色时所体验到的公共利益与个人利益之间的这种紧张关系。

四、行政伦理行为的实现途径

伦理困境是行政主体在处理行政事务过程中会现实的面对的问题。而对于行政伦理研究的目的，就是要使行政主体在公共组织中保持负责的行为，以防止出现不合行政伦理的行为。考虑到行政伦理困境产生的原因较为复杂，库珀对于我们如何才能保证行政伦理行为实现的路径进行了深入的探讨。

（一）行政伦理困境的传统应对方法

行政伦理困境是伴随人类公共生活的一个老问题。人们在自身的公共行政实践中，积累出了一些行之有效的办法。库珀指出，人们在公共组织中，传统地形成了两种保持负责任行为的方法，这两种方法就是外部控制与内部控制。

1. 外部控制

外部控制着眼于以外部规范的方法对公务员个人或行政主体的伦理越轨行为实施控制。例如，采取新立法、制定新规则、颁布新制度，重新安排组织构成或建立新组织以便更严格地监管下属组织与行政人员。实施外部控制的理论基础是：行政主体的判断力和职业水平以及他们的自觉，不足以保证人们合乎伦理规范的行为。

2. 内部控制

“内部控制”着眼于强化行政主体内在的职业价值观和职业准则，试图通过培训、鼓励和引导来提高他们遵守行政伦理规范行为的自觉。这也就是说，内部控制是通过行政主体自身的变化来保证公共组织中人们行为的符合伦理规范，防止越轨行事。这种机制之所以被称为内部控制，是因为它们必须通过行政主体内在的价值观和伦理准则才有可能生效。

关于这两种传统的控制方法，我们很难简单地说哪一种具有绝对优势。作为提高行政责任的手段，内部控制方法虽然可以通过内化于行政人员心中的价值观和道德规范来防范他们在决策过程中的伦理失范行为，有助于产生一个更具回应性和创新性的官僚体制。但这种内部控制机制也有其弱点，例如，在当今多元开放社会中，行政人员很难在采取哪一种价值观与道德规范上达成真正的共识。而如果行政人员在具体地处理行政事务时，这种价值观方面的差异才和利益冲突、权力冲突结合起来，那么这种内部控制方法的有效性就更要大打折扣了。而外部控制方法虽然对于内部控制方法的弊端可以进行一定程度的纠正，但外部控制毕竟不可能做到周而不漏，加上监控者本身还存在一个需要受监控的情况，因此它的作用也是有局限的。

基于对这两种传统的控制方法利弊的分析，库珀认为，妥善之策也许不在其他方面，而在于要在内部控制和外部控制之间设计一种平衡机制，谋求这二种方法形成一种互补，增强对行政人员责任行为的控制力。库珀在这个问题上的最后落脚点也正是放到了整合出一套能集内部控制与外部控制于一体的机制上。

（二）内外控制机制之整合

行政伦理的外部规范很重要，但这种外部的规范是不可能在孤立情况下形成并发挥其应有作用的，它需要有内部控制的支撑。行政伦理的内部引导也很重要，但它也需要有自己的支持性环境才能收效。库珀认为，在这里，由体现为个人品质的内部控制机制与组织结构、组织文化和社会期待等外部控制整合而成的一个行政伦理环境支持系统，是行政伦理建设的一个重要目标。具体来说，这个系统涉及到四个方面的要素。

1．个人品质

个人品质是这个支持系统的一个重要因素。它大体上包括伦理决策技巧、心理态度、美德和职业价值观四个方面。库珀认为，这种内在的个人品质可以为行政人员正确行使自由裁量权，模范遵守自己的责任和义务提供持续性的指导。一般来说，法律和组织内部的规范不可能具体到足以涵盖行政人员所遇到的所有情境和所有偶发事件，而且公众参与也不可能深入到日常行政行为的细节中去，上级对行政活动的监控范围也总会存在疏漏之处。所以，只有被深深内化了的一套个人品质才能够真正保证行政人员的行为符合行政伦理的种种规范。因此，这些个人品质是官僚层级组织机构得以有效运转的前提条件，一个组织如果在这个方面存在缺陷，那将是致命的。

2．组织结构

相对于个人品质来说，组织结构也许是一个支持系统更为重要的要素。一般而言，组织结构包括明确的职责、合作性安排、异议渠道和参与的程序，它实际上构成行政人员个体在组织中发挥作用的重要工作环境，对行政人员的伦理行为具有重要影响。必要的组织结构可以通过对责任的明确规定来增强每一行政层级的责任，组织成员通过代表和参与政策制定过程而获得责任感和参与动力，合作安排则使整个行政组织呈现高度分工合作的有机性，大大增进行政组织的管理效率。而所有这些反过来，又无形之中增强了组织的合法性，体现了组织的合目的性。

3．组织文化

组织文化常常不是正式的制度机制，它是包括榜样、习惯、传统、时尚等“地方性”东西在内的行为软约束。组织文化虽然处于无形之中，但在库珀看来，它对组织成员的行为有着很大影响。它有可能使组织成员的行为遵循或者偏离乃至背离管理者的正式规则、章程、程序等正式制度。库珀认为，在行政实践中，我们可以有效挑选和培训合乎伦理的个体，而且组织结构也可以具有明确的职责、合理的安排、开放异议渠道以及支持性行政领导。但非正式的、又无处不在的组织文化却可以有力制约合乎伦理或不合乎伦理的行政行为。因此，库珀认为，为了使组织文化对于行政伦理行为所具有的积极功能得到充分发挥，我们必须以一种组织整体设计的方法，使组织结构的完善与组织文化的建设能够联起手来，形成一种能够不断维护和推进公共服务价值观的风范。

4．社会期待

社会期待是一个社会心理学方面的用语。我们这里说的“社会期待”是一个专指，它讲的是人们对行政人员所寄予的一种希望。在行政伦理中，社会期待构成行政规范的外部控制因素。一般而言，社会期待包括公共参与和法律、政策这两个方面。库珀认为，在实现和保持行政责任的过程中，公众参与可以增强行政人员的公众意识，使后者更清楚地意识到自己是一个必须定期与公民保持联系的职业受托公民：至于法律与政策，则在某种意义上象征着一种更为普遍和持续表达公众意志的框架，它使行政工作必须在这个框架内进行，也使得多元主义的离心力在这个框架中受到必要的制约和抵消。库珀强调，对行政责任来说，法律和政策不仅可以通过界定行政自由裁量权限来控制行政人员的行为，而且还明确了行政机关与立法机关、司法机关间的相互关系。

总起来说，公共行政伦理控制机制的最佳设计，应该是这四种构成要素都相互呼应，共同支持形成一种有利于行政伦理得以贯彻的环境支持系统。这也就是说，公共行政人员的个人品质必须通过支持公众参与和尊重法律而有利于对公众做出回应，组织结构必须为公众参与提供渠道，组织文化建立的规范基础必须使组织成员具有遵纪守法的倾向并且使得公众能够参与治理过程。在这样的环境支持系统中，这四种互动呼应的因素被调整得可以最大限度发挥自己的作用，从而使行政人员不仅获得动力去进行系统的伦理思考，而且还能够考虑合乎行政伦理的备选行动方案，能够去想象每种备选方案的后果并由此而获得一种向善的自我激励。

（三）保持个体伦理自主性

在前面谈到客观行政责任问题时，我们曾从组织内部和外部两个方面进行了讨论。因此我们说，行政责任的履行决不仅仅是一个组织内部的事务。我们知道，公共组织需要为之负责的委托人有着多种形式，他们包括组织中的上司，包括民选的官员，还包括独立的法官和作为权力来源的公民。而在各种形式的委托人中，作为权力来源的公民应该是终极性的委托人，公共组织以及行政人员应该对公民及其利益负责。这也就是说，行政责任的履行不能够在这最根本的问题上含糊。

然而，行政人员在履行自己对于公民及其利益的责任问题上，如何恰当地认定他们拥有伦理自主性的权利，一直是一个有着两难的问题。为了防止下级行政人员利用自由裁量权和伦理自主性侵犯公民及其利益，上级管理者必须要对此加以关注和防范，但在另一个方面，组织及上级管理者有时也会偏离自己的公共责任转而为己谋私。当这种情景发生时，组织中的、下级的行政人员便面临着对自己组织、对上级负责与对公民负责之间的责任冲突，此时便出现了一种需要行政人员予以应对的伦理困境。从理论上说，当这种情况发生时，行政人员应该区分自己对组织的责任范围以保证最终对公民负责，基于对公民的基本义务和共有的政治价值观，对组织及其上级的不负责任行为进行抵制，以示对公民及其利益的负责和忠诚。但在现实生活中，承担这样的伦理责任和义务往往是很容易遭到孤立并要为之付出沉重代价的。那些直面组织腐败和不道德行为并最终选择对公民负责的所谓“不忠”的行政人员，很可能会在生活、事业和个人经济收入等方面遭受严重的损害。当面临这种伦理困境时，仅仅通过培养正确的个人品质、仅仅通过组织文化的干预、或仅仅通过颁布伦理立法，很难保证这种负责任行为的到位。因此，当行政人员面临这种伦理困境时，他们就必须通过增强自己的个体伦理自主性来有效地确定自己行政责任的限度和对组织忠诚的限度。具体来说，行政人员首先需要划定一条工作组织的边界，并培养一种超越组织边界的身份认同；其次我们还需要为约束组织权力和保护行政人员拥有个体伦理自主性的权利建立法律和制度机制；最后我们还要对组织内外的价值观、权利、需求、职责和义务具有一种权界思考意识，以确保行政人员在具体情况下能够作为个体而活动。

不过这个原则在现实生活中推行起来还是有一定难度的。库珀也意识到，要限定行政人员对组织的忠诚度是一件相当困难的事情。因为人类的社会化过程就是以组织的压力不断地迫使我们去认同集体的目标和价值观，而法律制度也缺乏或无力支持这种很特殊的个体伦理自主性。所有这些都使我们的行政环境系统变得相当朦胧与混沌，在这样的环境中，我们很难辨认自己的义务和责任范围。尽管作出新的立法、新的制度安排以及对组织控制将有助于事情的进展，尽管有意识地持续培养行政人员全面的责任意识和加强他们的个体伦理自主性也有相当的积极意义，但事物内在悖论的存在，总会使得这个问题的解决不会干脆利落。在这方面，可能只有坚持综合治理和长期作战，才是一种正确的心态。

五、对库珀的评价

库珀的行政管理思想以公共行政伦理为主线，以行政责任为切入点对公共行政中涉及到的伦理问题进行了较为全面、较为深入的探讨，在一个一向以效率追求为目标、以价值中立为参照的领域中引进了伦理学思考，这不能不说是开辟了一个新的研究视角。库珀的行政伦理思想引起了广泛的注意，获得较好声誉并不是偶然的。

库珀所追求的行政伦理理论具有较为明显的实用性。人们对职业伦理的研究长期以来大多停留在形而上的抽象理论分析上，而对现实的生活并不特别关心，人们想从这种抽象的分析中得出的往往是一套自己想要的结论或一套实际上已经塞进了预设前提中的伦理准则。当然，也有些人们从价值多元出发，在进行了模棱两可的分析后，得出所有的伦理准则都具有同等价值这样的结论。而库珀则强调，从事实践活动的行政人员不可能长期生活在抽象的哲学分析王国中，他们必须把思考分析与实际行动联系起来。纯粹抽象的理论分析不能满足实践中人们的要求，他们要求理论要联系实际，要求理论应该明确行动的方向。因此在库珀看来，他自己工作的目标正在于对这种行动的可能性进行一种探索。他指出，行政伦理理论就是要培养人们解决具体行政伦理问题的技巧，就是要让人们在具体问题的解决当中，以自己的行为来体现伦理的完善，来型塑“理论”。在他看来，这种实用的行政伦理理论最大的特点就是从行政人员现实决策实践过程中提炼出来，并用于进一步指导行政人员的决策行为。库珀强调，他无意于并且事实上也不可能提供一种体系性的终极方法，他的行政伦理理论旨在提醒行政人员在面临具体伦理冲突时，要尽可能多地发挥自己的道德想象力，设想出更多与具体情境相关的道德问题及其可供选择的决策方案，以便最终找到克服责任冲突与伦理困境的方案。在库珀的行政伦理理论中，我们发现，他致力探讨的就是如何保证行政官员个人负责任地，就社会价值的安排做出正当的决策。他试图为行政官员的各种责任及其控制建立一套过程准则。在库珀看来，合乎伦理的行政官员应该承担组织责任和角色，同时应将适当的伦理标准应用于行政决策之中。

因此，规定出一套特定的公共服务价值观并不是库珀行政伦理理论的目标，他的目标是要明确行政人员的伦理处境并培养人们对这个问题进行富有想象力的思考。他希望通过界定具体行政事务中职业责任的方法来创立一种实用的行政伦理理论，他更多强调行政实践中的伦理问题的应对和解决，而不是对行政伦理理论体系的建构。因此在这个意义上，他的行政伦理理论所关注的焦点不是行政伦理的内容，而是行政伦理的过程，尽管他对行政伦理的内容也不可避免地会有所论及。

当然，任何一种理论在其建立之初，都不会一下子就显得很成熟。库珀的行政伦理理论也不例外。针对库珀理论上的不足，一些人们也提出了自己的批评。例如，现任伊利诺伊大学行政学教授的布鲁斯（W. Bruce）博士就尖锐地批评库珀的行政伦理决策框架过于狭窄，不足以全面反映和说明行政伦理问题。而美国另一名行政伦理学者凯思琳·登哈特则认为，库珀将行政伦理视为一种可以根据所谓的社会核心价值观，在合理组织边界内对决策标准进行独立批评的过程，这本身是可以商榷的；库珀一方面想使那些受行政决策影响的人们对于这个过程具有某种控制权，另一方面又仍然允许行政人员对伦理行为具有必要的个人自由裁量权，这本身也是矛盾的。这些对于库珀行政伦理的批评，应该说有着相当的合理性。一种完整的行政伦理理论不仅应该有对行政伦理的过程探讨，也应该有对行政伦理的内容分析，只有将动态的过程探讨与静态的内容分析有机结合起来，才能全面、准确地揭示行政伦理的本质规律。而从库珀的几本行政伦理学著作来看，他对行政伦理问题的理论探讨因在研究内容和方法上有所侧重而确实存在有待于进一步充实和完善的地方。不过，从他后来主编的《行政伦理手册》来看，书中提到了当代的各种行政伦理流派，对于行政伦理的学科发展、哲学视角、环境生态、内外控制机制、文化背景等问题也进行了系统的探讨。这在一定程度上可以看成是库珀对自己理论局限的某种自知之明。

第三节　霍哲的政府公共部门绩效管理理论

霍哲（Marc Holzer）是当代美国行政学政府公共部门绩效管理研究专家，现任美国新泽西州立大学鲁特格公共事务与行政学院院长，创建并一直担任美国国家公共生产力中心主任。1971 年霍哲毕业于密歇根大学，获得政治学博士学位。此后一直从事公共行政的教学和研究工作，尤其致力于政府公共部门绩效管理方面的研究。作为当代美国乃至西方政府公共部门绩效管理研究领域的著名学者，霍哲不仅在政府公共部门绩效管理方面发表有大量论著，而且还获有美国行政学会斯通国家成就奖、全美公共事务与行政学院杰出教学奖、美国行政学会莱文杰出贡献纪念奖、《公共行政评论》威廉与莫舍最佳论文奖、中国行政学会杰出贡献奖、美国行政学会会长嘉奖状、少数民族公共管理协会主席领导奖等多项专业大奖。除了这些名誉外，他还担任过美国行政学会会长，当选为世界生产力科学研究院院士和美国国家公共行政研究院院士。

一、绩效管理与政府绩效

绩效管理（Performance Management）是公共部门管理的核心内容，是政府行政改革成败的关键。20 世纪八十年代，西方各国的政府管理面临严重困境，各国兴起了一场声势浩大旷日持久的行政改革浪潮，也就是广为人知的新公共管理运动，其目标都是把提高政府绩效当作改革的主要宗旨。

自 19 世纪末到 20 世纪六十年代，公共部门的管理深受管理科学的影响，当时，主要研究的是公共部门的机构组成、活动的程序、行政的原则、官僚体制。这种研究将追求经济效益为目标，忽视了公共部门所广泛承担的社会责任，结果导致另一种情况的出现：经济虽然得到了快速的发展，但社会却产生了较多的失业，贫困人口急剧增加，生态遭到严重的破坏，社会治安混乱等社会危机。因而，20 世纪六十年代后期，公共行政转而追求的核心价值是社会公平，强调顾客导向，将顾客的需求作为公共部门存在和发展的前提，政府公共部门组织设计方案应遵循的目标。这为公共部门的绩效管理奠定了理论基础。发展到 20 世纪七十年代，政策科学和公共政策分析的兴起，公共部门的管理焦点开始转向政策的执行，特别是由对公共组织的结构和过程的研究转移到公共项目及其所产生的结果的研究上，这样绩效管理更加受到了公共部门的青睐。在这个意义上，政府绩效管理正是在政府的管理实践中孕育和发展的。

（一）绩效与绩效管理

绩效含有成绩和效益之意，两者是一个相辅相成的统一体。成绩产生效益，效益反映成绩，效益是成绩的导出，而成绩是效益的根本所在。成绩侧重于从定量的角度进行考评，而效益则更侧重于从定性的角度进行考评。一般地说，绩效概念中包含了组织绩效和个人绩效两个层次，是指作为行为主体的组织或个人在其工作和活动中所取得的成就或产生的积极效果。霍哲认为，绩效可以分为三个不同层次：个人的、团体的及组织的，而且每个层次的绩效都有助于组织的总体绩效。就政府组织而言，绩效是一个很复杂的概念，它涉及最高管理层的领导、各级政府部门的工作人员、绩效评估系统、有效的配合、合作的伙伴关系、政府雇员的培训、报酬结构、社区参与、技术创新、反馈机制以及预算管理决策等诸多方面的因素。因此“绩效”这个词实际上可以代表趋向完善的一条更具有吸引力的概念之路。

绩效管理是一个与绩效评估和绩效改进密切相关的概念。由于关系密切，它也常常与后面两个概念相混淆。在霍哲看来，所谓的绩效管理，就是管理者利用绩效评估核实或改变目前的政策或项目的方向以达到制定的绩效目标。因此，绩效管理的范围要比绩效评估更加宽泛些，绩效管理吸纳绩效评估的结果并将其运用于总体的管理实践之中。在霍哲看来，绩效评估是绩效管理的手段和措施，绩效改进则是绩效管理的目的和宗旨。

（二）政府绩效的改进与政府责任

所谓政府绩效，在西方也被称为“公共生产力”、“国家生产力”、“公共组织绩效”、“政府业绩”、“政府作为”等，它指政府在社会管理中的业绩效果、效益及其管理工作效率和效能，是政府在行使其职能、实施其意志的过程中体现出的管理能力。国内有学者将政府绩效分为政治绩效、经济绩效、文化绩效和社会绩效等方面。

霍哲认为，政府实施绩效管理并进而改进其绩效的必要性，从根本上讲取决于政府的责任意识。当政治家、公民和媒体不断重复着诸如“政府必须对结果负责”、“政府必须用更少钱做更多事”、“政府的底线是……”这类话语时，其背后实际上隐含着一些更为根本的、不言自明的预设：政府办事的“结果”要向民众交代；政府承担有高效办事的责任；必须要有一套研究政府责任和效率的客观方法；政府的公共决策和管理必须有益于公民的日常生活。而所有这些，无疑把一种强烈的责任意识加在了政府的头上。

其实，政府作为公共机构总是承担着这样那样的责任的。但随着时代的发展，今天的政府责任概念应该比传统时代有着更为宽泛的含义。传统的政府责任通常是指财务清白，公干完成。也就是说，政府在承担起自己应有之职责过程中，能够正当地运用现有资金，有效地完成所承担的任务，那么政府也就履行了自己的责任了。而在今天，政府责任常被理解为一种关系，在这种关系中，个人和机构被要求对有关授权行动的完成情况作出全面的汇报。责任机制在某种意义上就是检查所授权的任务是否得以正确完成的一种方法或制度。正是基于这种责任观，霍哲认为，政府在展示其责任履行状况时就需要向其选民说明，选民缴纳的税赋的开支情况；政府税收使用的效率和效益；政府开支使选民及其相关人员的受益情况，等等。政府的这种责任不仅使得政府要为其行动负责，还要为其行动的后果，为其所提供的每一项服务或产品给每个公民造成的影响负责。

为了要对政府的报告作出一个正确的评估，则必须要有一种能够进行评估的方法，否则政府责任的履行和它的绩效便无从谈起。霍哲认为，正确的绩效评估报告不仅可以显现政府对其选民需求的满足情况以及为纳税民众提供高质量服务承诺的兑现情况，还能够帮助民选官员、公共管理人员以及公民看到某项具体政府服务的后果或结果。[①]

当然，绩效的评估不只限于政府公共部门。第三部门、私人企业组织同样需要绩效评估。但是与第三部门、私人部门相比，政府公共部门的情况一般要复杂得多。比如，政府公共部门的工作进展情况更难测量；政府雇员的动机基础不同；各级政府的规制和工作程序也有自己特殊性。因此在霍哲看来，政府绩效的评估也同样要复杂的多，而政府绩效的改进也并非可以仅通过诸如“给政府”减肥、“采用私营部门的方法提高效率”等简单策略就可以实现。[②] 因此，他强调，尽管政府及其公务员都有责任改进绩效并且都认为改进政府绩效不仅必要而且可能，但对于政府组织而言，希望看到高水平的绩效是一回事，而实际上真正做到高水平的绩效则是另一回事。由此我们可以看到，评估和改进政府绩效还需要我们去作出特别的努力，寻找特别的方法才行。

二、影响政府绩效改进的关键因素

影响政府绩效改进的因素很多，但从关键的角度讲，对政府绩效最具决定性影响的要素也许是对人力资源的开发。人力资源往往是无形的，但又是最为

① ［美］霍哲，《公共部门业绩评估与改善》，张梦中译，载《中国行政管理》2000 年，第 3 期。

② 同上。

重要的。因为组织的工作是由人来做的，决定组织绩效水平的最终还是人的因素，绩效改进需要一个组织中各级人员作出自己明确而有力的承诺。霍哲指出，在一个不是经常面对财政压力的时代里，行政人员的有力承诺、专业精神以及无形的支持要比财政资源更为重要。他通过实证研究发现，拥有明确有力承诺的行政人员和获得高层行政首长的全力支持，是政府管理绩效提升的最重要因素。因此，雇员的明确有力承诺与高层管理者的全力支持，在很大意义上共同成为实现公共部门创新和提高工作绩效的关键。霍哲强调，任何改进组织绩效的方法都不可能不面向人力资源的开发。

（一）正确认识领导的角色

在行政管理中，高层领导的支持是极为重要的。如果没有管理高层领导的支持，绩效的实现就不大可能。因此，高层领导角色扮演的恰当与否对于组织的绩效改进是至关重要的。那么为了达成政府绩效改进这一目的，高层领导角色应该具备一些什么样的角色特征呢？

1．欣赏性领导

传统的绩效提升主要通过承认员工需求并提供报酬来激励雇员这一路径而达成。这种绩效提升带有领导和员工的利益交易的特点。霍哲认为，新的绩效提升路径应该更加关注领导者与员工之间的信任关系的建立上面。在他看来，领导者与员工之间的利益交易关系并不能保证是一种长期关系，而且这种关系不可能牢固得足以充分激发下属更努力或更出色地工作。因此，杰出的领导者应该通过与员工之间有效的沟通而建立充分的信任关系来说服下属接受组织的愿景。具体来说，有效的领导者就是要确定组织具体的追求目标并不断感谢员工为达成这一目标而作出的努力。领导者必须创造一种氛围使得大家都有一种被欣赏的感觉，并感到能在组织目标的实现过程中获得自己发展的可能性。霍哲告诫领导者说，说句“感谢你们出色的工作”很简单，但它能产生的力量则是不可估量的。

2．员工动机识别

欣赏和信任关系的确立很重要，而这种关系的确立则需要上层领导对于员工的动机有所了解。霍哲指出，信任性领导看重的是组织目标与个人自我实现的同一，因此他同等地关注组织与员工个人发展。而为了达成这个目标，高层管理就要通过个人魅力来激发员工把组织的目标接受为他们自己的目标。这就要求高层管理了解自己的下属希望从工作中真正得到些什么。霍哲认为，员工们在自己的“希望”与“所得”之间形不成一致时，工作积极性就会遭到严重的损害。因此，我们很难指望那些感到“所得”没有吸引力的员工会有很高的工作绩效。因此，为了达成真正的信任，领导应了解和识别员工的真正动机，并努力使组织目标、薪酬体系以及其他补偿形式与员工的动机趋于一致。

3．员工信任的建树

霍哲认为，信任之于组织绩效至关重要，高层领导对员工的信任很重要，但员工对于高层领导的信任同样的重要。如果雇员不信任自己的组织，那么任何一个组织要想有所创新和富有绩效几乎是不可能的。创新意味着风险，政府公共部门的创新同样需要政府雇员的冒险行为，如果雇员不相信自己的上司或组织在紧要关头会支持他们，那么即使他们不满于现状并且具有强烈的创新意愿，他们也不可能提出新想法或支持绩效改进策略。因此，为了使组织富有绩效，有效的领导者应关注如何提高组织成员对其上司的信任度。在他看来，领导者的角色正是在于创造一种没有恐惧感的组织文化，努力为组织雇员创造一种能够在任何必要的时候畅所欲言地表达新想法。只有这样，员工对于组织才会有一种发自内心的认同。

4．确立清晰的愿景并扫除障碍

组织绩效的达成，与上层领导对于组织愿景与目标的明确，与员工对这一愿景与目标的认同有着极大的关联。霍哲认为，卓越的领导者必须致力于管理上层与行政人员之间的和谐关系，必须在组织的愿景和目标上达成最大限度的一致与认同。在他看来，有效领导的重要特征之一就是能够通过创造和传播这样的一种愿景和目标，使组织形成一种凝聚力，克服员工的离心力和无目标感。不仅如此，成功的领导者除了要创造和确立一种可以为员工提供目标感、明晰感、意义感以及安全感的愿景与目标外，还要能够识别并消除各种可能会妨碍员工趋向愿景与目标的行动障碍，坚定他们的信心，鼓励他们的积极作为。

（二）正确认识员工承诺的多维性

霍哲认为，影响到政府公共部门绩效的改进的另一个重要因素是行政人员的坚定承诺。一般来说，员工对组织作出的承诺坚定程度与组织的绩效水平有着正相关关系。在霍哲看来，所谓承诺，就是组织成员的心理忠诚感，它反映的是组织成员对组织的原则与观点的内化和认同程度。对组织的承诺有时可以分为依从性承诺、认同性承诺和内化性承诺等三个不同的层次：当人们为了获得特定报酬或为了避免特定惩罚而采取某些态度和行为时，便会出现依从性承诺；当人们对于组织的愿景和目标有着发自内心的赞同而采取某些态度和行为时，便会出现认同性承诺；而当人们组织坚持的价值观与其个人的价值体系相吻合而采取这些态度和行为时，便会出现所谓的内化性承诺。

员工对组织的承诺除了具有多种层次性之外，承诺还具有着不同的焦点和不同的基础。这不同的焦点和不同的基础，可以改进对员工的意向和行为的预见。所谓承诺的焦点在一定程度上也就是认同与忠诚的对象。霍哲发现，员工的承诺如果脱离所谓的组织这个抽象的对象后，这种承诺实际上会有差别地落到某个上司、某个内在的小群体、整个组织本身身上。有实证研究结果证明，对上司的坚定承诺或对其他具体小群体的承诺与行政绩效有着密切的关系。而对组织的承诺有时还是通过这些具体的承诺体现出来的。

所谓的承诺基础是承诺的意愿基础，它指的是员工表现自己的忠诚与承诺时的动机。这种承诺的意愿基础和承诺的焦点有一定的重合之处，但又并不完全一样。不同的承诺焦点往往有不同的承诺意愿基础。有意思的是，霍哲注意到了，员工承诺的焦点和动机基础会随着组织文化的不同而有所变化。例如，他引用一项对美国与韩国两个国家公共管理人员的承诺进行的比较研究成果后指出，如果把员工的承诺分为对上司的承诺、对群体的承诺以及对组织的承诺这三种类型，那么，在美国，对于雇员愿意为组织而额外付出努力的行为具有决定性影响的主要因素是对上司的承诺，因为美国有着一种个人主义取向的组织文化；而在韩国，对这种额外行为最强烈的影响因素则是对工作群体的承诺，因为韩国具有一种以精英群体为基础的组织文化。鉴于有绩效的组织常常需要员工的额外行为，所以，有效的管理者应特别关注雇员承诺的焦点并认识到雇员的动机基础会随着组织文化而有所不同，尤其应该认识到雇员承诺的不同方面与绩效改进策略的不同方面有着一定的差异。

（三）多方面的绩效目标协调

员工的多维承诺固然很重要，但是，光是增加政府雇员的承诺未必就可以保证有一种高水平的绩效。霍哲认为，雇员承诺的三个方面并不是与支持绩效改进战略的意愿自动相连的。只有当员工相信自己的上司、管理者群体或组织都在致力于改进绩效时，他们才会找到一个明确的努力方向。而且，即便员工高度承诺于自己的上司、管理者群体和组织，但只要他们相信这三者中有一方对具体的绩效改进战略并不满意时，他们便不会全力支持这种具体的绩效改进措施。而如果员工相信自己所承诺的每一个焦点都没有致力于改进绩效的话，那么员工的承诺及其支持绩效战略的意愿就根本不会出现。因此，霍哲认为，在一个富有绩效的组织中，各个方面都必须就改进绩效的具体战略进行充分的协调，并取得一致认同，这种对绩效的改进才有可能产生良好的结果。

（四）员工与组织间的关系选择

组织的绩效提升还与员工与组织间的相互关系选择有关。霍哲认为，这种相互关系的选择对于绩效改进来说非常重要。一般而言，组织中的领导与员工之间存在着四种不同的关系。即相互投入关系（亦称社会交易关系）、过度投入关系、似现货契约关系（亦称经济交易关系），以及投入不足关系。在通常情况下。当组织中的员工在一种过度投入关系中或是在一种相互投入关系中工作时，他们不仅会表现出比较高的工作绩效，而且还会在工作场所表现出一种更为友善的态度，形成一种更为融洽的气氛。而如果组织经常性地处在财政压力下，许多组织则可能更容易表现出一种似现货契约关系或投入不足的关系。而这后两种关系总是给政府绩效带来不利的负面影响。因此霍哲强调，政府应注意，从长远观点看，只有积极创建员工与组织间的过度投入和相互投入关系，政府组织的绩效才有可能大幅度提升。

三、政府绩效评估系统中的公民参与

（一）政府绩效评估

作为一项有用的管理工具和管理制度，政府绩效评估（Government Performance Measurement）在公共行政中受到广泛的关注。在西方，自20世纪七十年代以来，随着政府成本意识的强化和公民监督意识的加强，政府绩效评估作为绩效管理系统的核心环节，在公共部门人力资源管理中发挥着极为重要的作用。公共部门绩效评估的发展是公共管理发展的必然要求。建设责任政府、财政约束硬化、政务公开等多方面的因素，决定了公共部门绩效评估的必然性。

前面已经讲过，政府绩效评估是政府公共部门改进绩效的一种有效工具，因此，它常被视为一种可以在政府公共部门的各种组织中广泛使用的一种价值无涉的中性技术工具。就具体情况而言，绩效评估不仅涉及评估指标设计的整个过程，而且还涉及如何有效地把绩效评估指标与长期战略目标整合起来的问题。

从意义上来讲，政府绩效评估不仅有助于政府正确建立自己的目标和检查自己的最后结果，客观估计和证明政府部门资源要求的合理性，而且有助于对政府部门履行职责、权力行使以及回应公众需求的情况进行有效监控。更为重要的是，政府绩效评估还有助于改进政府的决策，把政府决策的基础从个人经验推向对可测量绩效的证明或证伪，进而提高决策的科学性和执行的有效性。从这样的角度来看问题，政府绩效评估的意义是巨大的。

（二）政府绩效评估的基本环节

对政府组织进行绩效评估，要考虑到各种要素和环节，应该进行全面的评估，应该具有一种系统观。霍哲认为，一个设计良好而合理的绩效评估，大体

上应该包括下面七个基本环节：[①]

1. 识别和界定要评估的项目，即对评估对象有一个清楚全面的把握。所谓项目，即是为具体目标实现而组合在一起的、必要计划和行动的总成。行政领域的项目通常由政府来规划，它们往往被列在一个政府机构的工作图上，并受制于预算。项目与政府机构的结构和管理者的责任范围直接相关。霍哲认为，决定什么项目将被评估与社区的特征有密切关联，在有些社区中．教育与娱乐被视为必不可少的项目；而在另一些社区中，公共安全和公共交通则可能会被列入优先选择的清单。在他看来，选择什么样的项目进行评估也是一个很重要的问题。项目太小，所包括的服务范围便很窄，反映的情况很可能不全面；另一方面，项目太大，则成本与规模会过大，信息的收集也容易产生不足。

2. 明确作为评估对象的项目本身的目的。项目本身的提出，总是有一个较为明确的计划、使命、目的和目标。评估总体上讲，就是要在该项目的计划目的与实际结果之间作出比较。因此霍哲认为，只有清楚了解一个项目本身指向的目标，才能对一个项目的绩效进行评估。不难理解，掌握项目所提出的原始目标及其原初的计划，对评估来说是极其重要的。

3. 确定评估标准或指标。绩效评估可以以定量和定性的两种方式进行。定量方式（例如，评估政府对民众需求的平均回应时间）和定性方式（例如，评估人们在邻里中的安全感程度）的选择主要取决于评估对象的自身的性质，不同性质的项目应该有不同的评估方式。但无论采取哪种评估方式，都必须选择一套合理的绩效评估标准或绩效指标。霍哲认为，一个好的政府绩效评估通常会通过对众多绩效指标进行整合，形成一个能反映全面情况的系统。他进一步指出，大多数政府项目的绩效评估系统都纳入了投入、产出、效率、生产率以及后果这几大项绩效指标。绩效评估必须作一种全面的、综合的考察。

4. 设立绩效（实际后果）认定的标准。霍哲认为，在这个环节，评估者要对于项目实际上取得了哪些成果作一认定，而认定绩效的标准正是达成对于实际取得成果的认识的工具。通过成果认定标准的设立，评估就能对项目实施的最后结果有一个较为可靠的把握，才有可能在这个基础上和项目本身的预定目标作出比较和评判。

5. 监督结果。项目评估有时是在项目完成时进行的，有时是作为项目进行中的一种检查手段。在这种情况下，绩效评估就需要对于项目进行一种阶段性

① ［美］哈拉契米主编，《政府业绩与质量测评》，张梦中、丁煌译，广州：中山大学出版社，2003 年，第 33～46 页。

的跟踪检查，及时对于项目所取得的阶段性成果进行认定，或进行持续性的后果监督。这种监督可以提供项目的阶段性绩效目标是否达到所期望结果的信息，从而及时地在项目执行过程中给予必要的指导或干预。

6. 绩效报告。绩效报告可以是项目终结性绩效的认定，也可以是项目阶段性后果的认定。但不管哪一种报告，一个良好的绩效评估系统必须报告项目评估的结果，而这就是绩效报告。在绩效评估中，报告不仅仅是政府工作的内部管理工具，在可能的情况下也应当公开化。只有这样，绩效评估的效果才能得到最大的实现。霍哲认为，一个良好的绩效报告，应反映项目取得了什么结果，付出的成本和代价是什么，最后的评估结论是什么。而在形式上，一个良好的绩效评估报告应简明扼要，用图表传递信息并且包括基本的解释信息；信息的陈述应当有助于与各个时期比较、与类似机构比较、与全国最好的项目比较、与之前制定的目标比较；绩效资料的陈述方式应便于公民理解。

7. 评估结果和绩效信息的利用。绩效评估的结果和信息的有效利用是一个非常重要的问题。霍哲认为，绩效评估很重要，但我们不是仅仅为了评估而评估。绩效评估的真正作用在于绩效评估的结果与相关信息能被正确、全面地应用于当下和以后的绩效改进，能使今后公共资源配置更为合理。因此，政府绩效评估系统应该设法保证评估结果和信息的充分有效利用。一个政府机构如果一直热衷于进行绩效评估，但对于评估结果却很少重视，也不利用评估结果去改进工作，激励士气，那么这种评估工作在实际上不可能发挥绩效评估的应有作用，评估工作会显得毫无意义。

（三）政府绩效评估与公民参与

绩效评估的重要性是得到广泛认同的。但人们长期以来却一直认为，绩效评估是由政府启动、由专业工作部门或专业人员加以实施的管理工作。然而从实际情况看，政府机构在绩效评估方面并不是总能够展现自己在这方面的能力，情况往往不是敷衍了事，就是未能满足广大公民的需要。其中的原因在霍哲看来主要在于，传统公共行政自上而下的金字塔式等级制模式限制了公民参与在绩效评估中的作用。而一些早期的行政管理思想家对公众参与管理过程采取敌视态度，二次世界大战以来受实证主义方法支配的政策科学，都成为堵塞公民参与公共事务决策和评估的障碍。一句话，政府官僚机构与公民之间的沟通障碍使得政府工作的绩效评估几乎成了专业人员的专利。

把公民排斥在绩效评估之外对管理者来说，可能会使工作更轻松一些。因为这使评估工作的设计更易掌控，实施起来也会简便一些。但是，这样的政府绩效评估往往达不到评估应起的作用，往往把握不准社区公众最为关心、最想解决的重要问题。霍哲认为，在专家驱动的绩效评估哲学之下，人们假定政府或专家可以清楚认识到选民的需要并且可以比其他团体更好地作出回应。但在实际上，只有公民才真正知道自己需要什么，公民更了解他们自己社区的问题及其解决办法，公民最有权对于特定项目的实施后果作出公正准确的评价。因此，公民参与到绩效评估之中，可以增加评估指标体系的相关性和贴近性，能够克服社会在利益表达方面的片面性，能够激励管理者超越传统的产出指标，集中注意力于社区生活质量的真正改善。总之，具有利益相关性的公民或公民团体的参与，对于设计和实施一个可靠有效的绩效评估系统有着潜在的帮助。政府没有理由在其绩效评估系统中不去吸收公民的参与。从这个意义上来讲，绩效评估在某种程度上也是政府需要致力的社会整合艺术。

应该承认，公民参与政府绩效评估有可能会增加评估的成本并耗费更多的评估时间。但我们应该看到，这样的做法最后会更有用并且更有意义，其结果和绩效信息也会对政策制定和项目管理更有影响。因此，政府绩效评估工作不应当只关注管理者的成就，而应当侧重于社区生活质量的改善以及社区目标的实现。只有这样，评估政府绩效才能最后致力于公共服务的改进，才能让政府对公民的要求更敏感、更负责。而从长期来说，由于这样的评估系统能更及时地反应更多公民的需要，能真正提升政府公共服务的水平，使政府公共部门的服务更加令人满意，它在最终意义上必然会在整体上提高绩效管理的效率。

四、政府全面质量管理

（一）什么是全面质量管理

作为一种企业持续改进产品、流程及服务的发展战略和管理哲学的全面质量管理，是美国管理学家戴明（Edward Deming）创立的。作为一种强调顾客满意、出色服务以及为满足不断变化的顾客需要而迅速作出调整的企业生活方式，全面质量管理最初产生并流行于企业管理领域。美国学者米拉科维奇（Milakovich）将戴明确立的全面质量管理关键性要素总结为 14 个基本要点，这就是有名的“戴明十四点”：

（1）从提高产品和服务的质量出发，不断地制定和调整计划，以达到企业既定的提高生存能力、对外竞争力和提供更多工作岗位的目标；

（2）采用合作即双赢的新管理哲学，使企业内和企业的上下链都有获利，把它用于实践中并告诉员工、顾客和供应商；

（3）停止依靠大规模的巡视来保证品质，不断改善管理与生产的各个环节，并在产品的第一地方树立质量概念，即在第一地方把事情做对或纠正错误；

（4）停止只根据价格决定把业务给谁，相反，应强调从长远和总体水平上降低成本。比如只从一家忠实的、相互信任的长期合作者那里进货；

（5）永无止境地改进生产、服务计划或其他任何系统机制，这将提高质量和生产能力，同时持续降低成本；

（6）实施员工的培训工作；

（7）采用和建立基于人性的领导管理机制。

（8）驱除恐惧，建立信任，创造一种有利于创新的环境；

（9）破除部门间障碍，废除内部竞争，建立企业内双赢的合作机制，研究、设计、销售和生产部门的人员必须作为一个团队，共同预测生产质量问题和服务质量问题；

（10）消除说教、训斥或“零差错”、“必须达到新的生产水平”等苛刻性要求，这些空洞的东西，只能带来反感与对抗；

（11）废除由文字目标、数字份额等目标管理和梯形等级的管理；

（12）废除剥夺人们工作快乐的措施，如年终排名或评估等，内部竞争只能带来浪费和内耗；

（13）建立和开展能使员工受教育和自我提高的计划；

（14）让企业里的每个人一起完成以上变革，变革是每个人的事。

霍哲从戴明的这个十四点出发，结合了政府公共部门的情况，将政府全面质量管理的基本假定概括如下：

1．以顾客为中心

全面质量管理的一个斟酌预设就是以顾客为中心。人们常常假定顾客是质量的裁判，没有顾客满意，就谈不上绩效改进问题。而顾客包括了内部顾客和外部顾客。就政府公共部门的全面质量管理而言，内部顾客即政府雇员，外部顾客则是公民。测评组织绩效主要以政府雇员和公民的看法为基准。

2．持续改进

改进不应是断续式的，而应该是持续的。持续改进包含下列内涵：（1）不断改进的新产品和服务来增进顾客的满意度；（2）不断努力减少误差、缺陷和浪费；（3）不断提高回应性和循环时间绩效；（4）不断改进对资源利用的效率。霍哲认为，政府绩效的持续改进有赖于政府雇员和公民的定期反馈。持续改进所关注的焦点不应该集中在产出上，而是要集中在投入上和过程中。只有这样，绩效才会有持续不断的提升。

3．最高管理层的承诺和领导

全面质量管理需要有强有力的领导来贯彻。和其他绩效改进战略一样，全面质量管理也需要来自最高管理层的坚定承诺。此外，最高管理层还应在对组织文化的评估和改进中扮演关键性角色，以便全面质量管理创新举措能够得到内部和外部的充分支持。霍哲认为，全面质量管理要求我们必须把官僚组织文化改变成为创新性和支持性文化，公共部门的组织文化必须被告之从责备、控制到积极性调动的转向。

4．授权与协作

全面质量管理作为一种新的管理哲学，应该也必须得到全体员工和顾客的认同和支持。而鼓励适度的授权和协作是获得这种认同和支持的重要手段。霍哲指出，作为一种让管理层将决策权赋予下级雇员的领导方法，授权将会增强雇员对工作的责任感。而协作则有助于推动员工的团队合作精神，进而使组织中现存管理问题的解决既具备内在的群众基础，又能真正做到高效。这是因为只有员工本身才知道组织中存在问题的真正根源。霍哲把协作分为垂直协作、水平协作和组织之间的协作三个层次，垂直协作允许最高管理层向下级雇员授予将会满足顾客需要的决策权；水平协作使一个组织内部的不同职能部门能够直接应对环境需求，因为在一种协作情境中，团队更容易获得相关机构和部门的合作；而组织之间的协作则是包括各种利益集团、机构、政党等之间的合作。

最初始于企业管理领域的全面质量管理，作为一种管理哲学，如今已经被许多公共机构采用。而全面质量管理能否在政府公共部门得到成功应用，还要看管理者和雇员对全面质量管理的哲学精神能否有正确理解。霍哲指出，全面质量管理的核心精神是强调以顾客为中心。将这个核心精神贯彻到政府公共部门的工作中，就需要增进政府公共机构对内外各种要求的回应性。基于这种认识，霍哲对于那些可能有碍于政府公共部门回应性的因素，以及如何消除这些因素的对策作了较为深入的讨论，指出了全面质量管理哲学对于提升政府公共部门回应性的路径与方法。

（二）政府公共部门回应性障碍的消除

对于来自内外各种要求作出及时准确的回应，是政府公共机构应该坚持的一种重要价值取向。在霍哲看来，回应性就是政府公共部门的决策与来自内外上下的各种合理要求的契合程度。一般情况下，一个获得大量授权的下级行政部门较为容易形成一种良好的回应性。因此，回应性与授权有着较为直接的关联。授权使政府公共部门显得更加贴近人民，更了解基层部门，更了解民众的真实意愿，因而作出回应会更快速、更直接和更准确，更有助于政府公共机构在一种变动较快的环境中增强回应性。从具体角度讲，霍哲对于政府公共部门回应性障碍之所在作了进一步的探讨。

1．利益集团政治与被绑架的官僚机构

在西方现有的政治动作制度下，公共部门一般会较注意倾听政党和有组织的利益集团的声音，而不是公众分散表达的“需求”。关于利益集团和政党政治的力量，他提醒人们要予以充分注意，公共部门和官僚机构在一定程度常常为他们所绑架。在极端的情况下，公共部门对这些政党和利益集团有着极大的依赖性，从而不能不在实际上成为这些政党和利益集团的“代理机构”。因此，一个被绑架的公共部门通常很难对普通的内外要求作出适时和适当的回应。这就使被有组织的利益集团把持的公共部门在各方面都很难反映公民个人的意见。这里突现出来的是这样一个问题：处于大多数地位的公民在公民参与中实际上处于分散和沉默状态，而有组织的少数利益集团和政党却由于手中资源而使自己的要求得到不成比例的放大。在这种情境下，政策朝有组织的政党和利益集团倾斜而不是向大多数公民倾斜就是不可避免的了。

2．专业技术依赖与信息扭曲

在社会越来越复杂的情况下，官僚对于管理的垄断在很多人看来，不仅根植于公共组织的特性，而且也根植于管理工作对于技能的要求越来越高。公共机构因此不能不大范围地聘用各种各样的专业技术人员。在霍哲看来，有着专业技术的官僚能够通过很多渠道影响公共政策：他们提供政治官员作出决策时所需要的信息及建议；政治官员作出决策后的执行工作要依靠他们去执行；执行过程中，他们还被赋予所谓的自由裁量权。更重要的是，在等级结构中，每个官员在向上传递信息的过程中，总存在着对于信息有意和无意的曲解，会自觉不自觉地夸大对自己有利的数据资料并且缩小对自己不利的数据资料。这种有意无意的信息扭曲很自然地会使公共部门对于内外的要求较难作出正确的估计。

这种因职业专长和信息扭曲形成的回应性障碍，一般可以通过全面质量管理所强调的垂直协作和授权方法加以消除。因为在他看来，一个垂直协作的系统不仅使最高管理层能够有机会直接从基层获得重要信息，而且也使下级雇员向上级有了更多的传达真实信息的动力。而合理的授权甚至可以排除下级员工进行信息歪曲的必要性。因为，对雇员而言，上级的授权就等于自己将对于自己的行为负全部责任和风险，因而，他们不会简单地扣留对自己不利但却重要的信息。相反，他们会努力面对问题，积极主动地去解决存在的问题。

3．专业化结构与狭隘的局部观念

应该承认，专业化会在很大程度上提升行政效率。但是，职能专业化一旦过头也会强化机构常常会拥有的局部观念。一般情况下，专业化常使职能机构形成更多的分化，这种过多的分化常使公共机构动作迟缓，很难及时有效地对公民的各种需求作出回应。而狭隘的局部观念以及产生的扯皮现象也会拖延公共服务的提供。在霍哲看来，全面质量管理中的水平协作方法可以在很大程度上消除这种回应性障碍。因为全面质量管理强调的要点之一就是消除部门间的障碍，通过利用水平系统来减少机构和部门间的冲突和紧张关系。在一个水平系统中，成员们能够建立相互的理解并且能够学会超越单位边界的合作。

4．归因错误与管理失败

所谓的归因，是指关于一个人对于后果原因的直觉寻找。归因错误大体上是指归因者对于导致后果的情境因素和对于管理人员的意向因素估计有误。在现实中往往有一种现象，那就是组织领导者会将组织成功归因于其自身行动，而将组织失败归因于他人行动或外部因素；而组织内与外的公众却很可能拥有着一种相反的归因看法。就绩效管理而言，只要这两种错误的归因方法还支配着人的思维，那么无论是在组织层面还是个人层面都很难把绩效改进进行下去。因为在这种情境下，人们不大可能找出政策或管理失败的真正原因，他们不会承认"那是我们的错"。这种错误的归因很难使公共机构形成一种很好的回应。

如何消除这样一种错误归因的障碍呢？霍哲认为，用承认雇员绩效的变动并消除数字定额的方法是一种有用的方法。任何组织中都有绩效表现好的工作人员和绩效表现差的工作人员，但这种表现好坏并不固定，它时常会出现转换。全面质量管理方法不会去责备雇员的低绩效表现，相反，他们会努力从管理过程方面寻找原因。戴明的十四点之一就是建议在这种情况下消除数字定额和标准。因为在这个敏感的领域，劳方与管理方、下级和上级之间的关系很可能会处于敌对状态。管理人员试图将绩效差的原因归咎于雇员，而雇员则会宣称绩效差不是他们的错。在这里我们只有换位思考，信任和尊重我们的雇员，全面质量管理才有可能真正生效。以顾客为中心，承认雇员绩效的某种变动并消除数字目标和定额的这些做法，会有助于激励员工的积极性，使归因朝着正确的方向进行。

总之，霍哲认为，全面质量管理哲学通过不断的学习与调整，能有效地帮助一个公共组织在一种多变的环境中不断提高自己的回应能力。

五、绩效管理与合作伙伴关系

（一）从"民营化"到"合作伙伴关系"

"民营化运动"是自20世纪七八十年代以来，西方公共部门改革过程中推出的一项措施。它对于政府和其他公共部门绩效的提高有着相当的积极意义。

这种改革在一定程度上的确增强了公共部门的回应速度，改进了公共部门的服务质量，降低了运行成本，提高了绩效，避免大量启动费。与此同时，民营化改革还可以快速变更服务规模，改变用工制度，形成服务供给的竞争，有力地使庞大的行政机构得以精简。一句话，这一改革总体上讲还是获得了大多数人的认可和赞同。

然而，民营化改革的结果也存在着某些问题。在实践中人们发现，在有些情况下，公共部门的民营化改革在责任履行、回应性适当、服务增加、合同完备、长期眼光、公共服务理念等方面还存在不少较难回避的缺陷。而且，民营化改革的适用范围也不是完全不受限制，有些公共服务职能和项目并不一定适宜于民营化。

而从组织目标来说，公共组织和私营部门是两类很不同的组织，在目标追求上有很大的差别：前者追求的是公共利益，而后者则追求的是利润最大化。因此，一个公共服务项目是否要进行民营化，要考虑到其初始目标是什么，私营部门接手这个项目是有否利于这一目标的达成等问题。在对民营化实践作深入研究的基础上，霍哲指出，人们已往对于民营化关注的焦点往往只集中在它的绩效上，集中在它通过企业间竞争的方式来提升公共服务供给质量问题上。然而在霍哲看来，民营化其实只不过是竞争的一种形式，如果让公共组织参与竞争性投标的话，那也将同样可以把竞争机制引入到公共部门中来，同样可以有效地提高公共部门的服务效率。而从另一个方面讲，竞争虽然对于提高绩效很重要，但它不是惟一的范式，竞争的“反面”——合作，也是改进绩效的一种可选择手段，而这种手段在民营化浪潮的阴影下常被人们忽视。

霍哲正是通过自己的研究和思考提出，在绩效改革问题上，也许公共部门与私营部门之间的联动、互补，形成一种相互促进、共同创新的局面才是较为理想的一种选择。而且在绩效改革的实践中，服务供给的合作性安排已经随着公共部门对创造性外包方式的追求而变得越来越明显。这些新的合作性安排与民营化相比的优势在于，它能建立一种相互促进、共同致力解决问题的合作伙伴关系。目前，这种合作伙伴关系有着广泛的适用面，比如在劳资双方之间、不同层级政府之间、相邻地方政府之间、政府与公民之间、政府与公司之间、政府与非营利组织之间，都呈现出一种互动、协商、合作的关系格局。情况表明，这是一种改进政府服务和削减成本的有效安排，也象征着人们的思维和行动已经成为突破了那种非此即彼式的对立思维方式。

（二）劳资伙伴关系——政府公共部门内部绩效改进的有效途径

在一个社会变得越益复杂、公共部门机构日益庞大的时代里，行政学的理论和实践不可能不去酝酿改革与发展。在这种情况下，尝试民营化、开发合同外包、创新管理模式等改革举措的全面推行，当然是合情合理的，也是十分必要的。通过这些改革的举措我们的确能在削减管理环节、缩小机构规模、提升服务效率、下降成本开支等方面收到非常良好的效果。当然，公共部门管理是一个很复杂的系统，影响服务质量提升和成本开支下降的要素也很多。而当我们把眼光投向公共部门内部时，就可以很容易地看到，绩效提高、全面质量管理推行、基于协作的组织建立以及劳资双方的合作这些举措同样起着非常积极的作用。

在这里，霍哲重点讨论了劳资间伙伴关系的建立问题。在他看来，劳资双方之间和谐关系极为重要，如果没有这种和谐关系，那么任何组织都不可能有效提高绩效水平。因为上层领导推行的任何绩效改进举措，都必须得到各级雇员的认可和支持才有可能产生预期结果，而没有得到认同与认可的那些高层决策往往只能在双方之间产生紧张关系，最终伤害雇员改进绩效的积极性。在这种情形下，绩效的改进难免不成画饼。因此，劳资双方间努力建立一种和谐关系是任何公共组织改进绩效必须要去面对的一种内部改进举措。

考虑到劳资双方之间存在着利益和看问题角度的差异，双方之间要建立和谐关系并不是一件容易的事情，因此在这方面既要确立一种利益共同体的普遍意识，也要在具体和日常的工作中通过各种措施加以落实。比如，最高管理层的稳定承诺、多种特定的联合劳资委员会、透明的信息、传播渠道、记录和传播成功经验和语言、持续的培训和教育以及广泛的雇员授权，等等。只有这样，劳资之间才可能建立一种高度信任的基础，而一种稳定的战略合作伙伴关系才有了自己较为坚实的基础。

六、政府绩效与公众信任的良性互动

政府公共组织内部劳资之间的和谐关系对于政府公共组织绩效的提升有着重要的作用，而公众与政府公共组织之间的信任互动同样有着提升组织绩效的重大作用。霍哲在研究中以经验数据表明，这二者之间存在着十分明显的正相关关系。公众对政府公共组织的信任度越高，政府公共组织的绩效就越高。

公众的信任作为一种重要的“社会资本”，对于政府绩效的影响是通过很多方面反映出来的，而政府绩效的好坏，也会反过来影响公众对于政府公共组织的信任。美国著名学者奈伊（Joseph S. Nye）在这方面曾指出过，“尽管在丧失信心、不满、愤世嫉俗和憎恨之间有程度的差异，但是长期不变地对政府持有贬低态度则会影响民主制度的力量。如果人们相信政府是不完备的并且得不到信任，那么他们就不太可能为政府提供诸如税款这样的关键性贡献，并且也不太可能会自愿地守法，而且聪明的年轻人也不会愿意进入政府中工作。如果没有这些资源，政府就不可能有好的工作绩效，如果政府不能正常运转，那么人民就会对政府更加不满和不信任。这样一种累积的恶性循环可能会侵蚀对民主这种治理形式的支持。”① 基于这样的看法，霍哲指出，公众对政府的信任与政府绩效之间的关系是一种双向互动关系。努力防止“低度信任”与差劲的政府绩效之间恶性循环的发生，对于政府公共组织绩效提高来说是关键性的。只有当一种“高度信任”与出色的政府绩效之间形成良好的正反馈效应，那么，政府绩效的提升才会出现一种根本的改观。

七、简评

霍哲有关政府公共部门的绩效管理理论，从绩效、绩效管理与政府绩效改进的关系和无形因素之于政府绩效改进的重要性，到基于公民参与的政府绩效评估系统和基于回应性的政府全面质量管理，再到基于竞争的合作伙伴关系以及政府绩效与公众信任之间的互动，做了较为深入而全面的探讨。并在对这些问题作系统研究的基础上，从绩效管理的视角提出了一个全面改进政府公共部门绩效的综合模型。形成一种为质量而管理、开发人力资源、适应技术、建设伙伴关系以及绩效评估等五个理念。在他看来，最具创新性和最富有绩效的政府公共机构可以将先进的管理技术整合成为一种绩效改进的综合方法并且可以成为其他机构改进绩效的榜样。当然，如同其他任何一种“普通方法”在推广应用中必须结合具体情况一样，这个提高政府公共组织绩效的综合模型，也应该根据具体的组织背景加以调整和修改。机械地而不考虑适用问题的模式搬用，不是霍哲所希望看到的东西。

在对于政府公共组织的研究过程中，很值得一提的是，霍哲非常注重对实证与经验方法的运用。他在政府公共部门绩效管理方面的理论观点大多是基于相关的实证研究而得出的。比如，他关于通过建设基于竞争的合作伙伴关系来提高政府公共部门服务绩效的观点，主要是以当时城市公共管理水平位于全美第一位的亚利桑纳州府凤凰城在公共服务体制创新方面的成功经验为依据的。正因为如此，霍哲这些来自于人们长期公共管理实践的政府公共部门绩效管理经验，在许多政府公共部门中的介绍和推广工作展开得比较顺利，而其实践结果也较为令人满意。

① ［美］奈伊著，《我们不相信政府》，载美国《外交政策》，1997 年秋季号。

由于绩效管理的现实紧迫性和其结果所具有的明确可度量性，西方政府公共部门绩效管理理论为一个讲究效率优先的社会所推崇也是情理中的事情。政府公共部门绩效管理因此得到了一种得天独厚的发展优势，它所产生的影响也极为广泛和深厚。而霍哲本人也因为在这方面所做出的卓越成就，在美国乃至西方政府公共部门绩效管理领域中确立起了他的领军式人物的地位，享有较高的理论权威。他所创立并领导的美国国家公共生产力中心也成为美国乃至西方世界研究政府公共部门绩效管理问题的重镇。他的有关理论还通过学术交流和人才培养的方式，跨越了国界，走向了世界。

绩效评估的标准

从理论上说，政府绩效评估的指标体系可使用一个包括以下四个方面的模式：输入（提高服务所需的资源、人员、物力、财力）、过程（传送服务的途径）、输出（组织活动或提供的服务）、结果（每一个活动或服务产生的影响）。这种模式虽然可以反映一个组织的绩效，但更为常用的指标模式是用具体的概念来构建的，有学者将它们概括为 4E 标准（Economic，Effectiveness，Efficiency，Equity），见下表：

绩效评估的评价标准和说明性指标

标准类型	问题	说明性指标
效益	绩效结果是否有价值	服务的单位数
效率	为得到这个有价值的结果付出了多大的代价	单位成本、净利益、成本——收益比
公平性	成本和效益在不同集团之间是否等量分配	帕累托最优、罗尔斯准则、卡尔多——希克斯准则
回应性	绩效结果是否符合特定集团的需要、偏好或价值观念	与民意测验的一致性

资料来源：威廉·N.邓恩，《公共政策分析导论 [M]》，北京：中国人民大学出版社，2002 年。

西方国家政府绩效评估的实践

以政府为对象的绩效评估始于 20 世纪五十年代美国的绩效预算制度，

兴起于20世纪七、八十年代。从此开始掀起巨大改革浪潮的各国政府重塑运动，强调顾客取向和以结果为导向的政府管理，无一不将绩效评估放在首要位置。美国尼克松政府和英国撒切尔政府的行政改革，都体现出对绩效评估的极大迷恋，其他国家纷纷效仿，以至出现“评估国”的说法。英国、美国、澳大利亚等国家都引进并实施了政府绩效评估，并将其视为提高政府的工作绩效，改善政府公众形象的有效途径之一。

以英国为例

政府绩效评估贯穿英国行政改革过程的始终，根据侧重点的不同可以分为两个阶段：第一阶段为20世纪八十年代，绩效评估的主体内容是以经济、效率为中心，以解决财政危机为主要目标；第二阶段为20世纪九十年代以来，主体内容调整为以质量和公共服务为中心的绩效评估行政改革。下面简单对此过程和实践加以梳理：

1. 效率优位阶段

自20世纪七十年代末以来，在“效率战略”的指导下，撒切尔政府推行了雷纳评审、部长管理信息系统、财务管理新方案等改革措施。其中，雷纳评审的重点是经济和效率，其目的是通过评审来终止和避免那些不理想的东西（包括过时的、不合时宜的工作任务，无效率的工作程序和方法等），从而降低政府部门的开支和运营成本。继雷纳评审之后，1980年，环境大臣赫塞尔廷在环境部内建立的部长管理信息系统是以整合目标管理、绩效评估等现代管理方法而设计的信息收集和处理系统。将绩效评估、目标管理、管理信息系统相结合，使公共部门绩效评估更具有战略性、持续性。而财务管理新方案则是部长管理信息系统的扩张、延伸和系统化。

2. 质量优位阶段

20世纪八十年代后期，撒切尔夫人推行的“下一步行动方案”、“公民宪章”运动、“竞争求质量”运动扭转了八十年代以来的“效率战略”改革方向，开创了质量和顾客满意的新方向。1988年撒切尔政府实施的下一步行动方案明确提出在部门内部设立“执行机构”，赋予执行机构在机构编制、人员录用、工资待遇、组织结构、财务管理等方面更大的灵活性和自主性；“下一步行动方案”还提出对执行机构的绩效状况进行定期评审并将结果公布于众，使政府管理模式开始发生一些根本性变化：（1）从“规则为本”到“结果为本”的转变；（2）从隶属关系到契约关系的转变；（3）从过程控制到结果控制的转变；（4）分权制度化趋势。继撒切尔夫人之后，梅杰政府推行了公民宪章运动和竞争求质量运动，这些改革措施又进一步强化了质量和顾客服务的改革思想。1997 年，布莱尔的工党政府上台，继续推进行政改革，提出了以"合作政府"的模式，取代过去的"竞争政府"模式。1999年布莱尔政府出台了《现代化政府白皮书》:（1）在政策制定方面，强调结果导向和公众的广泛参与；（2）在公共服务输出方面，注重高质量和高回应性。把绩效评估作为监控质量的主要途径，改进评估和审查的原则，成立公民评估质量组织，加强政府与公民的互动；（3）在公务员制度改革方面，完善结果导向的个人绩效评估体系，把目标的完成与薪酬紧密结合，同时赋予管理者更多的权限以促成目标的实现；（4）建设电子化政府，增强政府的回应性。从英国政府开展绩效评估的全过程来看，追求经济（Economy）、效率（Efficiency）、效益（Effectiveness），简称"3E"原则，是其评估的主要内容和出发点，以三者为主线来评估政府提供的公共服务，加强管理，降低行政成本，提高行政效率和效益。可以这么说，英国行政改革的过程就是政府绩效评估的实践过程。

思考题

一、概念题

1. 什么是行政伦理？
2. 什么是绩效管理？
3. 霍哲全面质量管理的基本假定是什么？

二、简答题

1. 简述建立公民参与的政府绩效评估系统的重要性。
2. 简述现代公共行政理论中科学主义的局限性。
3. 什么是后现代公共行政重建的"去领地化"？
4. 行政伦理行为的实现途径有哪些？

三、论述题

1. 如何看待行政伦理中行政责任的重要性？
2. 试述法默尔对现代公共行政理论的反思与批判。
3. 试述加强行政伦理建设的重要性。

第十章　西方行政管理思想的新拓展

本章重点

1. 奎德政策分析理论的主要内容
2. 企业家政府理论的主要内容
3. 新公共服务理论的主要观点
4. 罗森布鲁姆三种研究公共行政的途径

第一节　奎德的政策分析理论

政策分析的核心问题是对备选政策的效果、本质及其产生原因进行分析。它是在运筹学和系统分析的基础上发展起来的。运筹学和系统分析侧重于对系统进行定量分析，政策分析则侧重于对问题的性质进行分析，从而发现新的政策方案和解决途径。

政策分析是由运筹学和系统分析逐步发展起来的。20世纪四十年代初运筹学在解决雷达最优配置等战术问题上起了很好的作用，并逐步从军事领域扩大到经济、能源、交通、安全等社会问题。但单纯依靠运筹学中最优化技术来解决社会问题并不理想，因为它只考虑本系统的优化，而没有充分考虑对更大的系统的影响。20世纪五、六十年代出现了系统分析的热潮。系统分析要求对备选方案结果进行预测，要求系统变量和系统模型有清晰的定量的表示，局部决策与总体决策目标一致，技术经济分析标准一致，逻辑推理过程前后一致。但实际上在政策制定过程中很难达到上述要求。因为政策制定是各种有利害关系的组织、团体、个人和制定者本身的相互沟通和协调的过程，而不是严密推理作出抉择的结果。系统分析把最优抉择作为分析过程的终点，政策分析则还要考虑政策制定与政策实施、筛选、评价等关系，涉及人类学和行为科学的一些观点（如组织、文化、个人价值观、社会心理等）以及类似于意识形态等问题。系统分析对备选方案的选择准则是效益或效能指标，而政策方案的评价准则则要复杂得多。政策分析应用了系统分析的某些方法，但政策分析考虑问题的范围要宽广得多，比定性分析涉及的面也要大得多。政策分析考虑得比较全面，容易符合社会的实际情况。政策科学自20世纪五十年代初期兴起至今，相继产生了一批新的政策分析理论和方法，其中比较有代表性的就是美国著名政策分析专家爱德华·S.奎德的政策分析理论。

运筹学

现在普遍认为，运筹学是近代应用数学的一个分支，主要是将生产、管理等事件中出现的一些带有普遍性的运筹问题加以提炼，然后利用数学方法进行解决。前者提供模型，后者提供理论和方法。

运筹学的思想在古代就已经产生了。敌我双方交战，要克敌制胜就要在了解双方情况的基础上，做出最优的对付敌人的方法，这就是“运筹帷幄之中，决胜千里之外”的说法。

但是作为一门数学学科，用纯数学的方法来解决最优方法的选择安排，却是晚多了。也可以说，运筹学是在二十世纪四十年代才开始兴起的一门分支。

运筹学主要研究经济活动和军事活动中能用数量来表达的有关策划、管理方面的问题。当然，随着客观实际的发展，运筹学的许多内容不但研究经济和军事活动，有些已经深入到日常生活当中去了。运筹学可以根据问题的要求，通过数学上的分析、运算，得出各种各样的结果，最后提出综合性的合理安排，以达到最好的效果。

运筹学作为一门用来解决实际问题的学科，在处理千差万别的各种问题时，一般有以下几个步骤：确定目标、制定方案、建立模型、制定解法。虽然不大可能存在能处理极其广泛对象的运筹学，但是在运筹学的发展过程中还是形成了某些抽象模型，并能应用解决较广泛的实际问题。

随着科学技术和生产的发展，运筹学已渗入很多领域里，发挥了越来越重要的作用。运筹学本身也在不断发展，现在已经是一个包括好几个分支的数学部门了。比如：数学规划（又包含线性规划、非线性规划、整数规划、组合规划等）、图论、网络流、决策分析、排队论、可靠性数学理论、库存论、对策论、搜索论、模拟等等。

引自王建功：《运筹学的起源与发展》，《陕西广播大学学报》，2007 年第 2 期，第 33 页。

奎德是一位十分著名的应用数学专家和系统分析与政策分析专家。他长期在享誉世界的公共政策思想库——兰德公司从事政策分析的理论与实践研究，曾担任兰德公司数学部主任，并与著名政策科学家叶海卡·德罗尔一起创办了著名的《政策科学》理论刊物。自 20 世纪八十年代以来，奎德在其《公共政策决策分析》等著作中系统地阐述了他的政策分析理论。

政策分析是政策科学的研究方法，它使用各种分析方法和分析技术来帮助决策者制定政策。在奎德看来，一方面，政策分析是一种应用的分析形式，它既不同于像运筹学、系统分析和成本—收益分析这样的一般性分析理论和方法，但又为了达到自己的目的而使用这些理论和方法；另一方面，政策分析是政策科学的研究方法论，其目的在于帮助决策者制定和改进政策，它在广泛搜集信息和资料的基础上，帮助决策者阐释目标、寻找备选方案、预测方案的效果、建立模型并对方案作出评估，从而为决策者选出最佳行动方案。正如奎德所言，政策分析的目的在于寻求既出色又节省地完成任务的方法。政府之所以得益于政策分析的应用，是由于政策分析从分析的角度为决策者（某个人或某机构）提供了帮助，决策者想尽可能地干得漂亮。

一、政策分析理论的提出

奎德认为，政策分析是在运筹学和系统分析的基础上发展起来的。他引用英国运筹学会的运筹学定义说，运筹学是现代科学为解决复杂问题而建立的理论。这些问题是在工业、商业、政府和防务中对人、机器、物资和资金的大系统进行指导和管理中产生的。运筹学的特殊方法是开发科学的系统模型，结合对诸如机会和风险等要素的计量，从而对可供选择的各种决策、战略或控制的结果作出预测和比较。运筹学的目的是帮助管理者科学地确定其政策和行动。他认为运筹学有一种类似于医学、工程学以及大多数社会科学的，即所谓非精确科学的性质。在他看来，运筹学与系统分析很难严格区别开来，二者的区别仅仅在于：前者处理的是“低层次”问题——效率问题，而后者则处理的是“高层次”问题——目标选择问题，因为目标选择往往与高层决策相联系。对于任何给定的问题，如果存在的目标越多，这些目标越是冲突，要考虑的参数和要素的数目越多，它就越需要判断和直觉，这样的问题就越是被归于系统分析，而不是归于运筹学；而一项工作越是依赖于定量分析和计算，这种工作就越是归于系统分析和政策分析，都是通过改进决策者行使判断的基础或根据来帮助决策者作出最佳选择。因此，在奎德看来，系统分析和政策分析只能从它们研究问题的内容和环境上来区别。当政治的和社会的因素占支配地位时，我们更多地称这种研究为“政策分析”，因为政策分析要更多地研究决策的政治因素和社会因素。奎德对运筹学、系统分析和政策分析作了如下区分：运筹学想要帮助人们把事情办得更好；系统分析也试图做到这一点，另外，它还要找出那些不仅能办得更好，而且要少花钱的目标；政策分析试图做到系统分析所寻求的一切，此外，它还要求把事情办得公道。因此，系统分析可以被视为包括了运筹学，再加上经济的考虑和目标的调查以及与此有关的方法。政策分析可以被视为包括了系统分析，此外，它还要关心政策的分布影响。政策分析还更多地重视执行，重视政治和组织方面的考虑。政策分析在很大程度上是作为系统分析的扩充而发展起来的，而系统分析又是运筹学的扩展。

奎德认为，政策分析的必要性可以从决策失误以及决策机构的低效得到说明。在他看来。决策失误有两种形式：一种是可以避免的决策失误，即决策所必需的信息、资料、证据完全具备，但由于缺乏科学的决策方法和程序造成的决策失误，这种决策失误虽说不是政策分析的责任，但缺乏政策分析是一个重要的原因；决策失误的另一种形式是难以避免的决策失误，这种决策失误是由于决策所必需的信息、资料、证据不充分或者有关事件的未来发展尚未充分展现出来或者决策所涉及的问题复杂并带有大量的不确定性因素而导致的。奎德认为这种决策失误虽然难以完全避免，但是运用政策分析可以把损失控制到最小程度。事实上，在所有的决策过程中，政策分析都能帮助决策者作出更好的选择。

另一方面，奎德认为，几乎在所有国家的政府部门中都常常表现出决策上的低效。在他看来，造成这种现状的原因是多方面的。

首先，政府部门中参与决策的决策者或潜在的决策者人数多，他们又各自代表不同的利益集团，这时就很难就目标达成一致意见；其次，政府机构使用的决策程序和决策方法十分落后，官样文章、公文旅行、议而不决等是这种决策程序的一般特征，而引起巨大社会危害的“试错法”是最常见的决策方法，这样，频繁的决策失误及其带来的严重后果便可想而知；最后，政府工作人员的不称职也是政府决策失误的一个重要原因，许多政府工作人员几乎没有任何政策科学的知识，几乎没有受过任何政策分析方面的训练，而且在有些政府机构中几乎没有任何专职的政策分析人员。上述原因归结到一点就是缺乏政策分析，也就是说我们没有充分和恰当地运用政策分析方法去发现我们的目标，去理解并解决我们的问题。从理论上说，政策分析可以在一切决策领域为我们提供帮助，例如，它可以帮助我们提高业务效率，合理地分配资源，管理环境，有效地进行方案评估，更好地制定计划和预算，以及更好地进行战略选择。

二、政策分析的要素

奎德认为，政策分析人员在帮助决策者制定决策时，一般要遵循的程序是：1. 帮助决策者确定他所需要实现的目标；2. 找出实现决策者目标的各种可能方法，或称备选方案；3. 推断出根据各种备选方案制定的决策可能产生的结果；4. 采用适当的标准将各种备选方案按优排序，或将这些备选方案提交给决策者，让他们根据自己得到的合适信息对方案进行排序；5. 对选出的备选方案制定一个程式，它能告诉我们该方案的实施会产生什么结果，它又将在何种程度上实现我们最初选定的目标。因此，政策分析一般包括目标、备选方案、效果、标准和模型这五个要素。在奎德看来，当一个人面临决策时，他要考虑这些要素；当一个人帮助别人作出决策时，他也要考虑这些要素。认真考虑这些要素是任何一项优秀决策的必要条件。

一是目标。奎德认为，目标是决策者通过其决策试图完成或实现的东西。当个人或政府部门需要通过政策分析来作出决策或选择政策时，必须假设该决策或政策要实现的某些对象，这就是目标。在奎德看来，目标可以分为不同的类型：有些目标是明确陈述的，而有些目标是模糊的或只能被决策者感知；有些目标是单一的，而有些目标是多元的或相互冲突的；有些目标是短期的，而有些目标是长期的或需要经过几代人的努力才能实现；有些目标是定量阐述的，而有些目标是定性阐述的，还有些目标甚至不能定性阐述。奎德认为，目标的选择十分重要，只有选择正确的目标，有关备选方案、成本和效益的信息才会有意义、有价值；如果选择的是错误目标，则意味着我们处理的是错误的问题，在这种情况下，我们再去花费大量的时间和金钱来制定并有效地执行各种备选方案，显然是荒唐可笑的。他说，经济分析、运筹学和管理科学通常假设决策者的目标是清楚明确的，而政策分析却不一样。在政策分析看来，决策者的目标并非总是清楚明确的，因此不能把目标视为一种已知的假设，而要首先弄清楚目标是什么。他认为，政策分析的本质不仅是要考虑应该怎么办，而更重要的是首先考虑应该干什么。

二是备选方案。奎德认为，备选方案是可望用来实现目标的可供选择的办法或手段。在他看来，备选方案根据问题的特性不同可以是政策、战略或行动。

备选方案必须是彼此不同的，它不仅包括决策者一开始就知道的选择，还包括以后新发现的或构想的选择。他认为，备选方案的选择和确定一般要经过寻找、筛选、检验和准备实施这样几个阶段。在寻找备选方案这一阶段，政策分析必须尽可能多地找到备选方案，或构想和设计出更多的备选方案，如果遗漏某一备选方案的话，我们就不能保证从那些不完全的备选方案中找出最佳方案。此外，奎德认为，决策者的目标与备选方案紧密相关，决策者的目标便确定了备选方案的范围，而且他还指出，决策者或政策分析人员必须发挥创造性和想象力去构想新的备选方案，因为有时候，改变阐释问题的方式或用不同的观点看问题都能使我们找到新的备选方案。至于备选方案的筛选，其目的是要把所拟定的备选方案数量减少到易于处理的范围内，其方法通常是根据某种规则来审查各个备选方案，从而把不符合这种规则的那些方案剔除掉。通常，对备选方案的筛选并不是单一的操作过程，而是重复的操作过程。不过，奎德认为，因为对于某种目标来说，筛选备选方案的标准很难确定，所以用确定的标准来筛选备选方案并非总是行得通。因此，他特别强调指出，在筛选备选方案的过程中，我们必须小心谨慎。在他看来，稳健保守比操之过急更好，也就是说，我们宁愿失之于保留的备选方案太多，也不愿失之于保留的备选方案太少，因为前一种过失不过给我们下一步的工作带来困难，而后一种过失则可能将那些比我们保留下来的方案更好的备选方案葬送掉，这是十分危险的。在备选方案的检验或审定阶段，奎德认为对筛选下来的备选方案进行最终审定应该包括各种可行性研究以及与我们的决策有关的其他效果分析。可行性研究要回答某一政策方案在政治上、经济上、技术上、法律上可行或不可行的问题。此外，他认为，对人口、生态、伦理道德、文化传统等各种社会因素的可行性研究也值得注意。他并且指出，对备选方案的检验或审查必须要对方案进行比较，例如，对于效用相同的备选方案，我们要比较哪些方案需要更少的成本；对于成本相同的备选方案，我们要比较哪些方案有更大的效用，等等。在他看来，通过比较，我们可以找到成本较低而效用较大的方案，或可能得出经过修订的新方案。由于新方案集中了原来方案的优点而避免了其缺点，所以它也可能以较低的成本实现较大的效用。选定备选方案的最后一个阶段是准备实施备选方案，奎德将经过审定、准备实施的备选方案称之为行动方案。他认为，我们首先要把这些行动方案按照审定的先后顺序排列起来，然后再对各个行动方案作进一步的展开和调整，这一过程使用的方法叫做“执行分析”。在奎德看来，执行分析主要考虑的是政策实施过程中可能发生的政治、组织、环境和人的因素，其中最重要的是人的因素。

三是效果。奎德认为，用以实现目标的某种方案一经确定，就意味着一系列特定的后果，他把这些后果称之为“决策的效果”。在奎德看来，决策的效果有正负之分。正效果是指方案所得到的收益超过成本，它有助于目标的实现；而负效果则指的是方案所耗费的成本超过收益，这是决策者所要避免或尽量减少的一类效果。奎德认为，我们也可以把收益视为正效果，而把成本当做负效果。在有些情况下，收益和成本均可以用货币单位来计量，但是在另一些情况下，收益或成本却难以用货币单位来计量。奎德举了一个例子来说明难以用货币单位计量的政策成本，他说，假定一项决策的目标是要降低汽车交通事故，采用的方案是强制低速驾驶。这时，在人不多和相对安全的路段上低速行驶所造成的对乘车人的耽误，就会被大多数驾驶员视为一种成本。这种耽误不仅是一种难以用美元表示的负价值，它还会引起驾驶员情绪激动，并使他在别的路段上加速行驶，这样就会导致事故率的增高，甚至导致对法律的蔑视，这一系列后果是很难用数量化方法来说明的。

四是标准。奎德认为，标准是一种规则或尺度，使用它能够把各个备选方案按照适当的顺序排列起来，并且能够计量各个备选方案的效果。标准可以表明目标、备选方案和效果之间的相互关系。在奎德看来，标准在政策分析中十分重要，它直接影响到我们对备选方案的选择和对效果的计量，在执行中还影响到对政策的评估。政策标准属于政策分析中价值研究的范畴，它涉及到决策者的价值观，或者说，决策者的主观价值直接决定政策标准的选择。但他认为，尽管如此，政策分析仍然可以有所作为，例如，政策分析人员可以根据决策者的优先选择确定适当的标准并把备选方案按一定的顺序排列起来。他特别提到，政策分析人员不要掺和到政策标准的选择中去，而要让决策者自己作出选择。政策分析人员的责任是根据决策者的标准去排列和比较备选方案。尽管政策分析人员有时候可以对政策标准提出建议，但是当他这样做时，他已经不是一个纯粹的政策分析人员了。因此，要求政策分析人员必须把自己的价值观与决策者的价值观严格区别开来。

五是模型。奎德指出，所有政策分析的核心都在于找到或构造出这样一种程序，它能够预测或者至少能够简单地说明采取某种方案将会产生什么后果。也就是说，如果我们考虑将一个行动方案付诸实施，就必须有一个程式，它能告诉我们该行动方案会产生什么效果以及我们将在何种程度上实现目标。这项任务是通过模型来完成的。在他看来，政策分析采用的模型同“自然科学”模型十分相像，它们是由一个逻辑关系的系统构成的，试图以一系列数学方程式或计算机程序展示决定各种方案结果的程序。不过，奎德认为，目前我们设计这种有效可靠模型的能力是有限的，在涉及到公共政策问题时，由于社会和政治方面的考虑总是占据着支配地位，设计这种模型便愈加困难。在这种情况下，就不得不使用从某种意义上说不那么令人满意的模型去预测备选方案的后果，而这种模型更多地而且更直接地依靠判断力和直觉，因而其精确性较差，处理起来比较困难，显示的反馈也不那样明确。

三、政策分析的过程

奎德认为，所谓政策分析的过程即是指政策分析工作的先后次序，它是由问题本身及其内容决定的。但是，无论问题居于何种性质，政策分析过程都要包括以下这五个基本阶段：

一是总体概述。在奎德看来，“总体概述”是这样一种尝试：即试图阐明目标，解释有关问题和限定问题范围。他指出，在这个阶段的分析工作刚开始时，人们可能缺乏足够的经验和有关的知识，因此许多问题常常会带有极大的假设成分，但是试图以报告的形式阐述问题，这本身就会有助于把分析工作的逻辑结构整理得更加清楚。奎德认为，从某种意义上说，总体概述是政策分析过程中的最重要环节，因为政策分析人员在这个阶段要努力以不同的方式对问题进行重新阐述或对问题重新加以解释，这样不仅可以阐明这个问题是否合乎逻辑和有无价值，而且还可能指出解决问题的方向，因而奎德将总体概述视为整个政策分析工作的出发点。

二是广泛探索。奎德认为，政策分析工作在总体概述之后——从某种意义上讲是与此同时——便进入了调查研究阶段，他把这个阶段称之为“广泛探索”。在他看来，这个阶段的任务是搜集作为分析依据的材料，找出它们之间的相互关系以及寻找新的备选方案。他认为，在这个阶段，我们要对可能适用的备选方案进行研究并通过建构模型来展示每一个备选方案的效果，以此作为比较的依据。他认为，建构模型不是一个层层相因的过程，它不仅是一种技能，而且是一种富于创造性的活动，是一种艺术。在他看来，建构模型必然是一个反复的、适应的过程，人们从中由知之甚少变为知之较多。他指出，为了设计或评估一个政策系统，我们往往要建构很多不同种类的模型，至于在特定的情况下应该使用哪一种模型，这需要经验的指导和正确的判断。

三是多方比较。奎德认为，在多方比较过程中，我们根据可能产生的效果，即每个方案可能涉及的成本、效益及其他后果。依据不同的标准对各个方案进行比较并列出优劣顺序。在他看来，系统分析中用来排列备选方案优劣顺序的理性方法主要有两种：一种方法是先确定任务或效用水平，然后按照成本递增的顺序来排列方案，成本低者列前，成本高者列后；另一种方法是先确定成本或预算水平，然后按照效用递减的顺序来排列方案，效用高者列前，效用低者列后。如果方案涉及时间因素，则应该使用成本一收益分析方法，将与备选方案有关的成本和收益表示为一个时间函数，并以合适的贴现率将未来的成本和收益进行贴现，然后根据成本和收益的限值对备选方案进行比较。不过，奎德也指出，有很多公共政策的效果很难纳入成本—收益的分析框架，例如，在一项公共交通计划中，我们几乎不可能用货币价值来计量增加旅行的舒适性这种优质服务效果的收益；在一项城市建设计划中，我们也很难计量因搬迁或拆毁一处历史遗迹而付出的代价。在某些计划中，还会出现有一些人支付费用，而另一些人获得收益的情况，我们往往很难清楚明确地将备选方案排列起来。这时我们最好列出各种备选方案的特征和效果，让决策者凭自己的判断和直觉来排列方案的优劣顺序。

四是说明解释。奎德认为，在这一阶段，政策分析人员又要重新面对现实问题。在他看来，说明解释的工作应当贯穿于整个分析过程的始终，它可以在任何一个阶段进行，不过，其最主要的还是在比较阶段之后进行，它在本阶段更得到了加强，因为这时分析人员要考虑告知委托人一些什么结论，以及如果委托人要求他就采取何种行动提出建议时自己将如何作答，而且分析人员在此之前的工作中获得了材料，具备了洞察力，可以得出结论并且或许能够就不同条件下最为可取的行动方针提出自己的见解。奎德认为，决策者的反应可以促使分析人员对模型显示的现实图景进行修正，因为这种图景并非总是准确无误的。他说，在本阶段，我们必须依照实际和现实的考虑对各种模型所展示的结果加以说明。

五是测试检验。奎德认为，政策分析过程的最后一个阶段便是要对作出的结论进行测试检验。在他看来，从某种意义上说，对于决策者是否根据分析结果作出了正确的决策这一点是永远无法进行捡验的，因为总会出现一些决策者所无力左右的情况，但是他仍然认为根据一种或若干种模型显示的结果，尤其是在形势稳定的时候，我们确实可以进行一些检验工作。他举例说，假设分析人员试图为某个中心商业区确定较好的交通格局和交通管理方式，他将会利用计算机模拟对各种方案进行试验，然后选择看上去最好的方案加以实施。这样，只要不发生模型未曾考虑进去的情况（比如，一块计划用做停车场的地皮被卖出去了，并立刻动工在上面修建了一幢十层高的办公大楼），便可以运用以往的经验对模型作出的预测进行捡验。

最后奎德指出，上述这五个阶段是相互渗透、不能分割的，通常最初着手分析时是按照这个顺序进行这五项工作的，但也许很快就不得不齐头并进了。因此，这五个阶段的顺序并不重要，重要的是，根据决策内容和工作的需要，这五个阶段可交叉、重复、循环，直到我们彻底弄清问题，找到合适的决策方案。

（四）政策分析中的政治因素

政策是一种政治行为，在政策的整个生命过程中，政治环境的影响以及政治体制的制约无处不在，无时不在。换言之，政策作为一定政治系统的产物，必然与各种政治因素相关联。因此，奎德认为，政策分析人员在整个政策分析的全过程中，始终应该采取妥善处理政治问题，把它放在政策分析的首要位置。在奎德看来，与政策分析密切相关的政治因素主要表现在以下两个方面：

一是政治可行性。政治可行性是指某项政策在政治上被接受的可能性，这里既包括政府机构和政治组织内部的政治，也包括选择的政治，即当事人是否接受解决问题的方式、方案和结果。奎德认为，要使一项政策在政治上被接受，政策分析人员和他所作的分析一开始就必须面对各种政治因素。在他看来，政治可行性与下面这些政治因素有关：

第一，政治家、政府官员和政策分析人员因各自的利益、追求不同，他们考虑问题和处理问题的方式也会不同。例如，政治家所考虑的政策目标首先要有利于自己的政治目的，如有利于自己的连任和升迁。因此，他总是尽力扩散目标，希望有更多的人知道这项政策。在资源分配上，政府官员总是像撒胡椒粉一样把资源广泛地分配给许多方案。而政策分析人员则不同，他们要努力明确目标，从众多的备选方案中挑选出最佳方案，并希望优先方案得到优先支持。这样，政治家与政策分析人员之间的不一致就很难避免。奎德认为，在这种情况下，政策分析人员要向政治家说明他们之间的一致性，例如，向他们解释政策目标的实现对双方都有利，对社会的长治久安有益等等。

第二，政策分析希望事先考虑的问题，从政治的角度看往往并不都是当务之急，不值得现在就考虑，而政治的考虑则更急功近利，更讲眼前的利害得失。奎德认为，在这种情况下，政策分析人员应该说明政策分析的性质和未雨绸缪的好处。例如，与其过河时全军覆没，不如事先就把桥建好，两相对比，前者损失更大。

第三，一项政策往往同时受到多种政治因素的影响。奎德认为，政策的接受者是多重组织，包括特殊的利益集团、官僚和民众。在这种情况下，要制定有关各方都能接受的妥协方案，尤其要制定一些既能提高政策的可接受性而又不降低政策目标的妥协方案。在奎德看来，通过政策分析，我们可以找到这种方案。

第四，有些政策会碰到政治上的反对者。奎德认为，决策者这时应该争取更多潜在的支持者。在他看来，有时，反对者仅仅是由于经济上的利益而反对某项方案，在这种情况下，可以采取给损益人利益补偿的办法，或者让他们得到其他方面的收益，这样往往能使方案成为可接受的，因而在政治上也是行得通的。

二是谁是真正的委托人。奎德认为，当政策分析人员接受一项政策分析时，他当然知道谁是他的委托人——一些个人、一家公司，或者一个政府机构。但是，当分析人员着手进行政策分析时，由于涉及不同的政治派别和利益集团，他又不得不面对整个社会。他必须把自己视为整个社会的代表或国家的代表，甚至整个世界的代表。他意识到只有这样才能保证公正，才能使他的政策分析不带偏见。而且，他会根据这些原则去影响委托人或支持者，而不是仅仅去帮助他们。这样就产生了一个重要的问题：谁是真正的委托人？当分析人员或专家顾问为政府机构工作时，他尤其看不清他的委托人是谁。他容易这样理解：他为之工作的政府机构就是国家的代表，因此他是在为国家工作。事实上，正确的理解应该是；政府机构对国家负责，国家对人民负责。因此，如果他真正对这一政府机构负责的话，他就应该首先对人民负责。从这里我们可以看出，当政策分析人员为某些个人或团体工作时，他应该把自己视为一个更广泛社会的代理人，从而是民众的代理人。换言之，不论他事实上的委托人是谁，他的真正委托人应该是整个社会和全体民众。然而，奎德认为，要真正做到这一点是十分困难的，或者说根本不可能。如果委托人发现分析人员偏离自己的利益太远，或者明显地在照顾别人的利益，他就会停止对分析工作的资助，甚至停止分析人员的工作。在奎德看来，政策分析人员的现实态度似乎处于这两种极端情形之间。奎德认为，一般地说，政策分析员的价值天平更应该倾向于社会和公众一边。分析员所做的工作是改善政策，而不是帮助委托人，尽管资助者施加压力，分析员还是应该把自己视为更加广泛的政治利益的代言人，而不仅仅是某个组织的代言人，分析员应该关注公共福利事业。

通过上述内容，我们不难发现，奎德对于政策分析的认识不仅十分系统而且也不乏深刻之处。他不仅对政策分析的本质、政策分析与系统分析和运筹学等相关概念之间的关系以及政策分析的必要性等基本问题作了深入的阐述，而且对政策分析的要素、政策分析的过程以及政策分析与政治因素的关系作了比较系统的归纳。他所提出的政策分析理论与方法为当代政府决策的科学化奠定了重要的方法论基础，其政策分析理论中所包含的许多思想和观点都颇有见地，例如，“人们不应该到了河边才考虑过河问题”；“政策分析员的价值天平更应该倾向于社会和公众一边”；“分析员所做的工作是改善政策，而不是帮助委托人”以及“分析员应该关注公共福利事业，应该把自己视为更加广泛的政治利益的代言人，而不仅仅是某个组织的代理人”等论述均不失精辟。他提出的许多方法已被社会实践证明是行之有效的，例如，他提出在政策碰到政治上的反对者而且反对者如仅仅是由于经济上的利益而持反对态度的情况下，可以采取给损益人利益补偿的办法，或让他们得到其他方面的收益的方法已经被广泛有效地运用于城市建设中处理搬迁户的问题，比如，我们往往采取给他们经济补偿或给新住房的方式使他们不至于反对某项建设计划。当然，我们也应该看到奎德的政策分析理论也并非十全十美，由于他所处的社会背景和阶级立场不同，所以其理论中所含有的某些偏激观点是我们所不能赞同的。

第二节　奥斯本的企业家政府理论

关于政府职能的界定以及政府与市场、社会的关系，历代学者多有理论阐述，尤其是20世纪六十年代以来，关于政府是否应参与社会经济管理及其参与程度如何，更是争论的焦点。但对政府应如何有效地运行等实践问题，则显得关注不够。美国行政学者戴维·奥斯本与特德·盖布勒深入考察美国政府改革实践，写出了著名的《改革政府：企业精神如何改革着公营部门》（以下简称《改革政府》）一书，提出这样的主张：“不争论政府的大小而力求政府的效率，不强求政府做什么而着眼于政府怎么做，不纠缠征税多少花钱多少而讲究适当征税花钱得体，不辩论政府办事的动机而着重政府办事的后果。[①]”他们描绘出一幅“具有企业家精神的政府”的蓝图，刚好是对这一缺陷的有益弥补。

一、生平简介和背景

戴维·奥斯本是美国前总统克林顿的重要咨询机构“进步政策研究所”的成员，写过著名的《民主的实验室》一书，长期致力于有效政府的建设与宣传。特德·盖布勒曾是美国加利福尼亚州维塞利亚市和俄亥俄州万达利亚市的城市经理，亲自主持、参与过这两个城市政府的改革，具有企业家精神的政府思想

① ［美］戴维·奥斯本、特德·盖布勒著，《改革政府：企业精神如何改革着公营部门》，东方编译所编译，上海译文出版社，1996年，前言部分。

既是他参与改革实践的现身说法，也是他对政府改革的一种理性探索与总结。所谓的企业家精神的政府，是其提出的一种旨在运用企业家精神来对政府进行重新塑造的政府管理理论。在两位看来，政府是我们用来作出公共决策的一种机制，是我们解决共同问题的方式，对于一切文明社会来说，政府都是必不可少的，但遗憾的是，政府的现状并不令人满意，它并没有像人们所期望的那样有效地运作。然而，问题不在于政府中工作的人，而在于他们工作所在的体制。《改革政府》全书的写作目的是通过反思传统的现代理性支配下政府的利弊，试图创建一种适应后工业社会的新政府。

具有企业家精神的政府思想在以美国为代表的西方国家兴起，并不是偶然的，而是有其特定的经济、政治、社会背景。20 世纪七十年代以来，西方社会乃至整个世界发生了一系列根本性变化，迅速发展的技术革新深刻地改变着人类社会；经济全球化趋势越来越明显，各国之间的经济竞争更激烈；受过教育的公众对命令指挥式管理产生反感，日益要求拥有管理自主权；公民关注、参与公共服务的意识增强。这些给各级政府管理带来了新的挑战，要求政府对公民需求具有较强的应变力，为他们提供更多的参与管理的机会，提供更高质量的公共服务。而现实中以马克斯·韦伯的官僚政治理论为基础的传统政治体制是适应工业社会的，是近乎刻板、僵化的政治体制，显然难以满足这些要求，难以适应时代挑战。20 世纪初崛起的官僚政治体制，以威尔逊、古德诺的政治—行政二分论和马克斯·韦伯的官僚政治理论为基础，它曾在打击极权主义统治者任人唯亲、滥用权力过程中成效显著，给政府工作带来逻辑规范，给政府组织方式带来理性与效率。但是，当时代变化了，它内在固有的弱点也就凸现出来，并进一步走向它的反面：（1）官僚政治制度极力推崇“理性”和“效率”，这获得了局部效益、机械效益而损害了社会效益，获得了逻辑规范而使政府公务人员丧失了使命感和主观创造精神。（2）官僚政治制度崇尚专门技术和条块分割的专业化单位，依靠它们来解决各种行政问题，导致政府专业分工过细，机构臃肿不堪，部门重叠交叉，行政效率低下。官僚政治制度在新的时代显得破绽百出，难以为继。同时，20 世纪三十年代兴起的凯恩斯主义，以政府强力干预经济为特征，成为当时医治自由资本主义盲目竞争的良药，但同时也带来了政府对市场过度干预和国家垄断，带来了公共服务高投入低产出、高福利低效率的问题。至七十年代，美国出现经济停滞、高失业与高通胀相互交织现象，这使抗税运动席卷全国，财政危机严重，福利制度走入困境，公众对政府的信任越来越低，使行政理论与实践急于摆脱旧体制的束缚，要求寻找新的政府运行模式。这种新模式要能使政府精干、廉价而且高效，不应再是那个满负荷运转的疲惫政府，不应再是那个只会套用规章、对公众要求反应迟缓的低效率政府。

二、企业家政府理论的主要内容

在批判原有的政府行为模式的基础上，戴维·奥斯本与特德·盖布勒提出了具有企业家精神的政府的理念，认为要从根本上改进政府的工作效率，就必须改革政府的不良体制，并把这些理念的主要内容概括为10个方面：

（一）起催化作用的政府："掌舵"而不是"划桨"，即政府不是提供公共服务（划桨），而应是向各类非政府组织提供催化剂，引导社会前进，政府要积极扶持能发挥掌舵作用的新组织，向它们提供政策，援助资金，进行业绩评估。长期以来，政府的领导人一直都误以为政府的主要职责就是收税和向社会提供服务，而奥斯本则不然，在他看来，政府的中心工作应该是"掌舵"，而不是"划桨"。向社会提供各种服务是划桨，政府并不精通此道。尤其是在当今社会环境瞬息万变、社会需求多元化的情况下，政府再试图向社会提供垄断性的服务已经不可能了。为此，他提出政府应该集中精力做好决策工作（即拿好舵），而把具体的服务性工作承包给私营企业和非营利性机构去做。这样，政府可以居高临下，用政策吸引竞争者，保持最大的灵活性来应付变化着的环境，出色地扮演好自己的角色。他认为，企业家政府应该"转向一种把政策制定（拿舵）同服务提供（划桨）分开的体制"①。谈到政府的作用，他反对曾经风靡一时的"私有化"观点，他明确指出，私有化实际上是一个错误的出发点。具体的各项服务可以承包或转移给私营部门，但是治理则不能这样做。我们可以把个别的掌舵性职能加以私有化，但是我们不能把治理的全过程都私有化。如果这样做，我们就会失去作出集体共同决定的机制，就没有为市场制定规章条文的途径，就会失去强制执行行为规范的手段。我们就会丧失社会公平感和利他主义精神，不管是为无家可归者提供住房还是为穷人提供健康医疗，任何不能赚钱盈利的社会服务都将不复存在。我们需要一个有活力的、强大的和非常活跃的政府。但是我们面临着选择，选择一个庞大的但软弱无力的政府，还是选择把自己局限于决策和指导从而把"实干"让给他人去做的强有力的政府。我们需要一个能够治理和实行治理的政府。

（二）社区拥有的政府：授权而不是服务，即政府把公共管理控制权从官

① ［美］戴维·奥斯本、特德·盖布勒著，《改革政府：企业精神如何改革着公营部门》，东方编译所编译，上海译文出版社，1996年，第11～12页。

僚机构转移到社区，给广大社区公民授权，培养他们的自治意识与自治能力，使社区从依赖政府救助与庇护的问题成堆的“弱者”，转变成掌握自己命运的、强有力的“强者”，让社区的治安、卫生、住房等问题得以有效解决。奥斯本认为，在一个民众自治的国家里，政府的行政专家们不应事必躬亲，而要善于授权，鼓励公众参与管理。但遗憾的是，当我们管理公益事业时，却忘记了这一条，致使公共服务领域逐渐被官僚机构所控制。我们依靠专家来解决问题，让警察、医生、教师和其他社会工作者掌握一切，却把那些被服务对象的主动性忘在脑后。当我们做这一切时，我们实际上是在破坏广大民众的自信心和能力，并导致了市民对政府的严重依赖心理。奥斯本认为，这种市民自治组织之所以能有效地管理，因为他们更了解问题的关键所在，更关心其成员的生活环境，更经济也更具创造性。当然，奥斯本也并没有简单地说要抛弃政府或专家的服务。相反，他认为政府有许多事情要做，例如，制定政策、消除阻力、鼓励自治、提供资助、培训人员、提供咨询、合理配置资源等等。

（三）竞争性政府：把竞争机制注入到公共服务中去，即政府主动打破垄断，促进公共服务提供者展开竞争，视竞争为提高效率、振兴政府的重要手段，政府通过项目招标、合同承包等方式进行调控，促进公共服务的公正与高效。奥斯本认为，政府是最习惯于采取垄断方式进行管理活动的，它常常把竞争看做是一种浪费和重复。尽管人们对私营企业的垄断深恶痛绝，但人们对政府的垄断行为却习以为常。在他看来，政府之所以没有商界那样富有效率，其主要原因就在于它缺乏竞争机制。他说，竞争有种种好处，而其中，最明显的好处是提高效率，即投入少产出多，竞争迫使公营的（或私营的）垄断组织对顾客的需要作出反应。竞争奖励革新；垄断扼杀革新。竞争提高公营组织雇员的自尊心和士气等等。因此，竞争是促进革新的永恒动力，而政府通常是缺乏这种动力的。当然，竞争不是放任自流的东西。奥斯本认为，不经规范的竞争可能导致严重的社会问题。比如，一个以营利为目的的医院可能拒绝一个没有社会保险的患者。不经规范的竞争也可能导致垄断或其他不公平。为此，公共政策必须规范什么样的竞争可以开展，什么样的竞争不能开展。这就是政府在竞争中的责任。

（四）有使命感的政府：改变照章办事的组织，即政府行为的动力不是来自规章条文，而是来自政府的目标与使命。政府承担彻底清除各种过时规章的重任，通过控制预算总额，激活人事管理，使政府“由规则驱动型组织转变为任务驱动型组织”。奥斯本认为，长期以来，大多数公共组织都是被它们的规章制度和预算所左右，因而常常被称之为“规章驱动的政府”。它们制定出无数个规章来防止可能的错误发生。每当事情出错，它们又习惯地制定出更多的规章。一定的规章制度固然必要，但是这种东西如果太多，就会使政府的活动便得像个蜗牛，难以对瞬息万变的环境作出反应。规章制度的建立是为了防止坏的事情发生，但它也可能窒息好事情的活力。在很多情况下，为了惩罚5%的不良行为，政治家们所创造出来的繁文缛节实际上窒息了其他95%的活力。这就好比一匹马从圈栏里逃跑了，主人便从此锁上了圈门。结果受惩罚的不是那匹逃跑的马，而是其他的马。奥斯本认为，企业家政府是有使命感的政府，它摆脱了这种繁文缛节的束缚，它只是简单地界定其基本目标和任务，再根据这一目标和任务制定必要的规章和预算，然后就放手让其雇员去履行各自的责任。如果事情出错，只是解雇肇事者。这就是“任务驱动的政府”。在他看来，改变政府行为的这种内部驱动力，关键是要将庞大的机构分解成较小的部分，每一部分设定相对单一的责任目标，然后界定其权限和预算，并授予其自主管理的权力。这是变官僚政府为企业家政府的关键。可见，奥斯本所强调的是要改变政府行为的内部驱动力——以“任务驱动的政府”取代“规章驱动的政府”。不过，这里应当指出的是，奥斯本并非是要完全取消规章，他反对的是“繁文缛节”而非必要的规章。

（五）讲究效果的政府：按效果而不是按投入拨款，即依据产出测评与绩效目标来衡量各部门的业绩，并与工作报酬联系起来，政府把焦点放在后果控制上而不是投入上，遏制部分政府官员扩大预算与人员编制、扩张权力与利益等冲动。奥斯本认为，传统的官僚制度注重投入，而非产出。它资助学校的依据是该校有多少学生，而不是学校之间质量的差异；它划拨福利款项的依据是该区有多少穷人，而不是该区帮助了多少穷人找到工作；它建立警察系统的依据是对付犯罪需要多少警力，而不是犯罪率的升降和人们安全感等因素。其结果是，这些学校、慈善组织或警察局的工作做得越糟，就越能得到更多的政府拨款。这种重投入而不重产出的观念，导致在政府机构里，雇员的年资、机构的规模、权力的层次（这些都可以看作是一种投入）等等成为重要的因素，进而致使官僚机构只想着去设法追求多预算、多编制、多权力，营造自己的“帝国”。奥斯本认为，产生这种现象的主要原因是政府工作好坏的根本标志不是它的表现，而是它能否连选连任。企业必须注重产出，因为产值一下降，企业就要倒闭，但政府不必担心这个问题。政府的成败不是能否取得预期目标，而是能否再度当选。政治家们能否当选，又取决于选民和利益集团是否接受他们，而非政府能否提供良好的社会服务。这种状况不改变，政府的管理水平不可能提高。在奥斯本看来，企业家政府体制则可以避免传统政府官僚体制的这种弊端，因为企业家政府是讲究效果的政府，它是按效果而不是按投入拨款；它对政府各部门表现的评估和资助是以其政策效果为依据，而非依据项目的多少。奥斯本认为，尽管对政府某些行为结果的测量有一定的难度，但是，一旦适当的措施到位，政府部门便可以采取以下三种方法来利用测量提供的信息去改进自己的业绩：（1）按业绩付酬，即对业绩好的个人或集团实行某种形式的业绩加薪制度或奖金制度；（2）按业绩进行管理，即业绩信息主要被当作一种管理手段，用来继续改进自己的工作；（3）按效果作预算，即把自己组织的支出同效果挂钩。

（六）受顾客驱使的政府：满足顾客的需要，而不是官僚政治的需要，即政府把公共服务对象重新界定为“顾客”，让顾客们来选择公共服务。政府经常调查顾客的需求，倾听顾客的意见，并及时作出灵敏反映，改善服务质量，建立一个真正方便公众的公众驱使型政府，而不是与之相反、仅仅方便机构运作的机构驱使型政府。奥斯本这里所谓的“顾客”是指政府公共组织的服务对象——公民。他说，从理论上讲“民主政府是为它们的公民服务而存在的。企业是为赢利而存在的”[①]。但现实是，企业在想方设法取悦顾客，而政府却是个“顾客盲”。他认为，产生这种现象的原因很简单：企业的钱是直接从顾客那里来的；而政府是依靠议会拨款，依靠纳税人交税。政府的“顾客”是在被动地等待政府为其提供服务，因此常常不被重视。为此，奥斯本指出，今天的时代已经不同于过去的工业时代，伴随着政府提供的垄断服务被打破，政府也应该按照企业家政府理论来对自己进行重塑。按照企业家政府理论，政府是受顾客驱使的，其宗旨是满足顾客的需要，不是官僚政治的需要。在奥斯本看来，顾客驱使的制度具有种种好处：顾客驱使的制度迫使服务提供者对它们的顾客负责，因为顾客可以去别的地方办他们的事，提供者必须不断寻求有关他们需要的反馈，然后采取必要的行动满足他们；顾客驱使的制度使选择提供者的决定不受政治影响；顾客驱使的制度促进更多的革新，当提供者不得不参与竞争时，它们不断寻求减少成本和增进质量的方法；顾客驱使的制度让人们在不同种类服务之间作出选择；顾客驱使的制度浪费较少，因为它们使供求相适应；顾客驱使的制度授权顾客作出选择，而被授权的顾客成为更加尽责的顾客；顾客驱使的制度创造更多公平机会，当政府直接为计划或机构拨款时，公平难以实施，因此，奥斯本强调，政府应像企业一样具备“顾客意识”。

---

① ［美］戴维·奥斯本、特德·盖布勒著，《改革政府：企业精神如何改革着公营部门》，东方编译所编译，上海译文出版社，1996 年，第 149 页。

（七）有事业心的政府：有收益而不浪费，即政府不仅要花钱在公共服务上，还要有利润动机、投资观念，运用合法渠道去挣钱。政府重视以物质奖励来调动部门与工作人员的积极性，让管理人员都转变成为企业家。奥斯本认为，企业家政府是有事业心的政府，是有收益而不浪费的政府，它不应仅仅靠预算度日，它应学会用种种形式集资、赚钱，它主张以花钱来省钱，为回报而投资。在他看来，企业家政府的一个重要特征就是具有一种“投资”观点，要变管理者为企业家，变花钱政府为赚钱政府。不过，奥斯本认为，这里面有个利益机制问题。如果管理者不能从赢利的收入中获益，他当然不愿意花时间去考虑它。例如，可以开发一些营利性项目，让管理者们能享受着赚钱的利润，对使用公共设施实行收费制度，鼓励公共组织像企业那样学会投资，与企业开展竞争等等。

（八）有预见的政府：预防而不是治疗，即政府要有预防意识、预防对策，防患于未然，而不是等问题成堆以后才来解决。政府不是“未来盲”，不是花大笔钱去灭火、雇警察、建医院，而是使用少量钱来预防火灾、犯罪与疾病。它们制定战略规划，建立预算制度，尽其所能地考虑未来的发展问题。奥斯本认为，政府应该有预见能力，在他看来，政府曾经是很有预见力的：他们修建排水系统以防止疾病，铺设电缆以防止火灾，研究免疫方法以预防疾病等等。然而，当政府的专业化程度越来越高时，他们的注意力开始转移了，开始注重事后的处理而非事先的预防。比如，伴随着消防部门的专业化，灭火技术越来越发达；伴随着警察部门的专业化，对付犯罪的手段越来越先进；伴随着医院的专业化，治疗技术越来越发达。……与此同时，防患于未然的观念淡薄了。在他看来，在一个变化来得惊人迅速的时代，未来盲是个致命的弱点，这使政府像一艘航行在大海里的巨轮，船上装有各种豪华设备，但是却缺少雷达和导航系统。为达到这个目的，奥斯本认为必须改变决策层的内部驱动力，包括改革预算体制、改变财务制度、建立区域性联合政府、改革选举制度等，从而达到转变政府目光短浅的根基，使政府具有企业家精神。在他看来，具有企业家精神的政府应该着眼于以预防为主，而不是通过事后服务来挽回损失，应该是有预见力的政府。

（九）分权的政府：从等级制到参与和协作，即政府下放权力，积极采用参与式管理，赋予一线工作人员以较大的自主权，造就能够快速多变的工作环境，同时建立新的报告、监督和责任机制，既增强公众对政府的信任度，又大大提高政府的工作效率。在奥斯本看来，分权的机构有许多优越性：1. 它们比集权的机构有多得多的灵活性；它们对于情况和顾客需求的变化能迅速地作出反应。2. 权力分散的机构比集权的机构更有效率。在第一线工作的人接触的问题和机遇最多，他们随时都知道问题的所在。如果得到管理者的支持，他们常常能构思出最好的解决问题的办法。这就给参与性管理的机构以极大的优势。3. 分权的机构比集权的机构更具创新精神。好的思想观点常常来源于干实际工作、同顾客打交道的雇员。4. 分权机构产生更高的士气，更强的责任感，更高的生产率。奥斯本明确指出分权的政府应变层级节制模式为参与协作模式，为此，他还特别提出"合作式组织"的形式，即围绕某一具体项目，组成跨组织间的合作式攻关小组完成任务。这种工作形式可以打破组织间、地域间的界线，把不同的利益统一到共同的任务上来，又可以发展组织间横向联系网络，开阔组织成员的视野，提高其工作能力。

（十）以市场为导向的政府：通过市场力量进行变革，即政府工作运行主要依赖市场机制而不是官僚政治机制，政府既不是置身于市场之外任由市场自由运行，也不是用行政计划替代市场运行，而是运用一系列促进市场运行的措施来规范市场，调动各社会组织与个人的积极性。奥斯本列举了政府在建立市场过程中所要担负的责任：1. 建立市场规则；2. 为消费者提供信息；3. 利用政策平衡供求关系；4. 刺激私营企业的生产；5. 填补市场空白；6. 鼓励新的市场因素的产生；7. 与私营企业一起分担社会风险；8. 调整公共投资政策；9. 沟通买方卖方关系；10. 利用税收政策调节市场；11. 支持建立群众自治组织。可见，奥斯本在政府与市场的关系问题上并没有走极端，他所强调的是政府要善于建立市场机制，不能只靠指令控制进行管理。

三、企业家政府理论的基本特征

通过具有企业家精神的政府思想的具体内容，可以发现戴维·奥斯本与特德·盖布勒的具有企业家精神的政府具有如下特征：

（一）与行政环境变化相适应：行政环境的变化是导致具有企业家精神的政府思想产生的根本原因。在新的时代，行政系统需要不断调整自身结构，以谋求与新环境的动态平衡。美国的原有行政系统是在工业化时代发展起来的官僚政治体制，但 20 世纪八十年代以来，它机构庞大、规章繁杂、浪费严重、效率低下，越来越让美国公众失去信心，各级政府于是被迫开始政府运行新模式的探索。具有企业家精神的政府正好与信息社会的要求相适应，是时代变革的必然产物。

（二）着重于政府如何运作：具有企业家精神的政府的主要目标是化解政府在公共服务供给方面存在的危机，因而它关注的主题不是政府应该做什么，政府应该为谁服务，而是政府如何运作。用市场竞争驱动型的合同管理替代传统的官僚制管理，是具有企业家精神的政府运行的总体模式，合同承包、业绩评估、后果收费、战略规划是具有企业家精神的政府运行的具体方法，与之相对应，公务人员的官僚行为也转化成为企业家行为。

（三）广泛采用私营部门的管理方式：具有企业家精神的政府认为公私部门管理有相融合的一面，将私营企业的有效管理方法引入公共部门，如打破政府垄断，通过公开竞标将公共服务承包出去，实行全面质量管理与目标管理、成本——效益分析、物质激励等等，对那些商业性公共服务，则完全采取私营化、企业化的方法去经营管理，这使政府效率大大提高，为政府管理注入了许多新内容。

（四）基于美国各级政府尤其是州与地方政府的改革实践：20 世纪八十年代以来，美国各级政府在面临财政萎缩、政府信任危机的严峻形势下，发挥“企业家”般的创造精神，充分利用社会已有资源，进行政府功能输出市场化的探索，从而创造出新的政府治理模式。美国各级政府的改革实践是具有企业家精神的政府制度设计的基础与依据。美国具有企业家精神的政府改革运动是自下而上地推动，各级政府改革的积极性高，改革成本小，速度快，效果好。

（五）重新探索政府与社会的关系：具有企业家精神的政府的实质仍是如何最妥善地处理政府与社会的关系，它对传统的政府与社会的关系进行重新界定，认为政府不应是高高在上、“自我服务”的官僚机构，而应是讲究质量、追求效率的“企业型”组织，政府公务人员应是有责任心的“企业经理和管理人员”，社会公众既是提供政府收入的“纳税人”，也是享受政府以公共服务作为回报的“顾客”或“客户”。政府工作应以公众的需求为导向，提供高质量、高效率的公共服务。

《改革政府》在美国产生过重大影响，就在它出版的第二年（1993 年），美国前总统克林顿便宣布了一项为时 6 个月的计划，对联邦政府的行为进行全面调查研究，并委托副总统戈尔率领一个工作组开展这项工作。1994 年 9 月，戈尔和他的工作组完成了这项使命，并提交了一份长达 100 多页的调查报告：创建一个花钱少效率高的政府。由此，揭开了克林顿政府行政改革的序幕。类似的变革正在世界上许多其他国家发生，英、法、加拿大、澳大利亚甚至东欧国家，都在逐步把垃圾收集、公共住宅管理、自来水供应、邮电通讯、医院、治安交通等城市公共管理事务，通过合同承包、私营组织进入竞争等市场化措施，减少政府的直接干预，提高服务效率与质量。有人称此为一场全球性的革命。

具有企业家精神的政府思想是 20 世纪八十年代以来西方国家行政改革的

主流指导思想，影响巨大。美国的“重塑政府运动”，英国的“宪章运动”，其他发达国家的以市场化、社会化为导向的行政改革运动，无不渗透着具有企业家精神的政府思想。但是，在它日渐流行的同时，也受到许多批评，主要是指责它混淆了政府与私营部门的根本区别，让公有部门私有化，放弃政府公共服务的职能等等。

美国的“重塑政府运动”

1993 年，为重振美国经济，克林顿总统接受美国竞争力政策委员会的建议，决心削减联邦债务，消灭联邦赤字，并把改革政府管理体制作为一项主要措施，发起一场“重塑政府运动”，试图塑造一个廉洁高效的联邦政府。为此，克林顿政府成立重塑政府改革的领导机构——“美国业绩评定委员会”（National Performance Review，简称 NPR），1998 年改称美国重塑政府合作伙伴委员会（National Partnership for Reinventing Government，仍简称 NPR），有工作人员 200 多人，由副总统戈尔亲自领导，负责拟订政府改革方案。1993 年 9 月，业绩评定委员会公布了政府体制改革的纲领性文件——《从重视行政程序到重视结果：创造一个少花钱多办事的政府》（简称“戈尔报告”）。该报告长达 168 页，提出改革建议 384 条。同年 9 月 7 日，克林顿正式提出一项名为“裁员、节支、高效”的政府重塑计划，并敦促国会通过一系列配套法案，截至 1998 年，共颁布改革法规 80 多项，主要改革措施有：第一，精简机构，合并科室，裁减雇员；第二，放松规制，减少繁文缛节，下放权力，注重结果；第三，收缩政府的社会经济职能，放松对企业的管制；第四，将部分公共服务市场化，让非营利性组织和私人企业参与提供公共服务产品。

引自黄贤全：《美国重塑政府运动》，《西南师范大学学报》，2004 年第 1 期，第 115 页。

当然，企业家政府理论在其风靡欧美之时也遭到了一些尖锐的批评。美国怀俄明大学政治学系主任哈伯尔教授和该系的格林教授在其合著的《论治理与重塑政府》一文中就批评说，企业家政府模式引用法国经济学家萨伊对企业家概念的定义并试图将这一定义简单地推广为任何人、任何公务员或公共组织可以仿效的行为准则，这是对美国政府及其治理模式的极大偏离，这些偏离将会引起诸如“三权分立”体制中的制度关系、法治、制度稳定与整合、分配效应以及富有活力的政治社群的维持等传统的基本政治问题，具体来说就是，他们认为：第一，企业家政府理论忽视了美国政府治理模式中制度与分权对政府的约束作用，而且政府的各个部门基于宪法制度的安排去掌舵和划桨，并不是像奥斯本和盖布勒所说的那样似乎只存在一个单独的或一体化的理性行为者控制着一个舵，事实上存在着许多舵，许多领航员通过竞争控制每个舵；第二，在立法、行政和司法三个部门的争斗中，各方采取的立场常常不仅是为了自己，而且是为了保护或培育一个大致的权力平衡。政府行政的复杂性质与标准化的市场基础的途径有显著的不同，而奥斯本和盖布勒的原则可能会侵蚀这种复杂的权力平衡；第三，使命与灵活性在美国政府的治理中是有位置的，但其位置需经政府部门各方联合的一致程序，以法律的力量和影响力而不是片面的意志来实现，美国政府治理模式的法治特性使得政府部门的政策与决策要符合外在的法定的保证和契约的标准，它覆盖和超越了官员本身的职位与目标。这种法定保证是本质的价值和过程的混合体：既重视结果，也重视手段，或者说二者同等重要，而不择手段的危害性甚于没有结果，正是在这方面，奥斯本和盖布勒的“重目标使命而非规章制度的原则”与“重结果而非投入的原则”会产生不利的影响，特别是“由于这些原则被引用在戈尔的报告中，等于促成对政府行政部门的法律作用的极大的曲解”，因为报告建议“从总统到直接管理人员对所谴责的法令和规章采取忽视或不予有力实施的态度”；第四，理论上再完美的市场在实际生活中都会产生政治性与社会性的分裂，造成相应的不稳定，企业家政府理论中以市场驱动与市场刺激应用于公共部门的管理和组织原则，将会对美国制度的稳定性和合成力造成危害，因为在政治领域内，需求和组织行为与市场中不同，面临模糊性、不确定性和歧义性的选择难题，奥斯本和盖布勒简单地将权威归于多数，这就涉及到美国政治学的经典问题：如何保护异议者？如何保护少数及个人的权利？第五，“顾客驱动”的原则会产生分配上的重大难题，因为在政治社会生活中，政府的顾客与市场的顾客是不一样的，政府的顾客所掌握的政治资源差距很大，依照市场机制进行运作会使公共部门的管理者对不同的顾客依照其不同的价值，采取不同的对待方式，甚至抛弃那些对其相对无价值的顾客，这又涉及到美国政府治理的传统价值观：限制权力集团，保护处于不利地位的少数人或个人权利问题，这些同样不是市场机制所能解决的；此外，格林和哈伯尔还批评奥斯本和盖布勒在哲学方面简单化、绝对化的二分法的倾向，以至于政府与企业、官员与企业家、垄断与竞争、集权与分权、历史与现在等都被极端化地一分为二了，而他们无条件地站在一边[①]。

尽管受到来自各方的批判，企业家政府理论依然被认为是对各国行政改革具有重要参考价值的理论，并且在指引各国改革的实践中发挥着重要的影响。

第三节 登哈特的新公共服务理论

近年来，西方行政管理的理论中最为引人瞩目的新贵无疑是以企业家政府理论内容为核心的新公共管理理论，相比较而言，它摒弃了传统政治理论的观察视角，而是从市场和经济学的角度重塑了许多行政的理念和价值，从而建立了一整套全新的行政发展架构。同时，必须注意到的是，以登哈特夫妇为代表的另一些学者针对新公共管理理论提出了自己的不同看法，并倡导“服务而非掌舵”的新公共服务理论（New Public Service)，他们的观点在我们的服务行政研究中具有值得重视的巨大意义。

罗伯特·B. 登哈特现任美国亚利桑纳州立大学公共事务学院教授，美国国家公共行政研究院院士，并担任美国多个州政府和地方政府在质量管理、战略规划和公共生产率等方面的咨询顾问，曾担任美国公共行政学会（ASPA）会长，并且是美国公共行政学会全国公共服务运动组织的创始人和第一任主席。迄今为止，他已经出版了 16 本专著，代表作是《意义之追寻》、《公共行政：一种行动取向》、《公共组织和非营利组织中人的行为管理》、《公共组织理论》、《新公共服务：服务，而不是掌舵》等，其中，《公共组织理论》、《新公共服务：服务，而不是掌舵》已被翻译成中文。珍妮特·V. 登哈特现任美国亚利桑纳州立大学公共事务学院教授，她的教学和研究兴趣主要集中在组织理论、组织行为和领导领域。

一、新公共管理理论的缺陷

新公共服务理论是建立在对新公共管理理论进行扬弃的基础上提出来的，它主张用一种基于公民权、民主和为公共利益服务的新公共服务模式来代替当前的那些基于经济理论和自我利益的主导行政模式，未来的公共服务将是以公民对话协商和公共利益为基础的，民主、公民权、公共利益三者是紧密结合在

① Green，Richard T. and Hubbel，Lawrence，*On Governance and Reinventing Government*，in Wamsley，Gary L. and Wolf，James F.，eds.，1996，Refounding Democratic Public Administration，Sage Publications，Inc.，pp. 38～62.

一起的。

新公共管理理论的产生，为政府改革注入了新鲜血液。新公共管理的核心理念是政府有限理性和政府官员的“经济人”假设，政府相似于市场经济条件下的企业组织，政府与民众的关系是公共服务的生产者与消费者的关系。因此，其核心内容是力图将私营部门和工商企业的方法用于公共部门，强调市场竞争、政府工作的绩效评估、行政过程的透明取向、成本效率和顾客导向等。一时间，“企业化政府”、“市场为本”、“政府瘦身”、“重塑政府”成了政府官员使用率极高的流行词语。然而新公共管理的思想并没有涵盖当今政府在实践中所应该涵盖的基本理念。而且新公共管理过分强调市场机制的作用，过分强调政府向企业学习、用企业提供商品的方式为公共服务，往往会忽视在实践中公共部门与私营部门的差别，从而产生伦理上和责任上的问题。另外，在市场化过程中也出现了一些不尽人意的腐败现象。这一切，导致公平与公正问题的凸显。新公共管理的一个重要观点就是政府不再同时掌舵和划桨，而是把划桨的任务赋予更为高效率的市场，政府则专心做好掌舵的工作。登哈特夫妇则针对性地提出了一个实质性的问题：“当我们急于掌舵时，我们是否正在淡忘谁拥有这条船？”从掌控和驾驭社会的角度讲，政府过去已经做了很多，也的确发挥过积极的意义。但是对于现代社会，这种单极化的掌控结构是否还合理呢？现代社会更多意义上是一个多元化的结构，即便在公共行政领域它更多的也要体现出公民的主体性。其实公民才是一个多重的角色，他们既是公共财政的主要供给者，也是公共服务的接受者，同时也是各种生活的参与者和公共利益实现的监督者。归根到底，作为最终的授权者，他们甚至可以通过新契约的形式向民间公共组织授权，而非单独指向政府，这样就使得掌舵者的地位受到了挑战。从这个意义上讲，未来政府在许多时候的角色将不再是主导型的，只是一个非常重要的参与者，至于划桨手也不仅仅是市场这一单一结构能够完全提供的，需要有更为多元的参与力量来重构体系。

二、新公共服务的基本理念

在对新公共管理进行批判和反思的基础上，登哈特夫妇提出了新公共服务的新理论。与新公共管理建立在个人利益最大化的经济观念之上截然不同的是，新公共服务是建立在公共利益的观念之上的，是建立在公共行政人员为公民服务并确实全心全意地为他们服务之上的。登哈特认为，在新公共服务理论的思想来源和概念基础中，更具有当代性的理论先驱主要包括：民主公民权理论、社区与公民社会的理论、组织人本主义和新公共行政、后现代公共行政。

1. 民主公民权。登哈特所倡导的新公共服务理论认为公民权涉及的是个人影响该政治体系的能力，它意味着对政治生活的积极参与。最近已经有越来越多的人们要求恢复一种基于公民利益而非自身利益的公民权，他们会关注广泛的公共利益，会积极地参与政府管理，这不仅会促进社会的进步，而且还会促进他们自己作为积极负责的人健康成长；

2. 社区。它已经成为美国人生活中的一个主题，在登哈特看来，美国的民主传统取决于存在着民主参与的公民，而且他们在各种群体、社团和政府单位中都很活跃。他认为要使社区的互动性在个人和集体之间起着调节作用，并使个人和集体保持一致，在某种程度上依赖于建立一套积极的“调解机构”，它不仅关注公民的愿望和利益，而且还会提供一些将会使那些公民更好地为在更大政治体系中行动做好准备的经验。公民社会是一种公民能够相互进行一种个人对话和评议的地方，这种个人对话和评议不仅是社区建设的本质，而且也是民主本身的本质。登哈特认为，政府对于促进社区建设和公民社会也具有重要的作用。政治领袖们不仅利用现代信息技术而且也利用一些更为常规的手段等多种方式接触公民。至于公共行政官员是怎样与社区和公民社会相互影响的，登哈特认为，首先，在存在着强大的公民互动网络和公民之间存在着高度社会责任和内聚力的地方，政府可以依靠现存的社会资本建立更为强大的网络，开辟新的对话和争论渠道，以及进一步就民主治理问题进行公民教育。其次，公共行政官员能够为社区和社会资本的建设做贡献。当今的时代，公共行政官员的首要角色就是要建设社区，公共行政官员能够通过鼓励公民参与公共决策而对增进社会资本发挥积极的作用；

社区

社区（Community）一词，起源于拉丁语，意思是共同的东西和亲密的伙伴关系。1881 年，德国社会学家滕尼斯将社区一词首先用于社会学，从而，变成了社会学的一个专用名词。我国社会学界在研究和实践中使用“社区”这一概念，一般是指聚居在一定地域范围内的人们所组成的社会生活共同体。它具有四个基本要素：（1）相对独立和稳定的地域；（2）居住着以一定生产关系与社区关系为纽带组织起来的生活人群；（3）有共同利益和管理组织；（4）有地缘上的归属感和心理上的认同感。目前城市社区的范围，一般是指经过社区体制改革后作了规模调整的居民委员会辖区。

引自韦克难：《社区管理》，四川人民出版社，2003 年版，第 2 页。

3．组织人本主义。在登哈特看来，过去的20多年中，公共行政学及其相关学科的许多学者都认为，对社会组织的传统等级制研究方法限制了他们对人类行为的认识视野，而且他们都批评官僚制，并且都在为管理和组织的研究寻求可替代的备选方法，同时这些方法都试图把公共组织改变成为更少地受权威和控制问题支配并且更加关注内部选民和外部选民的需要和他们所关心的问题的组织；

4．后现代主义。它是新公共服务理论的第四个重要的思想来源，尤其是会话理论的观点得到了更进一步的扩展，后现代理论家似乎都得出一个相似的结论：因为我们在后现代世界中相互依赖，所以治理必定会越来越以包括公民与行政官员在内的相关各方之间开诚布公的会话为基础。为了使公共官僚机构恢复元气，并且使公共行政领域恢复一种合法性的意识，就需要增进公共对话[①]。

登哈特认为，公民权理论家、社区与公民社会理论家、组织人本主义与新公共行政理论家以及后现代主义理论家为我们在今天谈论新公共服务创造了一种很有意义的理论氛围，他们所提出的许多理论观点已经构成了新公共服务理论的思想来源和概念基础。

可以看出，登哈特的新公共服务理论本质上是对传统公共行政理论和新公共管理理论的一种扬弃，并不是全盘否定，它试图吸收传统公共行政理论的合理内核，尤其是在承认新公共管理理论实践的重要价值并摈弃新公共管理理论特别是企业家政府理论的固有缺陷的基础上，提出和建立一种更加关注民主价值和公共利益、更加适合于现代公民社会发展和公共管理实践需要的新的理论选择。他的新公共服务理论在当今的公共行政理论界具有十分显著的地位，它不仅帮助我们重新认识到公共服务的公共性，更使我们重新认识到公共服务主体的多元化。

三、新公共服务理论的基本观点

新公共服务指的是关于公共行政在以公民为中心的治理系统中所扮演的角色的一套理念，在新公共服务理论家看来，公共行政官员在其管理公共组织和执行公共政策时应该集中于承担为公民服务和向公民放权的职责，他们的工作重点既不应该是为政府航船掌舵，也不应该是为其“划桨”，而应该是建立一些明显具有完善整合力和回应力的公共机构。新公共服务理论的基本观点集中体

① ［美］登哈特著，《新公共服务：服务，而不是掌舵》，丁煌译，北京：中国人民大学出版社，2004年，第23～40页。

现在七项核心主张上[①]：

1. 政府的职能是服务，而不是掌舵。即公务员越来越重要的作用就在于帮助公民表达和实现他们的共同利益，而非试图在新的方向上控制或驾驭他们。其角色从控制转变为议程安排、使相关各方坐到一起，为促进公共问题的解决进行协商、提供便利，不是服务的直接供给者，而是调停者、中介者甚或裁判员。对于公务员来说，越来越重要的是要利用基于价值的共同领导来帮助公民明确表达和满足他们的共同利益需求，而不是试图控制或掌控社会新的发展方向。在新公共服务中，领导是以价值为基础的，在整个组织中是与社区共享的，他们必须以一种尊重公民权和给公民授权的方式共享权力并且带着激情、全神贯注地、正直地实施领导。

2. 公共利益是目标而非副产品。追求公共利益，即公共行政官员必须致力于建立集体的、共同的公共利益观念，这个目标不是要在个人选择的驱动下找到解决问题的方案，而是要创造共享利益和共同责任。政府管理的观点认为政府存在的目的就是通过保证某些程序和个人权利来确保公民能作出符合自身利益的选择，新公共服务与政府管理的观点不同，它是一种治理的观点，主张公民应该把眼光从自身的利益扩展到更大的公共利益上，公共行政官员必须促进建立一种集体的、共同的公共利益观念。这个目标不是要找到由个人选择驱动的快速解决问题的方案，更确切地说，它是要创立共同的利益和共同的责任。政府的作用将更多地体现在把人们聚集到能无拘无束、真诚地进行对话的环境中，共商社会应该选择的发展方向，还有责任确保经由这些程序而产生的解决方案完全符合公正和公平的规范，确保公共利益居于主导地位。

3. 在思想上要具有战略性，在行动上要具有民主性即战略地思考、民主的行动。即符合公共需要的政策和计划，通过集体努力和协作的过程，能够最有效地、最负责任地得到贯彻执行。通过对公民教育方案的参与以及对公民领袖更广泛的培养，政府可以激发人们重新恢复原本应有的公民自豪感和公民责任感，而且这种自豪感和责任感会进一步发展成为在许多层次都呈现的一种更强烈的参与意愿。新公共服务理论认为，政策执行的主要焦点是公民参与和社区建设。公民不被视为可能会妨碍“正确的”执行的角色，也不被当作降低成本的工具。相反，公民参与被视为民主政体中政策执行的一个恰当的和必要的组成部分。因此，满足公共需要的政策和项目可以通过集体努力和合作过程得到

---

① ［美］登哈特著，《新公共服务：服务，而不是掌舵》，丁煌译，北京：中国人民大学出版社，2004年，第40～41页。

最有效并且最负责的实施，公务员的角色主要是促进和鼓励公民对公共政策的参与和帮助他们培养这种能力。

4. 重视公民权胜过重视企业家精神。在治理的综合系统中，政府将会扮演三种角色：一是与法律规则和政治规则有关的角色；二是与经济考虑和市场考虑有关的角色；三是与民主标准和社会标准有关的角色。新公共服务理论认为与民主标准和社会标准有关的角色正在出现，政府必须确保民主过程得以维护，并且确保公共利益最终得到服务。因此，致力于为社会作出有益贡献的公务员和公民要比具有企业家精神的管理者能够更好地促进公共利益，因为后一种管理者的行为似乎表明公共资金就是他们自己的财产。公共利益源于对共同价值准则的对话协商，而不是个体自我利益的简单相加。因此，公务员不仅仅要回应“顾客”的需求，而且更要关注建设政府与公民之间、公民与公民之间的信任与合作关系。

5. 责任并不是单一的。即公务员不应当仅仅关注市场，他们也应该关注宪法和法令，关注社会价值观、政治行为准则、职业标准和公民利益。公共行政官员受到包括公民利益、宪法法令、其他机构、其他层次的政府、媒体、职业标准、社区价值观念和价值标准、环境因素、民主规范、公民需要在内的各种制度和标准等复杂因素的综合影响，而且他们应该对这些制度和标准等复杂因素负责。新公共服务既承认责任在民主治理中的中心地位，又承认行政责任的现实。公共部门中的责任应该基于这样一种理念，即公共行政官员即便是在涉及复杂价值判断和重叠规范情况下也能够并且应该为了公共利益而为公民服务。公务员应该关注的不仅仅是市场，还应该关注法令和宪法、社区价值观、政治规范、职业标准以及公民利益。

6. 重视人，而不只是重视生产率。即公共组织及其所参与的网络，如果能在尊重所有人的基础上通过合作和共同领导的过程来运作，它们最终就更有可能获得成功。公共行政官员既不像传统公共行政理论所认为的那样只是需要保障和组织一种官僚职业的雇员，也不像新公共管理理论所主张的那样只是市场的参与者，他们的动机和报酬远不只是一个薪水或保障的问题，他们希望与别人的生活有所区别，因此要分享领导权，它具有相互尊重、彼此适应和互相支持的特点；新公共服务在探讨管理和组织时强调的是通过人进行管理的重要性。因为在新公共服务中处于核心地位的人类行为要素是人的尊严、自信、归属感、关心他人、服务以及基于共同理想和公共利益的公民意识。如果公共组织及其所参与其中的网络基于对所有人的尊重而通过合作和共同领导来运作的话，那么，从长远来看，它们就更有可能取得成功。

7. 公民权和公民服务比企业家精神更重，超越企业家身份，重视公民身份。与视公共资金为己所有的企业家式行事方式相比，如果公务员和公民都致力于为社会做出有意义的贡献，那么公共利益就会得到更好的实现。新公共管理理论鼓励公共行政官员采取企业家的行为方式和思维方式，这样会导致他们所追求的目标只是在于最大限度地提高生产率和满足顾客的需求，而新公共服务理论认为，行政官员不是他们机构和项目的企业所有者，政府的所有者是公民。行政官员有责任通过担当公共资源的管理员、公共组织的监督者、公民权利和民主对话的促进者、社区参与的催化剂以及基层领导等角色来为公民服务。他们不仅要分享权利，通过人民来工作，通过中介服务来解决公共问题，而且还必须将其在治理过程中的角色重新定位为负责任的参与者，而非企业家。

可以看出，新公共服务理论是公共行政学政治途径范式的继承与发展。从研究内容上看，新公共服务强调民主、公民权、公共利益，这和公共行政学政治途径旨在强调的公民精神、平等、公民参与是一致的；从研究的方法上看，新公共服务和公共行政学政治途径都采用后逻辑实证主义的研究方式，重价值判断和规范原则，反对过于依赖实证主义和经验主义。新公共服务的发展主要体现在它是在新的时代背景下产生的理论，融合了学科发展的最新成果。一方面，它对新公共管理的批判更系统、更合理，对新公共管理运动中的问题和不足看得更清楚。另一方面，它吸收了政治学、管理学、社会学新的发展成果，甚至从新公共管理中肯定并吸收了有益的成果，比如公共服务“共同生产”的方法论。从新公共服务理论的主张我们也可以看出，新公共服务理论是公共行政研究范围从政府善治转向公共治理的标志。新公共服务通过对公民权的强调和对公民教育的重视，对人的价值特别是公民道德的宣扬，使其具有鲜明的公共治理理论的特点，是政府行政向公共行政尤其是公共治理转变的重要指导理论。

新公共服务理论给我们提供了一个充分重视民主、公民权和为公共利益服务的理论框架。而传统公共行政通过改变组织结构和控制系统提供有效的公共服务，新公共管理则假定政府的行动主体和其他的行动主体都是根据他们自身的利益来作出选择和采取行动。因此，新公共服务理论与传统公共行政、新公共管理那种基于经济理论和自我利益的公共行政模式的区别是显而易见的，它是当代公共行政模式的新发展。新公共服务理论，改造了政府与社会之间关于人及人性的看法，特别是为行政官员和公务员、政府人员和民众之间的关系、政府行为的本质提供了新的视角和理论。登哈特指出，公共行政官员所采取的行动基于其所依据的假定和原则的类型不同而明显地有所差异，如果假定政府行动的前提和职责在于公共利益，那么所采取的措施、反应就会不同，反之亦然。新公共服务是对当今公共行政理论和实践，特别是对新公共管理影响下的治理研究和实务的一种有意义的补充。它引导人们重视并关注公民权、追求公共利益、重视人的价值，崇尚民主。新公共服务理论凸现了当前行政学理论由“由管理者管理”向“让公民来服务”的发展趋势，但在理论的完备和具体实践的进行等层面仍有发展的空间，对政府理论和实践的贡献将随着时代和自身的发展而影响深远。

第四节　罗森布鲁姆的多元公共行政管理观

虽然公共行政学作为一门学科兴起已经有了很长的历史，然而对于公共行政这一概念的内涵、性质以及视角的科学和系统的理解一直以来并没有得到真正认真的研究，这一缺憾在罗森布鲁姆那里得到了较好的弥补。

一、生平简介

戴维·H. 罗森布鲁姆（David H. Rosenbloom）是美国著名行政学家，是当代美国乃至整个西方世界最杰出的公共行政学家之一，现任美国华盛顿特区的美洲大学公共事务学院公共行政学教授、美国国家行政科学研究院院士。他于1964 年在俄亥俄州的玛莉塔学院获得政治学学士学位，并且分别于 1966 年和1969 年在芝加哥大学获得政治学硕士学位和博士学位。1994 年，罗森布鲁姆教授还因其杰出的学术声誉而被其母校玛莉塔学院授予荣誉法学博士学位。在加盟美洲大学之前，罗森布鲁姆曾先后在堪萨斯大学、特尔阿维维大学、佛蒙特大学以及著名的锡拉丘斯大学马克斯维尔学院任过教。作为具有国际声誉的公共行政学家，罗森布鲁姆教授曾经担任过美国公共行政学会（ASPA）会长和最具权威性的学术期刊《公共行政评论》(PAR）的主编，1992 年，他还被任命为克林顿政府的人事政策与管理顾问。迄今为止，他发表了包括其名著《公共行政学：管理、政治和法律的途径》在内的 150 多篇（部）关于公共行政、法律、行政理论与行政史、官僚政治以及公共人事问题等方面的论著，其代表作《公共行政学：管理、政治和法律的途径》一书已经被翻译成多种语言在这些国家和地区用于公共行政教育，而且他还因其对公共行政领域的杰出贡献而先后荣获了著名的美国公共事务与公共行政学院联合会和美国公共行政学会（NASPAA/ASPAA）杰出研究奖（1992 年）、美国公共行政学会查尔斯·莱文纪念奖（1993 年）、美洲大学公共事务学院杰出学者奖（1994 年）、美国公共行政学会德怀特·沃尔多奖

（1999 年）以及美国政治学会约翰·高斯奖（2001 年）等多项学术大奖。

二、多元公共行政观

罗森布鲁姆对原有的公共行政观进行了分析，在对公共行政经历了长期的发展和演变之后的新的内涵进行了重新的阐述，并对公共行政的概念进行了重新的定义，从三种独特的视角对公共行政进行了系统的分析。

（一）公共行政的性质与定义

罗森布鲁姆对公共行政性质的研究是通过对比私人组织的行政特征来分析的，在他看来，尽管公共部门与私营部门在某些管理层面和法律要素上可能具有一些共同点，但是，公共行政在许多重要的方面与私营部门的行政均有所区别。他认为，相对于私营部门的行政而言，公共行政在以下诸方面均有其自身的特性。这些性质表现在：

1. 以宪法为基础。罗森布鲁姆认为，在美国，由于宪政体制的特点，公共行政常常要受到行政、立法和司法这三种力量的主导。公共行政权并不是人们习惯上认为的是由行政当局的总统或州长等行政首长所掌握，其实，公共行政在很大程度上是受到立法部门和司法部门的控制的。例如，国会就依法拥有政府机关和部门的创制权，它可以从人员和预算上限制政府机构的规模，可以确定其使命和法律上的权力、内部的结构和地位，可以确定其人事的程序，可以通过实施大量的行政法对行政程序进行管制。与此同时，法院对公共行政也具有很大的控制权，例如，法院可以对政府组织的权利和义务、受公共行政管理者行为影响的全体和个人的权利和义务、公务员的宪法权利以及对宪法和部门法的义务进行界定。在罗森布鲁姆看来，由于立法与司法部门相继扩张权力，使得美国行政部门的首长或主管实际上只拥有部分的行政权力。他认为，宪法上的分权不仅使每一个部门对公共行政拥有不同的权力，同时也造成彼此之间的协调问题，行政首长、立法者和法院要对不同的选民、政治压力和时间限制作出回应。所以这三个部门在公共行政上都有合法的利益要求，然而，它们对于政府应该做什么以及如何运作却经常会产生不同的观点和意见。此外，罗森布鲁姆认为，宪法的考虑也确立了公共部门特有的、不同于私营部门管理的价值观，例如，政府对效率的考虑就必须从属于包括代表性、责任与透明性在内的许多政治原则之下。由此可见，美国联邦与州的宪法不仅提供了公共行政存在的空间，而且也同时对公共行政的运作形成了限制。

2. 服务于公共利益。罗森布鲁姆认为，公共行政与私营部门行政最大的不同之处在于，政府有义务增进社会的公共利益，公共利益无疑应当成为公共行政管理者的职责所在和行动指南，公共行政面临的核心问题就在于确保公共行政管理者能够代表并回应民众利益，否则，民主制度便可能无以为继。在他看来，在当代公共行政实践中，一旦出现有害于公共利益的行为，社会就会要求政府对此作出反应。即使是由某个政府机构制造的事端，公众也会要求授权另外某个政府机构与其作斗争。他认为，正是因为人们认识到有害的行为及其副产品不是他人的问题，所以人们要求公共行政管理者对公共利益责任的承担并非仅着眼于特定问题范围，而是应当遍及社会的各个层面。

3. 较淡的市场取向。罗森布鲁姆认为，公共行政与私营部门行政另外一个明显的区别在于与市场之间的关系，私营企业由于是市场的主体，一刻也不能脱离市场而存在，相对于企业而言，政府运作较少受市场因素的干扰。公共部门的各项运作及其所提供的服务或产品并不需要面对自由竞争的市场，在大部分情况下，公共部门各项业务运作的价格标签均是经由预算程序而非买卖双方在市场上的交易所决定的。当然，罗森布鲁姆也并不认为应该在公共行政过程中排斥运用市场的优势，他认为，这有可能带来某些负面的影响，例如，他认为，公共部门远离市场机制使我们很难评估公共行政运作的效率和价值。所以，他在很大程度上认同，如果像公共选择理论所主张的那样强迫政府对市场的力量作出回应，那么政府可能会更具有回应力、更具有效率。

4. 人民主权性。罗森布鲁姆认为，与私营组织的行政比较，公共行政还有一个重要的特性，那就是公共行政是作为人民主权的代表者来行事的，公共行政管理者的地位不同于一般企业的管理者或经营代表，公共行政管理者参与公共政策的制定与执行，并根据社会整体的需要进行资源、价值观以及地位的分配。他们是主权的代理人，这意味着公共行政管理者的各种行动均具有法律效力并以政府的强制力为后盾。当然，在罗森布鲁姆看来，认为公共行政管理者参与政策制定并不是说所有的公共政策都是由他们制定的或者他们的全部工作就是制定政策，公共行政管理者对公共政策过程的参与亦使其比企业经理人员受到更多政治力量的影响，而且，参与主权运作的特性也使得涉及政策制定与执行的过程的许多行政事务显得十分宽泛，显得模糊，有时还显得易于变动。

出于从这种对公共行政的理解，罗森布鲁姆认为，公共行政应该定义为“运用管理、政治以及法律的理论和过程来实现立法、行政以及司法部门的指令，为整个社会或者社会的局部提供所需的管制与服务功能”[①]。其关切的焦点在

---

① ［美］戴维·罗森布鲁姆、克拉夫丘克著，《公共行政学：管理、政治和法律的途径》，张成福译，北京：中国人民大学出版社，2002 年，第 5 页。

于公共利益，它须在宪法的规范下运作，它较少受到市场力量的限制，它基于公众的信任来代表主权运作。

（二）公共行政研究的三种途径

基于以上对公共行政概念及其特质的认识，罗森布鲁姆认为公共行政应该从管理、政治和法律三种视角来看待，并且从组织结构、对个人的观点、认知途径、预算、决策、行政责任与行政伦理等诸方面分别对公共行政研究的管理途径、政治途径和法律途径进行了阐述，进而相应地提出了公共行政研究应该对政治、管理和法律这三种不同的途径进行整合。

1．公共行政研究的管理途径

罗森布鲁姆分别从组织结构、对个人的观点、认知途径、预算、决策、管制行政以及行政责任与伦理等方面对传统管理途径的表现形式进行了分析。

在组织结构方面，罗森布鲁姆认为，公共行政研究的传统管理途径主张公共组织应该采取“官僚制模式”的组织结构，因为这类组织架构的基本设计原则确实在于尽可能以最小的投入达到最大的产出。例如，官僚组织重视劳动分工的重要性，而劳动分工则能够使组织成员在完成任务时达到专业化，尽管一个人的工作可能是组织全部活动的一小部分，但是专业化可以促使每一个组织成员均成为各自工作领域的专家；专业化产生协调的要求，而官僚组织便可以依赖“科层制”达到协调的目的，因为“科层制”形成了一种权威链，这样便可以对专业化的分工进行管理和协调；由于官僚组织是依照各种正式层级建构组织的，所以每一个组织成员的职能和责任便可以得到清晰的界定，因为官僚组织中的人员甄选是以组织成员的功绩为基础的，所以诸如政治面貌、种族和性别等其他因素均被排除在外。

在对个人的观点方面，罗森布鲁姆认为，公共行政研究的传统管理途径基本上采取的是“非人格化”的观点。前述的韦伯官僚制理论可谓是此方面最重要的代表。在韦伯看来，“非人格化”是官僚组织的“特殊德性”，他将组织内部的每一个人员均视为如同机器中的一颗螺丝钉，他或她没有任何自主控制权。罗森布鲁姆认为，韦伯的观点恰好与当时盛行的“科学管理运动”以及公共行政的传统管理途径不谋而合，它们均把个人视为组织机械式生产过程中的零件。在他看来，这种传统观点下的公共行政是将组织视为依照正式法令所形成的架构，而非人员的组合，尽管这种深深根植于传统管理途径中的“非人格化”观点被视为是实现效率、效能和经济最大化所不可或缺的要素，但是其在公共部门中强烈的“职位取向”却忽视了人在组织中的重要性。

在认知途径方面，罗森布鲁姆认为，公共行政研究的传统管理途径强调经由科学方法来发展知识。如前所述，公共行政科学化的理念最早是由威尔逊提出来的，随后，怀特注意到公共行政正在由艺术转化成一门科学，到了 1937 年，古利克与厄威克在其合著的《行政科学论文集》中则更强调应将公共行政发展成为一套科学理论。时至今日，发展行政科学不仅成为当代公共行政学者的学术追求，而且在实务上，将公共行政视为科学的观点也已经促使人们努力发展关于行政行为的“通则化”的理论，例如，对理论假设的建构，并以实证的方法予以检验，收集资料、进行分类并进行统计分析，等等。

在预算方面，罗森布鲁姆认为，公共行政研究的传统管理途径对效率、经济、效能、科学的承诺和追求导致此途径支持建立理性的预算体系。在这样的预算体系中，“成本效能”是编制预算时考虑的重点。在公共行政的这种传统管理途径下，不同政府功能的财源分配以及不同层级的财源分配主要取决于成本利益关系。

在决策方面，罗森布鲁姆认为，公共行政研究的传统管理途径主张理性决策，主张在行政决策过程中，公共行政官员广泛地考虑各种可能的备选方案后，应当从中选出最符合成本效能的方案。不过，由于这种途径比较注重各种科学专业知识的运用，所以它常常不太重视公众的广泛参与。

在管制行政方面，公共行政研究的传统管理途径也强调的是效率、效能和经济价值，罗森布鲁姆认为，从管制的角度来看，人们认为管制的效能是指避免重大的失败，而所谓的失败，是指公众认为的“危机或丑闻”。那么，如何对管制行政进行管理以使其既可以保持效率和经济又可避免丑闻和危机呢？在他看来，按照传统管理途径的观点，那就是要在规章的执行和决策上采取保守的方式，避免废除法规，放缓新法规和新政策的制定和实施步伐。他认为，从管理的观点来看，过分的谨慎小心会损害管制行政的效率和经济，而成功的管制是那种在合理地行使自由裁量权的基础上具有弹性的管制。

在行政责任与伦理方面，罗森布鲁姆认为，为了与其强调效率、经济、效能等价值相一致，公共行政研究的传统管理途径极其强调保持组织统一的必要性，并以此作为确立责任机制和指导组织伦理的手段。具体来说，第一，它强调应当详细分配公共行政官员的各项职务，并明确地区分权力与责任；第二，它强调严格的从属关系，部属必须真实地服从长官的命令；第三，它非常关注适当的控制幅度问题；第四，它常常鼓励要通过组织的社会化过程及专业化的训练等途径来使得部属对组织及其长官忠诚；第五，它依靠正式的纪律监察制度来确保责任及服从；第六，它因为非常重视财务规范化和雇员绩效而特别倚重组织内部的审计制度。罗森布鲁姆认为，以上措施的确有助于促进行政责任及道德并且为当今绝大多数政府和私营机构所采用，但是它们也因其只重视保护管理价值而忽略了从政治意义上对政府信誉的保护，其关注点是明显存在狭隘性的。

2．公共行政的政治途径

在罗森布鲁姆看来政治推崇的价值观是“代表性”、“政治回应”、“责任”等。在他看来，这些价值不仅是建立宪政的重要元素，也应将其贯穿于政府各个层面的运作之中，公共行政自然也不能例外。他分别从组织结构、对个人的观点、认知途径、预算、决策、管制行政以及行政责任与行政伦理等方面对公共行政的政治途径作了具体的阐释。

在组织结构方面，罗森布鲁姆认为，基于代表性、政治回应性与责任等价值，公共行政研究的政治途径有着与管理途径不同的观点。依照政治途径的观点去做，公共行政的结构是政治化的，不同的团体在此追求不同的利益。因为行政的结构变成了和政党一样的平台，不同团体之间冲突的解决也没有确立明确的先后次序，这样，重叠的使命和计划成为平常的事情，机关便成为相互对立的地方，冲突的解决交由立法机关、行政首长、机关间委员会和法院负责。由于要回应不同利益代表的政治要求，所以机关的数量会膨胀。

在对个人的观点方面，罗森布鲁姆认为，政治途径的公共行政倾向于将个人聚合成为一个广泛的社会、经济和政治团体，在处理人的问题时，公共行政研究的政治途径是认为由于每一个人均属于特定的团体，所以个人的问题也就等同于团体的问题，而团体的利益也就等同于个人的利益。个体一旦聚合成为团体，个体便被视为公共政策的目标群体或者利害相关者。例如，政府中的政治弱势群体保护法所针对的对象即是诸如非裔美国人和妇女等某些特定的群体，而从不考虑这些群体中任何个体所处具体环境的不同。在罗森布鲁姆看来，这种情况也同样适合于执行公共政策中公共行政的任何领域。

在认知途径方面，罗森布鲁姆认为，公共行政研究的政治途径视科学为发展事实知识的恰当途径。然而，这种途径非常关注代表性和回应性，以至于它在决定什么是正确的事情上往往倾向于寻求共识和发展广泛的联盟，所以，它常常基于公众、利益群体和媒体的意见作出决策。也正因为如此，选举、民意调查、选民信件分析、对公共听证会及其他途径表达的意见进行分析便成为政治途径的公共行政研究收集信息的主要方法。

在预算方面，罗森布鲁姆认为，公共行政研究的政治途径把预算不是视为事务性的运作或静态的文件，而是视为一个政治问题。按照政治途径的观点，正式的预算分配计划则更是代表着政治系统对于各种价值顺序的正式偏好，而不仅仅是出于成本效能分析或顾客满意的考虑，预算本身是不同团体竞逐公共资金的结果，这种竞争的结果会随着时间的推移而改变，它与不同群体、政治人物的力量变化以及公众政治观点的变化相联系。

在决策方面，罗森布鲁姆认为，公共行政研究的政治途径支持渐进决策的理念，其假设前提是政府决策过程中存在政治多元主义、有限理性问题，而且，行政人员可用的时间与资源也常常受到高度的限制。因此，在面对一般性的政策目标时，公务员仅能采取有限的回应对策，而这种观点反映在实务上，则是公务员似乎永远在进行一些持续的、片断的、同时也是影响有限的决策。此外，基于这种观点的决策，其必要性主要取决于政治力量的支持或反对，而不是根据成本效能分析或科学分析的结果。

在管制行政方面，罗森布鲁姆认为，过去，管制机构的任命普遍存在着这样一种现象，即任命那些政治上惟命是从的人，这些人的主要意图是寻求重新任命的机会，避免树敌，倒不是为了结交朋友。如今，放松管制和管制改革运动以及公共利益团体和立法部门对管制行政的监督改变了政治取向的管制行政。在他看来，这种改变过程中出现了三个主要的价值观：一是更加关注大部分民众的利益，或者扩大管制行政的社会代表性；二是把管制规章和政府行为对政府所要保护的利益所产生的影响的前瞻性评估放在重要位置；三是在联邦层级把行政机关的规章置于国会的审查之下，以从程序上增强国会委员会和小组委员会对行政机关的影响力。

在行政责任与行政伦理方面，罗森布鲁姆认为，公共行政研究的政治途径尽管在基本观点上与传统管理途径有所不同，但是却与新公共管理途径具有某种一致性，即它们都强调应当在公共行政机关之外另行建立确保行政责任的机制。在他看来，过去，这主要是经由政党分肥式的任命来实施政治控制，而现如今，政治途径则须依靠一般立法监督、预算控制、职位轮换、代表性和公共参与、“走向公开”以及“阳光下的政府”等另外的机制来确保行政责任的实现。当然，与视行政责任为行政官僚组织之内部监督行为的传统管理途径不同，政治途径强调的是以外部的监督来确保公共行政行为的责任实现。在罗森布鲁姆看来，把内在取向和外在取向的监督方式相结合可以为当前公共行政伦理与责任问题提供一个较好的混合选择模式。

3．公共行政研究的法律途径

罗森布鲁姆认为，公共行政研究的法律途径主要是将公共行政视为特定情境中应用法律和施行法律的活动，它有着令人崇敬的传统，最近已经发展成为公共行政的一种重要研究途径。在罗森布鲁姆看来，法律途径的公共行政强调的是法治，它包含着以下几个核心的价值：程序性正当法律程序；个人应享有的实质权利和法律的平等保护权；公平。罗森布鲁姆也是分别从组织结构、对个人的观点、认知途径、预算、决策、管制行政以及行政责任与行政伦理等方面对公共行政研究的法律途径进行了分析。

在组织结构方面，罗森布鲁姆认为，法律途径的公共行政所偏好的结构是抗辩程序。所谓抗辩系指对立双方经由提出事实程序来证明本身立场的正确性，此过程必须是在无偏私的仲裁者（如法官或陪审团）前举行，由其对抗辩双方的陈述进行衡量并最终决定哪一方的证据有充分的说服力。不过，在公共行政中，抗辩程序一般被修正，以赋予正反两方陈述意见和提出证据时更多的弹性空间。因此，传统法官听讼的方式便转变为听证检察官的运作模式。换言之，公共行政组织就好比一个独立的仲裁机关，接受来自不同立场的意见，并主动厘清事实真相，最后作出公正的裁决。

在对个人的观点方面，罗森布鲁姆认为，政府决策者所作出的各项决定也应当广泛考虑不同个人的权益和特质，而这些考虑也可以解释为是政府人事行政中“功绩”概念的基本原则。在罗森布鲁姆看来，由于判断个人平等保护的权利是否受到侵害不仅取决于政府的行政行为，也取决于执行行为的行政官员的意图和目的，所以，公共行政研究的法律途径重视个人并不表示其排斥诸如集体抗辩这种团体或组织等其他个人的组合形式。

在认知途径方面，罗森布鲁姆认为由于个人宪法权利的目的在于保护那些在政治、经济和社会上处于少数地位者不受多数人组成的政府的侵害。所以，民意调查或选举的结果不能成为法官裁决或审判的惟一依据。为了进一步阐明法律途径的认识论特征，罗森布鲁姆还对公共行政研究的法律途径与其他途径的认识论差异作了区分。他认为，人们为了分析和预测个体行为模式，常常采用社会分类的方法对社会成员进行属群划分，传统的管理途径对社会科学知识的依赖使其倾向于采用诸如种族、性别等类属分析人的行为模式。新公共管理途径对顾客和企业家精神的强调也是如此，政治途径因其更加关注在政府福利或负担分配中的大众性和回应性而非常在意政府项目对诸如妇女、非裔美国人以及其他社会团体的影响情况，而法律途径相反则认为这种分类值得怀疑，它会威胁或侵犯宪法对人们的平等保护。

在预算方面，罗森布鲁姆认为，公共行政研究的法律途径强调的是宪法的完整性以及各项宪政权利的保障，他通过一系列典型的案例对此进行了阐释。

在决策方面，罗森布鲁姆认为，司法裁决过程通常是渐进的，每一个新案的事实往往都是根据过去判例产生的可以适用的法律原则进行评估的，即便是个案本身并无前例可循，法院仍然会倾向于从历史中寻找可以比照适用的情境。在他看来，对于公共行政研究的法律途径而言，决策可以说是在一种较窄的框架下作出的，或者说是对不同事实权衡后的裁定，这种特征能够使法院在应用以前判例之概念和方法的同时对其过去的决策进行某种修正，同样，这种决策方式也保证了司法原则的稳定性并且能够产生出良好的决策。

在管制行政方面，罗森布鲁姆认为，就方法、程序和组织而言，美国的管制行政是高度法制化的，在他看来，管制行政的法制性是可以理解的，因为管制会对个人、团体以及企业的权利产生影响，它关系到财产的使用和处置问题，而且，管制规章对其他行政机关、各级政府的政策或行为也具有约束作用。

在行政责任与行政伦理方面，罗森布鲁姆指出，联邦司法系统创制的一系列公民的宪政权利其实就是公共行政官员行为的准绳，成为行政人员的一种内在价值。从某种意义上说，对这些政体价值的遵循在很大程度上已经成为公共行政官员伦理、责任行政的内在参照标准。

可以看出，罗森布鲁姆阐述的公共行政的三种研究途径为我们提供了一个新的完整的认识公共行政的视野，在一定程度上对过去有关公共行政的内涵和定义点争论有了一个较好的整合。

思考题

一、概念题

1. 企业家政府

2. 政策分析

二、简答题

1. 奎德认为，政策分析人员在帮助决策者制定决策时，一般要遵循的程序有哪些？

2. 政策分析密切相关的政治因素主要表现在哪些方面？

3. 企业家政府面临的批评主要有哪些方面？

4. 企业家政府理论的基本特征是什么？

5. 新公共服务的基本理念是什么？

6. 新公共服务理论的基本观点是什么？

7. 罗森布鲁姆认为公共行政研究的三种途径是什么？

三、论述题

试论述企业家政府理论的主要内容。

第十一章　结语：西方公共治理理论的崛起与发展

本章重点

1. 公共治理理论的形成
2. 公共治理理论的内涵
3. 公共治理理论的评价

第一节　公共治理理念：理论及其形成背景

随着人类在市场经济推动下进入到全球化时代，西方行政管理思想领域中所出现的“公共治理”理论越来越多地引起了人们的注意。正如联合国社会发展研究所副主任休伊特所言，今天的国际多边、双边机构和学术团体以及民间志愿组织关于发展问题的出版物很难有不以治理为常用词汇的。而著名学者鲍勃·杰索普也认为，“过去15年来，它在许多语境中大行其道，以至成为一个可以指涉任何事物或毫无意义的‘时髦词语’。”①的确，行政管理思想的发展正踩着时代发展的节奏，形成着一种公共行政的新范式。这对于行政管理思想发展来说，在很大程度上意味着一种非常值得我们重点关注的发展新趋势。

一、治理的概念界定

治理是一个与统治既有关联又有区别的概念。一般情况下，它指依靠政府、社会公共组织或个人机构的合力，通过面对面合作方式形成网络管理系统，并

① ［英］鲍勃·杰索普，《治理的兴起及其失败的风险：以经济发展为例的论述》，见俞可平著，《治理与善治》，北京：社会科学文献出版社，2000年，第55页。

通过一定的合作机制来实现公共行政的目标。

英语中的“治理”（Governance），最早可以追溯到古典拉丁语和希腊语的“操舵”一词，原意是控制、引导和操纵。在一般情况下，这个概念经常与统治（Government）一词交叉使用，并主要用于与国家的公共事务相关的管理活动和政治活动中。直到20世纪末，人们才赋予了它新的涵义，并在政治学、经济学、行政学、管理学、社会学等多领域中得到广泛运用，但由于治理理论试图解决的问题太多，人们运用这个概念的角度也很不一样，因此时至今日，这一概念还没有一个理论界都首肯的确切定义。

作为治理理论的主要创始人，罗西瑙曾将治理界定为：一系列活动领域里的管理机制，它们虽未得到正式授权，却能有效发挥作用。与统治不同，治理指的是一种由共同的目标支持的活动，这些管理活动的主体未必是政府，也无须依靠国家的强制力量来实现。

法国的阿尔坎塔拉认为，“治理”可以被理解为在众多不同利益共同发挥作用的领域建立一致或取得认同，以便实施某项计划。

罗茨（R. Rhodes）认为，治理说明统治的含义有变化，意味着一种新的统治过程，意味着有序统治的条件已经不同于以前，或是以新的方法来统治社会。

日本学者星野昭吉则将治理分为平行治理和垂直治理两种，平行治理意味着治理者与被治理者构成一种平等和对称的关系，或合作的治理；垂直治理则构成了一种不平等和非对称的关系，或一种两极对立的治理（可以视之为由国家维持着的国家中心治理）。虽然目前国际体系中盛行着垂直治理，但它正在逐渐消失，而平行治理随着全球化进程日益凸显。星野昭吉认为，治理的本质含义是一种非暴力、非统治的治理机制，而不是强迫和压制。因而，“治理是个人与权力机关、社会与私人之间管理共同事务的多种方式的总和。它是一个不断持续的过程，在这个过程中，冲突与对立的利益得到协调，人们之间相互合作。治理包括着能迫使人们服从的正规权力机关和管理，也包括着那些人民与权力机关都乐于接受，享有共同利益的非正规的措施。”①

而不同的国际组织对于治理概念的理念也存在着一定的差异。1995年联合国全球治理委员会在《我们的全球合作伙伴》中，将治理概括为“治理是各种公共的或私人的个人和机构管理其共同事务的诸多方式的总和”。它是使相互冲突的或不同的利益得以调和并且采取联合行动的持续过程。这既包括有权迫使人们服从的正式制度和规则，也包括各种人们同意或以为符合其利益的非正

① ［日］星野昭吉著，《全球政治学》，张胜军译，北京：新华出版社，2000年，第279页

式的制度安排。世界银行也于20世纪九十年代给治理下了这样一个定义：治理是一种“为了发展而在一个国家的经济与社会资源的管理中运用权力的方式”。而联合国开发计划署则将治理定义为“行使政治、经济和行政权力来对国家事务进行管理”，“它是一些复杂的机制、过程、关系和制度，通过这些公民和各种团体清楚地表达他们的利益，行使他们的权利和义务，并调和分歧。治理包括各种方法——可能是好的，也可能是坏的——社会可以利用这些方法来分权，并管理公共资源和问题”。

我国学者俞可平先生在综合上述认识的基础上提出，“治理一词的基本含义是指官方的或民间的公共管理组织在一个既定的范围内运用公共权威维持秩序，满足公众的需要。治理的目的是在各种不同的制度关系中运用权力去引导、控制和规范公民的各种活动，以最大限度地增进公共利益。所以治理是一种公共管理活动和公共管理过程，它包括必要的公共权威、管理规则、治理机制和治理方式。”①

应该说，概念内涵的界定很重要，但这种界定又不可能不随着实践的发展而发展。因此我们在把握治理的概念时，可以参照各家之言，悟其神髓，得其要义。

二、公共治理理论的导向

当代公共治理理论是因时代之发展而产生的，因此这一理论的基本理念具有着很强的时代色彩，与市场经济在全球的发展要求有着相当的联系。正是在这样一个背景下，治理理论突破了国家与公民社会的零和博弈，在公共利益的实现方式上，由一元、强制、垄断走向了多元、民主、合作。由此，政府不再是国家唯一的权力中心，各种民间组织如非政府组织、协会、志愿性组织等也在相当程度上成为合法权力的来源；国家与公民社会之间形成一种新的合作关系，如谈判对话、模糊公私部门之间的界限，并重视公私之间的依赖关系；在注重各种组织和个人参与、互动的基础上，最终形成一个有效合作的网络，分担各种公共事务和责任。

概括起来说，这一理论有以下几方面的导向：

第一、从一元化到多元化的分权导向。传统的政府统治观强调，政府组织是行使国家与社会事务管理的唯一权力中心。这意味着，政府组织依靠其强制力与权威，集中掌握与控制公共事务管理的各种资源，并以国家的名义组织各

① 俞可平，《全球治理引论》，见人大复印报刊资料《政治学》，2002年第3期，第4页。

种公共物品与公共服务的提供和生产。而在当代治理主义看来，政府组织在整个社会中虽然仍充当着非常重要的角色，在合法使用暴力和维护公民基本权利方面，仍有着其他组织无可代替的作用。但是，政府组织今天已经不再是实施社会管理功能的唯一权力核心。随着社会生活的快速变化，非政府组织、非盈利组织、公民自组织等第三部门和私营机构将与政府一起共同承担管理公共事务、提供公共服务的责任，这些组织的权力也逐步得到社会和公民的认可。正如奥斯本和盖布勒在《改革政府：企业精神如何改革着公营部门》一书中分析的那样，政府实现公共服务的方式将是掌舵，而不是划桨，权力核心将从一元走向多元。[1]这一变革内在的行动逻辑是，公民社会和民间自组织将成为一种主要的发展潮流，多元竞争被不断引入公共物品和服务的提供与生产中。

第二、寻求新型国家——社会关系的社会导向。从根本上说，公共治理模式的过程就是寻求新型的国家——社会关系的过程，是重新定位政府统治与公民作用关系的过程。在治理理论看来，治理的成功实施离不开一个繁荣、活跃的公民社会，离不开政府致力于释放出公民组织的自主管理能量。因为公民组织发展和公民积极参与公共事务是治理得以运转的物质基础。所以，治理理念要求政府放松对社会的过度管制，逐步授权给社区、授权给公民，大力发展公民自组织，不断增强公民的参与意识。正如人们所指出的，当代治理模式的选择，归根到底是人类在国家——市场——公民社会三维关系的组合中，寻求不同以往的、更为有效的实现共同利益道路的努力。在今天，伴随着全球化的发展，以公民积极参与和公民自治能力提升为主导的治理模式已经成为主流，冲击着传统的国家与社会关系。这使得传统的国家或政府组织的作用逐渐缩水，而公民社会正在不断强大起来，发挥着越来越大的作用。

权力回归于民、公民社会的兴趣和国家政府权力相对弱化，正是治理背景下国家——社会关系变迁和调整的一系列外在表现。

第三、从统治行政走向服务行政的服务导向。行政现代化的一个重要特征就是实现了统治行政向服务行政的转化。政府作为一种公共组织的最主要作用就是提供公共产品和进行各种制度创新。市场经济的普遍建立要求政府承担更多服务职能。打破传统政府统治的思想模式，不是从管理主体角度考虑如何管制被管理者，而是站在社会公众的立场，考虑公共行政的主体，特别是政府如何为公众服务，这是公共行政改革的一个里程碑。当代政府的治理变革表现出

① 戴维·奥斯本，特德·盖布勒著，《改革政府——企业家精神如何改革着公营部门》，周敦仁译，上海译文出版社，2006年，第78页。

一种破除权力拜物教的趋势，实现由过去的重管制、轻服务，以政府为中心，到开始注重公共服务，以满足公众的需求为中心的转变。奥斯本在《改革政府》一书中指出：“大多数人同政府打交道的经验中，最大的刺激是官僚政治的傲慢。今天人们期望着被当作顾客受到尊重——甚至受到政府的尊重。”①为了提高服务质量，改善公共机构的形象，很多西方国家强调以顾客为导向，以顾客为服务中心，根据公民的普遍需求决定政府提供什么服务以及如何提供服务，建立顾客导向的公共服务运营机制；从私营企业借鉴先进管理方法，促进公共服务质量与效率的提高。建立“服务型政府”已成为政府改革的流行话语。

第四、重构政府与市场关系的市场导向。治理理论的一个基本信念是：既然政府的力量可以弥补市场缺陷，纠正市场的失灵，那么，反过来也一样，即市场力量可以弥补政府的不足，防止政府的失败。治理理论认为，以往人们只注重用政府的力量来改善市场的作用，却忽视了相反的做法，用市场的力量来改善政府的作用。在实践中，治理模式注重用市场机制来改造政府或用企业家精神重塑政府，在公共物品和服务的提供上采用市场的方法（合同承包、代理、招标、拍卖等）或非市场的方法，并在公共组织中确立节约成本和提高效益的激励机制。市场价值的体现并非仅仅表现为压缩政府规模和政府职能，更重要的是使市场价值深入到公共组织内部，并促进建立政府组织与私营组织之间以及政府组织内部之间的良好竞争与合作关系。政府应是以市场为前提的功能补偿性行政或助动式行政，政府是对市场功能缺陷的修补，是对市场调节和社会自治有限性的校正。

第五、建立在互动基础上的社会化与参与管理取向。当前备受关注的治理理论看到了社会资源配置过程中市场失灵与政府失败的双重困境，主张在政府、非政府公共部门、私人部门和公民之间建立互信，通过谈判达成共识，以促成个人、组织和系统等在各个层次上的合作，从而为公共服务的社会化和参与管理提供广阔基础。该理论认识到政府作为唯一公共服务提供者的局限性，主张公共服务的社会化，即如有可能的话，政府应尽量将自身担负的事无巨细的服务职能向其他社会组织甚至私人转移，政府只需“掌舵” 而无须“划桨”。而且，公共事务的日趋复杂化令庞大的官僚行政组织日益不能应对社会问题的挑战，在权力的诱惑与责任的重压之下，理智的政府必然会选择分权，广泛号召公众及社会组织参与自身公共政策的制定、执行和监督。

---

① ［M］戴维・奥斯本、特德・盖布勒，《改革政府——企业家精神如何改革着公营部门》，上海译文出版社，1996，第105页。

三、公共治理理论产生的时代背景

公共治理作为西方国家公共行政的一种新理念、新范式，其产生的社会背景和具体原因是多方面的。总起来说，全球化是公共治理理论产生的时代背景；公民社会的发展要求是治理理论产生的内在动力；治理理论的产生受惠于现代信息技术的发展；传统的公共行政范式的失效是治理理论产生的内在动因；新自由主义及公共选择理论是公共治理的理论渊源。

（一）全球化是公共治理理论产生的时代背景

涉及经济、政治、社会、文化等诸多领域的全球化浪潮已经波及到世界每一个角落，冲击着民族国家原有的社会体系和政治结构，并对传统的公共行政范式提出了挑战。

全球化导致公共事务管理的部分权限由政府转向非政府。全球化，尤其是经济全球化使人们的活动极为频繁地跨越了国家疆域的限制。一些国际性组织的产生是与此有关的，例如欧盟（EU）、世界贸易组织（WTO）、国际货币基金组织、世界银行、北美自由贸易协定（NAFTA）等以及涉及各行各业、遍布全世界的大型跨国公司。随着全球化趋势的加强，这些新的管理主体开始越来越多地替代民族国家及国内市场发挥作用，它们设定基本游戏规则，要求主权国家遵守。传统政府的权力和权威因此不能不发生一定的改变，政府不得不把一部分权力让渡给国际组织，以服从国际交往发展所提出的需求。

另一方面，面对这一具有难以抗拒的全球化浪潮，各国政府为了在国际事务中争取主动地位、为国内经济社会发展创造更好的国际环境都不能不或主动或被动地采取行动参与全球化，并且随着经济全球化的深入，政府越来越意识到社会组织的重要性，也希望通过社会组织缓和、调节与其他国家之间的利益冲突，运用一种大家都普遍认可和适用的方法来实施公共管理，并通过建立一种新的、更为灵活、有效的合作机制来对付共同面对的如环境保护、灾难救助、传染病防治、资源利用等方面的问题，谋求国家利益的最大化。这样，全球化就打破了长期以来政府对公共事务管理的垄断局面，使许多全球性的非政府行为主体得以参与公共事务的管理，同政府分享公共权力和政治权威。

伴随着公共事务管理的国家垄断局面被打破，出现了公共权力由国家向社会的部分转移趋势。自国家产生以来，代表并行使公共权力的政府相对于社会而言始终处于主导地位，但随着市场经济与全球化时代的到来，国家在社会生活中的绝对主导地位似乎已经受到一些挑战。特别是当公共事务的管理权在市场和全球化的双重压力下越来越多地从政府转向非政府主体时，这一转移趋势已经显得不可逆转。这种变化还导致了人们对公共事务的处理在一定程度上表现出由强制性、等级性向平等性、协商性、自愿性的转变。全球化催生出的新的管理主体之间不存在传统行政范式下政府组织之间的上下等级关系，具有平等性和平面化的管理主体之间只能通过协商、谈判来处理相互之间形成的问题。这些都意味着对传统行政范式所具有的“强制性”的排斥，并由此体现出管理主体较多的自愿性。而多元化的公共事务管理主体的出现必然要求一种全新的权力关系和管理规则，一种新的公共管理范式不能不呼之欲出。

总之，面对全球化对传统的以国家统治为核心的权力运作方式的挑战，面对新公共管理领域在传统政治统治结构下的虚弱与不足，西方学者提出了应该对传统的行政学理论进行反思，对传统的官僚体制进行质疑的要求，并由此直接推动了公共治理理论的产生。在这里，全球化就成为政府公共行政改革的国际背景。

（二）公民社会的发展要求是公共治理理论产生的内在动力

公民社会的发展有着自身的逻辑，也是市场经济健康运行的一个保障。它不同于传统政治公共领域的地方在于，它包括了一个公众或公共的、但却不是根据政治予以架构的领域，它的出现与发展在很大程度上为了抵抗政治公共领域对社会公共领域的强制和统治。因此公民社会的要求总是会表达与政府不同的意志，并力图影响社会的公共决策。总之，一个独立自主的公民社会不同于传统上被国家牢牢统治着的社会，它是治理的社会根基。在这个意义上，善治的基础与其说是在政府或国家，还不如说是在公民或民间社会，而所谓的善治，实际上也就是国家的权力向社会的回归，而善治的过程就是一个还政于民的过程。

由此我们不难看到，公共治理作为政治学词汇，都是围绕公共权力展开的，它反映着国家与社会之间一定的权力关系。它是通过对公共权力的配置和运用，对社会的统治（领导）、协调和控制，以达到一定目标。在不同的历史时期，有不同的治理模式或统治方式，而决定治理模式的则是公共权力的资源配置和协同运作。传统治理模式的一个突出表现就是公共权力资源配置的单极化和公共权力运用的单向性。20世纪以后，西方国家的传统治理模式才得以真正开始转型，其原因主要是权力来源的多样性和公民社会日益发育成熟，强调权力的分化和双向运行。

公民社会的主体是公民社会组织，它也是社会自组织的主体。公民社会的发展要求国家与社会之间进行良好合作、要求社会自治以及社会在公共治理中发挥作用。这些发展趋势都为治理理论的产生提供了现实的需要和动力。

（三）公共治理理论的产生受惠于现代信息技术的发展

以现代信息技术为基础的第三次科技革命对公共管理的影响是革命性的，也是全面性的。首先，当今社会，科技成果转化为生产力的周期越来越短，社会流动愈来愈频繁，信息急剧膨胀，必然要求政府对瞬息万变的社会环境作出迅速的反应和应对。原先那种重规则、重程序的官僚体制已经很难完全满足市场经济与社会发展的需要。其次，国际互联网、信息高速公路、多媒体等现代信息技术的应用增强了公民社会在信息和知识方面的占有量，从而削弱了传统政府的优势地位，对传统的垂直型单向度的权力运作方式提出了挑战。公民要求更多地参与管理成为网络时代一个无法抗拒的潮流，“网络政治”已经成为一种公共决策中绝对不可忽略的力量。

另一方面，发达的现代信息技术又使得信息的收集、处理和传播更为便利，缩短了政府、组织和公民个人之间的距离，使管理主体和管理客体之间的沟通、反馈更加快捷，从而加强了彼此之间的回应性和依赖性，使政府、企业、社会组织、公民个人共同管理就成为可能。总之，以信息技术为基础的第三次科技革命使政府遭受挑战的同时，又为治理理论的产生及其转化为现实的实践行动提供了技术支持。

（四）传统的公共行政范式低效是治理理论产生的内在动因

传统的公共行政范式是以法理权威为基础，以等级结构、非人格化和专业化分工为基本特征而进行控制的正规化政府组织模式。这种模式是“烟囱工业时代”的产物，基本上适应了工业社会对政治、经济体制的要求。随着西方各国由工业社会向后工业社会或信息社会的转变，这种理论及实践模式就显得越来越不适应。

首先，作为传统的公共行政学基石的官僚体制被证明是一种易于僵化和缺乏长期效率的政府体制模式。官僚体制的显著特征之一是科层制，即按照纵向分级的层级结构，各层级都有划分明确的权力和责任，并以规章制度作为保障。这种以职位为基础的纵向分层也构成了官员报酬的基础，对官员的奖励表现为自下而上的晋升。科层制的弊端显而易见：死板的规章制度和严格的技术要求在实践中容易产生形式主义、文牍主义，公务人员的个性、自由、主动性被压抑，自我调整和自我创新能力严重缺乏；随着自上而下的权力链的加长，信息失真现象产生，国家对社会的回应能力减弱；权责交叉重复、部门膨胀、行政成本居高不下；各部门为了自身利益而争夺资源，冲突加剧；官员晋升按部就班，报酬按职位而定，缺乏强有力的竞争激励机制，人浮于事，公共服务效率低下。显然，以科层制为主要特征的官僚制度已经不能为公众提供高质量和高效率的服务，必须进行反省并变革。

其次，政治与行政二分法早就被人们批评为一种不真实的假定，政治事务（政策的制定）与行政事务（政策的执行）实际上是无法分开的。在当代，政府官员已经日益卷入政策决策事务之中，他们既是政策提案的重要来源，又是行政法规的制定者；与此相联系，文官的政治中立信条也被打破。文官向来难以做到政治中立，而且在当代，文官的政治化趋势越来越明显。

再次，政府作为公共物品及服务的唯一提供者的垄断地位已经动摇。私人部门中发展起来的管理方法和技术被应用于公共部门中；政府通过补贴、规划、委托和合同承包等方式间接运行，各种私人公司、独立机构和社会团体参与公共物品及服务的提供；不同的政府机构也为提供相同的公共物品及服务而展开竞争；市场机制在公共部门中发挥着越来越重要的作用。

最后，公共人事管理的体制及模式也发生了重大变化，公务员（文官）的终生职业观已被打破；合同雇用、临时雇用等方式的出现使雇员的解聘更容易，业绩评估和绩效工资制成为一种主要的报酬方式；传统的片面人事管理模式正在向注重人才培养与开发、以人为本的人力资源管理模式转变。

（五）政府和市场的双重失灵是公共治理理论产生的紧迫要求

市场作为“看不见的手”在社会资源配置中发挥核心作用，市场机制在发展经济和资源配置方面显示出巨大的优越性；但市场在限制垄断、提供公共产品、约束极端个人主义、克服生产的无政府状态、统计成本等方面存在着明显的局限，容易造成供需失调、分配不公、贫富加剧、失业、市场垄断和环境污染等负面影响，也不能满足广大民众日益增长的对公共产品的要求。这些问题最终导致了资本主义经济危机的不断爆发，“凯恩斯主义”便是作为救治这一弊端的药方应运而生的。因此，政府试图依靠国家计划、命令手段这只有形之手来消除市场分配的不公，避免经济危机、宏观调控市场，提供公共产品。但事实证明，政府这只有形之手也会“失灵”。仅仅依靠国家的计划与命令，不仅无法达到资源配置的最优化，甚至可能造成更大的资源浪费；政府职能的扩展和膨胀又压抑了市场在资源配置中的作用，不利于市场主体的自由竞争；政府“寻租”行为越演越烈；官僚体制不仅带来官僚主义，而且使政府本身造成功能衰退和沉重的财政负担，政府已无力应付日益增多的社会公共事务。政府存在内部效应扩大、机构效率低下、公共物品和服务提供的低效等弊端，政府组织机构还陷入了越改革越扩大的怪圈。因此新古典自由主义又退回到让市场机制主导一切来避免政府“失灵”的境地。但现实状况是，“两只手”的争论与交替使用，依旧无法克服“政府失灵”和“市场失灵”的双重悖论。人们由此开始省悟到，在纯粹的市场、等级制的国家机构作用的范围之外，还有一些更为有效的协调机制，是先前的人们未能从经验数据和理论思维两个方面加以把握的。

社会在这样一种困境中，便需要新的调节机制来作出补救，而这个新的调节机制也就是公共治理理论的网络管理体系。治理理念既重视发挥政府的功能，又重视社会组织群体间相互合作的管理方式，它旨在寻找市场和政府之间的适度平衡，重构市场与政府的关系，成为政府和市场的桥梁，避免任何一方的片面性。因此，“西方的政治学家和管理学家之所以提出公共治理理论，主张用治理替代统治，是他们在社会资源的配置中既看到了市场的失效，又看到了国家的失效。

（六）新自由主义及公共选择理论是公共治理的理论渊源

在理论渊源上，治理主要以新古典自由主义为基础，以哲学、政治学和经济学的相关理论为后盾。

在很长的一个历史时期中，福利国家的政策追求和在反危机中崛起的凯恩斯主义大行其道，古典自由主义相应被冷落在一边。但随着20世纪70年代严重“滞胀”局面在西方国家普遍出现，以哈耶克、弗里德曼等人为代表的新古典自由主义坚持古典自由主义理念，系统地指出了政府对于社会经济的全面干预所具有的消极作用，因而反对对政府干预的迷信，发展出了一套重点揭露“政府失灵”的理论。

而公共选择理论同样是在对传统市场理论和凯恩斯经济学批判的过程中发展起来的。它以经济人为理论假设，对政治市场上的供求双方行为进行了深刻分析，得出了“政府失灵”的原因并指出了矫正“政府失灵”的措施。公共选择理论认为，“政府失灵”的主要原因有以下几点：（1）由于选民对投票行为的成本核算以及其他原因，他们并不真正从公共理性的角度进行投票。因此，政府是没有代表性的。（2）政治家在选举时总是向选民许诺增加福利、减少失业。但当选后就通过增加政府开支而不是增加税收来兑现承诺，庞大的开支必然有巨大的财政赤字。因此，政府的行为是短期的。（3）官僚在政治市场上追求着自己的最大效用，追求效用最大化的官僚也是预算最大化的官僚。铺张浪费，贪图个人享受，导致效率低下是他们的工作作风和领导作风。因此，这样的政府是低效率的。（4）政治市场上供需双方很容易产生寻租行为，滋生腐败。寻租是政府干预的副产品，其实质就是权钱交易。因此，政府是腐败的。

新古典自由主义指出了“政府失灵”，公共选择理论力图从新古典主义思路出发，对这种“政府失灵”作出补救。这些努力最后指出了两个改革方向：一是宪法制度改革，即通过重新确立政治和经济活动的规则对政府权力进行制度约束和法律约束，通过改革政治决策规则来改善政治。二是市场化改革，即用市场的力量来改善政府的功能，提高政府的效率，如在政府内部确立竞争机制和激励机制，以市场的方式来生产某些公共物品或提供公共服务。

第二节　公共治理理论的内涵与特征

一、公共治理理论的内涵

公共治理理论的主要内容包括以下三个方面。

第一、对社会管理力量多元化格局的关注，对社会组织群体势力的重视和关切。在公共治理理论看来，管理社会并不只有政府一家公共权力中心，除政府外，社会上还有一些志愿性的或属于第三部门的机构，如志愿团体、非政府机构、非赢利性组织、社会企业、私人压力集团、社区互助组织以及各种社会运动在负责维持秩序、参与政治、经济与社会事务的管理与调节。这些机构与团体组织分别致力于种种社会和经济问题的解决，把传统上属于政府的一些责任和职能接收了过去。因此，政府作为国家唯一权力中心的时代业已过去，各种公共和私人的机构只要其行使的权力得到了公众的认可，就都可能成为在各个不同层面上的权力中心。而政府也审时度势地把原先由它独自承担的责任，部分地转移给了公民社会，即各种非政府组织、私人部门和公民自愿团体。后者也在这种情况下，开始越来越多地承担起原先由国家承担的责任。这样，公共治理实际上意味着一系列来自政府但又不限于政府的社会公共机构的行为。这样一种情况的出现，对传统的国家和政府权威不可能不提出挑战。因此，从治理的角度来看，在公共管理领域内，治理的主体既可以是公共机构，也可以是私人机构，还可以是公共机构和私人机构的合作，因而，国家与社会之间、公共部门与私人部门之间的界限和责任已显得有点模糊不清。

第二、公共治理理论在关注社会管理力量多元化的同时，对政府的角色给予重新定位。公共治理理论并没有将政府从其视野中剔除出去，而是提出了具有重要意义的新政府理念。一方面，治理理论认为，政府在当代社会中发挥着极其重要的功能，但政府不能因此成为全能政府，政府必须进行改革，成为“有效政府”，“政府要加强责任心，提高适应能力和自身的透明度建设”；同时，政府还要在社会中保持“低姿态”，这并不是忽视和弱化政府职能，而是像奥斯本在《改革政府》一书中所指出的：“政府要在公共管理中扮演催化剂和促进者的角色”，是“掌舵”，而不是“划桨”。[①] 政府集中力量“掌舵”，意味着政府只应从事公共治理的核心工作，从事那些市场和志愿者组织都不提供的服务，要把社会组织力量办不好的、只能由政府管理的事情认真管理起来，并努力管理好。而对于那些可以由社会管理好的事务则尽量交给或归还给社会管理，将自己从事无巨细的全能政府中解脱出来。

另一方面，治理理论提出了“元治理”（Meta Governance）概念，以突出政府在公共治理中的重要地位。“元治理”是西方学者所提出的一个概念，这种理论指出，政府实际上是一个国家实现元治理的主角，从而想突出政府在社会公共管理网络中的重要功能。这种理论将政府看成是社会管理网络中的“同辈长者”，政府虽不具有最高绝对权威，但却承担着建立指导社会组织行为者的共同行为准则和确立有利于稳定主要行为主体行为大方向的重要责任。而这样的责任对于一个社会的公共治理来说，无疑是极端重要的、基础性的。

第三、在明确了政府的角色后，公共治理理论对治理的网络管理体系作出了重要阐释。它指出，在社会公共管理领域内，政府与其他社会组织群体势力共同构成了相互依存的治理体系。一些学者指出，公共治理是政府与社会力量通过面对面合作方式而组成的网状管理系统；公共治理是政府与非政府组织之间建立复杂伙伴关系的一种安排。这也就是说，在公共治理的网络管理体系中，政府与社会组织群体势力等每个行为者独立运作而又相互依存，共同分享管理社会的责任、资源和权力，形成一种新型的“伙伴关系”。这种管理体系一方面排除了主要依靠单一等级制自上而下进行协调的可能性，另一方面也不采取依靠“看不见的手”的任意操纵。它的运作逻辑是以谈判为基础，强调行为者之间的对话与协作。因此，公共治理要实现的目标在某种意义上，存在于谈判和反思过程之中，而治理所要创造的结构和秩序不是由外部强加的，而是由多种行为者之间的协商互动与磨合而产生的。公共治理正是通过行为者之间持续不断的对话和交换信息，来减少决策中少数人的机会主义态度的危害，从而使不同的组织、机构和团体之间增进了解，加强沟通，降低冲突，增加相互合作，形成有利于消除那些既相互依存却又独立运作、关系松懈的组织间的隔膜。公共治理理论对于治理网络函数管理体系所作的这种阐释，突显出了治理理论所具有的民主特征。

公共治理理论作为一种新型的公共行政理论，它的内涵还会随着实践的发展而修正，但其理论内核总体上讲还是较为清晰的。那就是主张通过合作、协

① ［M］戴维·奥斯本、特德·盖布勒《改革政府》，上海译文出版社，1996年，第1～3页。

商、伙伴关系，确定共同的目标等途径，实现对公共事务的良好管理。而公共治理的操作手段和规则，则具有多元性和互动性，它力图通过发挥政府、市场、社会团体等不同主体的积极性，使不同形式的网络化协调达到公共事务处理的最佳状态。由此，传统意义上公共服务的主要提供者——政府便将更多的公共服务的生产和提供交给非政府机构和企业承担，政府则主要担负起公共服务的规划、融资、绩效评估以及监督等职责。这意味着非政府机构超越了仅仅作价值观引导、内部事务协调或组织志愿者活动等的组织角色。

贝阿特·科勒—科赫他们曾指出，“治理”这一术语指涉的，是一种会因国家差异而变化的治理模式，“治理是关于不同公民的偏好意愿转化为有效政策选择的方法手段和多元社会利益如何转化为统一行动以及怎样实现社会行为体的服从。如同政府一样，治理的本质也是做出具有约束力的决定。”①

二、公共治理理论的特征

从政治学的角度看，公共治理更多的是指政治管理的过程，它包括政治权威的规范基础，处理政治事务的多元协调方式和对公共资源的协作管理。而从公共行政学的角度看，公共治理理论强调一种多元的、民主的、合作的、非意识形态化的行政管理模式。这两种角度在很大程度上是完全可以统一的。站在这样一个角度上，我们可以看到，公共治理理论与实践具有如下这些较为清晰的特征：

1．强调公共治理主体多元化。公共治理的主体呈现出多元特征，它可以是政府、公共机构，也可以是私人机构，还可以是公共机构和私人机构的合作。政府在公共管理领域中，不再是唯一的合法管理主体，各种社会中介组织、利益团体以及普通的公民个体在管理过程中都获得了参与管理并表达自己意愿的机会和权力。多元化的治理主体发展着相互依存的关系，推动了公共管理朝着网络化的方向发展。一个由来自不同领域、不同层级的公私行为体（如个人、组织，公私机构，次国家、国家、超国家，权力机关、非权力机构，社会、市场、国家等）、力量和运动构成的复杂而带有平面化特色的网络结构，成为新的行政管理模式的特征所在，也成为公共治理理论所倡导的一种新行政主体的关系结构。

2．坚持公共治理的合法性基础的扩大化。我们时代的公共治理，已经开始

① Beate Kohler- koch and Rainer Eising, *The Transformation of Governance in the European Union*, London, Routlede, 1999, p14.

超越国家权力中心论，政府在对内问题上已不再享有唯一的、独占性的统治权威，公共治理虽然是以权威为基础，但这种权威已经不再是传统意义上的、只属于政府专有的行政意义上的权威。如今的公共治理权威的合法性，更多的是一种建立在多元主体协商认可基础之上的合法性。而在对外方面，国家主权或建立在强权基础上的权威，也逐渐受到各类超国家体制概念的挑战和削弱，受到国际社会多元主体，如国际组织、国家与非国家行为主体之间互动对话的制约。国际社会的合法性权威越来越多地受到多元力量构成的治理网络的授予。

3. 突出公共治理的过程性特征。公共治理严格地说，不只是一种管理活动或一种管理模式，也不只是一种具有特定内涵的管理制度或管理原则，它更多地把自己看成是一种管理思想和管理理念，一种倡导多元主体在互动协商基础上寻求能得到公众认同的解决问题方式的过程。因此在这个过程中，问题最终得以解决本身的意义在一定程度上有所淡化，而解决问题所采取的方式和程序却有着一种非同一般的重要性。

4. 主张发掘治理过程中多种积极性。公共治理今天已经不再是传统统治理念下所实行的单向的、强制性的自上而下的控制和干预，它主张参与治理的各方在平等的基础上的对话与协商，主张一种多向性的交流与互动；它主张参与主体要具备各自的责任意识以及相互之间进行民主协商的意识；它既实行正式的带有强制性的管理措施，又在认同取得之前，耐心地让行为主体之间进行充分的民主协商和谈判磨合；它既会在一定的场合下采取正统的法规制度，但有时也会采纳行为主体自愿接受并体现共同利益的一些非正式的措施。一句话，公共治理就是一个调动一切资源和多种积极性的过程。

5. 确定化解冲突与矛盾，维持社会基本秩序之旨归。实现社会发展和公共利益的最大化经常被人们认为是公共生活应该追求的目标，但在什么才是真正的社会发展和公共利益问题上，人们的看法很容易产生难以调和的矛盾。尽管公共治理理论强调各行为主体在互信、互利、相互依存的基础上进行持续不断的协调谈判，参与合作，求同存异，但我们应该看到，人们并不是在任何问题上都能够通过这种方式达成共识的。多元社会中，很多学者强调的“交叠共识”的范围其实是较为有限的。因此，公共治理理论意识到，自己的最终目标不能订得太高，不能奢求在很多问题上都要达成共识。在这样一种认识基础上，公共治理理论的目标追求是“低调”的，它把维持社会基本秩序，化解那些影响到社会基本秩序实现的冲突与矛盾作为自己真正的主攻方向。公共治理理论所追求的“善治”是一个有良好社会基本秩序的宽容社会。

第三节　公共治理理论的成就与问题

正如我们前面提到的，公共治理理论的提出适应了我们这个时代市场经济对于公共管理所提出的要求，对于一个多元开放度不断扩大的社会来说，这一点是很重要的。因此公共治理理论的问世，是一个时代的产物，有着它无可否认的积极意义。当然，任何理论的问世，都不可能十全十美，公共治理理论当然也不例外。

一、公共治理理论的积极意义

公共治理理论问世时间不长，从发展的角度讲，它还不很成熟。但这一理论的创立满足了市场经济所促生的多元开放社会对于行政管理所提出的要求，打破了社会科学中长期存在的两分法传统思维方式，即市场与计划、公共部门与私人部门、政治国家与公民社会、民族国家与国际社会等，把有效的管理看作是两者的合作过程；它力图发展出一套管理公共事务的全新技术；它强调管理就是合作；它认为政府不是合法权力的惟一源泉，公民社会也同样是合法权力的来源；它把治理看作是当代民主的一种新的实现形式；等等。所有这些都对政治学和行政管理学研究作出了重大的贡献，具有积极的意义。概括起来说，这种积极意义有如下几个方面的内容。

1. 公共治理理论是新近发展起来的一种行政管理思想，它在建立的过程中，很好地扩展了自己的理论基础，将我们时代各个学科方法论方面所取得的最新进展综合进了自己的研究之中，因而有着一种更为开阔的视野和更新的理论视角。

公共治理理论赖以建立的理论基础甚为广泛，它包括经济学、政治学、管理学、国际关系、系统论、协同论、自组织理论等众多学科当中的思想方法。政治学对统治和治理的区别，对于政治系统复杂性的认识；管理学对治理与管理的比较，对于复杂系统管理方法的研究；系统论对组织复杂性演进和内在耦合机制的研究，自组织理论对组织之间协同和“超循环”机制的研究，经济学中有关新制度经济学和交易费用经济学的分析方法，都构成了公共治理理论的基础，形成分析公共管理问题的特定视角、方法和观点。正是公共治理理论所具有的广阔视野和拥有的新方法、新观点，从而将行政管理理论推上了一个新的发展高度。

2. 公共治理理论打破了公共部门和私人部门、政治国家和市民社会两分的桎梏，将社会资本的核心要素——互信式的对话、互动式的管理、互惠式的网络纳入分析的范畴，以贯通公域和私域之界限，并消弭两者间的异质性、冲突性和不协调性，体现了政治社会化和社会政治化的双向制衡过程。在此过程中，公共服务治理结构的主体未必是政府，提供公共服务的过程也不一定必须由国家权威来实现。治理的主体可以是公共部门，也可以是私人部门，也可以是公共部门与私人部门的结合。治理成为政治国家与公民社会的合作，政府与非政府的合作，公共机构和私人机构的合作，强制与自愿的合作。治理理论的这一发展，打破了行政管理思想总是把自己的眼光停留在政府行为身上的传统局限，继承和发展了新公共管理理论的思路，在行政管理世界开辟出了一块新的“大陆”。

公共治理中“软法”的作用

许多国际组织采用了 OECD（Organization for Economic Cooperation and Development，经济合作与发展组织）的软法治理模式。这种“谴责一丢面子”（Blame and Shame）手段在 OECD 中已成为最主要的治理方式，最近也开始被欧盟采用，在联合国也日显重要。……软法的实施方式或责任性质同道德、伦理等其他软规则一样，靠“谴责一丢面子”带来的“出局”压力来实施，违反软法的人必须承担“出局”的责任后果。这种“出局”不能被理解为该主体受到某种物质上的剥夺，或是原来属于某一共同体的身份丧失，而是指他不能再和谐地融入原来的共同体，他在这个共同体中已经很没面子了。这种“出局”虽然不一定会产生立竿见影的效果，但别人轻视他，他自己感到丢脸，以后同他人的联系中感到处处不便。为了避免出现这种不利于己的局面产生，人们就会有动机遵守这些没有国家强制力的软法规则。

……2005 年 10 月上旬，巴基斯坦控制的克什米尔地区发生里氏 7.6 级强烈地震，造成数万人死亡及重大财产损失。地震发生后，国际社会迅速做出反应。包括联合国、欧盟在内的一些国际组织和中、印、美、英、日、德、法等国家都对受灾国家表示慰问，并开始向地震灾区提供紧急援助（以下简称“地震援助案”）。它们都向巴方派出紧急救援人员赴地震灾区开展搜救工作，并提供数额不等的人道主义援助款。据笔者的了解，国际法上虽有对受灾国家提供人道主义援助的良好氛围，但一般国际法上并没有“不捐款援助就遭受经济制裁”的强制性规定，甚至没有“各国必须提供援助”这样不带罚则的成文规则，而且各国也没有签署这方面的国际公约。在这样的情况下，各国仍纷纷伸出援助之手。印度的举动尤其值得我们注意。据报道，在过去几十年中，围绕着克什米尔等问题，印度和巴基斯坦两国间爆发了多次激烈武装冲突，双方不仅都拥有了核武器，直到现在仍然在克什米尔实际控制线两边部署了数以千计的士兵，但在此次地震事件发生后，印度随即就向巴基斯坦示好，表示愿意向巴方提供救援帮助。为什么国际组织和这么多国家都积极做出反应呢？一方面，各国际组织和国家的确出于人道主义的考虑这样做；但更大的原因恐怕在于各国都害怕自己的国际地位受损、丧失其在国际上的发言权，尤其是有财力的发达国家。这也是为什么伸出援助之手的国家主要是上述列举的大国而不是名不见经传的小国。如果美英两国对此不做出任何举动，它们遭受的谴责将会多于同样没有任何举动的其他国家，而且它们的国际地位将会极度受损进而丧失在很多事务上的发言权。这就是“谴责—丢面子”机制产生的“出局”压力。

摘自罗豪才，《软法与公共治理》，参见 http://www.law-lib.com/flsz/sz_view.asp?no=1411

3．公共治理理论推进了治理在“外部理性化”和“内部经济化”两个方面实现整合。“外部理性化”和“内部经济化”是西方国家行政改革的两个基本取向。前者涉及官僚制与政治决策体、社会之间关系的调整，它与社会现代化相对应；后者主要指利用管理主义的技术和方法来改善公共行政的内部运作，它与管理现代化相对应。

我们知道，新公共管理关注在公共部门中建构可竞争的市场体系，在公共部门中全面推行契约制度，强调以市场方式驱动政府改革。这种方式可能对行政管理的现代化起到巨大的推动作用，但同时也可能对“开放社会构成危险”，因为人们意识到，自由市场这只看不到的手，尽管它有不可怀疑的力量，但是它仍然不足以确保许多牵涉到人类幸福以及人类持续进步乐观态度的社会目标的实现。而治理理论恰好在这一点上构成了对新公共管理的有力补充。它不仅重视将市场的激励机制和私人部门的管理手段引入政府的公共服务，而且追求良好的治理（善治）的实现。为了达致善治，政府应当与公民合作管理公共生活，共同形成公共权威和公共秩序。这样，治理一方面修正了管理主义的缺陷，另一方面又将被管理主义削弱了的公民社会、公共精神置于政治话语的中心，从而使管理现代化和社会现代化能够实现整合式的发展。

4．公共治理理论使政治价值和技术理性这两个对立的层面获得某种互补。

新公共管理高举“三 E”（Economy, Efficiency and Effectiveness，即经济、效率与效能）的大旗，确立起企业价值和技术理性的优先性，这在某种意义上是有着积极意义的。但我们从另一个方面，也会发现它有着导致忽视社会合理性、合法性等政治价值失落之虞。这也是说，过分强调对效率、对工具理性的追求，使公共行政无力反省自身及公共服务的根本价值和目的。技术理性将行政管理变为一种工具性活动，不但无力担负起捍卫民主政治价值的责任，实际上也无法实现提升公民道德水准的使命。因此，治理理论在这方面是对新公共管理的有益补充，它把更多的价值考量注入公共管理的效率目标之中。公共治理理论提出，应该以合法性、透明性、责任性、法治、回应和有效性等六个方面作为评价善治和劣治的主要变量和价值尺度，从而防止公共治理的“失效”与“走形”。公共行政的管理过程和民主国家的治理过程由此使其价值向度与技术理性相对和谐地统一起来，政治价值避免了管理主义的侵蚀，技术理性因与公共理性相结合而具有了正当性的根基，两者实现了某种程度的互补和双赢。

5. 治理理论的兴起拓展了国家与社会关系的分析架构，超越了自由主义与国家主义的传统对立，形成一种新型的国家与社会关系范式。公共治理理论克服代议制民主下政治参与精英化的趋势，它通过加强人们在基层和社区广泛的参与，提升了社会自治与民主参与的水平。

将治理理论与民主联系起来的重要载体是以社团、社区与非政府组织（第三部门）为代表的公民社会。公共治理理论中的国家与公民社会的关系，有别于传统自由主义意义上的公民社会对抗国家的关系，它更多地倾向于两者间的良性互动，而不是只强调公民社会保持对于国家与政府组织的独立性。公民正是通过参与各种形式的公民社会组织，将自己的偏好与选择较为集中和完整地表现出来，与政府和其他形式的组织互动博弈，形成国家与公民社会之间的互动网络。这样的一个过程，不仅有可能形成共同的治理目标，也通过组织的自主自治提高了民主参与的程度。

二、公共治理理论存在的局限

公共治理理论反映了公共行政思想的最新发展，有其合理与新颖之处，并在一定程度上反映了后现代社会科学发展的一个重要趋势，我国行政学界也在积极寻找公共治理模式中值得借鉴的理论资源和政策参考的价值。但是从另一个方面来讲，我们还应该看到，公共治理理论也不可能是万能的，它和任何理论一样，总是内在地存在着多多少少的局限。此外，作为一种并非本土产生的理论，我们不能用一种简单的方式来加以全盘的参照。我们应该明确认识到在公共治理理论引介与现实参照之间，无疑是存在一个适用范围或理论边界的。具体说来，公共治理理论存在着如下这样的不足之处：

1. 政府与市民组织之间权责不明，界限模糊。治理通过政府与市民组织或个人进行谈判协商，达到合作与共识。但也正因为如此，治理在为社会和经济、政治问题寻求解答过程中存在界线和责任方面的模糊之点。当政府与市民之间由于利益的差别而造成治理失败时，他们之间的矛盾将如何解决，由谁协调？公共政策的出台是否真的能够实现公共利益最大化的治理目标？现代的政府虽然由巨型政府向有限政府和责任政府转变，但是政府仍然是各种社会组织中拥有社会资源最多、权威性最高的组织，由于界限不明、权力的依赖，加之自组织网络的存在，当出现公共危机之时，政府是勇敢承担责任，还是会欺骗公众，推卸责任？这一系列重要问题，治理理论都没有给出明确的答案。

2. "国家空心化"是对于政府调控能力以及行为方式的挑战。公共治理理论强调各种社会公民组织的"灵活性"、"民间性"和"低成本"等优势，而在英、美等一些国家，中央与地方政府部门的不少功能也的确通过各种方式转让给了非政府机构或私营企业，如招标、外包以及民营化等等。这样的做法使竞争和效率原则得以在原先的行政领域中获得突显，有着很好的效果。但是，这样的做法也带来了一些消极的后果，即出现政府公共部门日趋空心化——变得更小更分散的趋势。而这种趋势对于政府对社会的计划和调控能力构成一定威胁。正因为如此，一些政府有针对性地采取了灵活的变通措施来规避此类风险。如英国政府就此问题采取通过加强对资源控制的方式弥补已经丧失的对福利提供的控制；并在服务提供上放权的同时加强财政控制上的集权。尽管如此，"国家空心化"的发展前景对于政府调控能力的确构成了一种挑战。

良好治理在拉美遇到的问题

不妨以拉美的经济为例，说明"良好治理"计划在国家层次实施过程中所遇到的问题。这些问题的部分原因是，这些计划是在国际压力下、在全球经济环境并不稳定而且国际机构的设置仍然不适应该地区大多数公众需要的情况下实施的。由于这种情况，制度改革便有失败的危险，因为它削弱或破坏了旧机构，却没有对建立民主、有效率而稳定的机构起到有效的促进作用。

辛西娅·休伊特·德·阿尔坎塔拉，《治理概念的运用与滥用》，黄语生译，《国际社会科学杂志》，1999 年第一期。

3. 民间组织的失灵。治理理论注重民间组织的作用，认为公民社会能够沟通政府与公民之间的关系分担政府的职能，使政府从那些管不好也管不了的领域中退出，有利于促进政府角色的转变等等。但从现实中大量的事例可以发现，民间组织远没有治理理论所认为的那样完美。它们同样有失灵或失败。每个组织都有其自身的利益，由于利益的驱动，它们可能背离社会公共利益的宗旨，不择手段而追求功利，从而给公民、社会和政府带来一系列的危害。特别是当治理理论使国家某些权力收缩，不再是社会控制的唯一中心的时候，如何克服民间组织的失灵，则是治理理论进一步发展的重要障碍。

4. 全球治理理论有可能成为霸权主义和强权政治的又一手段。合作治理理论是治理理论的一个分支。它是建立在政府的作用和国家的主权无足轻重、民族国家界限模糊不清的前提之上的。全球化从某种意义上说是一种西方化的过程。全球治理自然就是发展中国家被动接受发达国家治理模式的一种过程。而由于历史和现实的差别，落后国家与发达国家在政治、经济、文化各方面都存在较大差异，甚至某些领域不相容。全球治理理论就为大国找到了打开这些国家门户的钥匙，为其推行霸权主义找到了借口。所以，在借鉴治理理论时，如果不保持高度的警惕性，将严重威胁国家安全，损害国家利益。

5. 公共治理理论的借鉴与中国国情的制约问题。理论必须与现实相结合才能产生作用，而治理理论要想在中国实现其善治的目标，除去其本身理论的不足，同时还要受到我国现有国情的影响。首先，我国的政府角色错位和观念滞后。我国政府虽然经过多次改革，但仍然没有完全实现从“划桨”到“掌舵”的职能转变，全能政府色彩依然很浓，服务意识淡薄。官本位思想比较严重，将政府视为社会管理的唯一中心，习惯于自上而下的集权方式，较少采取合作、互动的方式。在公共政策的制定上缺少透明性和回应性，责任不明，法律和其他监督体制很难对其产生有效的制约，特别是自由裁量权的过大甚至乱用等，这些都与治理理论中对政府的要求相差甚远。

6. 中国民间组织对政府的依赖性较强，政治参与意识和能力较弱。公民社会理论是建立在社会契约论基础之上的一种关于社会和国家相对立的理论。中国自古就没有公民社会自治的传统，建国后，计划经济和集权政治也没有为民间组织的发展提供合适的环境。直到改革开放后，20 世纪 80 年代才开始出现，90 年代慢慢兴起。如同中国的民族资本一样，民间组织诞生之初，便具有明显的两面性，希望独立发展并制约政府，但其生存和发展又不得不依赖于政府的支持。这种组织其实并不是真正意义上的民间组织。而实质是一种政府主导下的准政府组织，这种组织无法真正实现与政府之间的平等合作或博弈，更不用说实现一种没有政府统治的治理。

7. 传统政治文化的影响依然存在。政治文化是政治系统的基本倾向和心理反映，包括一个民族在特定时期普遍奉行的一套政治态度、信仰、情感、价值等基本取向。中国传统社会中的政治文化属于一种依附型的政治文化，正是由于其影响，使我国公民普遍存在一种官本位思想，习惯于政府为其做主，即使在其利益受到损害的时候，他们仍然较多地采取一种忍让的态度。在这种政治文化的影响下，公民无法真正实现自己的权利，更谈不上积极的参政议政。没有真正意义上的公民权利实现这一基本条件，就无法形成公民社会，而所谓的治理也就只能是空中楼阁。

尽管公共治理理论存在着上面所说的这些问题，但我们还是要看到，作为对于市场经济大时代所提出要求的积极回应，治理理论在总体上可以说是瑕不掩玉。这是我们在对这一理论作出评价时应该加以肯定的。

思考题

一、简答题

1. 如何把握“公共治理”这一概念的界定？
2. 公共治理理论的主要内涵有哪些？
3. 公共治理理论有哪些主要特征？
4. 为什么说公共治理理论有一种更为开阔的理论视野？
5. 公共治理理论是如何弥补“政治价值”和“技术理性”之间的对立的？

二、论述题

1. 公共治理理论是在什么样的背景下产生的？
2. 公共治理理论存在着哪些自身的局限？
3. 试比较西方“新公共行政管理”思想与“公共治理”思想。

参考文献

1. 丁煌著,《西方行政学理论概要》,北京:中国人民大学出版社,2005年。

2. 丁煌著,《西方行政学说史》,武汉大学出版社,2004年。

3. 唐兴霖著,《公共行政学:历史与思想》,广州:中山大学出版社,2000年。

4. 孙柏英著:《当代地方治理:面向21世纪的挑战》[M],北京:中国人民大学出版社,2004年。

5. 孙耀君著,《西方管理思想史》,太原:山西经济出版社,1990年。

6. 沈亚平著,《行政学》,天津:南开大学出版社,2003年。

7. 肖刚著,《科学经营原理》,北京:中国科学技术出版社,2000年。

8. 于畅海著,《科学管理之父》,保定:河北大学出版社,2005年。

9. 尤利群主编,《现代管理学》,杭州:浙江大学出版社,2003年。

10. 郭咸纲著,《西方管理学说史》,北京:中国经济出版社,2003年。

11. 孙耀君主编,《西方管理学名著提要》,南昌:江西人民出版社,2001年。

12. 马洪、孙尚清主编,《现代管理百科全书(上)》,北京:中国发展出版社,1991年。

13. 方振邦著,《管理思想百年脉络(上册)》,北京:中国商业出版社,2004年。

14. 毛寿龙主编,《西方公共行政学名著提要》,南昌:江西人民出版社,2006年。

15. 王沪宁、竺乾威著,《行政学导论》,上海三联出版社,1988年。

16. 张金马著,《政策科学导论》,北京:中国人民大学出版社,1992年。

17. 方贻言著,《西方行政思想史》,厦门大学出版社,1993年。

18. 彭和平著,《国外公共行政理论精选》,北京:中共中央党校出版社,

1997 年。

19. 俞可平著，《治理与善治》，北京：社会科学文献出版社，2000 年。

20. 唐兴霖，《里格斯的行政生态理论述评》，《上海行政学院学报》，2000 年，第 3 期。

21. 张璋，《治理：公共行政的新理念》，载《公共行政》（人大复印资料），2000 年第三期。

23. 蔡全胜，《治理：公共管理的新图式》，《东南学术》，2002 年第 5 期。

24. ［美］巴纳德著，《经理人员的职能》，孙耀君等译，北京：中国社会科学出版社，1997 年。

25. ［美］西蒙著，《管理决策新科学》，李柱流等译，北京：中国社会科学出版社，1982 年。

26. ［美］西蒙著，《管理行为——管理组织决策过程中的研究》，杨砾等译，北京经济学院出版社，1991 年。

27. ［美］查尔斯·E. 林德布洛姆著，《决策过程》，竺乾威、胡君芳译，上海译文出版社，1988 年。

28. ［美］斯图亚特·那格尔编著，《政策研究百科全书》，林明等译，北京：科学技术出版社，1990 年。

29. ［以］德罗尔著，《逆境中的政策制定》，尹宝虎等译，上海远东出版社，1992 年。

30. ［美］彼得著，《彼得原理》，闾佳译，北京：中国工业出版社，2007 年。

31. ［美］菲德勒、加西亚著，《领导效能新论》，何威等译，北京三联书店，1989 年。

32. ［美］德鲁克著，《管理实践》，齐若兰译，上海译文出版社，1999 年。

33. ［美］德鲁克著，《卓有成效的管理者》，许是详译，北京：机械工业出版社，2005 年。

34. ［美］德鲁克著，《管理——任务、责任、实践》，孙耀君等译，北京：中国社会科学出版社，1987 年。

35. ［美］邓肯著，《伟大的管理思想》，赵亚麟等译，贵州人民出版社，1999 年。

36. ［美］布坎南著，《自由、市场和国家》，平新乔 、莫扶民译，北京经济学院出版社，1988 年。

37. ［美］戴维·奥斯本、特德·盖布勒著，《改革政府：企业精神如何改革着公营部门》，东方编译所编译，上海译文出版社，1996 年。

38. ［美］登哈特著，《新公共服务：服务，而不是掌舵》，丁煌译，北京：中国人民大学出版社，2004 年。

39. ［美］戴维·罗森布鲁姆、克拉夫丘克著，《公共行政学：管理、政治和法律的途径》，张成福译，北京：中国人民大学出版社，2002 年。

40. ［美］泰勒著《科学管理原理》，胡隆昶等译，北京：中国社会科学出版社，1984 年。

41. ［美］玛丽·福列特著，《福列特论管理》，吴晓波等译，北京：机械工业出版社，2007 年。

42. ［美］沙夫里茨，海德著，《公共行政学经典（第四版）》（英文版），北京：中国人民大学出版社，2004 年。

43. ［美］戴维·奥斯本、特德·盖布勒著，《改革政府》，周敦仁等译，上海译文出版社，2006 年。

44. ［美］法默尔著，《公共行政的语言》，吴琼译，北京：人民出版社，2005 年。

45. ［美］詹姆斯·N. 罗西瑙著，《没有政府的治理》，张胜军译，南昌：江西人民出版社，2001 年。

47. ［日］星野昭吉著，《全球政治学》，张胜军译，北京：新华出版社，2002 年。

48. Kettl，D. F，*Sharing Power：Public Governance and Private Markets*，Washington D. C，Brokings Institution，1993.

49. Salamon，L. M，*Beyond Privatization the Tools of Government Action*，Washington D. C，Urban Inxtitute Press，1989.

50. Beate Kohler- koch and Rainer Eising，*The Transformation of Governance in the European Union* ，London，Routlede，1999.

51. Jan Kooiman，*Modern Governance：New Government-Society Interactions*，London，Sage Publications，1993.

52. R. Rhodes：*The New Governance：Governing Without Government*，Political Studies，44，PP. 652-667.